**Gramática y Ejercicios. Nivel medi␣ ␣**

María Luisa Coronado González
Javier García González
Alejandro R. Zarzalejos Alonso

SOCIEDAD GENERAL ESPAÑOLA DE LIBRERÍA, S. A.

Primera edición, 1996
Segunda edición, 1998


Produce SGEL-Educación
Avda. Valdelaparra, 29.
28108 ALCOBENDAS (MADRID)

Coordinación editorial: Julia Roncero
Cubierta: Érika Hernández
Maquetación: Carlos Lozano


ISBN: 84-7143-584-5
Depósito legal: M. 9.154-1998
Printed in Spain - Impreso en España


Composición: Carlos Lozano
Fotomecánica: NEGAMI, S.L.
Impresión: SITTIC, Artes Gráficas
Encuadernación: RUSTICA HILO, S.L.

# Lección de Gramática

*Yo estoy, tú estás y ella*
*está y él también;*
*y todos los que estaban estuvieron*
*y están muy bien.*

*Estamos, estaremos*
*nosotros; ella y él*
*estarán lado a lado, y yo, que estuve,*
*estaré.*

*Y si acaso estuviera*
*alguien que no haya estado aquella vez,*
*¡bienvenido!, que estar es lo importante*
*y que todos estén.*

**David Fernández**
(De *Nueva poesía cubana. Antología poética*,
edición de José Agustín Goytisolo,
Ediciones Península, Barcelona, 1973.)

# Introducción

Este libro está dirigido a estudiantes de español de nivel intermedio y avanzado, y puede usarse tanto para el estudio autónomo como para el trabajo en el aula. Ofrece una descripción amplia y exhaustiva de la gramática del español; en él se incluyen, además de muchos otros temas, todos los temas gramaticales tratados en *A fondo* (curso de nivel superior publicado por esta editorial), por lo que también puede servir de complemento a los profesores y estudiantes que utilicen este método.

A lo largo de la obra se atiende, además de las estructuras, a las nociones, funciones y usos en situaciones reales del habla. Se describe la lengua estándar usada en España, sin olvidar sus diferentes niveles y registros.

Cada tema consta de tres secciones:

1) **¿Cuánto sabes?** Partiendo de materiales reales, se plantean preguntas para que el estudiante haga una primera evaluación de sus conocimientos sobre el tema.

2) **A saber.** Esta sección desarrolla los contenidos gramaticales; por su sistematización y exhaustividad, puede ser útil tanto para profesores como para estudiantes. En algunos temas se incluyen actividades de reflexión sobre el sistema gramatical que favorezcan el aprendizaje inductivo.

3) **Ejercicios.** Para permitir el estudio independiente, todos los ejercicios tienen un número limitado y concreto de respuestas, que están recogidas en otro libro. A pesar de esto, hay gran variedad y amenidad en las actividades. Muchas están basadas en documentos reales, y en la mayoría de ellas los elementos lingüísticos aparecen insertos en un contexto real de comunicación oral o escrita.

Al final del libro hay un breve repaso de la conjugación de los verbos y un glosario de los términos gramaticales utilizados a lo largo de la obra que no se hayan explicado en los temas correspondientes.

**Los autores**

Con el símbolo ✷ se orienta sobre los niveles de dificultad de los ejercicios, bien por la complejidad de estructura, bien por la tarea que hay que realizar, bien por el vocabulario utilizado.

  Dificultad media

  Mayor dificultad

# Índice general

Si quiere complementar los temas gramaticales del método *A fondo,* siga este índice de correspondencias:

## *A fondo* — *Materia Prima*

| Unidad | Tema Gramatical | Tema | Ejercicios |
|---|---|---|---|
| 2 | Los pronombres relativos | 16 | 2,3,4,5 |
| 3 | Ser y Estar con participios | 28 | 9 |
| 3 | Verbos con LE | 35 | 4, 7B, 9 |
| 4 | SE (I) | 36 | 4,6 |
| 5 | SE (II) | 36 | 4, 5, 6 |
| 6 | Perífrasis verbales terminativas | 30 | 1, 5 |
| 6 | Pretérito imperfecto y pretérito indefinido | 5 | 1, 2, 3 |
| 7 | Construcciones enfáticas con artículo | 31 | 6 |
| | | 18 | 2 |
| 7 | Verbos con preposición | 38 | 6, 7, 8, 9 |
| 8 | Verbos de cambio | 29 | Todos |
| 9 | Masculino y femenino | 1 | 1, 2, 3, 4, 5, 6 |
| 9 | POR y PARA | 38 | 5 |
| 10 | El subjuntivo (I) | 13 | 1, 5 |
| 11 | La conjetura | 26 | Todos |
| 12 | El subjuntivo (II) | 18 | 3 |
| 13 | La obligación | 25 | Todos |
| 13 | El mandato | 24 | Todos |
| 14 | Organizadores del discurso (I) | 18 | 1 |
| 15 | Organizadores del discurso (II) | 21 | 2 |
| | | 22 | 4 |
| 16 | Construcciones condicionales | 17 | 1, 2 |
| | | 12 | 1, 3 |
| 16 | La preposición A y el complemento directo | 38 | 1 |
| 17 | Enlaces causales | 21 | 1, 2, 3, 4 |
| 17 | Verbos con DE | 38 | 6, 7, 8, 9 |
| 18 | Perífrasis verbales con valor incoativo | 30 | 4 |
| 18 | Enlaces temporales | 20 | 1, 2, 3 |

**I　¿Cuánto sabes?**

Agrupa las palabras que aparecen en las señales de tráfico según sean masculinas o femeninas.

# II A saber

## 1. EL GÉNERO EN EL SUSTANTIVO

### 1.1. En sustantivos que se refieren a personas

#### 1.1.1. Cambio de terminación:

| Masculino | Femenino | |
|---|---|---|
| **-o:** tendero | **-a:** tendera | |
| sin **-o** (con las consonantes **l, n, s, r, z**) chaval, pastor, bailarín, feligrés, aprendiz | **-a** chavala, pastora, bailarina, feligresa, aprendiza | |
| marqués, conde, alcalde, vampiro | **-esa** | marquesa, condesa, alcaldesa, vampiresa |
| actor, emperador | **-triz** | actriz, emperatriz |
| poeta, sacerdote | **-isa** | poetisa, sacerdotisa |
| rey, héroe | **-ina** | reina, heroína |

#### 1.1.2. Dos palabras distintas:   macho/hembra     yerno/nuera     padrino/madrina

#### 1.1.3. La **misma forma** para los dos sexos: Los modificadores que acompañan al sustantivo (adjetivos, determinantes) cambian.

   • **Palabras acabadas en:**
   **-ista:** el artista/la artista, el cineasta/la cineasta. *Excepciones:* modisto/modista.
   **-nte:** el estudiante/la estudiante. *Excepciones:* dependienta, presidenta, infanta, asistenta, sirvienta.

   • **Cargos y profesiones que solían ser exclusivos de hombres:** el/la médico, el/la abogado, el/la juez.

> Esto está en proceso de cambio, ya que es cada vez más frecuente diferenciar masculino y femenino mediante la terminación: abogada, médica, etc.

   • **Palabras compuestas calificativas: el/la** cazatalentos, mandamás, rompecorazones.

   • **Palabras con falsa forma plural: el/la** frescales, rubiales, mecenas, narizotas, gafotas.

   • **Otras palabras: el/la** testigo, homicida, suicida, consorte, cónyuge, joven, mártir, granuja, hipócrita, idiota, imbécil, cotilla, hortera, atleta, paria, modelo, rebelde, intelectual, déspota, camarada, demócrata, aristócrata, patriota, tránsfuga (muchas de ellas son adjetivos que frecuentemente se usan como sustantivos).

#### 1.1.4. Una **forma única** para los dos sexos (no varían los modificadores):
   -Una única forma masculina: **el** peatón.
   -Una única forma femenina: **la** persona, **la** víctima, **la** criatura.

### 1.2. En sustantivos que se refieren a animales

#### 1.2.1. Domésticos:

| **-o / -a** | gato/gata, perro/perra, cerdo/cerda, burro/burra. | *a* |
|---|---|---|
| **Dos palabras distintas** | toro-buey/vaca, carnero/oveja, chivo/cabra, caballo/yegua. | gallo / gallina. |

1.2.2. Salvajes: Normalmente tienen una sola forma (femenina o masculina) a la que se añade "macho" o "hembra": la araña macho/la araña hembra, el jabalí macho/el jabalí hembra. *Excepciones:* león/leona, mono/mona, tigre/tigresa.

## 1.3. En sustantivos que se refieren a realidades sin sexo

1.3.1. **-o** (masculino)/ **-a** (femenino). *Excepciones*: femeninos en **-o** (ejemplo: mano); masculinos en **-a** (ejemplo: problema).
-Terminaciones típicamente masculinas: **-an, -ate, -ete, -fre, -g, -í, -in, -j, -je, -m, -me, -us.**
-Terminaciones típicamente femeninas: **-ción, -nión, -sión, -xión, -dad, -rie, -tud.**

1.3.2. En otros casos debemos tener en cuenta su **significado** completo:

| | |
|---|---|
| el Mediterráneo ...........el mar Mediterráneo | la efe...........................la letra efe |
| la 133 ...............................la habitación 133 | el rosa.......................el color rosa |

1.3.3. Otras veces se ha eliminado una parte de una palabra compuesta:

| | | |
|---|---|---|
| la foto/la fotografía | la moto/la motocicleta | el boli/el bolígrafo |

La palabra reducida es masculina o femenina según la terminación de la palabra completa.

1.3.4. Palabras tanto masculinas como femeninas:

• No hay ninguna diferencia en el uso: **el/la** interrogante, **el/la** maratón.
• Hay diferencias en su uso: **el** mar/**la** mar (el femenino se usa en ambientes marineros y en la poesía).

## 1.4. Cambios de significado con el cambio de género

1.4.1. Palabras con **terminaciones diferentes:**

• **Palabras variables** (cambia la terminación): la misma palabra en masculino y en femenino tiene significados distintos, pero relacionados entre sí.

| **Dos objetos parecidos pero distintos:** | el bolso/la bolsa, el anillo/la anilla, el farol/la farola | |
|---|---|---|
| **Árbol/fruto** | manzano/manzana, naranjo/naranja | |
| **El femenino, además de usarse para referirse a una mujer, tiene otro significado** | el vocal/la vocal | |
| | **persona/máquina** | el segador/la segadora |
| | **persona/actividad** | el político/la política |
| | **persona/ciencia** | el físico/la física, el químico/la química |

• **Palabras distintas** que han coincidido en su forma y sólo se diferencian por la terminación. Los significados son distintos y no están relacionados entre sí: seto/seta, caso/casa.

1.4.2. Palabras con la **misma terminación** (cambian los modificadores para señalar si son masculinas o femeninas):

• **Palabras invariables:**

| **Personas:** el femenino, además de nombrar a la persona de sexo femenino, tiene otro significado relacionado. | el policía/la policía, el guardia/la guardia, el batería/la batería, el trompeta/la trompeta, el guía/la guía, el pelota/la pelota. |
|---|---|
| **Color/planta** | el rosa/la rosa, el naranja/la naranja. |
| **Dos significados distintos** | el/la capital, el/la cólera, el/la cura, el/la frente, el/la orden. |

• **Palabras distintas** que han coincidido en su forma. Los significados son distintos y no están relacionados entre sí: el/la corte.

### 1.5. Sustantivos que comienzan por *a-, ha-* tónica

Si son femeninos, se utilizan los artículos **el** y **un** cuando éstos están directamente en contacto con el sustantivo: el agua, el agua fría / la fría agua.
*Excepción:* sustantivos con variación de género: el árabe/la árabe.
-Esto no sucede en plural: *las aguas, las aguas frías.*

## 2. EL GÉNERO EN EL ADJETIVO

### 2.1. Diferencia mediante la *terminación*

2.1.1.   **-o** (masculino) / **-a** (femenino): feo/fea.

En las palabras compuestas, sólo varía el final: sordomudo/a, sociopolítico/a.

2.1.2.   Los masculinos en -án, -ín, -ón, -or (excepto los comparativos) hacen los femeninos con -ana, -ina, -ona, -ora: charlat-án/ana, cantar-ín/ina, trag-ón/ona, venced-or/ora.

### 2.2. Palabras con una sola forma: los restantes adjetivos

• Acabados en **-a**: violeta, socialista, agrícola, belga. Acabados en **-e**: abulense, verde. Acabados en **-í**: marroquí, baladí. Acabados en **-ú**: hindú. Acabados en **consonante:** débil, capaz, impar.
*Excepciones:*
• Palabras acabadas en **-ote**: grandote/grandota.
• Adjetivos de origen o nacionalidad: cuando acaban en consonante en masculino, el femenino se hace añadiendo una **-a**: español/española, francés/francesa.

## 3. EL GÉNERO NEUTRO

**Existen en español las siguientes palabras neutras:**

### 3.1. El artículo "lo" (ver "El artículo"). Nunca acompaña a un sustantivo, puesto que no existen sustantivos neutros.

### 3.2. Los pronombres demostrativos *esto, eso* y *aquello* (ver "Los demostrativos").

### 3.3. El pronombre personal *ello,* que cada vez se usa menos (ver "Los pronombres personales").

### 3.4. Los pronombres posesivos pueden hacerse neutros acompañados del artículo *lo* (ver "Los posesivos").

### 3.5. Algunos pronombres indefinidos pueden usarse con sentido neutro: *todo, mucho, poco,* por ejemplo, pueden hacer referencia a un conjunto de cosas de diferentes géneros, o a una situación, frase o razonamiento. No tienen forma especial para el neutro, pues coincide con la forma del masculino: *Todo me aburre.*

**1** En el siguiente texto se habla de hombres y mujeres. Cámbialo y haz que todas las referencias sean exclusivamente a mujeres:

> El actor de cine o de teatro, el pintor o el escultor, el poeta o el novelista, el bailarín o el modelo tienen problemas comunes cuando empiezan: la falta de trabajo, sus representantes, que se comportan a veces como unos déspotas (aunque otras veces, hay que reconocerlo, son como un padre para estos principiantes), la búsqueda de ese mecenas que sea su padrino, el miedo a los espectadores; y siempre soñando que llegue ese cazatalentos que descubra que son unos intelectuales o unos artistas que pueden triunfar. Pero algunos, cuando ya han alcanzado la cumbre, se sienten reyes, emperadores del mundo. No admiten críticas de los periodistas, se comportan como unos dioses, como alguien que estuviera por encima de los demás mortales. No se acuerdan de cuando empezaron y eran como unos parias para los que ya eran triunfadores.

**2** ¿Sabrías cuál es el femenino de las siguientes palabras?

| | | | | | | | |
|---|---|---|---|---|---|---|---|
| a) | conductor | d) | juez | g) | víctima | j) | enfermero |
| b) | homicida | e) | abogado | h) | peatón | k) | cónyuge |
| c) | suicida | f) | testigo | i) | médico | l) | viudo |

**3** Eres el encargado de un zoológico y debes buscar una pareja para algunos de los animales. Redacta una lista especificando que quieres que sean hembras para los siguientes animales:

| | | | | | | | |
|---|---|---|---|---|---|---|---|
| a) | Un león | d) | Un tigre | g) | Un gorila | j) | Un leopardo |
| b) | Un elefante | e) | Un mono | h) | Un buitre | | |
| c) | Un zorro | f) | Un jabalí | i) | Un lobo | | |

Sin embargo, también tienes los siguientes animales:

| | | | | |
|---|---|---|---|---|
| a) Una gacela | b) Una serpiente | c) Una pantera | d) Una comadreja | e) Una foca |

¿Son todos hembras? ¿Cómo podrías especificar que quieres en este caso que sean machos?

**4** Deduce a partir del contexto el significado de la palabra que podría aparecer en los huecos en blanco. Busca después en tu diccionario bilingüe qué palabra es en español. Cada una de las palabras es un ejemplo de las terminaciones típicamente masculinas que aparecen en el tema (cada raya es una letra):

a) "Cuando éramos pequeños, subíamos al _ _ _ _ÁN de mi casa. Estaba lleno de los objetos inútiles que sobraban y desde allí podíamos también subir, por una pequeña ventana, al tejado, que estaba justamente encima."

b) "Me gusta mezclar en la ensalada la lechuga con _ _ _ ATE y echar mucho aceite y vinagre."

c) "Todavía me acuerdo de la época en que había un _ _ _ _ ETE de una peseta. Ahora sólo hay monedas de una peseta."

d) "Con un poco de _ _ _ FRE, salitre y carbón se fabrica la pólvora."

e) "Empezó a correr en _ _ _ _ _ G: primero a la derecha, después a la izquierda, luego otra vez a la derecha, de nuevo a la izquierda."

f) "La herramienta esencial de un cirujano es el _ _ _ _ _ _ _Í, además de ser la primera que se usa en las operaciones."

g) "Siempre es necesario tener en los lugares públicos un _ _ _ _ _ _ ÍN de primeros auxilios con, al menos, alcohol, vendas y algodón, por si hay algún accidente."

h) "Para guardar las flechas se sigue utilizando un _ _ _ _ _ J colgado por una cinta."

i) "El _ _ _ _ _ _ JE humano es uno de los sistemas de comunicación más complicados."

j) "Planteó a su jefe un _ _ _ _ _ _ _ _ M: o era ascendido o se marchaba de la empresa. No tenía otra elección y era su última propuesta."

k) "Se nota que has cambiado de _ _ _ _ _ ME. Éste huele mucho mejor y es más suave. Pero supongo que será más caro."

l) "Puede usted tomar el _ _ _ _ _ ÚS, pero es mucho mejor que vaya en metro para evitar los atascos."

✳ 5   A continuación tienes varias palabras. A partir de ellas busca otras de la misma familia que tengan las terminaciones típicamente femeninas que aparecen en el tema:

a) cantar
b) progenitor
c) reunir
d) agredir
e) crucificar
f) opinar
g) reflexionar
h) malo
i) tenso
j) rendir
k) joven
l) bueno
ll) exacto
m) bárbaro

✳ 6   Lee las siguientes frases y elige la forma adecuada (masculino o femenino) en cada caso:

a) ___ no se hace responsable de ___ publicados/as en sus periódicos.
-El editorial            -los editoriales
-La editorial            -las editoriales

b) Todos ___ deben tener ___ por si hay un accidente.
-los barcos        -barcos
-las barcas        -barcas

c) Dicen que para mantener ___ en el ejército hay que obedecer ___ sin protestar.
-el orden              -los órdenes
-la orden              -las órdenes

d) Ten cuidado cuando cortes el pan con ___ Está afilado como ___ de afeitar.
-el cuchillo          -un cuchillo
-la cuchilla          -una cuchilla

e) Aunque las mujeres representan más de la mitad de la población, en ___ hay muy pocas. No hay casi ___
-político                      -el político
-políticas                  -la política

f) No sabía que en vuestro conjunto hubiera una mujer que tocara ___ Lo más frecuente es que ___ sea un hombre.
-el batería
-la batería

-el batería
-la batería

g) Serás ___ de familia, pero no tienes ___ en su sitio.
-el cabeza
-la cabeza

-el cabeza
-la cabeza

h) La secretaria del director, que es también ___ de los trabajadores en el Consejo, como
-el vocal
-la vocal
toma las notas tan deprisa se come___. -los vocales
-las vocales

i) Con las flores que salieron de ___ hicimos cinco ___
-esos ramos
-esas ramas

-ramos
-ramas

j) Tokio se ha convertido en ___ de las finanzas. A esta ciudad acuden ___ del mundo.
-un capital
-una capital

-muchos capitales
-muchas capitales

k) En ___ del Museo no aparece dónde está esta pintura. Pregunta a ___
-el guía
-la guía
que parece simpático.

-ese guía
-esa guía

l) Cuando salgo del agua en la piscina, lo primero que hago es quitarme ___ de baño y ponerme ___ para que la visera me proteja del sol.
-el gorro
-la gorra

-el gorro
-la gorra

**✳ 7** Di cómo se llaman los habitantes (hombres y mujeres) de los lugares que aparecen a continuación (adjetivos de origen y nacionalidad):

| a) | Rusia | d) | Arabia | g) | Santander | j) | Israel |
|---|---|---|---|---|---|---|---|
| b) | Portugal | e) | México | h) | Suiza | k) | Coruña |
| c) | Madrid | f) | Suecia | i) | Nicaragua | l) | Paquistán |

Para ayudarte, te damos a continuación las terminaciones en masculino que pueden aparecer: -ano, -eño, -és, -e, -o, -ino, -ense, -ita, -í (hay un adjetivo que puede utilizar dos de las terminaciones). Recuerda que tienes que cambiar a veces la palabra un poco para poder añadir la terminación.

**✳ 8** Haz todas las combinaciones posibles con los elementos de las tres columnas de abajo:

| | | individualista |
|---|---|---|
| | | grandote |
| | | regordeta |
| un | turista | despistado |
| | adolescente | mordaz |
| | empleada | extravagante |
| | dependiente | protestón |
| una | escritor | insustancial |
| | | insoportable |

— 13 —

## I ¿Cuánto sabes?

¡Cielos...
la copa es a las diez,
y yo con estos pelos!

*Ballantine's* FINEST

AHORA ES TU MEJOR MOMENTO

Fíjate en este anuncio. ¿Sabes por qué se dice "cielos" y no "cielo"? ¿Podría decirse "y yo con este pelo"? ¿Cuál es la diferencia de significado?

# 1. NORMAS GENERALES PARA LA FORMACIÓN DEL PLURAL

**1.1.** **Palabras terminadas en vocal átona, -ó, -é → + -s**

Ejemplos: casas, suelos, canapés. *Excepción:* "no" → "noes" / una "o", dos "oes".

**1.2.** **Terminadas en consonante (excepto "x") → + -es**

Ejemplos: canales, relojes, menores. Nota: "-z" → "-ces": capataz → capataces

**1.3.** **Terminadas en -á → + -es**

Ejemplo: faralá → faralaes. Sin embargo, son muchas las excepciones: papás, mamás, sofás, rajás, tacatás.

**1.4.** **Terminadas en -í, -ú, → + -es**

Ejemplo: Alhelíes, bantúes. Sin embargo, es frecuente usar -s.

**1.5.** **Agudas terminadas en -ey, -ay**

1.5.1.   -es (normalmente las más antiguas): reyes, leyes

1.5.2.   -s (manteniendo la vocal): jersey → jerséis.

**1.6.** **Palabras invariables**

1.6.1.   De más de una sílaba que terminan en -s y no son agudas: lunes, dosis, caries, atlas, bocazas.

1.6.2.   Terminadas en -x: clímax, dúplex.

# 2. FORMAS ESPECIALES DE SINGULAR O PLURAL

**2.1.** **Sólo se usan en plural:** añicos, enseres, entendederas, exequias, fauces, finanzas, honorarios, modales, natillas, nupcias, posaderas, tragaderas, trizas, víveres...
Algunas siempre aparecen con preposición: a rastras, a sabiendas, a las andadas, a horcajadas, a hurtadillas, a expensas de, con creces, de bruces, de marras, de veras, en volandas, en cuclillas...

**2.2.** **Sólo se usan en singular:** canícula, caos, cariz, gentío, grima, norte (sur, este, oeste), oriente (occidente, levante, ecuador), salud, sed, tez.

**2.3.** **Cambian su acentuación al pasar al plural:** régimen / regímenes, espécimen / especímenes, carácter / caracteres.

**2.4.** **Plural de sustantivos cultos griegos y latinos:**

2.4.1.   Tres plurales posibles (-a, -os, o invariable): currículum (plural → currícula, currículos, currículum), memorándum, referéndum.

2.4.2.   Plural invariable: ultimátum, réquiem, quórum, déficit, superávit.

2.4.3.   Álbum → álbumes.

## 2.5. Plural de los compuestos de una sola palabra

**2.5.1.** Si el último componente es un sustantivo o adjetivo, se forma como una palabra simple: salvoconducto → salvoconductos. Si el compuesto ya tiene forma plural, la mantiene sin cambios: pasamontañas, portarretratos.

**2.5.2.** Si el último componente es un verbo, no suelen tener plural: hazmerreír, sanseacabó. Casos especiales: cualquiera → cualesquiera, quienquiera → quienesquiera.

## 2.6. Plural de los compuestos de sustantivo + sustantivo: sólo se transforma el primer elemento: ciudad dormitorio → ciudades dormitorio, horas punta, niños probeta, palabras clave, situaciones límite.

## 2.7. Las siglas que son abreviaturas de palabras plurales son dobles: S. M. (Su Majestad) → SS. MM. (Sus Majestades), EE. UU. (Estados Unidos), CC.OO. (Comisiones Obreras).

## 2.8. Los apellidos no suelen tener forma plural: *En Madrid hay muchos Pérez; En Madrid hay muchos Ortega(s)* (en estos contextos, la forma plural es posible con los apellidos que terminan en vocal). Para hablar de una familia se puede usar "los + apellido en singular": *los Pérez, los Ortega*.

# 3. USOS ESPECIALES DEL NÚMERO

## 3.1. Sustantivos contables

**3.1.1.** En singular, con artículo "el, la", tiene valor genérico: *El hombre es mortal.*

**3.1.2.** En singular, con "mucho, poco, tanto, demasiado", refiriéndose a varias personas o cosas, tiene valor expresivo: *En las ciudades hay tanto coche que no se puede ni respirar; Aquí hay mucho idiota.*

## 3.2. Sustantivos no contables

**3.2.1.** Tipos diferentes de algo: *vinos, arroces.*

**3.2.2.** Abstractos que se utilizan como concretos: *amistades* (= amigos), *amores* (= amantes, novios/as), *intereses* (= rentas).

**3.2.3.** Para indicar un vaso, taza o porción de algo: *dos cafés.*

**3.2.4.** Uso culto o poético: *Se hundió en las aguas; Las arenas del desierto.*

**3.2.5.** Para indicar repetición: *las lluvias, los fríos.*

## 3.3. Palabras que pueden ir en singular o plural sin cambios de significado

**3.3.1.** **En todos sus usos:**

• Solían ir sólo en plural y siguen siendo más frecuentes en plural: pantalones, tijeras, alicates, etc.
• Son más frecuentes en singular: muralla, alambrada.

**3.3.2.** **En algunos usos:**

• Escalera/escaleras: estructura construida dentro de un edificio.
• Jardín/jardines: cuando se trata de un jardín monumental.

### 3.4. Diferencias de significado o matiz entre singular y plural

3.4.1. El plural es más informal o expresivo y casi siempre peyorativo: barba, prisa, nariz, pelo.

3.4.2. Tienen significados diferentes: celo (= cuidado) / celos (= envidia), humanidad (= la raza humana) / humanidades (= estudios de letras).

3.4.3. El plural, además de los significados del singular, tiene otros: bajos (= parte inferior de un coche), cascos (= auriculares), horrores (= algo extraordinariamente bueno, malo o exagerado), humos (= soberbia, orgullo), letras (= arte, historia, lengua y literatura, etc.), modos (= comportamiento).

3.4.4. El singular tiene significados que no se pueden poner en plural: luz (= electricidad / iluminación: *En la casa no hay luz* ), razón (= cordura: *Ha perdido la razón*).

3.4.5. En plural, la palabra cambia de clase: adentro / adentros (*Para mis adentros* = para mí mismo), afuera / afueras (= periferia), alrededor / alrededores (= zonas cercanas).

---

## 4.  CASOS ESPECIALES DE CONCORDANCIA

4.1. "Parte, mitad, tercio, resto, mayoría, totalidad" y otros sustantivos similares deberían concordar en singular, aunque con frecuencia lo hacen en plural. El plural es más frecuente cuando les sigue un sustantivo plural: *La mayoría de los españoles está(n) en contra de las nuevas medidas.*

4.2. "Pareja, matrimonio, grupo", etc. suelen concordar en plural cuando se piensa en los miembros individualmente: *Me encontré con el matrimonio del quinto y me saludaron.*

4.3. "Ninguno/alguno de nosotros / vosotros" + verbo en singular o plural: *Ninguno de nosotros quiere/queremos otra guerra.*

4.4. Dos sustantivos singulares o dos infinitivos con un solo artículo suelen concordar en singular: *La entrada y salida de coches es por esta puerta; (El) comer y beber en exceso es perjudicial.* En cambio: *La entrada y la salida son...; El comer y el beber en exceso son perjudiciales.*

4.5. El verbo "ser" con complemento en plural se usa en plural: *Mi sueldo son 200.000 ptas.; Lo tuyo son manías.*

4.6. Los adjetivos que hacen referencia a varios sustantivos suelen ir en singular si van delante: *Les deseo una pronta recuperación y vuelta a casa.*

## III  *Ejercicios*

**1** Busca entre las palabras de abajo cuatro ejemplos para cada uno de los grupos de plural que te proponemos: **a)** Palabras que sólo se usan en plural. **b)** Palabras que no cambian cuando se ponen en plural. **c)** Palabras que añaden "s" para formar el plural. **d)** Palabras que añaden "es" para formar el plural.

> abrelatas, análisis, casos, coles, enseres, esquíes, finanzas, manazas, pies, reyes, sofás, calidades, sordomudos, tórax, trizas, víveres.

**2** Pon en plural las partes de la carta que están en mayúsculas (sustituye "un/una" por "varios/as" o por un número determinado: dos, tres, etc., y haz los cambios de concordancia necesarios en el resto de la oración):

```
ZOO DE MADRID
Casa de Campo                    Laboratorios "Inmune"
                                 C/ Sil, 23, Madrid

                                 Madrid, 14 de diciembre de 1998

Estimados señores:

Tras haberles enviado un fax sin recibir contestación alguna, nos hemos
decidido a enviarles un ultimátum.

Como consta en EL MEMORÁNDUM que rige nuestra RELACIÓN COMERCIAL, ustedes se
comprometieron a enviarnos UNA DOSIS de la vacuna L-48 para inmunizar a UN
ESPÉCIMEN de oso panda que acaba de ingresar en nuestro zoo.

Como les anunciamos, nuestro zoo está participando en una EXPERIENCIA PILOTO de
adaptación de animales asiáticos con otros parques europeos y esta vacuna es un
requisito indispensable para la exhibición pública DEL ANIMAL y para garantizar SU
SALUD.

Como sabrán, EL LUNES informamos a la prensa de las novedades de nuestro centro. En
la última reunión anunciamos que se podría admirar AL NUEVO OSO a partir de esta
semana. Les recordamos que se acerca el periodo navideño, que ES UNA FECHA CLAVE de
afluencia de visitantes. Si no lográramos cumplir nuestra promesa, nos volveríamos
a convertir por su culpa en EL HAZMERREÍR de la prensa (acuérdense del escándalo
DEL CEBÚ y LA AVESTRUZ).

Ante esta situación nos vemos obligados a exigirles que nos remitan urgentemente LA
VACUNA MENCIONADA si no quieren que el asunto llegue a los tribunales.

Atentamente,

                                 Fdo. Juan González Relente
                                 Jefe de Sección Veterinaria
```

**3** Si completas cada una de estas frases con dos de las expresiones que las siguen, el verbo puede ir tanto en singular como en plural. Señala la opción con la que NO es posible alternar singular y plural.

A. ___ los españoles OPINA/OPINAN que no es necesario bajar los impuestos
   **a) Ninguno de**      **b) Todos**                **c) La mayoría de**

B. Lo que tú necesitas ES/SON ___
   **a) un buen descanso**   **b) unas buenas vacaciones**   **c) mejores condiciones de trabajo**

C. ___ nosotros ESTABA/ESTÁBAMOS allí cuando sucedió el accidente.
   **a) Alguno de**      **b) Ninguno de**          **c) Todos**

D. En el parque había ___ que se HABÍA/HABÍAN puesto a jugar en la arena.
   **a) unos niños**      **b) un grupo de niños**   **c) una pareja de niños**

E. ___ de mis ingresos se me VA/VAN en pagar las letras del coche.
   **a) La mitad**      **b) Algunos**             **c) La mayoría**

**4** Las siguientes frases podrían interpretarse de dos maneras diferentes dependiendo del contexto. Explica por qué.

a. El hombre es bueno por naturaleza
b. Pidieron cuatro vinos
c. Las bellezas europeas
d. Pásame esas tijeras
e. Sebastián se ocupa de los jardines reales

f. No tenía muchas luces
g. Les molestaban las esposas
h. Cocinar sin humos
i. Me gustan las letras.

# I ¿Cuánto sabes?

1. ¿Quién dice la frase "En este país NOS gusta vivir bien"?

2. Imagina que la frase la dice un extranjero que está viajando por España a otro extranjero. ¿Qué pronombre usaría en lugar de **nos**?

3. Si la frase se la dice un extranjero que está en España a un español, ¿qué pronombre usaría?

4. ¿Cuáles de las siguientes frases, de significado igual al del anuncio, te parecen correctas?

   a) *A nosotros, los españoles, nos gusta vivir bien.*

   b) *A los españoles nos gusta vivir bien.*

   c) *En nuestro país nos gusta vivir bien.*

*Talgo*

**EN ESTE PAIS NOS**

**ENHORABUENA A TODOS. TENEMOS EL TALGO.** ALGO ESPECIALMENTE DISEÑADO CAFETERIA, CON MUSICA AMBIENTAL, CON AIRE ACONDICIONADO, CON SERVICIO DE MEGAFONIA.

**GUSTA VIVIR BIEN.**

PARA NOSOTROS. UN TREN CON VIDEO, CON ASIENTOS ANATOMICOS, CON RESTAURANTE, CON UN TREN CON TODAS LAS COMODIDADES. NO ES EXTRAÑO QUE LO INVENTASE UN ESPAÑOL.

**RENFE**
EN TU MISMA DIRECCION

Tienen variación de persona los verbos, los pronombres personales y los posesivos.

## 1. PRIMERA DE SINGULAR

**Emisor del mensaje.**

**1.1.** **Uso de la tercera de singular en lugar de la primera:**

• Informalmente, podemos usar expresiones que tienen forma de tercera persona para hablar de nosotros mismos: *Éste, éste que tenéis delante* (= YO).
• En algunos escritos oficiales (instancias, solicitudes) se usa la tercera persona: *El abajo firmante solicita...*
• En los finales de las cartas, se pueden utilizar fórmulas en tercera persona: *Se despide tu amigo...*

En los tres casos, los pronombres personales, posesivos y verbos corresponden a la tercera de singular.

**1.2.** Es informal el uso de expresiones impersonales para referirse a uno mismo ('uno/a" o "se"); la forma es de tercera de singular:
*–¡Eres un genio cocinando!*
*+Uno hace lo que puede / Se hace lo que se puede.*

**1.3.** Informalmente se sustituye por la primera de plural en determinadas fórmulas y expresiones: *Vamos tirando; La hemos fastidiado.*

**1.4.** Plural de modestia (en el lenguaje de escritores de ensayos, investigadores científicos): *En nuestros análisis hemos descubierto...*

## 2. SEGUNDA DE SINGULAR

**Destinatario único del mensaje (aunque puede haber más oyentes).**

**2.1.** Informalmente, puede sustituirse por la primera de plural, especialmente en saludos y recriminaciones: *¿Cómo estamos?; ¿Conque ésas tenemos?*

**2.2.** Informalmente, con un sentido humorístico o recriminatorio, pueden usarse formas de tercera de singular: *¿Así que el niño tiene hoy ganas de dar guerra?* (una madre a su hijo); *¿El señor está satisfecho?* (una persona a un amigo).

**2.3.** Puede usarse en la lengua informal con sentido impersonal. Sólo el contexto puede decirnos si se trata de una oración impersonal:
*–Por ejemplo, si tú vas a una discoteca y...*
*+No, no, yo nunca voy a las discotecas. No me gustan.*
*–No, si no digo tú, digo en general...*

**2.4.** La forma de respeto USTED es una segunda persona de singular, puesto que señala a un destinatario único, pero en su forma es una tercera de singular. Lo mismo sucede con

SU MAJESTAD (para un rey), SU SEÑORÍA (para un juez), SU SANTIDAD (para un papa), EL SEÑOR/LA SEÑORA (del servicio doméstico a los dueños de la casa, cada vez menos empleado), etcétera.

## 3. TERCERA DE SINGULAR

Persona, cosa, situación, etc., que no es emisora ni destinataria directa del mensaje (aunque sí puede estar presente).

## 4. PRIMERA DE PLURAL

Dos o más personas, al menos una de las cuales es el emisor. Esta idea de "nosotros/as" es suficiente para usar las formas verbales y pronominales correspondientes, aunque se utilice una expresión de la tercera persona, pues el emisor forma parte de la colectividad nombrada:
*A los viejos no nos gustan estos líos.*
*Los madrileños somos así.*

En caso de utilizar el pronombre personal sujeto, se coloca al principio de la frase *(A nosotros, los viejos...; Nosotros, los madrileños...).*

## 5. SEGUNDA DE PLURAL

Dos o más personas, dentro de las cuales al menos una es el destinatario, y ninguna es el emisor. Cuando se utiliza una expresión de tercera persona, ocurre igual que con "nosotros/as":
*Es que los madrileños sois unos chulos; Es que vosotros, los madrileños...*
También ocurre lo mismo que en 2.2.

USTEDES tiene el mismo funcionamiento que USTED, pero en plural; lo mismo sucede con SUS MAJESTADES, SUS SEÑORÍAS, etc. (ver 2.4.).

## 6. TERCERA DE PLURAL

Dos o más personas, cosas, situaciones, etc.; si son personas, ninguna es el emisor ni el destinatario, aunque pueden estar presentes. Es frecuente el uso de verbos en tercera de plural con un sentido impersonal (ver "Las oraciones impersonales").

III *Ejercicios*

 **1**  En estos fragmentos de la obra *Un marido de ida y vuelta,* de Enrique Jardiel Poncela, hemos subrayado algunos verbos y pronombres personales. ¿A qué persona gramatical hacen referencia y a qué personaje o cosa de la obra? Es posible que haya alguno con sentido impersonal. Ten en cuenta también que podemos usar algunas personas gramaticales para hacer referencia a otras.

Ejemplo: <u>te</u> (1): segunda de singular, Pepe.

*Leticia, Paco y Pepe son los dueños de la casa. Amelia, una de las empleadas domésticas.*

Leticia: Te he dicho diez veces que <u>te</u> (1) afeites la barba y no te la has afeitado aún... ¡Y te aseguro, Pepe, que te la afeitas, o esta noche <u>tenemos</u> (2) el disgusto del año!

Pepe: No: disgustos, no, Leticia, que ya sabes que cada vez me marcha peor el corazón, y...

Leticia: ¡El corazón! Ya <u>salimos</u> (3) con el truco del corazón... (...) Pero ¿quieres decirme dónde has visto <u>tú</u> (4) un torero con barba? ¡Puede que tengas el valor de decir que has visto algún torero con barba!

Pepe: No. No he visto ningún torero con barba; pero tampoco veo por qué razón tengo que disfrazarme de torero, sacrificando la barba cuando hay tantos otros disfraces que <u>le</u> (5) permiten a <u>uno</u> (6) conservar la barba entera. Por ejemplo, yo pensaba haberme disfrazado de viejo lobo de mar, y... (...)

Leticia: No, si <u>acabaremos</u> (7) por tener esta noche una gorda. Ya lo verás. [...]

Leticia: Amelia, ¿a ti te parece que tengo muchos defectos?

Amelia: A mí me parece que no. Pero de mi opinión no <u>se fíe</u> (8) la señora, porque yo cobro un sueldo en la casa.

Leticia: ¡Qué respuesta! Mi doncella de confianza, mi confidente. La que se pone mi ropa y usa mis perfumes. ¡Y hay que ver qué respuesta! No, claro... Es natural... si está una sola... Sí, en el fondo, está <u>una</u> (9) sola... [...]

Paco: Leticia, no me toques la cara, que <u>se</u> (10) va a caer la cafetera.

Leticia: ¿Qué dices?

Paco: Nada, una broma. Es una broma.

Leticia: ¡Mira! Conque, a pesar de todo, el señor <u>tiene</u> (11) hoy ganas de broma... [...]

Leticia: (...) Antes de morirse le pediste a Paco que no <u>se</u> (12) casara conmigo.

Pepe: ¿Y Paco te lo contó?

Leticia: Sí. Paco me lo contó.

Pepe: ¡Qué indecente!

Leticia: Tú sabes, Pepe, qué fuerza invencible me ha llevado siempre a hacer justamente aquello que <u>se</u> (13) me prohíbe.

Pepe: (...) ¿De modo que te convenció así?

Leticia: Sí.

Pepe: ¡Ah! (...) Por bien que se hagan las cosas, siempre se deja <u>uno</u> (14) algún cabo suelto.

Paco: ¿Otra vez?

Leticia: ¡Ay, qué lata de luces! Mañana sin falta, voy a hacer que <u>vengan</u> (15) a arreglarlas.

Amelia: Buenas noches <u>tengan</u> (16) los señores.

# Hablar del presente

En este anuncio se utiliza la estructura ESTAR (en presente de indicativo) + GERUNDIO.
1. ¿Podría usarse simplemente el presente?
2. ¿Habría alguna diferencia?

## 1. PRESENTE CRONOLÓGICO (MOMENTO ACTUAL)

**1.1.** **Presente de indicativo:** *Vivo en Madrid.*

**1.2.** **ESTAR (en presente) + gerundio**

• Resalta la idea de "en este momento": *Estoy viviendo en Madrid* (temporalmente).
• A veces, marca la idea de "últimamente": *Desde hace dos meses estoy trabajando en un nuevo libro.*
• Refuerza la idea de acción en proceso: *El hielo se está deshaciendo.*
Con algunos verbos no puede usarse (ver "Las perífrasis verbales").

## 2. HECHOS HABITUALES

**2.1.** **Presente de indicativo:** *Salgo de trabajar a las 6 todos los días.*

**2.2.** **ESTAR (en presente) + gerundio**
• Puede indicar cambio en los hábitos o temporalidad: *Estos días estoy saliendo de trabajar a las 6.*
• Puede señalar que una acción ya ha comenzado y sigue en el presente: *Todas las noches, cuando llega, su marido está preparando la cena* (frente a *su marido prepara la cena* = empieza a prepararla cuando llega).

## 3. REPETICIÓN O DURACIÓN EXCESIVA DE UNA ACCIÓN EN PRESENTE

**3.1.** **Menos intensa: presente de indicativo:** *Siempre llueve.*

**3.2.** **Más intensa: ESTAR (en presente) + gerundio:** *Siempre está lloviendo.*

**3.3.** **Mucho más intensa: construcciones de la lengua informal:** *Está venga a llover; Está llueve que te llueve* (ver "Las perífrasis verbales").

## 4. HACER CONJETURAS SOBRE EL PRESENTE

(Ver "La conjetura"): *Estará en su casa ahora; Probablemente esté riéndose de ti ahora; Seguro que ya está en casa desde hace un rato; A estas horas debe de estar trabajando; Ahora tiene que estar llegando ya a Zaragoza; A lo mejor está enfermo.*

## 5. REFERENCIAS AL PRESENTE QUE VIENE DEL PASADO

En presente de indicativo o imperfecto de indicativo: *Dijo que viene / venía hoy; Las chicas que te presenté ayer son / eran hermanas.* Al utilizar el presente, nos centramos en el momento en que estamos hablando, el actual: "viene hoy" y las chicas "son hermanas" hoy también. Cuando usamos el imperfecto, nos centramos en el momento pasado, en que se realizó la acción de "decir" o "presentar".

## 6. CON VERBOS Y EXPRESIONES QUE EXIGEN SUBJUNTIVO

En presente o imperfecto de subjuntivo: *No creo que tenga el libro que buscas; ¡Ojalá ahora mismo estuviera en casa!* (ver "El subjuntivo").

III *Ejercicios*

**✳ 1** Utiliza el PRESENTE o ESTAR + GERUNDIO (a veces son posibles los dos):

—Siempre me *(pasar)* ___(a)___ lo mismo en los hoteles. *(Despertarse)* ___(b)___ cuando las camareras ya *(limpiar)* ___(c)___ las habitaciones y *(tener)* ___(d)___ que vestirme deprisa para que arreglen la mía, que siempre *(ser)* ___(e)___ la última.
—¿Y a Antonio le *(ocurrir)* ___(f)___ lo mismo cuando *(ir)* ___(g)___ contigo?
—Antonio *(salir)* ___(h)___ últimamente muy poco de viaje con la empresa porque su mujer siempre *(quejarse)* ___(i)___ de que la *(dejar)* ___(j)___ sola, de que los chichos ya no *(conocer)* ___(k)___ a su padre...
—Pues este fin de semana en su casa no *(estar)* ___(l)___.
—Es que *(cazar)* ___(ll)___ con unos amigos en el campo.
—¿Pero *(tener)* ___(m)___ licencia de caza?
—¡Qué va! Si no *(saber)* ___(n)___ nada de caza. Pero no se lo digas a su mujer. Seguro que ahora, mientras *(hablar)* ___(ñ)___, *(divertirse)* ___(o)___ a lo grande. Él siempre se lo *(pasar)* ___(p)___ bien. Pero ya veremos cuando vuelva a casa.

**✳ 2** Completa cada una de las parejas de la columna **A** con el elemento de la columna **B** que más convenga:

| A | B |
|---|---|
| **A** 1) Estoy mirando ese cuadro... | a) ...cada vez que voy al museo. |
| 2) Miro ese cuadro... | b) ...con atención. |
| **B** 1) Como siempre a las tres... | a) ...Es mi costumbre. |
| 2) Estoy comiendo a las tres... | b) ...estos días porque hay mucho trabajo en la oficina. |
| **C** 1) Arreglo los ordenadores en esa empresa... | a) ...Es mi trabajo. |
| 2) Estoy arreglando los ordenadores en esa empresa... | b) ...Luego no sé adónde me mandarán a trabajar. |
| **D** 1) Esa editorial publica... | a) ...muchos materiales nuevos de español últimamente. |
| 2) Esa editorial está publicando... | b) ...sólo libros religiosos y nunca libros de otro tipo. |
| **E** 1) Aquí hace mucho calor... | a) ...en verano desde siempre. |
| 2) Aquí está haciendo mucho calor... | b) ...este verano. Pero no es lo normal. |
| **F** 1) Compro la fruta en esa tienda... | a) ...ahora porque la mía está cerrada por vacaciones. |
| 2) Estoy comprando la fruta en esa tienda... | b) ...desde siempre. |
| **G** 1) Ese artista pinta... | a) ...de forma realista. Es su estilo. |
| 2) Ese artista está pintando... | b) ...ahora un nuevo cuadro. |
| **H** 1) Un piso en Madrid está costando... | a) ...últimamente alrededor de veinte millones. Y siguen subiendo. |
| 2) Un piso en Madrid cuesta... | b) ...unos veinte millones. Es lo normal. Siempre ha sido una ciudad cara. |

## I ¿Cuánto sabes?

*Hace años, en un lejano país, había un Rey
que amaba las flores.*

*Un día llegó a palacio un viajero que le habló de un jardín
tan bello que no podía describirse con palabras.*

*El Monarca, que buscaba la perfección por encima de todo,
pensó que nunca sería feliz si no contemplaba ese jardín
con sus propios ojos.*

*Así pues, decidió ir a visitarlo y envió mensajeros para que
anunciaran su próxima llegada.*

*El jardinero, hombre humilde y sabio, no se consideró
merecedor de tal honor aunque, por amor a su Rey, preparó el jardín
para que pudiera ser digno de tan alto personaje.*

*El día señalado se levantó antes de amanecer y cortó todas las flores
excepto una, la más perfecta.*

*El Rey, al llegar, se postró ante la única flor
de todo el jardín y, demostrando su gran sabiduría,
lloró de felicidad y le dijo al jardinero:
«Tú sabes que en una sola flor está
la perfección de todas las flores, realmente eres
el más grande jardinero de todo mi reino.»*

**SONY**
Audio Digital

En la historia que aparece en este anuncio se utilizan el pretérito imperfecto y el pretérito indefinido de indicativo para hablar del pasado. ¿En qué casos se podría cambiar el imperfecto por el indefinido y viceversa?

## 1.  LA EXPRESIÓN DEL PASADO EN EL ESPAÑOL GENERAL

| Para expresar | Se utiliza | Acompañado de |
|---|---|---|
| Sucesos que nos interesan en su relación con el presente:<br><br>-Hechos del pasado que afectan o siguen vigentes en el presente.<br><br>-Posesión en el presente de experiencias pasadas a las que se refiere el participio. | **Pretérito**<br><br>**perfecto**<br><br>**de indicativo** | Marcadores temporales que se refieren a momentos no acabados o que abarcan un periodo de tiempo que incluye el momento de la enunciación ("en mi vida", "este mes"). También con periodos acabados pero que se interpretan como muy recientes ("este fin de semana", "esta mañana") o expresiones con "hace". |
| Sucesos pasados que nos interesan por el hecho en sí (ya no afectan al presente aunque sí pueden hacerlo sus resultados):<br><br>-Sucesos pasados que para el hablante no están relacionados con el presente.<br><br>-Sucesos que se dan por terminados. | **Pretérito**<br><br>**indefinido**<br><br>**de indicativo** | Marcadores que remiten a un pasado acabado: "ayer", "el año pasado". |

Observa ahora las siguientes frases:
• *Me he roto un brazo* = el brazo está roto.
• *De pequeño me rompí un brazo* = tal vez se pueda ver todavía la huella, pero el brazo ya no está roto.
• Podemos decir *Nos conocimos en Sevilla y hemos decidido casarnos*, pero no *Nos hemos conocido y decidimos casarnos*.

| Para | Tiempo que se utiliza |
|---|---|
| Narrar algo como si se estuviera viendo en el momento en que se habla, acercándolo al oyente. | **Presente de indicativo** |
| -Describir una situación, objeto, persona o lugar: *En esa época mi ciudad era más pequeña.*<br>-Hablar de un hábito en el pasado: *Cuando era pequeño, pasaba el verano con mis abuelos.*<br>En estos casos no importa tanto el hecho en sí como la situación que se describe. | **Pretérito imperfecto**<br>**de indicativo** |
| Expresar un hecho anterior a otro hecho del pasado: *Estaba cansado porque no había dormido.* | **Pretérito pluscuamperfecto de indicativo** (sustituido a veces por el **pretérito indefinido**) |
| Hablar de un hecho pasado que no llegó a realizarse: *Iba/fui a decírselo, pero no me dio tiempo.* | **Ir a** (en imperfecto de indicativo o indefinido) + **Infinitivo** |

## 2. LA EXPRESIÓN DEL PASADO EN OTRAS VARIEDADES DEL ESPAÑOL

**2.1.** La oposición **pretérito perfecto** / **pretérito indefinido** no es válida en algunas zonas del español (América, Islas Canarias, norte de España), donde frecuentemente el indefinido reemplaza al perfecto.

**2.1.** En la lengua formal (especialmente en el lenguaje periodístico y en las obras históricas) se encuentran a veces estos usos:

2.1.1. **Indefinido** por **imperfecto** para describir situaciones, personas o lugares, aunque en este caso se marca el final de la acción: *Madrid fue muy bonito* (indico que, para mí, ya no lo es); *Mi abuelo fue marinero* (indico que luego tuvo otra profesión o que está muerto).

2.2.2. **Imperfecto** por **indefinido** en la narración de acciones: *En 1958 entraba a trabajar en..., y pocos meses después moría...*

2.2.3. Para hablar de hechos históricos en narraciones se puede usar el **presente** de **indicativo**: *En 1492 Colón llega a América; En los años 40 los españoles viven en míseras condiciones.*

**2.3.** En la lengua informal: para expresar acciones que no sucedieron, pero estuvieron a punto de hacerlo, se utiliza el **presente de indicativo**: *Por poco me ahogo; Casi me caigo.*


## 3. LA EXPRESIÓN DEL PASADO MEDIANTE PERÍFRASIS VERBALES

(Ver "Las perífrasis verbales")

**3.1.** **Tener + participio:** *Tengo guardado el coche en el garaje.*

**3.2.** **Llevar + cantidad de tiempo + gerundio**: *Llevo dos semanas esperando un recambio para el coche y hoy tampoco me lo han traído.*

**3.3.** **Acabar + de + infinitivo**: *Acaba de llegar el recambio que esperaba.*

**3.4.** **Estar + gerundio.** Puede usarse con los cuatro tiempos del pasado, y añade la idea de acción en proceso, durativa, o repetida con frecuencia: *La niña ha estado llorando sin parar esta noche; La niña estuvo llorando toda la noche; La niña estaba llorando y su padre se despertó; Estaban muy cansados porque la niña había estado llorando toda la noche.*
En la lengua informal, para intensificar la expresión de la repetición y duración de una acción, podemos usar **Estar + venga a + infinitivo** y **estar + verbo en presente + que te + mismo verbo en presente**, poniendo el verbo "estar" en los diferentes tiempos del pasado: *La niña ha estado venga a llorar esta noche; La niña estaba llora que te llora y su padre se despertó.*

**4.** Para hacer conjeturas sobre el pasado (ver "La conjetura"): *No sé por qué estaba tan enfadado; le habría regañado su madre / a lo mejor le había regañado su madre.*

**5.** El condicional puede usarse para hablar del pasado en determinados casos (ver "El condicional simple y compuesto"): *Tú no habrías sido capaz de hacerlo.*

**6.** En algunas oraciones dependientes o independientes referidas al pasado es necesario utilizar el imperfecto, el pretérito perfecto o el pluscuamperfecto de subjuntivo (ver "El subjuntivo"): *¡Ojalá hubiera estado aquí!; Espero que haya llegado a tiempo; Me dijo que fueras inmediatamente.*

 **1**  A continuación tienes una lista de datos sobre la vida de Al Capone, famoso gángster ya muerto. Después de leerla, intenta completar con los verbos necesarios la biografía que tienes más abajo.

---

**LISTA DE DATOS**

EE.UU., 1899-1947
Hijo de un barbero italiano.
Apodo: "Cara cortada"

De joven, guardaespaldas de un sindicato; en 1919, oferta del gángster Johnny Torrio, de Chicago, dedicado al negocio de los burdeles. Viaje a Chicago.

1920    Promulgación de la ley seca; cambio de negocio de la asociación de Capone y Torrio, ahora dedicada al contrabando del alcohol; competencia con las bandas de O'Banion, los hermanos Genna, Moran y Aiello.

1924    Muerte a tiros de O'Banion. Comienzo de la guerra entre las bandas. Muerte de 135 gángsteres.

1926    Todas las bandas, excepto la de Aiello y la de Bugs, bajo el mando de Capone. Varios intentos de asesinato de Capone. Venganza de Capone: muerte, uno a uno, de todos los miembros de la banda de Aiello; muerte de cinco miembros de la banda de Moran el día de San Valentín de 1929 a manos de los de Capone disfrazados de policías.

1931    Detención de Capone por parte del FBI bajo la acusación de evasión de impuestos. Encarcelamiento hasta 1939.

1947    Muerte por apoplejía.

**BIOGRAFÍA DE *AL CAPONE***

"Al Capone _____ **(1)** en Estados Unidos cuando casi _____ **(2)** el siglo XIX. _____ **(3)** de ascendencia italiana, y le _____ **(4)** 'Cara cortada'.
Cuando _____ **(5)** joven, _____ **(6)** como guardaespaldas, hasta que en 1919 se _____ **(7)** a Chicago para reunirse con el gángster Johnny Torrio, que le _____ **(8)** asociarse con él.
Cuando, en 1920, se _____ **(9)** la ley seca en EE.UU., Capone y Torrio se _____ **(10)** al contrabando del alcohol. Pero su banda no _____ **(11)** la única en este negocio: _____ **(12)** con ella las bandas de O'Banion, Genna, Moran y Aiello.
En 1924 alguien _____ **(13)** a O'Banion, por lo que _____ **(14)** una guerra entre las bandas, durante la cual _____ **(15)** 135 gángsteres.
Durante los dos años siguientes, Capone _____ **(16)** reunir a todos las bandas bajo su mando pero no lo _____ **(17)** totalmente: las bandas de Bugs y Aiello _____ **(18)** asesinarle en varias ocasiones.
Capone se _____ **(19)**: _____ **(20)** a todos los de Aiello, y, en 1929, varios de sus hombres, que se _____ **(21)** de policías, _____ **(22)** a cinco personas de la banda de Moran.
Aunque durante años se le _____ **(23)** encarcelar por contrabando de alcohol, finalmente el FBI lo _____ **(24)** bajo la acusación de evasión de impuestos. _____ **(25)** en la cárcel ocho años.
Ya libre, en 1947, _____ **(26)** de una apoplejía."

---

**2** Aquí tienes un fragmento de una entrevista de la periodista española Soledad Alameda con el actor Paco Rabal, también español. Intenta recomponer la parte de la entrevista que aparece desordenada (los signos de puntuación y las mayúsculas pueden ayudarte).

–Cuénteme la historia de su peluquín.
–Bueno, es que desde muy joven ERA notablemente calvo y esto me IMPEDÍA hacer muchos papeles.
–Profesionalmente ERA un problema, pero, además, ¿le MOLESTABA ser calvo?
–Sí, al principio sí.

| A | B | C |
|---|---|---|
| –que no PARECÍA peluquín, <br> –Y lo SEGUÍ usando. <br> –En México me PUSIERON un pelo mezclado con el mío <br> –A medida que se IBA cayendo mi pelo, <br> –pues lo llevo también en la vida. <br> –y me DIJE: <br> –me PONÍA más cantidad de peluquín. | –mientras, el peluquín se HACÍA más grande <br> –Al principio lo SABÍAN mi mujer y los amigos; <br> –y la calva CRECÍA y CRECÍA. <br> –luego, todo el mundo; | –hasta que un día me LLAMÓ para hacer una película un director del grupo de Belloccio <br> –que APARECÍ sin pelo. <br> –Así ESTUVE mucho tiempo <br> –y me OFRECIÓ un papel <br> –que EXIGÍA que me afeitaran la cabeza. <br> –Y ésa FUE la primera vez <br> –¿Algo así?, le DIJE quitándome el peluquín. |

*El País Semanal*

Los verbos que aparecen en mayúsculas están en pretérito imperfecto o indefinido. ¿En qué casos podrían intercambiarse estos tiempos?

**3** En el texto que aparece a continuación, se narra la historia de Lupercio Latras, un bandolero de Aragón (España). Como es frecuente en las obras históricas, con frecuencia se usa el presente para hablar del pasado. Localiza los presentes que tengan valor de pasado y sustitúyelos por algún tiempo del pasado, tal como se haría en un texto normal, no de carácter histórico.

*Este señor, hijo menor de familia, nació en el valle de Hecho, entre 1550 y 1560. (...) No sabemos nada de la infancia de Lupercio, pero se empezó a hablar de él en 1576 y, a fines de 1579, fue condenado a muerte en rebeldía como consecuencia de un asunto oscuro. Se refugió en Francia, al abrigo de la justicia, y allí actuó como espía de la mismísima Corona española, aunque no por ello se le concedió la absolución, y pasó con frecuencia la frontera para dar golpes de mano, que acostumbraban a tener como víctimas las gentes de Jaca y, luego, Barbastro. Apoyado por algunos fieles que le siguen, siempre perseguido, recorre los valles pirenaicos, robando para subsistir, incendiando y matando si se le opone resistencia. Pese al terror, al pánico que provoca, goza de una cierta popularidad entre los montañeses y se beneficia de informaciones y complicidades tácitas o activas, que le permiten burlar regularmente a los representantes de la justicia.*

*Para desembarazarse de él, el rey nombra a Lupercio Latras capitán de una compañía de 200 hombres de infantería, que él mismo debe reclutar, para servir en Sicilia. Acepta a cambio de la amnistía y aprovecha para ir a Roma a pedir el perdón por la excomunión que pesa sobre él. Y así, en 1585, se halla rehabilitado y libre de cualquier condena. Pero Lupercio debía regresar de nuevo a su montaña; por una nueva condena de la justicia real, injusta en este caso, propone sus servicios al conde de Ribagorza, participa en la expedición de los montañeses contra los moriscos de Codo (...) y luego regresa a la Ribagorza para servir en la perdida causa del conde. Ataca a un ejército real y pierde a la mayor parte de sus hombres (...), logra huir, rehace una tropa de 50 fieles, (...) En octubre de 1588 se encuentra en Sangüesa con 160 hombres y recorre Aragón (...) Lupercio tiene más de 200 hombres, pero el ejército que lo persigue cuenta con 800.*

*Finalmente, lo sorprenden en Candasnos, aunque puede escapar, pero pierde un lote de documentos que usaba como salvoconducto por medio del chantaje. Se refugia en Benabarre y luego en las montañas. Se reemprende la persecución. Latras siempre logra escapar, pero su estrella declina. Vuelve a huir a Francia y vuelve a hacer de espía de Felipe II, y luego realiza una misión en Inglaterra. Al regreso de las islas, Lupercio es detenido y conducido al Alcázar de Segovia, donde es ejecutado sin mediar juicio alguno.*

Fragmento del libro *Historia de los españoles,* de Bartolome Bennassar.

**✳ 4** Imagina que estás compitiendo en un concurso de lengua y cultura españolas. La primera parte del concurso consiste en completar correctamente la pregunta con pretérito perfecto o con pretérito indefinido de indicativo con los verbos HABER, DAR, INGRESAR, MORIR, REINAR, DURAR y RECIBIR. La parte de cultura consiste en elegir la opción correcta de las tres respuestas posibles que se dan a la derecha. La puntuación máxima es 14.

| | a. | b. | c. |
|---|---|---|---|
| A) ¿Cuántos reyes de la dinastía de los Borbones ___ en España? | 5 | 2 | 10 |
| B) ¿En qué año ___ Francisco Franco? | 1975 | 1970 | 1977 |
| C) ¿Cuántas repúblicas ___ en España? | 2 | 1 | Ninguna |
| D) ¿Cuánto ___ la guerra civil española de 1936? | 5 años | 3 | 1 |
| E) ¿A cuántos españoles se les ___ el premio Nobel de Literatura? | A dos | A ninguno | A cinco |
| F) ¿Cuándo ___ España en la Comunidad Económica Europea? | En 1975 | en 1980 | en 1986 |
| G) ¿Cuántos directores de cine españoles ___ un Oscar? | 2 | 1 | Ninguno |

**✳ 5** En las siguientes anécdotas busca qué verbos de los que están en mayúsculas podrían sustituirse por los mismos verbos, en el mismo tiempo, pero con la perífrasis ESTAR + GERUNDIO, sin cambio de significado.

A) En el año 2 a. de C., al morir el príncipe Yamato-hiko, hermano del emperador, todo su séquito FUE enterrado vivo junto a él en su tumba real. Durante días se OYERON los gritos de terror y la agonía de los sepultados. La experiencia fue tan espantosa que el emperador, a la muerte de su esposa, DECIDIÓ encargar a los artesanos efigies de hombres que sustituyeran a los de carne y hueso.

B) Durante años, la India EXPORTÓ esqueletos humanos, destinados a las aulas de medicina de diversos países europeos. El gobierno PROHIBIÓ este comercio, ante los rumores de que la exportación PROPICIABA los asesinatos de niños, para luego vender sus cráneos.

*El libro de lo increíble,* Muy Interesante

C) **El niño gacela.** En 1970, el antropólogo francés Jean-Claude Armen DESCUBRIÓ a un niño salvaje de aproximadamente diez años que VIVÍA con un rebaño de gacelas como una más. Debido a su agilidad, fue imposible capturarle.

D) Marconi, inventor del telégrafo, TRABAJÓ en un sofisticado aparato para recibir voces del pasado; QUERÍA grabar las últimas palabras de Cristo en la cruz.

E) **Churchill tenía siete vidas.** El primer ministro británico tenía un sexto sentido que le SALVÓ la vida varias veces. En cierta ocasión decidió en el último momento no acudir a una exhibición aérea, en la cual un avión se ESTRELLÓ sobre la tribuna presidencial y mató a todos sus ocupantes. Otra vez, mientras CENABA con tres ministros, comenzó un bombardeo; él SIGUIÓ comiendo hasta que, de pronto, se dirigió a la cocina y ordenó a los sirvientes que bajasen al refugio. Tres minutos después, una bomba DESTRUYÓ la cocina.

F) **Un canto a la anestesia.** Un día de Navidad de 1809, el cirujano norteamericano Ephraim McDowell REALIZÓ con éxito la primera extracción de las dos trompas de Falopio y ovarios. Mientras tanto, para no pensar en el dolor, la paciente CANTABA villancicos.

*El libro de lo insólito... pero cierto,* Muy Interesante

# Hablar del futuro

## I ¿ Cuánto sabes?

1. Fíjate en este anuncio. ¿Quién crees que hace cada una de las promesas? ¿Quién crees que va a comprar la moto en cada caso?
2. ¿Qué tiempo verbal se utiliza en el anuncio para hacer promesas? ¿Se podría usar otro tiempo? ¿Tendrían las promesas el mismo efecto?

## 1.    EL FUTURO DEL PRESENTE

**1.1.**    La elección entre las siguientes formas depende muchas veces de la intención o el sentimiento del hablante. En general se utilizan para los usos que damos. Sin embargo, cuando no se quiere dar una intención especial a lo que se dice, se puede utilizar una u otra indistintamente.

|  | Futuro | "Ir a" + inf. en presente | Presente[1] |
|---|:---:|:---:|:---:|
| 1. Intenciones o planes establecidos por el hablante |  | X |  |
| 2. Cosas previstas o programadas | X (formal) |  | X |
| 3. Promesas | X |  |  |
| 4. Hechos que no dependen de la voluntad de nadie |  |  | X |
| 5. Predicciones (horóscopo, tiempo) | X |  |  |
| 6. Duda, indecisión, ignorancia[2] | X | X |  |
| 7. Hechos referidos a un punto indefinido en el futuro | X |  |  |
| 8. Acciones que están a punto de suceder[3] |  | X | X |

[1] El uso del presente para hablar del futuro exige que esté claro en el contexto que se remite al futuro.

[2] *No sé si voy a ir* = todavía no he hecho planes. *No sé si iré* = ignoro el futuro y puede que no dependa de mí.

[3] Se suele usar el futuro sólo cuando hay expresiones que indican inmediatez, como *dentro de un minuto* o *inmediatamente*.

*Ejercicio*

 **1**    Di a qué uso de la tabla anterior corresponde cada una de estas frases. Escribe el número correspondiente junto a cada ejemplo:

a)   Mañana es mi cumpleaños.

b)   No sé si vendrá.

c)   El rey visitará la universidad el próximo lunes.

d)   Ya hablaremos algún día.

e)   Mañana hará buen tiempo en toda la Península.

f)   Voy a cambiar de trabajo, lo tengo decidido.

g)   Corre, que va a salir el tren.

h)   Mañana me voy de vacaciones.

**1.2.**    **Estar (en futuro) + gerundio:** Indica que la acción estará en proceso en un punto del futuro: *Mañana a estas horas estarás volando a Estambul* .

**1.3.**    Para indicar que una acción que estaba prevista para el futuro no va a realizarse se utiliza el imperfecto de indicativo o la expresión "ir a (en imperfecto) + infinitivo": *Mañana había/iba a haber un concierto pero al final lo han suspendido.*

**1.4.**    **El uso de la palabra "ya":**

• **con futuro:** la acción se pospone para un futuro muchas veces indeterminado: *Ya hablaremos otro día.*

• **con presente de indicativo:** Cuando se refiere al futuro indica que la acción va a ocurrir inmediatamente *(Espérame, que ya voy)* y muchas veces se usa para ofrecerse a hacer algo *(Ya abro yo).*

• **con "ir a" + infinitivo:** indica que pronto va a suceder algo que se ha estado esperando *(Ya va a salir el desfile).*

## 1.5. Restricciones gramaticales:

1.5.1. Detrás de "si" condicional no se usa el futuro pero sí el presente o la perífrasis "ir a": *Si hay huelga de aviones, iré en tren; Si vas a seguir diciendo tonterías, me voy.* La oración principal ("iré en tren") no suele admitir la perífrasis pero sí el presente o el futuro.

1.5.2. Si la oración con "si" es futura, pero anterior a la oración principal, usamos el pretérito perfecto de indicativo: *Si se ha marchado cuando yo llegue, cogeré un taxi* .

1.5.3. Muchas oraciones subordinadas que se refieren al futuro necesitan el subjuntivo: *Iré donde / cuando / siempre que tú vayas,* etc. La oración principal ("iré") suele ir en futuro o en presente y no con perífrasis. Si la parte que va en subjuntivo se refiere a un futuro anterior a la oración principal, se usa el pretérito perfecto: *Cuando lo hayan visto, pasaremos a la siguiente sala.*

1.5.4. También necesitan subjuntivo oraciones simples referidas al futuro (por ejemplo, con "ojalá").

## 2. EL FUTURO DEL PASADO

### 2.1. La elección depende de la intención o sentimiento que quiera dar el hablante a lo que dice.

| | Imperfecto | "Iba a" + Infinitivo | Condicional |
|---|---|---|---|
| 1. Intenciones, acciones planeadas o establecidas | X | X (formal) | |
| 2. Predicciones, duda, indecisión, ignorancia | | X (posible) | X (frecuente) |
| 3. Acontecimientos inminentes[1] | X | X | |
| 4. En narraciones en estilo formal, para hablar de un hecho futuro con respecto de un punto en el pasado | | | X |

[1] Se usa el condicional sólo con expresiones que indican inmediatez ("en un momento", "en ese instante", etcétera).

*Ejercicio*

**✳ 2** Busca un ejemplo de cada uno de los usos del cuadro

a) No sabía si llegaría a tiempo.

b) Ese año volvió a Madrid, donde moriría varios meses después.

c) Sus vecinos se marchaban al día siguiente.

d) Corrieron porque el tren iba a salir.

### 2.2. Si el futuro del pasado incluye también al presente, se puede utilizar el futuro imperfecto, el presente o "ir a" en presente: *Ayer Elena todavía no me dijo si Juan vendrá/ va a venir/ viene esta noche o mañana.* Si se usan los tiempos del apartado anterior, se pierde la idea del futuro con respecto del presente.

### 2.3. El uso de la palabra "ya" se corresponde con los del punto 1.4.: **futuro →condicional; presente → imperfecto** (es mucho más frecuente usarlo para resaltar una acción en pasado que para referirse al futuro del pasado); **"ir a" + infinitivo (en presente) → "ir a" + infinitivo (en imperfecto).**

**Restricciones gramaticales:**

2.4.1. En las oraciones con "si" se utiliza el imperfecto o el pretérito pluscuamperfecto de indicativo, según se refieran a un punto en el pasado o a un punto anterior a otro respectivamente: *Les dijo que si tenían algún problema lo llamaran; Decidió que si a las diez no habían llegado llamaría a la policía.*

2.4.2. Si las oraciones necesitan subjuntivo, se usa el pretérito imperfecto o pluscuamperfecto de subjuntivo: *Cuando llegaran/hubieran llegado les diría lo que había sucedido.*

2.4.3. Existen oraciones simples con subjuntivo que se refieren al futuro del pasado, por ejemplo: *Ojalá hubiera venido antes de llegar nosotros.*

# 3. EL FUTURO PERFECTO

Se utiliza para hablar de un punto futuro anterior a otro punto en el futuro que se indica como plazo: *Cuando llegues tú, él ya habrá terminado.*

III *Ejercicios*

**3** Haz predicciones para el año 2025. Completa las siguientes frases poniendo el verbo que está entre paréntesis en futuro imperfecto o futuro perfecto (en afirmativo o en negativo). Luego lee el artículo y comprueba si tus predicciones coinciden con las del autor. Ejemplo: *En el año 2025, ya HABREMOS CONQUISTADO el cáncer.*

**En el año 2010:**

a) (No) Se _____ (INVENTAR) robots capaces de aprender con la experiencia.

b) Las máquinas (no) _____ (TENER) muchos botones.

c) (No) _____ (PODER / nosotros) comprobar nuestro estado de salud sin necesidad de ir al médico.

d) (No) _____ (UTILIZARSE) fármacos para regular el estado de ánimo.

e) (No) _____ (OLVIDAR / nosotros) cómo se cocinaban los alimentos.

f) La leche (no) _____ (CONTENER) elementos medicinales que producirán las propias vacas.

g) Las plantas (no) _____ (SER) alteradas genéticamente.

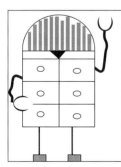

..El robot está aprendiendo. Es un modelo flexible que sale de la fábrica sin apenas entrenamiento específico, pero con mucha capacidad para adquirir experiencia a medida que va reconociendo el entorno y memoriza las rutinas diarias. Las máquinas responden a órdenes verbales o señales en las pantallas, por lo que carecen de teclados y son muy fáciles de usar.

El domingo por la mañana es un buen momento para hacerse un chequeo médico con el multisensor que hay en el cuarto de baño: todos los datos se graban en el ordenador y se transmiten al centro de salud, donde se contrastan con el historial médico de cada vecino. El tocador del dormitorio incluye un dosificador de neurotransmisores (relajantes o estimulantes, potenciadores de la memoria o del atractivo sexual), una especie de maquillaje psicológico para prepararse ante las actividades del día.

En la cocina, hoy se prescinde del desayuno automático que el ordenador dirige a diario. El domingo hay tiempo para hacer chocolate o café en la cafetera tradicional y cocinar algún plato. La leche es casi obligatoria en la alimentación; claro que no es simplemente leche. En vista de la recomendación del centro médico, hoy conviene tomar un vaso de leche con anticuerpos que potencian el sistema inmunológico del organismo y le ayudan a defenderse de las infecciones. No son sustancias añadidas, sino que las mismas vacas las producen en la leche, y pueden ser vacunas, hormonas del crecimiento, vitaminas..., porque la ingeniería genética ha permitido insertar en plantas y animales genes responsables de la producción de muchos compuestos que antes se tomaban en pastillas.

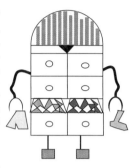

Alicia Rivera, *El País Semanal,* extracto.

**4** Éste es un programa de actividades que han elaborado en una empresa para organizar la visita de unos socios extranjeros al día siguiente:

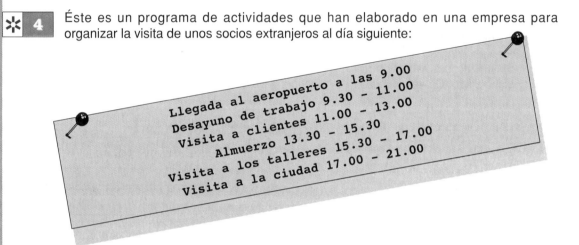

Llegada al aeropuerto a las 9.00
Desayuno de trabajo 9.30 - 11.00
Visita a clientes 11.00 - 13.00
Almuerzo 13.30 - 15.30
Visita a los talleres 15.30 - 17.00
Visita a la ciudad 17.00 - 21.00

**A.** Imagina que un miembro de la empresa le cuenta a otro el plan de actividades por teléfono. Completa el texto poniendo los verbos en PRESENTE, FUTURO o IR A (en presente) + INFINITIVO. Para muchos de los huecos hay varias posibilidades, indícalas:

Pues mira, para mañana les tenemos preparado un plan muy apretado. ___ **(1)** ___ (LLEGAR) al aeropuerto a las nueve y luego nos ___ **(2)** ___ (IR) a desayunar. Durante el desayuno ___ **(3)** ___ (HABLAR) de los últimos pedidos y luego ___ **(4)** ___ (IR) a visitar a los distintos clientes. Más o menos a la una y media nos ___ **(5)** ___ (IR) a comer y luego _____ **(6)** _____ (VISITAR) los talleres. Cuando terminemos en el taller, los ___ **(7)** ___ (LLEVAR) a ver la ciudad.

**B.** A pesar de todos los preparativos, los socios extranjeros han decidido anular la visita. Completa esta conversación en la que uno de los miembros de la empresa le comenta a otro el plan que ya no se va a llevar a cabo. Cuando haya varias posibilidades, indícalo.

Pues es una pena, porque lo teníamos ya todo perfectamente organizado. Ellos ___ (LLEGAR) a las nueve. Luego ___ (DESAYUNAR/nosotros) y nos ___ (ir) a ver a los clientes. Después ___ (COMER/ nosotros), ___ (VISITAR / nosotros) los talleres y les ___ (ENSEÑAR / nosotros) la ciudad.

**5** Completa estas frases poniendo los verbos en IMPERFECTO, CONDICIONAL o IR A (en imperfecto) + infinitivo:

a) Nos hemos venido sin coche porque hemos pensado que _____ (TENER / nosotros) atasco al volver esta noche.

b) No pudieron venir a vernos. Cuando llamaron _____ (IRSE / ellos) de compras y luego _____ (TENER) una boda.

c) Sabía que enfrentarse al jefe _____ (TRAERLE) problemas en el futuro.

d) Miramos el horario y el tren _____ (SALIR) a las cinco así que nos _____ (DAR) tiempo a tomar un café.


**6** Las siguientes frases hacen referencia al futuro (del presente o del pasado), pero ninguna lleva el verbo en futuro. Complétalas poniendo el verbo en el tiempo adecuado (de indicativo o subjuntivo).

a) Mañana te _____ (ESPERAR) nosotros a las tres.

b) Ojalá _____ (TENER / tú ) suerte.

c) Cuando _____ (IR / yo) a visitarte, me tienes que presentar a tus padres.

d) Si _____ (TENER / tú) problemas allí, dímelo.

e) Sabía que _____ (VENIR / ellos) pronto porque ya había llegado el avión.

f) Si _____ (TENER / él) problemas, necesitaría nuestra ayuda.

g) Pensó que cuando _____ (LLEGAR / él) al día siguiente se encontraría la casa vacía.


**7** Une cada principio de frase con la parte que le corresponda. Después conjuga el verbo en PRESENTE, IMPERFECTO, FUTURO, CONDICIONAL o con la perífrasis IR A + INFINITIVO.

| | | | |
|---|---|---|---|
| a) | Está sonando el teléfono, | 1) | ya _____ (ARREGLARSE) |
| b) | No te impacientes, | 2) | ya lo _____ (LINCHAR) |
| c) | No te preocupes, | 3) | ya lo _____ (TERMINAR) mañana |
| d) | Ahora no nos da tiempo, | 4) | ya _____ (BAJAR) (yo) |
| e) | Están aplaudiendo, | 5) | ya _____ (VENIR) a ayudarle |
| f) | En ese momento no estaban seguros, | 6) | ya _____ (SALIR) la novia |
| g) | Llegué justo a tiempo, | 7) | ya _____ (COGER) yo |
| h) | Cuando habló con los bomberos se sintió más tranquilo, | 8) | ya lo _____ (DECIDIR) más tarde. |

I   *¿ Cuánto sabes?*

LAS REBAJAS DE ENERO EMPIEZAN EN FEBRERO Y TERMINAN EN MARZO

| MADRID - ORENSE Desde 2.000 PTS. | MADRID - VIGO Desde 2.500 PTS. | MADRID - SANTIAGO Desde 3.000 PTS. | MADRID - CORUÑA Desde 3.000 PTS. |
| MADRID - PONTEVEDRA Desde 2.500 PTS. | MADRID - LUGO Desde 3.000 PTS. | MADRID - FERROL Desde 3.000 PTS. | MADRID - LEON Desde 2.500 PTS. |
| MADRID - OVIEDO Desde 2.500 PTS. | MADRID - GIJON Desde 2.500 PTS. | MADRID - ALICANTE Desde 2.600 PTS. | MADRID - VALENCIA Desde 2.600 PTS. |
| MADRID - ALBACETE Desde 1.500 PTS. | MADRID - MURCIA Desde 3.400 PTS. | MADRID - CARTAGENA Desde 3.900 PTS. | MADRID - CACERES Desde 2.500 PTS. |
| MADRID - BADAJOZ Desde 3.300 PTS. | MADRID - ALMERIA Desde 3.800 PTS. | MADRID - GRANADA Desde 3.500 PTS. | MADRID - BARCELONA Desde 3.000 PTS. |
| MADRID - PAMPLONA Desde 2.500 PTS. | MADRID - ZARAGOZA Desde 1.500 PTS. | MADRID - LOGROÑO Desde 2.000 PTS. | MADRID - BURGOS Desde 1.700 PTS. |
| MADRID - VITORIA Desde 2.500 PTS. | MADRID - SAN SEBASTIAN Desde 3.000 PTS. | MADRID - BILBAO Desde 2.500 PTS. | MADRID - SANTANDER Desde 2.500 PTS. |

PROMOCION VALIDA PARA VIAJAR HASTA EL 31 DE MARZO
Infórmese en Renfe y Agencias de Viaje.
Y pregunte también por nuestras ofertas de viajes para fin de semana.

RENFE
MEJORA TU TREN DE VIDA

1. La frase que encabeza el anuncio: ¿se refiere al pasado, al presente o al futuro?
2. ¿Qué otros tiempos verbales podrían usarse en vez del presente de indicativo para expresar lo mismo?

# II   A saber

**1.** Para hablar del presente (ver "Hablar del presente").

**2.** Para hablar del futuro, normalmente acompañado de alguna referencia temporal (ver "Hablar del futuro").

**3.** Para hablar del pasado (ver "Hablar del pasado").

**4.** Para dar instrucciones u órdenes (ver "El mandato").

**5.** Para hablar de hechos generales o universales, no sujetos al paso del tiempo. (Debido a este uso, para marcar que no se trata de este presente, sino que estamos hablando del momento actual, necesitamos añadir palabras o expresiones como "ahora", "en este momento": *En España ahora casi no llueve*, o la perífrasis **estar + gerundio:** *Con el calor, el hielo se deshace* es algo universal, frente a *Con el calor, el hielo se está deshaciendo*, que sucede en el momento en que se dice.)

**6.** En oraciones condicionales irreales en la lengua informal.

# III   Ejercicios

**✳ 1** Relaciona cada frase con alguno de los usos del apartado anterior.

a) *Primero pelas las patatas*
b) *Mañana me caso*
c) *Si lo sé no vengo*
d) *Antes, cuando venía, casi me caigo*
e) *La ballena es un mamífero*
f) *Me levanto a las nueve*

**✳ 2** Usa ESTAR + GERUNDIO o PRESENTE

a) El Sistema Solar *(tener)* _____ ocho planetas, pero las naves de reconocimiento enviadas últimamente *(descubrir)* _____ cada vez más.

b) Mi hijo ya *(aprender)* _____ a pedir algunas cosas por su nombre. El aprendizaje de una lengua *(ser)* _____ lento.

c) No pongas los filetes en la sartén. El aceite *(calentarse)* _____ todavía. Ten mucho cuidado, porque el aceite caliente *(ser)* _____ muy peligroso.

d) Ha venido hoy un grupo de arqueólogos y *(desenterrar)* _____ unas ruinas a las afueras del pueblo. La arqueología *(ser)* _____ una ciencia apasionante.

e) Las nuevas técnicas de la medicina *(estar)* _____ muy avanzadas. En estos momentos *(operar)* _____ a mi madre y dentro de una hora ya estará en casa.

f) Llama al director y escucha la radio. La Bolsa *(subir)* _____ ahora y hay que aprovechar el momento. Nunca entenderé la Bolsa, porque no *(ser)* _____ una ciencia exacta.

**3** Señala si las formas en PRESENTE en mayúsculas expresan presente, pasado o futuro.

a) Me VOY de viaje, pero todavía nos QUEDA tiempo.
b) Y después de toda la discusión, le DIGO que no me VA a ver más y no me CREE. Pues todavía no he vuelto.
c) Cuando llegue el examen, ¿qué HAGO yo?
d) La España del siglo XVII ES un país económicamente débil.
e) España ES un país mediterráneo.
f) Me CUENTA el otro día que no me PUEDE pagar y se MARCHA. ¿Te PARECE correcto?
g) ¿Te colaste en el tren? Y si te PIDEN el billete, ¿qué HACES?
h) Si me EXPULSAN de casa, ¿dónde VIVO yo entonces?

**4** Ramón Gómez de la Serna fue un escritor español famoso por crear frases ingeniosas, muchas de ellas graciosas y absurdas.

**A.** A continuación tienes varias de esas frases que escribió pero divididas por la mitad y desordenadas. Léelas con atención y reconstruye la frase original:

| | |
|---|---|
| La gasolina es... | ...una estrella a la que se le ha caído el moño. |
| El arco iris es... | ...el incienso de la civilización. |
| El cometa es... | ...el peluquín de las piedras. |
| El musgo es... | ...la bufanda del cielo. |

**B.** Vamos a hacerlo un poco más difícil: reconstruye las frases originales de Gómez de la Serna utilizando un fragmento de cada una de las columnas; conjuga el verbo de la columna **B** en la forma apropiada:

| A | B | C |
|---|---|---|
| El agua... | ...(sonar)... | ...se pegan a las sillas |
| Las flores que no... | ...(volver)... | ...a máquina de escribir de la muerte |
| La ametralladora... | ...(salir)... | ...son flores mudas |
| Las gaviotas... | ...(sentarse)... | ...de los ojos negros de las mujeres jóvenes |
| Las primeras golondrinas... | ...(oler)... | ...de paseo |
| La "q" es una "p" que... | ...(soltarse)... | ...el pelo en las cascadas |
| Lo malo de los nudistas es que cuando... | ...(nacer)... | ...de los pañuelos que dicen "¡adiós!" en los puertos |

# El pretérito imperfecto y el pluscuamperfecto de indicativo

## I ¿Cuánto sabes?

En la frase del anuncio aparece el verbo "podía". Lee atentamente esa frase y contesta a estas preguntas:

1. ¿La frase se refiere a una acción pasada o a una acción futura?

2. ¿Podría sustituirse ese pretérito imperfecto por algún otro tiempo sin variación de significado?

## 1. USOS DEL PRETÉRITO IMPERFECTO Y DEL PLUSCUAMPERFECTO DE INDICATIVO

**1.1.** **Para hablar del pasado** (ver "Hablar del pasado").

**1.2.** Para presentar información nueva sin contundencia, dejando abierta la posibilidad de cambiar de idea:
–¿*Dónde vas este fin de semana?*
–*Pensaba/había pensado ir al campo.*

**1.3.** En la lengua informal se usa muchas veces con el valor de acción que podría realizarse, en lugar del condicional: *Sí, que te ponías tú delante del toro, ¿no? ¡Ya!; Si tuviera dinero, me compraba otro coche; Era mejor que se pusiera a trabajar ahora mismo; Aunque me lo pidiera / hubiera pedido, no me quedaba / había quedado; Más te valía no haberla conocido; Podíamos ir al cine, ¿no?*

**1.4.** Para pedir que se repita o confirme una información que ya se ha dado: *Me ha dicho que su hijo tenía 13 años, ¿verdad?; ¿Cuándo era la fiesta?* (= *¿Cuándo habéis dicho que se va a celebrar la fiesta?*).

## 2. USOS DEL IMPERFECTO

**2.1.** En fórmulas de cortesía con los verbos QUERER y DESEAR, para realizar peticiones en establecimientos públicos: el empleado utiliza para preguntar cualquiera de los dos verbos, mientras que el cliente le responde con el verbo QUERER:
–¿*Qué deseaba?*
+*Quería un bolso de esos del escaparate.*

**2.2.** Puede indicar que el mensaje que transmitimos fue dicho por otras personas:
–¿*Cuándo vuelve Carmen?*
+*Creo que llegaba mañana* (según me dijeron).

**2.3.** Puede expresar un futuro que ya no se va a realizar: *Mañana había concierto, pero lo han suspendido.*

En el siguiente diálogo, que se desarrolla en una tienda de artículos para niños, busca en qué verbos se podría haber utilizado un pretérito imperfecto o un pluscuamperfecto y ponlos en la persona adecuada:

–Buenos días. ¿Qué desea?
+Quiero comprar un regalo para una niña que va a cumplir cuatro años mañana, pero todavía no sé qué comprarle, porque ya tiene demasiados juguetes. A lo mejor usted me podría ayudar...
–Pues yo que usted, le compraría un libro, porque ya pronto empezará a leer...
+Yo he pensado que quizá sería mejor comprarle algo de ropa...
–Bueno, pues podría usted, por ejemplo, llevarle un pijamita de estos que tengo aquí. Eso siempre viene bien.
+A ver... Éste es precioso... Sí, éste me gusta, pero yo creo que es pequeño para ella. Necesito, por lo menos, dos tallas más.
–Pues ahora mismo no tengo más tallas, a no ser que... espere... porque si fuera la del escaparate, lo quito ahora mismo y se lo doy... No, ésta también es pequeña.
+¡Vaya!
–¿Y cuándo es el cumpleaños? Porque del almacén me han dicho que me traen más pasado mañana.
+Pues primero dijeron que lo celebrarían mañana, que es el cumpleaños, pero la niña se ha puesto mala y lo han dejado para el sábado.
–Entonces no hay problema...

# Tema 9

# El futuro imperfecto y perfecto de indicativo

## I ¿Cuánto sabes?

1. Este chico, ¿es un zoquete ahora o lo va a ser en el futuro?
2. ¿Es muy zoquete o sólo un poco?
3. Cuando ella dice esta frase, ¿está muy enfadada o no?

Los dos tiempos tienen los mismos usos. Salvo que se indique lo contrario, el futuro perfecto añade la idea de pasado.

**1.** Para hablar del futuro (ver "Hablar del futuro").

**2.** Para hablar de hechos probables en el presente (futuro imperfecto) o en el pasado, pero que afectan al presente (futuro perfecto) (ver "La conjetura").

**3.** Para dar órdenes tajantes: *Tú harás lo que yo te diga* (no se usa el futuro perfecto) (ver "El mandato y la petición").

**4.** Para rechazar, por no creerlo o porque no estamos seguros, lo que otras personas han dicho: —*Tú no vales para eso.*    —*Carlos es muy inteligente.*
+*Eso lo dirás tú.*          +*Pues será muy inteligente, pero dice muchas tonterías.*

**5.** Lo que decimos en futuro es un obstáculo o algo que contradice el resto de la oración: *A ti no te importará pero a mí sí* (aunque a ti no te importe, a mí sí).

**6.** Para expresar extrañeza o reprobación: *¡Serás tonto!; ¿Será posible?* (Aquí es difícil encontrar el futuro perfecto).

**7.** Para hacer afirmaciones tajantes: *¡Si lo sabré yo!; ¡Pues no le habré ayudado yo veces!* (yo le he ayudado muchas veces).

**8.** En segunda y tercera persona, para dejar toda la responsabilidad en manos de la persona o personas nombradas: *Tú sabrás; Ellos verán* (no se usa el futuro perfecto).

**9.** En la lengua formal, para indicar que se va a empezar a hablar: *Empezaré por decir que...; Sobre este tema les diré que...*

**10.** Para evitar objeciones: *Como usted comprenderá, yo no voy a estar todo el día esperando; No dirás que... / No irás a decir que... / No se te ocurrirá pensar que...* (estas últimas frases también tienen la idea de temor que se explica en el punto siguiente).

**11.** Para expresar temor: NO + FUTURO: *No te caerás* (espero que no te caigas); *No se nos habrá olvidado nada* (espero que no se nos haya olvidado nada).

# III *Ejercicios*

✳ **1** Di si estas frases, que tienen el verbo en futuro, se refieren realmente al futuro o no.

| | |
|---|---|
| a) ¡No irá usted a pensar que queremos timarle! | i) Si sigues así, terminarás destrozado. |
| b) Iremos a comprar los libros cuando tenga tiempo. | j) A ti te habrá parecido bien, pero yo creo que es un gasto absurdo. |
| c) No perderás el dinero, ¿verdad? | k) ¿Serás capaz de dejarme aquí sola? |
| d) —¿Qué le pasa que no habla? +Estará cansado. | l) Terminaremos esto como podamos. |
| e) Juan no ha llegado todavía. Se habrá quedado dormido. | m) ¡No le habré visto yo veces hablando solo como un loco! |
| f) Tendrá mucho dinero, pero a mí me parece un tacaño. | n) ¡Si estaré yo seguro de que lo venden! Lo va a comprar mi hermano... |
| g) A partir de ahora tendrás que trabajar tú solo. | ñ) Tú verás lo que haces. |
| h) Tú dirás lo que quieras pero yo pienso seguir adelante. | o) Cuando llegue, ya habremos terminado. |
| | p) A este respecto, les diré que ya nos hemos ocupado de ello. |

✳
✳ **2** ¿Con cuál de los usos del futuro que se explican en el tema, relacionas cada una de las frases del ejercicio anterior?

# El condicional simple y compuesto

Fundación Purina

**El nunca lo haría.**
**No lo abandones.**

1. La primera frase del anuncio, ¿se refiere al pasado, al presente o al futuro?
2. ¿Qué expresa esta frase?:

    a) El perro no solía abandonar a su amo.

    b) El perro nunca va a abandonar a su amo, aunque éste lo haya hecho.

    c) Los perros nunca abandonan a sus amos.

## 1. EL CONDICIONAL SIMPLE

Se utiliza para hablar del presente, del pasado o del futuro.

 **1** A continuación tienes una lista con los principales usos del condicional y otra con ejemplos de estos usos. Intenta encontrar dos ejemplos de cada uso.

| | |
|---|---|
| 1. Para hacer conjeturas sobre el pasado (ver "La conjetura"). <br> 2. Para hablar del futuro del pasado (ver "Hablar del futuro"). <br> 3. Para hablar de hechos que se presentan como irreales porque son consecuencia de una hipótesis que se considera incumplida. <br> 4. Para hablar de hechos que se presentan como poco probables porque dependen de condiciones que es difícil que se cumplan en el futuro. <br> 5. Para hablar de hechos que se presentan como irreales o poco probables, aunque la hipótesis no aparezca. <br> 6. Para hacer más amables las peticiones. <br> 7. Para sugerir amablemente. <br> 8. Para expresar que la información que se da proviene de otras fuentes y que no se asume la responsabilidad de que sea cierta o se vaya a cumplir (esencialmente en los medios de comunicación). <br> 9. Para rechazar o dudar de lo que otra persona ha afirmado anteriormente sobre un hecho pasado. | a) ¿Podría usted ayudarme?* <br> b) (Al jefe) Necesitaría tener la tarde libre.* <br> c) Al parecer, los partidos de la oposición no estarían dispuestos en este momento a discutir este punto. <br> d) Al año siguiente no volverían a verlo. <br> e) Aunque el jueves me tocara la lotería, no compraría otra casa.* <br> f) Aunque ahora estuviera en Barcelona, no estudiaría catalán.* <br> g) Juraría que lo había puesto aquí. <br> h) No sé cuántos años tenía. Tendría unos veinte. <br> i) Pensó que al dia siguiente podría hacerlo mejor. <br> j) Podríamos ir al cine.* <br> k) Según afirma su portavoz, el gobierno tendría la intención de cambiar esta ley en el futuro. <br> l) Sería mejor que estudiaras más. <br> m) Si mañana me regalaran un coche, tendría que aprender a conducir. <br> n) Si ahora viviera en Barcelona, aprendería catalán.* <br> ñ) Su mujer no vino. Se quedaría durmiendo. <br> o) Tú no me harías eso.* <br> p) Pues tendría mucho dinero, pero nunca invitaba a nadie. <br> q) Viviría muchos años en Inglaterra, pero habla un inglés horrible. |

*En todas estas frases, también se usa el imperfecto de indicativo en la lengua informal.

**1.1.** El condicional se utiliza mucho para suavizar peticiones, deseos, sugerencias y opiniones: *Yo te pediría..., Me gustaría..., Yo diría que...* Es muy frecuente utilizarlo para dar consejos con expresiones como "deber", "tener que", "ser mejor que", "más valer que", "ser conveniente", "convenir que".

**1.2.** Además tiene, refiriéndose al pasado, los mismos valores que tiene el futuro simple cuando se usa para hablar del presente: *Sería idiota; Si lo sabría yo*; etc. (ver "El futuro imperfecto y perfecto de indicativo").

## 2. EL CONDICIONAL COMPUESTO

Funciona como el simple, pero añade la idea de anterioridad.

III *Ejercicios*

 Busca en la segunda lista un ejemplo de cada uno de estos usos

| | |
|---|---|
| 1. Para hacer conjeturas anteriores a una situación en el pasado (ver "La conjetura"). | a) Habría sido mejor que fueras.* |
| 2. Para expresar la no realización de un hecho pasado al no cumplirse las condiciones necesarias previas. | b) Me habría gustado verla cuando estuvo aquí.* |
| 3. Para hablar de la posible realización de una acción antes de un momento en el futuro, dependiendo del cumplimiento de condiciones necesarias previas. | c) No sé qué le pasaba pero estaba enfadado. Habría tenido una discusión con el jefe. |
| | d) Según fuentes oficiosas, el Presidente habría decidido ya la fecha del referéndum. |
| 4. Para expresar necesidad, obligación o conveniencia no cumplida en el pasado, generalmente lamentándolo. | e) Si le hubiera tocado la lotería, no habría venido a trabajar.* |
| 5. Para expresar deseos no cumplidos. | f) Si ahora me dices que no y yo busco a otra persona, piensa que si luego quisieras volver aquí yo ya habría contratado a otro. |
| 6. En los medios de comunicación, para hablar de hechos pasados recalcando que se trata de información procedente de otros. | |
| 7. Para señalar rechazo o duda respecto a lo dicho anteriormente por otra persona, cuando se trata de un hecho pasado anterior a otro hecho pasado. | g) Pues habría ido antes de que yo llegara, pero yo no la vi, y eso que la busqué por todas partes. |

*En estas frases también puede usarse el pluscuamperfecto de subjuntivo, sin cambio de significado.

 Elige la forma adecuada:

a) Julio Verne escribió, a finales del siglo pasado, que el hombre (llegaría / habría llegado) a la Luna.

b) Si Julio Verne hubiera publicado en 1863 su novela inédita, en la que imaginaba que en 1960 (existirían / habrían existido) los coches, el metro y el fax, nadie le (creería / habría creído).

c) Los científicos piensan que (sería / habría sido) posible llegar a Marte en el año 2015.

d) Los científicos piensan que (sería / habría sido) posible llegar a Marte ya en los años ochenta, si los gobiernos hubieran dedicado más dinero a los programas espaciales.

e) En el caso de establecerse colonias en Marte, sólo unos pocos privilegiados (tendrían / habrían tenido) la posibilidad de viajar a ellas antes de que se generalizaran los viajes espaciales a todo el mundo.

f) Los científicos creen que en las futuras colonias espaciales (sería / habría sido) posible cultivar plantas y autoabastecerse de energía.

g) Aunque hubiera ahora viajes espaciales, a mucha gente no le (gustaría / habría gustado) moverse de la Tierra.

h) Si me dijeran que ahora se puede viajar en el tiempo, no me lo (creería / habría creído).

i) Los ecologistas de los años sesenta creían que en 1980 se (fabricarían / se habrían fabricado) de forma masiva coches eléctricos, puesto que en los años setenta las casas de automóviles ya (empezarían / habrían empezado) a construirlos.

j) Aunque digan que la tecnología (podría / habría podido) solucionar todos los problemas en el futuro, no me lo creo.

**4** Sustituye por formas del condicional, cuando sea posible, las formas verbales del texto que aparece a continuación:

# Rueda de prensa de los científicos encargados del *Proyecto Contacto*.

Nos hubiera tranquilizado, a nosotros y a la opinión pública, que los científicos encargados del *Proyecto Contacto* hubieran sido más explícitos. Pero no ha sido así.

En nuestra opinión, podían haber dado más explicaciones a la opinión pública en la rueda de prensa que ayer se celebró en la sede central del proyecto. Podía deberse a su inexperiencia a la hora de enfrentarse a los medios de comunicación, pero sus silencios y titubeos nos hacen pensar que puede tratarse de algo más.

Según se comentaba ayer entre la prensa allí reunida, los científicos habían recibido instrucciones desde las más altas instancias de no aportar más que los datos mínimamente indispensables. Otros comentarios apuntaban la idea de que el gobierno tiene la intención de ocultar los hechos hasta que las investigaciones no avancen más.

De todos modos, creemos que se debiera haber advertido a los periodistas que acudimos de todos estos extremos. Un acontecimiento tan importante como el primer contacto con seres de otro mundo no es un asunto que pueda ocultarse durante mucho tiempo. La información debía haber sido más amplia o, en caso contrario (como ocurrió), no haber convocado una rueda de prensa que hubiera sido mejor que no se celebrase.

Un gobierno que no oculte nada no tiene que tener miedo a la prensa ni a que el público conozca la verdad sobre asuntos que pueden afectar (aún no lo sabemos con seguridad) al futuro de la Humanidad.

## NO SE LA JUEGUE EN UNA PASADA

## LA VIDA ES EL VIAJE MÁS HERMOSO

Dirección Gral. de Tráfico

Ministerio del Interior

No deje que las prisas conviertan su viaje en un juego peligroso. O se encontrará apostando la vida en cada adelantamiento.
Si no las tiene todas consigo, no pase.
La vida no es un juego y su cita con las vacaciones siempre puede esperar una hora más. Cuando llegue el momento de partir siga nuestro consejo.

**En los largos desplazamientos:**
- Revise los puntos vitales de su vehículo
  - Abróchese siempre el cinturón.
  - Respete los límites de volocidad.
- Mantenga la distancia de seguridad.
- No adelante sin visibilidad.
  - Al mínimo síntoma de cansancio, no conduzca.
- Póngase el casco si viaja en moto o ciclomotor.
- **Siga estos consejos también en los trayectos cortos**

1. Localiza los imperativos que aparecen en el anuncio.
2. ¿Sirven para dar órdenes?

## 1. FORMA

**1.1.** "Tú" y "vosotros/as", en oraciones afirmativas, son las únicas personas con forma propia. "Vosotros/as" tiene, además, estas peculiaridades:
- En la lengua informal se cambia con frecuencia por el infinitivo: *sentaros, beber, ir.*
- Cuando lleva un pronombre personal detrás, desaparece la "d" final: *sentaos, callaos.*

**1.2.** En el resto de las personas y en todos los imperativos negativos se usan las formas del presente de subjuntivo.

**1.3.** Para "nosotros/as", la forma del presente de subjuntivo es de uso formal; en la lengua informal se prefiere "vamos" (para "ir") y "vamos a + infinitivo" para los demás verbos: *Venga, vamos a empezar.*

**1.4.** Para "él, ella, ellos, ellas" se usa "que" delante del verbo: *Que vayan ellas.*

**1.5.** Sobre el uso del pronombre sujeto *(Tú, llama)* y la colocación de los pronombres complemento *(dámelo, no me lo des)* ver "Los pronombres personales".

## 2. USOS

**2.1.** **Ordenar y pedir.** La intención comunicativa depende de la relación entre los interlocutores, y se manifiesta en la entonación y el uso de deteminadas expresiones.

2.1.1. Órdenes tajantes: se refuerzan a menudo con expresiones, como en *Ven aquí, te digo; Ven aquí ahora mismo,* o con el uso del pronombre sujeto: *Tú, ven.*

2.1.2. Peticiones: se refuerza este valor con el uso de expresiones como *si puede/es/en/podéis, cuando pueda/as/an/podáis, haz/haced/haga/hagan el favor* (generalmente pospuesto), *por favor,* etc. Sin embargo, pueden también emplearse con tono amenazante, adoptando así el valor de una orden tajante:*¡Ven aquí, haz el favor!* (una madre a su hijo, a gritos).

**2.2.** **Aconsejar**. *Anda, duerme un poco, ya verás como te sientes mejor.*

**2.3.** **Dar instrucciones**. *Coja el huevo y bátalo; Siga todo recto.*

**2.4.** **Animar a la acción.** *Pase, pase, no se quede en la puerta.*

**2.5.** **Dar permiso, asentir a una sugerencia o petición.**

    –¿Lo compro yo?         –¿Me puedo ir?
    +Cómpralo.             +Sí, vete.

## 3. REPETICIÓN DEL IMPERATIVO

- Usarlo dos veces puede indicar urgencia: *Cierra, cierra, que se escapa el perro,* o mayor cortesía, por ejemplo, cuando se da permiso: *Abra, abra.*

• Cuando hay que repetir un mensaje dado en imperativo, se suele hacer con la forma "que + presente de subjuntivo":

    −*Cállate*                              −*Ven*
    +*No quiero*                           +*¿Qué?*
    −*¡Que te calles!*                    −*¡Que vengas!*

---

## 4. IMPERATIVOS GRAMATICALIZADOS

Algunos imperativos, además de su significado normal, han tomado otros significados y funciones en determinadas personas (sólo con "tú", sólo con "usted", etc.).

• **Anda.** Sorpresa: *¡Anda!, ¿qué haces aquí?* Incredulidad: *¡Anda ya!, eso no me lo creo.* Intento de convencer o animar a una acción: *Anda, por favor, déjamelo.*

• **¡Anda que...!** Crítica: *¡Anda que...! ¡Vaya ideas que tienes!*

• **¡Anda que no + frase!** Pondera la acción expresada: *¡Anda que no tiene dinero!* = tiene mucho dinero.

• **Dale.** Molestia ante la insistencia: *¡Y dale! ¿No te he dicho ya dos veces que no?*

• **¿Diga? / ¿Dígame? / Diga / Dígame.** Cuando se contesta el teléfono.

• **Disculpa/e, Oye/oiga, Perdona/e.** Atraen la atención de quien queremos que nos escuche: *Oiga, por favor, ¿dónde...?*

• **Fíjate / Fíjese** y **Date / Dése cuenta.** Se intercalan en la narración para ponderar lo dicho y centrar la atención del interlocutor: *Tú date cuenta, con todo lo que tiene y dice que no se puede comprar un coche nuevo.*

• **Mira/e.** Para llamar la atención del interlocutor antes de explicar, aconsejar, advertir, etc.: *Pues mire, coge usted la primera a la derecha...*

• **¡Mira!** Molestia, enfado, sorpresa desagradable; suele acompañar a expresiones irónicas: *¡Mira qué bien! ¿Y ahora, quién lo arregla?*

• **Mira que + frase.** Ponderativo negativo o positivo: *¡Mira que eres tonto/listo!* Amenaza: *¡Mira que si no te comes eso te quedas sin postre...!* Equivalente a "aunque": *¡Mira que sabes que no me gusta y lo vuelves a hacer!* = Aunque sabes que no me gusta.

• **Mira que + infinitivo.** Crítica, reprobación o lamentación: *¡Mira que no llevar luto por su padre!; ¡Mira que habérsenos olvidado su cumpleaños!*

• **No me digas que no.** Se intenta convencer, hacer asentir al interlocutor: *No me digas que no es idiota.*

• **¡No me diga/s!** Asombro, a veces irónico: *¿Y lo vas a hacer tú solito? ¡No me digas!*

• **Oye/oiga.** Sorpresa, irritación. Se usa a menudo el pronombre sujeto: *Oiga usted, cuando hable conmigo míreme a los ojos.*

• **¡Toma!** Por supuesto, claro: *−¿Y piensas seguir trabajando? + ¡Toma! No tengo otro remedio.* Satisfacción por el mal ajeno: *¡Toma! Se lo tenía bien merecido.*

• **¡Toma (ya)!** Asombro, admiración: *¡Toma ya, qué gol!*

• **¡Vaya!** Contrariedad, lamentación, enfado: *¡Vaya, hombre! ¡Ahora se acaba, cuando yo llego!* Expresión irónica o humorística con muchos valores: *¡Vaya, vaya!, ¿cómo tú por aquí?*

• **¡Vaya si + frase!** Enfatiza lo que se dice: *¡Vaya si se lo dije!* = Claro que se lo dije.

• **Venga.** Anima a la acción, conforta: *Venga, no te preocupes; Venga, corre.*

• **¡Venga (ya)!** Incredulidad: *¡Venga ya! Eso no te lo crees ni tú.*

Materia Prima

**1** Estos dibujos y los textos que aparecen debajo de ellos pertenecen a una campaña de educación ambiental. Algunos se refieren a acciones positivas (lo que sí hay que hacer) y otros a acciones negativas (lo que no hay que hacer).

**A.** Agrupa los dibujos según creas que se refieren a acciones positivas o negativas.

**B.** Completa el comienzo de los textos utilizando un imperativo negativo o positivo, según convenga. Para ayudarte, te damos los verbos que aparecen en los textos originales:

**Mantener, Colocar, Utilizar, Sacar, Hacer, Dificultar, Arrojar.**

---

**CAMPAÑA DE EDUCACIÓN AMBIENTAL "COLMENAR VIEJO MÁS LIMPIO ¡MEJOR!"**

\_\_\_ las basuras en domingo ni días festivos. No hay servicio de recogida.

\_\_\_ uso de los contenedores en forma indebida.

\_\_\_ el trabajo de los operarios del Servicio de Limpieza.

\_\_\_ basuras ni escombros en solares ni en descampados.

\_\_\_ la basura a una hora proxima a la de la recogida.

\_\_\_ la basura en recipientes normalizados y en bolsas herméticamente cerradas.

\_\_\_ correctamente y de forma racional las papeleras.

\_\_\_ limpio el campo y los alrededores de basuras y escombros.

**2** A continuación tienes un texto en el que se dan veinte consejos para convertirse en una persona indeseable. Sé una buena persona y cámbialos transformando los imperativos. Haz que lo que se afirma se niegue y lo que se niega se afirme.

## Veinte consejos para convertirse en un **perfecto indeseable**

1. No utilices los transportes públicos. Usa tu coche y diviértete asustando a los ciclistas.
2. No adoptes un niño. Contribuye a la superpoblación del Tercer Mundo.
3. Consume productos empaquetados, congelados y prefabricados. Renuncia a los alimentos naturales y a los productos de tu región.
4. No plantes árboles, arráncalos.
5. Haz de tu casa un pequeño zoo con animales de especies protegidas.
6. Regala productos naturales que escaseen, como joyas de marfil y coral.
7. Niégate a que tu comunidad de vecinos instale un panel de energía solar.
8. Consume mucho.
9. Utiliza pilas no recargables y tíralas en el primer sitio que encuentres.
10. Fuma y bebe alcohol.
11. Oponte a la entrada de inmigrantes, y niega los derechos de los que han entrado.
12. Báñate y no te duches, riega el césped y cambia el agua de la piscina cada día.
13. No arregles la ropa. Compra siempre ropa nueva y a la última moda.
14. Lava tu coche en la calle o en el campo.
15. No lleves tus propias bolsas cuando vayas a comprar.
16. No ahorres papel escribiendo por los dos lados.
17. Oponte a la progresión de los grupos ecologistas activos.
18. Compra tus muebles de las maderas más exóticas.
19. Ten abrigos de pieles.
20. Piensa que tu sistema de vida es el mejor. No tienes que respetar a los que te rodean.

(Adaptado de Javier Pérez de Albéniz, *El País Semanal*)

 **3** En los siguientes textos de la novelista española Rosa Montero aparecen varios imperativos, pero no todos sirven para expresar lo mismo. Señala qué función tiene cada uno de ellos de acuerdo con la lista que aparece después del texto.

Siempre quedaban en el mismo restaurante, un comedor económico que apestaba a grasa y a fritura. Pero a Luis parecía entusiasmarle.
—Prueba, prueba **(a)** el pisto. Lo hacen igualito que lo hacían en mi casa. Igualito. Está bueno, ¿eh? —solía decir el muy cretino (...).

—¿Ha pedido ya el señor?
—Estoy esperando a un amigo. García, ya sabe usted.
—Ah, sí, como no, el señor inspector (...).
—Tráigame **(b)** una botella de agua mineral sin gas. Bien fría, por favor.

En la mesa de enfrente había una mujer muy guapa. Tenía una larga melena, tan densa y brillante como si fuera de metal (...) Ella no le miraba, ni siquiera con conmiseración o con risas.
—Aitor, ven aquí **(c)**, Aitor, te he dicho que vengas. Aitor, ven aquí inmediatamente **(d)** y tráete **(e)** a tu hermana.

La mujer llamaba a sus hijos sin gritar, pero lo suficientemente alto como para que todo el restaurante se enterase (...).

—Hola, hombre, Antonio, perdona **(f)** la tardanza, pero es que hemos tenido una mañana de abrigo.
—Ah, hola. No importa, no te preocupes **(h)** (...).

Le cogió por los hombros y recostó la cabeza del chico en su abundante pecho maternal.
—Mi niño, niño mío, no llores, criatura **(i)**, que yo te cuidaré...
—No puedo, no puedo, no sé qué quiero, no sé nada, pero no puedo, ¿me comprendes?
—Sí, mi niño, cálmate **(j)**.
Antonia le mecía y no comprendía nada (...)
—Antonia, por Dios, déjame que me vaya, déjame...**(k)**. Me quiero morir... Soy muy desgraciado (...)

*Te trataré como a una reina*

a) **Aconsejar, tranquilizar**  b) **Animar a la acción**  c) **Dar una orden**  d) **Hacer una petición**

**4** Completa los siguientes diálogos con los imperativos gramaticalizados que te damos para cada uno:

**A.**

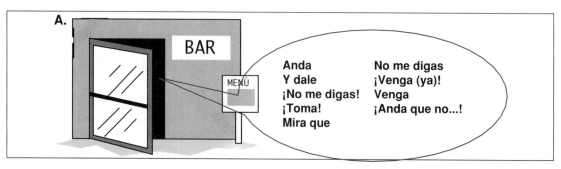

| | |
|---|---|
| Anda | No me digas |
| Y dale | ¡Venga (ya)! |
| ¡No me digas! | Venga |
| ¡Toma! | ¡Anda que no...! |
| Mira que | |

– ___ **(a)** ___, ponme otro vino
+¡ ___ **(b)** ___ bebes!, ya llevas más de cuatro esta noche por lo menos.
– ___ **(c)** ___ con que yo bebo. Toda la noche diciendo lo mismo. Es la primera vez que lo hago.
+¡ ___ **(d)** ___!, eso no se lo cree nadie. Todo el mundo sabe que eres un borrachín.
–Eso es mentira. Es que esta noche soy muy desgraciado. Me han despedido y no sé qué decir cuando vuelva a casa.
+¡ ___ **(e)** ___ ¡Si llevabas más de veinte años en esa empresa!
–Ya ves, cosas de la vida.
+ ___ **(f)** ___ , no te preocupes, todo se arreglará.
–No sé, no sé. Ya no tengo nada en la vida.
+ ___ **(g)** ___ eres tonto. ___ **(h)** ___ que tener una mujer y unos hijos como los que tienes es no tener nada. Ya me gustaría a mí tener la familia que tienes.
–Pero si tú siempre has dicho que no querías casarte.
+¡ ___ **(i)** ___!, porque no he podido. Si hubiera encontrado una buena chica...

**B.**

| | |
|---|---|
| Oiga | ¡No me diga! |
| Mire | Disculpe |
| ¡Vaya! | Dése cuenta |
| ¡Vaya si...! | ¡Mira...! |

– ___ **(a)** ___, por favor, ¿me puede atender? Es que llevo toda la mañana en el ministerio y no encuentro a nadie que me oriente.
+ ___ **(b)** ___ usted, si quiere que le atiendan póngase a la cola, como todo el mundo.
– ___ **(c)** ___, es que mi asunto lo tiene que resolver directamente el jefe de la sección.
+ ___ **(d)** ___ de que si el señor director tuviera que atender personalmente a todo el que quisiera, esto sería un caos. Es imposible.
–¡ ___ **(e)** ___! Estoy aquí desde las diez de la mañana y me dice que no voy a poder solucionar mi problema. Esto es increíble. No tienen consideración.
+Vuelva mañana a las ocho.
–¡ ___ **(f)** ___ qué bien! ¿Es lo único que se le ocurre? Pues no pienso volver. Iré directamente a hablar con el ministro. Se va a enterar de quién soy yo.
+¡ ___ **g)** ___! Pero si quiere arreglar su problema, estará aquí mañana a las ocho.
¡ ___ **(h)** ___ estará!

# Infinitivo, gerundio y participio

Ya puedes ir en Mercedes
sin tener que esperar a tu boda.

Mercedes 190 E 1.8. por 2.912.000 ptas.*

▶ Ningún Mercedes está especialmente diseñado para bodas. Aunque nos sentimos orgullosos de que muchas personas decidan casarse con nuestra marca en todos los sentidos. De hecho, Mercedes-Benz, posee el grado de fidelidad más elevado del mercado entre sus compradores.

▶ De todas formas, no hace falta que esperes al día de tu boda para ir en Mercedes. Ahora la decisión es bastante más sencilla, porque ponemos en tus manos el 190 E 1.8. por 2.912.000 ptas. Para que disfrutes cuanto antes y con la máxima libertad de los niveles más sofisticados

en deportividad, seguridad y confort. Y si luego decides casarte, enhorabuena.

Mercedes-Benz

1. ¿Cuál de estas frases te parece que significa lo mismo que la del anuncio?
    a) Puedes ir en Mercedes antes de tu boda
    b) No necesitas esperar a casarte para ir en Mercedes
    c) Con un Mercedes es más fácil casarse
2. ¿Quién es el sujeto de "tener"?

# 1.    EL INFINITIVO

Puede desempeñar funciones de sujeto y de complemento dentro de la oración como si se tratara de un sustantivo (ver "Las construcciones sustantivas"). También forma parte de muchas perífrasis verbales (ver "Las perífrasis verbales") y de las construcciones que damos a continuación.

En las construcciones donde lo señalamos, se puede utilizar el infinitivo compuesto para recalcar que el infinitivo se refiere a un hecho pasado.

El sujeto es el mismo que el de la oración principal, a menos que se indique otro: *Al subir en el coche* (nosotros), *nos dimos cuenta de que la excursión iba a ser un desastre / Al subir Juan en el coche, nos dimos cuenta de que la excursión iba a ser un desastre.*

**1.1.**    **A + infinitivo:** Es una forma informal de mandato: *¡A callar!* (ver "El mandato y la petición").

**1.2.**    **AL + infinitivo** (también compuesto, aunque poco frecuente) tiene dos valores posibles:

1.2.1.    Temporal: equivale a "cuando": *Al llegar, nos encontramos la casa vacía.*

1.2.2.    Causal: equivale a "como": *Al no estar tú, decidimos atenderle nosotros.*

**1.3.**    **CON + infinitivo** (también compuesto) tiene igualmente dos valores posibles:

1.3.1.    Condición juzgada suficiente para el cumplimiento de la acción principal: *Con mirarlo por encima es suficiente; Con haber estudiado un poco más, habrías aprobado* (= si hubieras estudiado un poco más).

1.3.2.    Concesivo: con la oración principal en negativa. Equivale a "aunque": *Con comprarle todo lo que te pida no vas a lograr que te quiera más.*

**1.4.**    **DE + infinitivo** (también compuesto):

1.4.1.    Expresa condiciones. Equivale a "si": *De haberlo sabido, habríamos venido antes.*

1.4.2.    De + (tanto) + infinitivo. Expresa causa: *Se ha puesto malo de (tanto) comer.*

**1.5.**    **POR + infinitivo:**

1.5.1.    Con los verbos "quedar" y "faltar" expresa que hay algo todavía sin realizar: *Quedan por confirmar los resultados de dos encuestas* (= aún no están confirmados).

1.5.2.    Seguido de la expresión "que no quede", significa que se está dispuesto a hacer lo que expresa el infinitivo con la intensidad o frecuencia que sea necesario o aunque no se consiga nada con ello: *Por intentarlo que no quede.*

**1.6.**    **A FUERZA / BASE DE + infinitivo.** Expresa que algo se ha realizado como resultado del empeño de alguien: *Consiguió aprobar a base de estudiar; A fuerza de repetir los mismos argumentos, consiguió convencerlos.*

**1.7.**    **Infinitivo + mismo verbo conjugado + PERO...** Sirve para reforzar el verbo conjugado, sobre todo para repetir la información solicitada en una pregunta, afirmándola o negándola:

     *–Pero, ¿va a clase?*
     *+Ir a clase, va, pero no le gusta nada lo que estudia.*

| 1.8. | **¡MIRA QUE + infinitivo!** (también perfecto).
| | **¡VAMOS QUE + infinitivo!** (Informales.) Indican sorpresa y reproche: *¡Mira / vamos que preguntarme que para qué quería el dinero!, ¡a él qué le importa!*

| 1.9. | **POR QUÉ / PARA QUÉ + infinitivo.** Para preguntar la razón o la finalidad de algo que se considera absurdo o innecesario. Con frecuencia se ofrece una alternativa utilizando **CUANDO o SI + indicativo:** *¿Por qué enfrentarnos a ellos cuando/si podemos ser sus amigos?; ¿Para qué ir tan lejos a comprar cuando/si podemos encontrar lo mismo aquí en el pueblo?*

| 1.10. | **INFINITIVO COMPUESTO.** Para expresar reproche o distanciamiento indicando lo que se debería haber hecho para evitar una situación. Al expresar así el reproche, el hablante se desentiende del problema. Equivale a utilizar "hubiera/ese + participio":
| | *–No me he enterado de lo que tenemos que hacer ahora.*
| | *+Pues haber estado atento* (= deberías haber estado atento / hubieras estado atento).

---

## 2. EL GERUNDIO

Se puede utilizar el gerundio compuesto para expresar que la acción está acabada antes de producirse la principal: *El huracán se alejó de las costas filipinas, habiendo destruido a su paso más de mil edificios* (= primero destruyó los edificios y luego se alejó).

El sujeto suele ser el mismo que el de la oración principal: *Preocupándote (tú), no resolverás nada.* Cuando es distinto se suele nombrar: *Sabiéndolo vosotros, yo me quedo más tranquilo.* Sin embargo, a veces queda claro en el contexto que los sujetos son distintos y no hace falta especificarlo: *Estando malo, no vamos a hacerte trabajar.*

Además de formar parte de numerosas perífrasis (ver "Las perífrasis verbales"), tiene muchos usos que pueden adquirir los siguientes matices:

| 2.1. | **Modal** (cómo se realiza una acción): *Trabajando mucho, han conseguido hacerse ricos.*

| 2.2. | **Temporal:** *La conocí trabajando los dos en Alemania* (= cuando trabajábamos en Alemania).

| 2.3. | **Concesivo:** *Teniendo el dinero, no quiso ayudarnos* (= aunque tenía el dinero...). Normalmente suele llevar otro elemento concesivo: *Aun teniendo el dinero...* (formal); *Teniendo el dinero y todo...* (informal).

| 2.4. | **Causal:** *Sabiendo que lo necesitaba, me prestó el dinero* (= como sabía que lo necesitaba...)

| 2.5. | **Condicional:** *Peleando, lo único que vas a conseguir es que se enfaden* (= si peleas...).

| 2.6. | **Consecutivo:** *Se presentó al concurso, obteniendo el segundo premio* (= y, como consecuencia, obtuvo).

| 2.7. | **Final:** *Me dejó una nota explicándome cómo ir a su casa* (= para explicármelo).

## 3.   EL PARTICIPIO

A veces aparece solo, sin verbo auxiliar, y puede tener los siguientes matices, siempre en la lengua formal:

**3.1.**   **Temporal:** *(Una vez) cargado el equipaje, emprendieron la marcha* (= cuando estuvo cargado el equipaje...).

**3.2.**   **Causal:**

3.2.1.   *Conmovidos ante tanta miseria, dedicaron el resto de sus vidas a ayudar a los demás* (= como se sintieron conmovidos...)

3.2.2.   DADO/A/OS/AS + determinante + sustantivo. El participio concuerda con el sustantivo en género y número: *Dada la gravedad del caso, se ha decidido exigir el pago de los recibos por vía judicial* (= puesto que el caso es grave...)

**3.3.**   **Concesivo.** Frecuentemente con "aun": *(Aun) dispuestos a ayudarle, no conseguimos que nos atendiera* (= aunque estábamos dispuestos a ayudarle...)

## III   *Ejercicios*

**1**   Un profesor ha pedido a sus alumnos que aconsejen a otros compañeros de un curso inferior sobre cómo aprender bien un idioma. Completa estas frases con **a, al, con, de** o **por.** ¿Cuáles de estos consejos te parecen mejores?

a)   ____ escuchar cintas o la televisión, intenta relajarte.
b)   Sólo ____ asistir a clase, seguro que apruebas. Yo nunca estudio.
c)   ¡Tú _____ estudiar y ____ practicar siempre que puedas!
d)   Ten mucha paciencia. Te queda mucho camino ____ recorrer.
e)   ____ no tener suficiente vocabulario, siempre tendrás que estar buscándolo todo en el diccionario.
f)   ____ aprenderte todo de memoria, no vas a tener suficiente. Hay que intentar practicar lo que se aprende.
g)   ____ tener que aprender algo, prefiero hacerlo a fondo. Yo te recomendaría hacer lo mismo.
h)   ____ intentarlo que no quede. Nunca te rindas.
i)   ____ haber sabido que esto iba a ser tan difícil, nunca me hubiera matriculado. Lo mejor es no llegar al nivel avanzado, ¡me estoy volviendo loco ____ tanto estudiar!

**2**   Utiliza las siguientes oraciones para completar algunos de los consejos del ejercicio anterior. A veces una misma oración sirve para varios de los consejos.

1)   ¿Por qué conformarse con menos?
2)   No sólo se aprende a fuerza de estudiar.
3)   ¡Mira que pedirnos que nos aprendamos los verbos irregulares!
4)   ¡Hombre! Hacer los deberes sí que los hago, pero estudiar, no estudio nada.
5)   Si no querías trabajar, ¡haberlo pensado antes!

**3** Ordena estas frases para formar una historia. ¿Sabrías explicar el valor de los gerundios en cada una de las frases? Vuelve a escribir las oraciones sustituyendo las construcciones en las que aparece un gerundio por la expresión DE ESTE MODO o las construcciones AL + infinitivo, Y ASÍ + indefinido, SI + imperfecto indicativo, AUNQUE + presente / imperfecto indicativo, CUANDO + imperfecto y COMO + presente / imperfecto indicativo. En algunas frases hay varias posibilidades; intenta encontrarlas todas.

a) Sabiendo lo furioso que se pone, le han vuelto a gastar una broma.
b) Pensando que su novia le había dejado, decidió ir a emborracharse.
c) Saliendo de su casa, vio a los dos, que le esperaban cerca del portal.
d) Corrieron a explicarle todo porque, quedándose solo, podía cometer una locura.
e) Gastándole estas bromas, sólo va a conseguir que se enfade de verdad.
f) Conociéndole, Juan y su novia le hicieron creer que le estaban traicionando.
g) Se pusieron a besarse, consiguiendo que creyera que le estaban engañando a sus espaldas.

 **4** A continuación tienes el borrador de una carta comercial en la que se discute la venta de un coche y las condiciones del contrato. Al leerlo, el jefe ha decidido hacer algunas modificaciones según las indicaciones que te damos.

**Ejemplo:** *Si pasan quince días, esta oferta será nula* (participio) → *Pasados quince días, esta oferta será nula.*

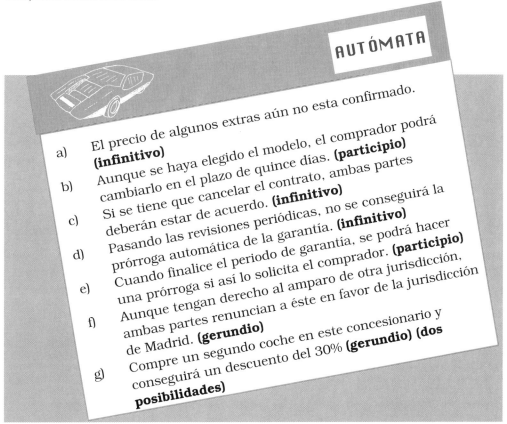

# El subjuntivo

1. Cuando esta persona hizo la fotografía que aparece en el anuncio, ¿tenía una cámara Polaroid?
2. ¿Se podría usar la forma "hubiese" en lugar de "hubiera" en esta frase?
3. ¿Cuál o cuáles de las siguientes frases significan lo mismo que la del anuncio?:
   a) ¡Quién hubiera tenido una Polaroid!
   b) ¡Si tuviera una Polaroid!
   c) ¡Ojalá tuviera una Polaroid!
   d) ¡Quién tuviera una Polaroid!
   e) ¡Si hubiera tenido una Polaroid!

## 1. USO DE LOS TIEMPOS DE SUBJUNTIVO

**1.1.** **Presente:** orientado hacia el presente o hacia el futuro.
*Quiero que cantes* (= ahora o en el futuro).

**1.2.** **Pretérito imperfecto:** orientado hacia el presente, el pasado o el futuro.

1.2.1. Presente o futuro: *Ojalá tuviera más dinero; ¡Qué más quisiera yo!; Quisiera un bolígrafo como éste; Debería tener más cuidado; ¿Y si fuéramos al cine?*

1.2.2. Pasado: *Estuvo muy bien que ganaras el premio el año pasado; Me dijeron que me fuera, y me fui.*
• En el lenguaje periodístico y literario la forma en "-ra" puede sustituir al pretérito indefinido o al pluscuamperfecto de indicativo: *El Presidente no ha cumplido ninguna de las promesas que hiciera en el último congreso del partido.*

**1.3.** **Pretérito perfecto.** Acción que se da como concluida en el presente o en algún momento del futuro: *No creo que hayan llegado todavía; Iré cuando hayan terminado.*

**1.4.** **Pretérito pluscuamperfecto.** Acción que se da como concluida en el pasado, se haya realizado o no: *Cuando llamó no pensaba que hubiéramos llegado; Me hubiera gustado verte.*

## 2. CORRELACIÓN DE TIEMPOS DE INDICATIVO Y SUBJUNTIVO

| | |
|---|---|
| Creo que viene / vendrá | ➤ No creo que venga |
| Creo que ha venido / habrá venido | ➤ No creo que haya venido |
| Creí que venía | ➤ No creí que viniera/se |
| Creía que vendría | ➤ No creía que viniera/se |
| Creo que vino | ➤ No creo que viniera/se |
| Creo/Creí que lo había / habría comprendido | ➤ No creo/creí que lo hubiera/se comprendido |

## 3. EL SUBJUNTIVO EN ORACIONES INDEPENDIENTES

**3.1.** **Deseos**

3.1.1. **Que:**
• **+ presente** → expresar que se desea algo para el presente o para el futuro:
*Por favor, que me salga bien el examen; Que te salga bien el examen.*\*

• **+ pretérito perfecto** → se desea algo presente consecuencia de un hecho pasado:
–*Voy corriendo a buscar las notas de un examen y tengo un miedo...*
+*Bueno, pues entonces te dejo. ¡Ah! ¡Y que hayas aprobado!* \*

---

\*Estos deseos (con la excepción de "que aproveche") se suelen expresar en las despedidas y muchas veces se convierten en fórmulas sociales: *Que lo pases bien; Que te mejores; Que tengas suerte*, etcétera.

3.1.2. **Ojalá:**

• **+ presente / imperfecto** → deseo para el presente o el futuro. Con presente: mayor probabilidad de que el hecho suceda; con imperfecto, hecho más remoto: *Ojalá esté / estuviera/se ahora en casa; Ojalá llueva / lloviera/se pronto.*

• **+ pretérito perfecto de subjuntivo** → desear el cumplimiento de una cosa en el pasado, cuando ésta afecta o incluye al presente: *Ojalá haya llegado bien a casa.*

• **+ pretérito imperfecto o pluscuamperfecto de subjuntivo** → deseos irrealizados o imposibles (en el presente o en el pasado): *Ojalá hiciera/se menos calor* (pero hace mucho calor); *Ojalá hubiera/se hecho menos calor* (pero hizo mucho calor).

Por lo tanto, la oración *Ojalá me hiciera caso*, fuera de contexto, puede significar *Es posible que me haga caso y lo deseo* o *No me hace caso pero lo deseo.*

3.1.3. **Quién / Si:** Para expresar deseos imposibles.

• **Quién** + tercera persona de singular del pretérito imperfecto (cuando hablamos del presente o el futuro) o del pluscuamperfecto (si hablamos del pasado): *¡Quién fuera/se tan joven como tú!* (= ojalá fuera yo tan joven como tú).
*¡Quién hubiera/se podido quedarse allí!* (= ojalá hubiéramos podido quedarnos a vivir allí).

• **Si** funciona del mismo modo, aunque es necesario personalizar el verbo: *¡Si yo fuera/se tan joven como tú!; ¡Si hubiéramos/semos podido quedarnos a vivir allí!*

3.1.4. **Así:** igual que **ojalá,** pero para desearle algo malo a alguien. Es mucho menos frecuente que las otras expresiones: *Así se muera / muriera/se ahora mismo; Así se hubiera/se muerto él en vez de la pobre niña.*

3.1.5. **Quisiera:** Forma en "-ra" de pretérito imperfecto del verbo "querer" para pedir cosas con amabilidad o expresar deseos. Equivale al condicional ("querría"): *Quisiéramos apuntarnos al curso de música; Quisiera que me acompañara, por favor.*

3.1.6. **(Qué) más quisiera / quisieras / quisiéramos, etc. (Qué) más hubiéramos / hubiésemos querido, etc.** Para indicar que se desea algo que no ocurre o no ha ocurrido o es imposible:
–*¿Qué? ¿Os ha tocado la lotería?*
+*¡Qué más quisiéramos!* (= Ojalá nos hubiera tocado)

**3.2.** **Conjeturas:** *Quizá puedas lograrlo; Tal vez quiera pensárselo mejor* (ver "La conjetura").

**3.3.** **Órdenes:**

3.3.1. Las formas de presente de subjuntivo se utilizan como formas de imperativo para todas las personas excepto "tú" y "vosotros" y en las oraciones negativas.

3.3.2. Para dar órdenes indirectas a terceras personas → "que" + presente de subjuntivo: *Que se pongan en contacto conmigo cuando puedan.*

**3.4.** **Otras expresiones:**

3.4.1. **Debiera:** Lengua formal. Se usan las formas en "-ra" del pretérito imperfecto del verbo "deber" para dar consejos o recriminar amablemente (igual que en condicional): *Debierais salir con más frecuencia.*

**3.4.2.** **Pudiera ser (que) / Pudiera darse el caso (de que)**. Para hacer conjeturas. Sólo en 3ª persona del singular. Alterna con el condicional ("podría"):
–*¿Tú crees que vendrán mañana?*
+*Pudiera ser.*
*Pudiera ser/ darse el caso de/ que se negasen a prestarnos su ayuda.*

**3.4.3.** **Que yo sepa... / Que yo haya visto...** "Que" + verbo de percepción o experiencia *(ver, oír, leer, probar, etc.)* o de conocimiento *(saber, conocer, recordar)* para suavizar una opinión o una respuesta delimitándola a nuestra experiencia personal.
• Presente → proceso que está sucediendo en este momento *(que yo recuerde / que yo vea* [ahora mismo]).
• Pretérito perfecto → hablar en el presente de experiencias pasadas *(que yo haya probado; Que yo haya oído).*
• Relatos en pasado → pretérito imperfecto o pluscuamperfecto respectivamente para narrar los casos anteriores: *Dijo que, que él recordara... / Afirmó que, que él hubiera probado...*

**3.4.4.** **¡Que tenga yo que pedirle favores a ese inútil!; ¡Que tú me hayas dejado solo cuando más te necesitaba!** "Que" + subjuntivo → sorpresa o indignación ante un hecho desagradable o molesto.

**3.4.5.** **Me hubiera gustado que estuvieras.** El pretérito pluscuamperfecto puede servir para expresar que algo no ha salido como debería: *Me hubiera gustado / molestado / hecho falta; Hubiera estado bien / convenido/ sido mejor,* etc. En todos estos casos se pueden utilizar las formas "hubiese" o "habría".

**3.4.6.** **Yo (que tú) hubiera/hubiese llevado...; A tu padre le hubiera/se gustado verte feliz.** Oraciones condicionales en las que no se expresa la condición porque está implícita en el contexto (en los ejemplos: *Si hubiera estado en tu lugar, habría llevado...; Si hubiese estado aquí, a tu padre le habría gustado...*). También puede usarse "hubiera".

**3.4.7.** **Que lo hubiera/hubiese pensado antes; Lo hubierais / hubieseis hecho antes.** Pretérito pluscuamperfecto para expresar reproche o distanciamiento, indicando lo que se debería haber hecho para evitar una situación en el pasado. Al expresar así el reproche, el hablante se desentiende del problema. Puede usarse en segunda y tercera persona de singular y plural.
–*Juan ha dejado el trabajo que tenía y ahora no encuentra otro.*
+*Pues que lo hubiera pensado antes* (= debería haberlo pensado antes).
Equivale al infinitivo compuesto: *Pues haberlo pensado antes.*

**3.4.8.** **¡Ni que estuviera/se loco!; ¡Ni que hubiera/se ganado la lotería!** Para evocar una situación que no es cierta y expresar desacuerdo: *No voy a aceptar estas condiciones. ¡Ni que estuviera/se loco!* (= estaría loco si aceptara estas condiciones); *Nos quería invitar a todos. ¡Ni que hubiera/se ganado la lotería!* (= actuaba como si hubiera ganado la lotería cuando no era así).

**3.4.9.** **...que digamos:** Se utiliza detrás de una negación en oraciones irónicas. Para las referencias al pasado se puede usar "que dijéramos": *Pues no es muy bonito que digamos* (= es muy feo).

**3.4.10.** **¿Y si...?:** + pretérito imperfecto → sugerencias: *¿Y si nos quedáramos/semos aquí unos días?*

# 4. EL SUBJUNTIVO EN ORACIONES SUBORDINADAS

## 4.1. Creo que viene — No creo que venga

Verbos de ENTENDIMIENTO o ACTIVIDAD MENTAL (considerar, creer, imaginar(se), intuir, opinar, reconocer, saber, sospechar...), LENGUA (afirmar, confesar, contar, explicar, exponer, jurar, mantener, manifestar, mencionar, relatar, revelar, sostener...), o PERCEPCIÓN (comprobar, darse cuenta, descubrir, notar, observar, oír, ver...):

**A) Oración principal afirmativa, orden negativo o pregunta negativa → verbo 2 en indicativo.** *Reconoció que yo tenía razón; No creas que te odio; ¿No sabes que me han ascendido?*
Excepciones:
• La pregunta negativa es repetición de una oración negativa dicha por otra persona:
–*No creo que lo sepa.*
+*¡Ah! ¿Tú no crees que lo sepa?*
• "Negar", "ignorar", "desconocer" y "desmentir", por su significado negativo pueden ir seguidos de subjuntivo: *Negó que su hermano fuera/se el culpable.* Con indicativo se señala que se está hablando de un hecho confirmado.

**B) Oración principal negativa (que no es orden ni pregunta) → verbo 2 generalmente en subjuntivo, y en indicativo si se señala que se está hablando de un hecho confirmado.** *No me ha dicho que estuviera ya en casa* (no expreso si está en casa o no) / ...*estaba ya en casa* (se que está en casa, pero él no me lo ha dicho); *Mi abuelo no creía que el hombre hubiera llegado a la Luna* (expreso solamente su opinión) / ...*había llegado a la Luna* (informo de que, a pesar de su opinión, es un hecho real y constatado).

## 4.2. Te aconsejo que estudies

• Verbos que expresan DUDA, EMOCIÓN o SENSACIÓN : aburrir, aguantar, alegrarse, avergonzarse, disgustar, divertir, doler, emocionar, encantar, enorgullecer, fastidiar, gustar, hartar, interesar, molestar, sorprender, temer*, **...
• VOLUNTAD o DESEO : apetecer, aspirar a, desear, esperar**, intentar, lograr, preferir, oponerse a, querer...
• MANDATO, CONSEJO, RUEGO, PROHIBICIÓN : aconsejar, consentir, decretar, dejar, exigir, mandar, ordenar, permitir, prohibir, recomendar, rogar, suplicar, tolerar...
• OTROS : arriesgarse a, ayudar a, contribuir a, criticar, esperar a, exponerse a...

**Todos van seguidos de subjuntivo, tanto si la oración es afirmativa como negativa, interrogativa o no:** *Me gusta que vayas; No queremos que se vayan; ¿Me dejas que salga?*

## 4.3. Es cierto que me conviene — No es cierto que me convenga; Es bueno que lo sepas; ¡Qué raro que no lo sepan!

4.3.1. Las expresiones equivalentes a un verbo del apartado 4.1. (es cierto / evidente / indiscutible/ indudable / obvio / patente / seguro / verdad, está claro / demostrado / visto, dar a entender, dar la impresión, darse cuenta de, darse la coincidencia / la circunstancia /el hecho de, estar seguro / convencido de, ser consciente de, etc.) seguirán el mismo modelo que los verbos: *Es evidente que nos está engañando; No es evidente que nos esté engañando; ¿No es evidente que nos está engañando?*

---

*   No confundir con el verbo "temerse" (ver 4.4.).
**  Cuando están proyectados hacia el futuro, pueden ir seguidos de futuro: *Temo que nos estará esperando; Espero que nos dejarán tranquilos.*

4.3.2. Cuando la expresión se corresponda con un verbo del apartado 4.2. (es bueno / extraño / mejor / necesario / ridículo / una lástima, etc., estar contento / encantado / orgulloso / sorprendido / satisfecho, etc. de, hacer falta, lo más probable / más seguro, más vale, qué raro / pena / extraño / sorpresa, etc.), seguirá las normas que afectan a los verbos de ese apartado: *Estoy orgulloso de que te cases; No estoy orgulloso de que te cases.*

4.3.3. Los sustantivos que expresan la misma idea que un verbo del grupo 4.1. o del grupo 4.2. funcionan igual que ellos: *La afirmación de que están en contra supone un paso atrás; Tengo el orgullo de que seáis mis amigos.*

4.3.4. • "Lo" + adjetivo del grupo 4.3.1. usa indicativo: *Lo cierto es que el problema está solucionado.*
• "Lo" + adjetivo del grupo 4.3.2. puede usar indicativo (para dar una información y a la vez expresar una opinión sobre ella) o subjuntivo (para dar opiniones sobre hechos que el interlocutor conoce ya): *Lo extraño es que no nos habla* (estoy informando de que no nos habla, y afirmo que me parece extraño); *Lo extraño es que no nos hable* (mis interlocutores saben que no nos habla, solamente transmito la opinión de que me parece extraño).

**4.4.** **Me dijo que iba - Me dijo que fuera.** Los siguientes verbos tienen varios significados. A veces el cambio de significado implica un cambio de estructura:

a) COMPRENDER, ENTENDER, ADMITIR. *Comprendo que estás enfadado* = Veo / Sé que estas enfadado; *Comprendo que estés enfadado* = Entiendo que tienes razones para estar enfadado.

b) DECIDIR, PENSAR, ACORDAR. *Decidimos que ya estaba bien* = Llegamos a esa conclusión; *Decidimos que viniera más tarde* = Accedimos u ordenamos.

c) DECIR, ADVERTIR, COMUNICAR, INDICAR, INSISTIR, RECORDAR/REPETIR (ALGO A ALGUIEN), RESPONDER, SEÑALAR. *Dice que viene* = Afirma que viene; *Dice que vengas* = Ordena que vengas.

d) SENTIR. *Siento que me llama* = Noto que me llama; *Siento que me llame* = Me apena que me llame.

e) TEMERSE. *Me temo que quiere vernos* = Te informo de la noticia desagradable de que quiere vernos; *Me temo que quiera vernos* = No tengo certeza y me da miedo la posibilidad de que esto ocurra.

**4.5.** • **Parece que ya salen.** "Parecer" = "creer" (apartado 4.1.).

• **¿Te parece que vayamos al cine?** "Te parece" = "te parece bien", por lo tanto lleva subjuntivo (apartado 4.3.). Este significado sólo aparece en preguntas.

• **Parece como si salieran / Parece que salieran.** "Parecer" + "como si" / "que" + imperfecto o pluscuamperfecto de subjuntivo. Transmitimos que algo da una impresión que no es real. *Parece que hubieran pintado la luna de rojo* (nadie la ha pintado, pero es la impresión que transmite).

• **Parece cierto / bueno... que...** "Parecer" como "ser" y "estar" en las expresiones del apartado 4.3. Por lo tanto, "parece cierto" funcionará como los verbos del apartado 4.1., y "parece bueno" como los del apartado 4.2.

| 4.6. | • **Que me tiene manía, ya lo noto yo; (El hecho de) que te guste me alegra aún más; (Eso de) que vuelvan tarde no me gusta.** Cuando la oración con "que" se anticipa al verbo principal, se usa indicativo o subjuntivo igual que si estuviera detrás. Con frecuencia se introduce con las expresiones "el hecho de" y "eso de". |

• **Que estés aquí ahora no implica que tengas que quedarte aquí.** Cuando la oración con "que" es sujeto del verbo principal, y expresa un hecho que, aunque está confirmado, no es excusa o motivo suficiente para que suceda otra cosa, se usa el subjuntivo: *Ya sé que estás cansado, pero que estés cansado no te da derecho a gritarme.*

| 4.7. | **Cuando, hasta que, en cuanto, cuanto antes + sale / salga, ...** <br> **Antes de que salga, ...** (Ver "La expresión de las relaciones de tiempo".) |

| 4.8. | **Lo hace para que te sientas bien; Ven que te dé un abrazo; No sea que / no vaya a ser que** (Ver "La finalidad".) |

| 4.9. | **Si quisieras / si hubieras querido..., Con tal de que, Siempre que, Excepto que, etc.+ quieras; Como me toque la lotería, me compro un coche; Suponte / Imagínate / Pon que ganaras un premio** (ver "Las construcciones condicionales".) |

| 4.10. | **No es porque no quiera, sino porque no le dejan; Porque tú lo digas, no te lo van a dar; Por lo que pueda / pudiera pasar** (Ver "La causa y la consecuencia".) |

| 4.11. | **Nos han prohibido el acceso a estos datos. De ahí que no podamos facilitárselos** (Ver "La causa y la consecuencia".) |

| 4.12. | **El dinero que tenemos / El dinero que tengamos; Lo que quieres / Lo que quieras; Donde está / Donde esté** (Ver "Las oraciones y los pronombres de relativo".) |

| 4.13. | **Pase lo que pase / Esté donde esté; Te guste o no / Te guste o no te guste; Aunque, A pesar de que, Aun cuando, Pese a que, Por más que, Por mucho que, Por muy ... que + indicativo / subjuntivo; Así + subjuntivo** (Ver "Las construcciones concesivas y adversativas".) |

| 4.14. | **Como si + subjuntivo** (Ver "La comparación".) |

| 4.15. | **Según se mire. Sin que se note. Como quieres/quieras** (Ver "Las construcciones modales".) |

## 5. CASOS EN LOS QUE SE IMPONE EL SUBJUNTIVO SOBRE LOS DEMÁS MODOS

Las siguientes reglas se aplican antes que cualquier otra y anulan la posibilidad de elección entre el subjuntivo y cualquier otro modo en cualquier circunstancia.

| 5.1. | **Cuando el verbo está precedido por una partícula o una expresión que exige subjuntivo:** |

5.1.1. De deseo: *Piensa que vienen / Piensa que ojalá vengan.*

5.1.2. De posibilidad: "es probable que...", "es posible que...", "puede que": *Dice que vienen / Dice que puede que vengan.*

5.1.3. Otras: "No creo que...", "Dudo que...", "Lamento que....": *Aunque hubieras encontrado entradas, no habrías / hubieras podido ir; Aunque hubieras encontrado entradas, no creo que hubieras podido ir.*

## 5.2. Cuando se expresan hipótesis sobre el pasado con pretérito pluscuamperfecto de subjuntivo (ver 3.4.): *Seguro que hubieras preferido hacerlo solo.* En este caso también es posible utilizar el condicional compuesto con las construcciones que admiten o exigen indicativo.

# III  *Ejercicios*

**1**

**A.** A continuación tienes algunos fragmentos de un artículo titulado "Ven con Papá. Los varones separados reclaman mayor igualdad en la custodia de los hijos". En los espacios en blanco falta alguno de los siguientes verbos en uno de los tiempos del subjuntivo:

> CONCEDER, QUERER, VER, OBTENER, DEPENDER, HACER, OTORGAR, ADOPTAR, TENER, SER, LLEGAR, PODER, NECESITAR, ACERCAR, FUNCIONAR.

**Pablo, taxista, dos hijos de dos mujeres diferentes:**

... se muestra receloso y desconfiado de la Justicia. "No sirve para nada", señala. "Sólo para impedir que _____ **(1)** a mi hija." En su proceso de separación, el juez decretó que se _____ **(2)** cargo de la niña los fines de semana alternos y un día por semana.

Pese a la resolución legal, continúa sin conocer el paradero de Laura. Ahora sólo confía en que cuando la cría _____ **(3)** mayor _____ **(4)** decidir por sí misma con quién quiere vivir. Tampoco tuvo suerte Pablo con su segundo hijo, Ricardo, que nació en 1987 y al que ve casi a escondidas.

El caso está pendiente de la decisión del juez. Pero no espera que _____ **(5)** una solución satisfactoria. "El juzgado puede decretar todo lo que _____ **(6)**, pero si la madre se empeña en mantenerme alejado de mi hijo, ni leyes ni justicia ni nada de nada."

**P.A.I., 35 años, un hijo de siete años:**

"Mantengo una buena relación con mi hijo porque he puesto todo mi empeño en ello durante los últimos años. Si _____ **(7)** de su madre, tras la ruptura no me _____ **(8)** a él."

**Ramón Lafuente, representante de una asociación de padres separados:**

"... la ley discrimina a los varones", apunta tajante. "Nosotros exigimos la igualdad. Resulta normal que si un separado mantiene una actitud despótica con los hijos se le _____ **(9)** la custodia a la madre. Pero no somos iguales, y no se nos puede medir con el mismo rasero. Muchos hombres necesitan estar con sus hijos, verlos crecer. Y buena parte del resultado depende siempre de la actitud que _____ **(10)** la madre, de si facilita o no el acercamiento. Un hijo no es como un televisor que _____ **(11)** con monedas y _____ **(12)** pagar para verlo."

**Abogado y periodista anónimo, dos hijas:**

"Parece lógico que la mayoría de la guarda y custodia de los hijos se _____ **(13)** a las mujeres. La maternidad confiere, en casi todos los casos, una mayor responsabilidad. Así es que si _____ **(14)** que decantarme por una solución definitiva, optaría por que _____ **(15)** las mujeres las que siempre la _____ **(16)**. Ahora bien, cada vez somos más los que pensamos que el divorcio con nuestra mujer nos ha costado también el divorcio con nuestros hijos. Eso no es justo."

*El País*

**B.** Ninguno de los cuatro hombres separados está satisfecho con su situación. ¿Podrías expresar sus deseos con frases usando "ojalá"? Por ejemplo, Pablo podría decir: *¡Ojalá supiera dónde está mi hija!* (A SABER, 3.1.2.)

| | |
|---|---|
| a) Deseos de Pablo: | • saber dónde está su hija Laura <br> • poder ver a Ricardo siempre que quiera <br> • el cumplimiento real de las resoluciones judiciales |
| b) Deseo de P. A. I.: | • haber tenido más apoyo de su ex-mujer |
| c) Deseos de Ramón Lafuente: | • igualdad para hombres y mujeres en este tema <br> • poder ver crecer a sus hijos <br> • una nueva ley de divorcio muy pronto |
| d) Deseo del abogado y periodista: | • no haberse tenido que divorciar, y así, no haberse tenido que separar de sus hijas |

**C.** ¿Cuál es tu opinión sobre el problema del divorcio y la custodia de los hijos? A continuación tienes una serie de informaciones y opiniones procedentes del mismo artículo. Expresa tu actitud construyendo una frase para cada una que empiece con una de estas expresiones: "Es absurdo", "es lógico", "me parece normal", "no me parece bien", "es evidente", "es una lástima", "no es lógico", "es verdad", "estoy convencido/a de", "no estoy convencido/a de", "no es cierto" o "es cierto".
Por ejemplo: *Es absurdo que la justicia sólo sirva para impedir a los hombres ver a sus hijos libremente.* (A SABER, 4.3.)

| | |
|---|---|
| a) | La justicia sólo sirve para impedir a los hombres ver a sus hijos libremente. |
| b) | Si la madre se empeña en mantener al padre alejado de los hijos, la justicia no suele actuar. |
| c) | Muchos hombres se desentienden económicamente o afectivamente de los niños cuando se separan. |
| d) | Los padres se muestran cada día más dispuestos a compartir la educación de los hijos. |
| e) | La ley discrimina a los padres. |
| f) | El Ministerio de Asuntos Sociales ha creado un programa de mediación familiar para que las parejas que están tramitando su separación logren un acuerdo fuera del ámbito judicial. |
| g) | Casi siempre la custodia de los hijos se concede a las mujeres. |
| h) | La maternidad confiere una mayor responsabilidad sobre los hijos. |

✱ 2 ¿Que podrías decirle a tu interlocutor cuando te estás despidiendo en cada una de las siguientes situaciones? Utiliza QUE + SUBJUNTIVO con el verbo que te indicamos. (A SABER, 3.1.1.)

| | |
|---|---|
| a) | En el aeropuerto. Tu interlocutor se va de viaje. (TENER) |
| b) | Tu interlocutor te ha comentado que no se encuentra muy bien. (MEJORARSE) |
| c) | Estás en una boda. Te despides de los novios. (SER) |
| d) | Tu interlocutor se va mañana de vacaciones. (PASARLO) |
| e) | Tu interlocutor tiene mañana una importante entrevista de trabajo. (TENER) |

**3** En el siguiente diálogo entre dos compañeros de trabajo, sustituye lo que está en mayúsculas por un verbo en subjuntivo o por alguna expresión con un verbo en subjuntivo de las que aparecen, en A SABER, en los apartados 3.1.5., 3.1.6., 3.4.1., 3.4.2., 3.4.4., 3.4.7., 3.4.8., 3.4.9. y 3.4.10:

–He oído que te ha tocado un buen pellizco a la lotería, ¿eh?
+¡OJALÁ! **(1)** Una miseria me ha tocado.
–Bueno..., diez millones, que es lo que yo he oído, no es una miseria PRECISAMENTE **(2).**
+Eso tiene gracia. ¡Y ME DICES **(3)** eso tú precisamente! Porque a ti y a tu hermano os tocaron doce el año pasado, y tú siempre estás quejándote, que si la crisis, que si los gastos... ¡YO NO SOY **(4)** tonto!
–¡Bueno...! ¡Doce millones! ¡OJALÁ! **(5)** Mucho menos...
+¿Cuánto menos? Eso ME GUSTARIA A MÍ **(6)** saber.
–Bueno, no DEBERÍA **(7)** decírtelo, porque tú todavía no me has dicho exactamente cuánto te ha tocado. Fueron nueve millones, pero lo metimos todo en el banco a plazo fijo, por eso no puedo tocarlo...
+¡Anda! Pues no HABERLO METIDO **(8)** y así no estarías siempre llorando.
–Bueno, vale, pero ya no tiene remedio.Y lo tuyo, ¿cuanto ha sido? ¿Diez millones, entonces?
+PUEDE **(9)** ser.
–¡Eso no vale! ¿Cuánto?
+Sí, diez millones, sí... Oye, estoy pensando..., ¿y si COMPRAMOS **(10)** tú y yo la lotería a medias? Con la suerte que tenemos...

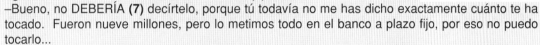

 **4** El jefe de esta empresa está desesperado. Sus empleados siempre encuentran una excusa para no hacer lo que les manda. Completa sus órdenes (A SABER, 3.3.2.):

–Juan, hay que subir este ordenador al segundo piso.
–Bueno, pero yo ahora mismo estoy con el informe.
–Bueno, pues _____ (1) Ernesto

–Ernesto, tienes que comprar sellos.
–Lo siento, jefe, es que hoy salgo más pronto. ¿No se acuerda de que me dio el permiso ayer?
–Entonces, _____ (2) Ana.

–Ana, hay que imprimir estos folletos.
–Es que yo todavía tengo que terminar de escribir las cartas.
–Pues _____ (3) los del turno de tarde.

 **5** La persona que habla a continuación, una dependienta de una tienda de música, es muy modesta y precavida. Cuando le piden alguna información, nunca contesta de forma rotunda y tajante; siempre deja algún resquicio para la duda. Sustituye la parte de las frases que está en mayúsculas por la expresión QUE + SUBJUNTIVO con el verbo apropiado (A SABER, 3.4.3.):

a) –Oye, ¿ha salido últimamente algún disco de Gabinete Caligari?
   –CREO QUE no.
b) –¿Han traído ya el vídeo que estaba esperando?
   –No. POR LO MENOS YO NO HE VISTO NADA.
c) –¿Dónde pusimos el acordeón? No lo encuentro.
   –SI LA MEMORIA NO ME FALLA, estaba en el trastero.
d) –¿Quedan bolsas de las grandes?
   –No, no hay ninguna. AL MENOS YO NO LAS VEO.

**6** A continuación tienes una serie de informaciones sobre algunos personajes famosos. Completa la frase que hay debajo de cada información usando estos verbos y expresiones: DEBER, GUSTAR, PREFERIR, VENIR BIEN, SER MEJOR, MOLESTAR, HACER FALTA, en el tiempo adecuado (A SABER, 3.4.5. y 3.4.6.):

A) Raymond Chandler (EE.UU., 1888-1959). Escritor. Ganó una fortuna con sus siete novelas, pero la primera la publicó ya con cincuenta años.
*A Raymond Chandler le _____ haber publicado antes*

B) Agatha Christie (Reino Unido, 1890-1976). Escritora. Le gustaba lo acogedor, y nunca permitió que hubiera violencia real en sus libros.
*Seguramente, le _____ la violencia del cine actual*

C) Albert Einstein (Alemania, 1879-1955). Científico. Antes de la guerra, animó a los aliados a que fabricaran la bomba atómica. Pero Hiroshima le dejó horrorizado, y en sus últimos años fue defensor del desarme.
*_____ que no hubiera animado a la fabricación de la bomba.*

D) Ingrid Bergman (Suecia, 1915-1982). Actriz. Rodó bajo las órdenes de Alfred Hitchcock la película *Encadenados,* en la que tenía como pareja a Cary Gran. Éste antes de rodar una secuencia de amor con un largo beso, había comido ajo.
*Seguramente, Bergman _____ no tener que soportar el aliento de Grant.*

E) Marie Curie (Polonia, 1867-1934). Física. Murió de leucemia, provocada por su contacto con sustancias radiactivas.
*Por su propio bien, _____ tomar más precauciones al manipular esas sustancias.*

F) Madonna (EE.UU., 1958). Cantante y actriz. Su madre murió cuando ella tenía seis años. Su padre se volvió a casar, y las tensas relaciones familiares la llevaron a irse de casa a los 16 años.
*Seguramente, le _____ tener a su madre durante su adolescencia.*

G) Paul Getty (EE.UU., 1892-1972). Multimillonario. En su casa tenía un teléfono de monedas.
*Le _____ convertirse en un pobre, al menos por un día, para dejar de ser tan tacaño.*

**7** **A.** Elige la opción que te parezca correcta (A SABER, 4.1., 4.2., 4.3.3., 4.4.):

**PAPÁ, TÚ NO**
**Los padres de los políticos madrileños**
**jamás han pisado una residencia de ancianos**

Algunos políticos no lo harán nunca. No llevarán a sus padres a una residencia porque reconocen que **(1) (a. dispongan; b. disponen; c. hayan dispuesto; d. han dispuesto)** de dinero para evitarlo. Otros creen que **(2) (a. fueran; b. hubieran sido; c. son; d. sean)** sitios dignos y adecuados, pero no tanto como la casa de un hijo. Los menos aseguran que no **(3) (a. tuvieran; b. tengan; c. tendrían; d) hayan tenido)** inconveniente. "¿Por qué no? Vivo solo y se originarían dificultades de convivencia", alegó más de uno.

$\longrightarrow$

→

**Francisco Herrera:** "Mi madre vive sola, y me coge los recados. Así tiene la impresión de que aún les **(4) (a. es; b. haya sido; c. sea; d. fuera)** útil a sus hijos. La solución el día de mañana será la asistencia a domicilio".

**Joaquín Leguina**: Su padre, de 78 años, está casado y vive en Santander. Llegado el caso, Leguina reconoce que no le **(5) (a. gustase; b. gusta; c. guste; d. gustaría)** que ingresara en una residencia.

**Virgilio Cano**: "Mi padre se moriría antes de entrar en una residencia. Somos de pueblo, ellos viven en Villanueva de los Infantes, en Ciudad Real, y no creo que nunca **(6) (a. va; b. fuera; c. vaya; d. iría)** a ser necesario que **(7) (a. salgan; b. salen; c. saldrían; d. salieran)** de su casa. Allí hay muchos ancianos que se cuidan los unos a los otros".

**José Luis Fernández Noriega:** "Mis padres tienen 60 años y son jóvenes, autónomos, de momento. Mi abuela, sin embargo, está en un asilo. Yo vivo solo en una casa pequeña. Me crearía problemas que ellos **(8) (a. vienen; b. vengan; c. vendrían; d. vinieran)** a vivir allí. Por tanto, no tendría inconveniente en llevarlos a un asilo el día de mañana".

**Esperanza Aguirre:** "Si se enteran mis padres de que les llamo ancianos me pegan, porque tienen poco más de 60 años. De cualquier forma, no tengo prejuicios contra las residencias. Preferiría que se **(9) (a. quedan; b. queden; c. quedaran; d. quedarían)** en casa, pero si no hubiera más remedio, no son una mala solución''.

*El País*

 **B.** Completa las declaraciones de algunos ancianos sobre este tema poniendo el verbo en el tiempo y la persona correctos:

a) **Felisa García:** "Decidí quedarme en casa porque no quería que mis hijos (TENER) ___ que sufrir molestias por mí".

b) **Carmen Luengo:** "No pienses que no me (GUSTAR) ___ estar con mis hijos. Lo que pasa es que me gusta la vida más tranquila".

c) **José Navarro:** "¿No crees que (SER) ___ mucho más bonito conservar la independencia, como yo lo he hecho?".

d) **Angelines Pérez:** "Mis hijos nunca me han dicho, ni siquiera insinuado, que me (IR) ___ a vivir con ellos".

e) **Arturo Liñán:** "Me molesta que los trabajadores de la residencia me (TRATAR) ___ como a un niño".

f) **Juan Fernández:** "Cuando se murió mi mujer, mis hijos no permitieron que me (QUEDAR) ___ solo en casa".

g) **Fernando Pozo:** "Yo ya no estoy acostumbrado a que otra gente me (DECIR) ___ lo que tengo que hacer y a qué hora, por eso no creo que (ESTAR) ___ muy a gusto en una residencia, y por eso decidí hace tiempo que me (QUEDAR) ___ en mi casa, y aquí sigo".

h) **Vicenta Ferrer:** "Enseguida noté que a mis hijos no les (GUSTAR) ___ nada que (VIVIR) ___ con ellos. Les fastidiaba que me (LEVANTAR) ___ temprano, me prohibían que (JUGAR) ___ con mis nietos... Entonces comprendí que el mejor sitio para mí (SER) ___ una residencia, y aquí estoy. Estoy muy a gusto aquí, mejor que con ellos, pero no creas que no me (DOLER) ___ lo que me han hecho".

i) **Luisa Rodríguez:** "Todos mis hijos se reunieron y decidieron que me (VENIR) ___ a esta residencia. Pero no me permitieron que (DAR) ___ mi opinión".

→

→

j) **Lucas Galán:** "Nunca pensé que me (HACER) ___ viejo hasta que un día me caí en casa y estuve un día entero tirado en el suelo. Entonces me di cuenta de que ya no (PODER) ___ vivir sin alguna ayuda, y pedí al Ayuntamiento que me (ENVIAR) ___ a alguien dos o tres veces por semana, de eso que llaman asistencia domiciliaria".

**C.** Las frases que siguen son continuaciones de algunas declaraciones anteriores. Complétalas escribiendo el verbo en la forma correcta, y escribe el nombre de la persona que las dijo (A SABER, 4.6.):

a) "Que los viejos (ESTORBAR) _____ , ya lo sabemos. Pero por lo menos podían haber tenido el detalle de consultarme antes de traerme."

b) "Que (SER) _____ viejo no significa que sea tonto."

c) "Y, además, hasta cierto punto, que no me lo (DECIR) _____ es normal. Si yo necesito su ayuda, tengo que ser yo la que lo diga, ¿no?"

d) "Pero el hecho de que (ESTAR) _____ sola no quiere decir que ellos no se hayan ofrecido a tenerme en su casa."

e) "Es que eso de que no te (AGUANTAR) _____ un poco, después de todo lo que les aguantaste a ellos cuando eran pequeños, es una vergüenza."

✱ 8   Relaciona cada frase con su continuación (A SABER, 4.4.):

**A** \

a) Siento que está triste.
b) Siento que esté triste.

1. Pero no puedo hacer nada porque no habla conmigo de sus problemas.
2. De verdad, me da mucha pena.

**B** \

a) Le indicó que lo hacía mal.
b) Le indicó que lo hiciera mal.

1. Y, después, a pesar de eso, le regañó.
2. Pero no le dijo dónde estaba el error.

**C** \

a) Le repito que no se mete en ese asunto.
b) Le repito que no se meta en ese asunto.

1. No quiere saber nada.
2. Puede ser peligroso para usted.

**D** \

a) Me dijo que llegaba pronto.
b) Me dijo que llegara pronto.

1. Por eso estoy aquí antes de tiempo.
2. Pero no era verdad. Era tarde.

**E** \

a) Me respondió que hacía lo que quería,...
b) Me respondió que hiciera lo que quisiera,...

1. que le daba igual todo.
2. que no tenía en cuenta a los demás.

**F** \

a) Me temo que el negocio va fatal, y...
b) Me temo que el negocio vaya fatal, y...

1. nos pida dinero.
2. necesito vuestra ayuda.

## I ¿Cuánto sabes?

1. ¿Sería correcta una frase como "¿Le gustaría que viviera cerca de un parque?" ¿Significaría lo mismo que la del anuncio?
2. ¿Es correcta la frase "Le proponemos que viva cerca de cinco"? ¿Significa lo mismo que la del anuncio?

Son construcciones con verbo conjugado o infinitivo que tienen las mismas funciones que un sustantivo.

---

## 1. TIPOS DE CONSTRUCCIONES

**1.1.** **Con infinitivo o con QUE + verbo conjugado:** *Pensó ir al cine. Pensó que tenía suficiente dinero.*

**1.2.** **Interrogativas indirectas** (sin entonación o signos de interrogación) y otras oraciones introducidas por pronombres interrogativos: *Le explicó dónde estaba; No sabía si venir o no.*

---

## 2. CONCORDANCIA

**2.1.** Cuando aparecen varias construcciones sustantivas con QUE como sujeto de un verbo, éste no está en plural: *Les **preocupaba** que no llegara a tiempo y (que) perdiera la oportunidad de encontrar trabajo.*

**2.2.** Si son con infinitivos, sí aparece en plural: *Comer y beber **son** dos actividades esenciales.*

Sin embargo, si el verbo es del tipo "gustar", "parecer", "importar" (verbos con LE: ver "Los pronombres personales"), está en singular: *Le encanta bailar y pasárselo bien.*

---

## 3. CONSTRUCCIONES SUSTANTIVAS EN FUNCIÓN DE COMPLEMENTO DIRECTO O DE COMPLEMENTO PREPOSICIONAL DE UN VERBO

El hecho de que la construcción sustantiva se haga con un infinitivo, o con QUE + verbo conjugado, en el modo indicativo o en el subjuntivo, depende de cuál sea el verbo de la oración principal. A continuación se establecen diferentes grupos de verbos de la oración principal.

Los verbos señalados con I y II tienen diferente comportamiento cuando introducen una información (I) o un mandato, petición o sugerencia (II). Cuando se señala la opción "indicativo / subjuntivo", para ver la diferencia, ver "El subjuntivo".

| Grupo I | **Verbo** afirmativo + **que** + **verbo en indicativo:** *Supongo que vendrá mañana.* **Verbo** negativo + **que** + **verbo en indicativo/subjuntivo:** *No se dio cuenta de que le seguían/siguieran.* | | | |
|---|---|---|---|---|
| aclarar | callar | CONSTATAR I | demostrar | ESPETAR I |
| ACORDAR I | comprender [admi- | contar | desconocer* | ESTABLECER I |
| acordarse de | tir, hacerse car- | creer | descubrir | exclamar |
| afirmar | go de] | darse cuenta de | desmentir* | explicar |
| AGREGAR I | comprobar | decidir [llegar a la | encontrar | exponer |
| anunciar | concluir [llegar a la | conclusión] | entender (darse | expresar |
| AÑADIR I | conclusión] | DECIR I | cuenta] | hallar |
| apostillar | confesar | declarar | esconder | ignorar* |
| apuntar | confirmar | deducir | ESCRIBIR I | informar de |
| asegurar | considerar | deducir | ESPECIFICAR I | INDICAR I |
| atestiguar | | | | |

→

---

| Grupo I continuación | | | |
|---|---|---|---|
| INSISTIR EN I | negar* | reconocer | SEÑALAR I |
| intuir | notar | RECORDAR I | soltar [decir repentina-mente] |
| juzgar | observar | referir | soñar |
| leer | ocultar | relatar | sospechar |
| manifestar | opinar | REPETIR I | sostener |
| mantener | pensar | RESPONDER I | SUBRAYAR I |
| mostrar | poner [estar escrito] | revelar | suponer |
| | precisar [puntualizar] | saber | vigilar |
| | probar | saltar con (decir repentinamente) | |
| | proclamar | | |

*Estos verbos pueden aparecer con indicativo o subjuntivo tanto en frases afirmativas como negativas, aunque hay diferencia de matiz (ver "El subjuntivo").

Cuando el sujeto del verbo principal y el de la construcción sustantiva es el mismo, muchos de estos verbos pueden aparecer con infinitivo en la lengua formal escrita y, sobre todo, en el lenguaje periodístico: *El testigo afirmó no conocer al acusado.*

| Grupo II | **Verbo** afirmativo + **que** + **verbo en indicativo:** *Se valía de que era el jefe.* **Verbo** negativo + **que** + **verbo en indicativo/subjuntivo:** *No olvidaré que me habéis / hayáis ayudado.* Con el mismo sujeto puede aparecer el **infinitivo:** *Presumen de ser / que son los mejores.* |
|---|---|

| | | |
|---|---|---|
| abusar de | disfrutar de | quejarse de |
| aprovecharse de | olvidar* | servirse de |
| beneficiarse de | olvidarse de* | valerse de |
| decidir [tomar una decisión] | presumir de | |

*Con el mismo sujeto: Verbo + que + verbo en indicativo/infinitivo: *Se olvidó de que tenía una cita* (= tenía una cita, pero no la recordó); *Se olvidó de poner el despertador* (= no lo puso porque no lo recordó).

| Grupo III | **Verbo** + **que** + **verbo en subjuntivo:** *Dudo (de) que sea verdad; Dile que recoja al niño esta tarde.* |
|---|---|

| | | |
|---|---|---|
| ACORDAR II | dudar (de) | INSISTIR EN II |
| AGREGAR II | entender [aceptar] | provocar |
| AÑADIR II | ESCRIBIR II | RECORDAR II |
| apoyar | ESPECIFICAR II | REPETIR II |
| comprender [entender] | ESPETAR II | RESPONDER II |
| CONTESTAR II | ESTABLECER II | SEÑALAR II |
| DECIR II | INDICAR II | SUBRAYAR II |

| Grupo IV | Distinto sujeto: **Verbo** + **que** + **subjuntivo:** *Me contento con que me regales un pañuelo.* Igual sujeto: **Verbo** + **verbo en infinitivo:** *Tenía miedo de equivocarse.* |
|---|---|

| | | | | |
|---|---|---|---|---|
| | | | | renunciar a |
| acceder a | cansarse de | entusiasmarse con | negarse a | resignarse a |
| aceptar | conformarse con | esperar | odiar | rogar |
| aguantar | conseguir | esperar a | oponerse a | sentir (lamentar) |
| aguardar a | consentir | exponerse a | pedir | solicitar |
| alegrarse de | consolarse con | extrañarse de | precisar (necesitar) | soportar |
| aprobar | contentarse con | hacer falta | preferir | sorprenderse de |
| aspirar a | contribuir a | hartarse de | pretender | sufrir |
| atreverse | cooperar a | implorar | procurar | suplicar |
| aventurarse a | desconfiar de | intentar | proponerse | temer |
| avergonzarse de | desear | lamentar | querer | tener miedo de/a |
| buscar | divertirse con | lograr | rechazar | tolerar |

| Grupo V | **Verbo + que + verbo en subjuntivo/infinitivo:** *Les aconsejó que se marcharan/marchasen. Os recomiendo que vayáis-ir a Aranjuez.* |
|---|---|

| | | |
|---|---|---|
| aconsejar | encargar | mandar |
| animar a | forzar a | obligar a |
| ayudar a | hacer | ordenar |
| conminar a | impedir | permitir |
| dejar | incitar a | prohibir |
| desaconsejar | instar a | proponer |
| | invitar a | recomendar |

| Grupo VI | **a)** Con distinto sujeto:<br>**Verbo** afirmativo **+ que + verbo en indicativo/infinitivo**<br>**Verbo** negativo **+ que + verbo en indicativo/subjuntivo/infinitivo:** *Ve jugar a los niños / que los niños juegan; No ve jugar a los niños / que los niños juegan / que los niños jueguen.*<br><br>**b)** Con el mismo sujeto:<br>**Verbo** afirmativo **+ que + indicativo:** *Vio que tenía los zapatos rotos.*<br>**Verbo** negativo **+ que + verbo en indicativo/subjuntivo:** *No sentía que le estaban/estuvieran poniendo una inyección.* |
|---|---|
| ver | oír                                          sentir [notar] |

## 4. CONSTRUCCIONES SUSTANTIVAS EN FUNCIÓN DE SUJETO

**4.1.** Cuando la construcción sustantiva es sujeto de una frase formada por los verbos SER o ESTAR más un adjetivo, puede aparecer en infinitivo o con QUE + verbo conjugado:

4.1.1. Infinitivo cuando el sujeto es general, impersonal:
*Para entrar en la biblioteca no es obligatorio SER ALUMNO DE LA FACULTAD.*

4.1.2. Infinitivo o QUE + verbo conjugado, indistintamente, cuando el sujeto está claro por el contexto:
*Venga, daos prisa, es importante LLEGAR / QUE LLEGUEMOS a tiempo.*

4.1.3. QUE + verbo conjugado, cuando necesitamos especificar el sujeto:
*Está claro QUE DEBEMOS ir pronto.*

**4.2.** Cuando la construcción sustantiva es sujeto de un "verbo con LE", como "gustar, apetecer, doler, encantar, fastidiar, molestar, etc. (ver "Los pronombres personales"):

4.2.1. Si el sujeto de la construcción sustantiva se refiere a la misma persona que el pronombre que acompaña al "verbo con LE", usamos el infinitivo:
*Me da pena verle tan triste; Nos aburre ver la televisión.*

4.2.2. Si el sujeto es otra persona, usamos QUE + verbo en subjuntivo:
*Me da pena que esté tan triste; Les ha fastidiado que no hayamos ido a su casa.*

**4.3.** Con otros verbos y construcciones, se siguen esencialmente las mismas pautas que en el apartado 4.1.: *Que hayas aprobado no significa que sepas mucho; Haber aprobado no significa siempre saber mucho.*

# 5. CONSTRUCCIONES SUSTANTIVAS EN FUNCIÓN DE COMPLEMENTO DE UN SUSTANTIVO O DE UN ADJETIVO

Los adjetivos y sustantivos que pertenecen a la misma familia que los verbos que se recogen en el apartado 3 de este tema se comportan en la mayoría de los casos de forma semejante a ellos:

- *Estoy harto de trabajar; Estoy harta de que me llames a las doce de la noche* (igual que con el verbo **hartar,** se usa infinitivo cuando hay coincidencia de personas y subjuntivo cuando no).
- *No estoy informado de que han / hayan venido; Estoy informado de que tengo que ir* (como con el verbo **informar de**, usamos normalmente un verbo conjugado, en indicativo en frases afirmativas y en subjuntivo o indicativo en negativas).
- *Aprovechamos para transmitirle, de parte de nuestros superiores, el ruego de que acuda a la próxima inauguración de nuestro nuevo local* (igual que con el verbo **rogar,** detrás de "ruego" usamos Que + subjuntivo).

# 6. ORACIONES INTERROGATIVAS INDIRECTAS Y OTRAS ORACIONES INTRODUCIDAS POR PRONOMBRES INTERROGATIVOS

Un número reducido de verbos pueden ser completados con construcciones sustantivas de este tipo, por ejemplo: *ver, oír, saber, desconocer, decidir, sospechar* y la mayoría de los verbos de comunicación, como *decir, indicar, señalar, informar de, aclarar,* etc.:
*Me indicó por dónde debía salir; No sé si comprarlo o no; No oímos qué decían.*

Este tipo de construcciones tienen el verbo en indicativo y, en ocasiones, en infinitivo. Cuando usamos el infinitivo, estamos expresando que desconocemos qué posibilidad tenemos de efectuar la acción expresada por el verbo en infinitivo, o cómo, dónde, qué y cuánto debemos hacerla.
*No saben dónde van* (están en dirección a algún sitio, pero desconocen cuál es el sitio de destino).
*No saben dónde ir* (aunque desean ir a algún sitio, todavía no se han dirigido a ninguno porque no han tomado ninguna decisión entre diferentes posibilidades o porque desconocen la existencia de algún lugar al que se puedan dirigir).
*Dime dónde comes* (tú comes en un sitio, y pido que me digas dónde).
*Dime dónde comer* (no sé en qué lugares puedo comer, y pido esa información).

# 7. LA ESTRUCTURA "ORACIÓN + QUE + ORACIÓN" Y LA CORRELACIÓN DE LOS TIEMPOS VERBALES

## 7.1. Verbos de comunicación

### 7.1.1. Cuando se transmiten informaciones
Vamos a mostrarte un mismo mensaje que se transmite en diferentes situaciones:

**Situación A.** Mi abuela me lo ha contado hoy; mi bisabuelo todavía vive. Yo se lo cuento a mi hermana:

*La abuela me ha contado esta mañana que su padre **estuvo** en la cárcel diez años porque **había matado/mató** a un hombre muy rico durante la guerra. También me **ha dicho** que antes el bisabuelo era republicano, pero que ahora ya no le **interesa** la política. Y también me **ha dado** la noticia de que le **van a dar /le darán** la Medalla al Trabajo.*
(No se producen cambios en los tiempos verbales porque las circunstancias temporales no han variado, y porque el hablante da como válidas y verdaderas las informaciones que está transmitiendo.)

**Situación B.** Me lo ha contado mi abuela hoy y mi bisabuelo todavía vive, pero me limito a transmitir la información, sin expresar si sigue siendo válida o no:

*La abuela me ha estado hablando de su padre, y me* **ha dicho** *que ya no le* **interesaba** *la política. Y también me* **ha dicho** *que le* **iban a dar/le darían** *la Medalla al Trabajo. ¡Pues no sé a qué trabajo, si no ha hecho nada más que hablar toda su vida!*
(Al cambiar los tiempos verbales de presente a imperfecto y de futuro a condicional [a pesar de que no han cambiado las coordenadas temporales] estoy subrayando que se trata de palabras que me han sido transmitidas, y que no me comprometo con su veracidad.)

**Situación C.** Me lo ha contado mi abuela hoy; mi bisabuelo murió hace varios años, poco después de recibir la Medalla al Trabajo:

*La abuela me* **ha contado** *que el bisabuelo* **estuvo** *en la cárcel diez años porque* **mató/había matado** *a un hombre durante la guerra, y que antes* **era** *republicano, pero que después ya no le* **interesaba** *la política. También me* **ha dicho** *que antes de morir le* **dieron/habían dado** *la Medalla al Trabajo.*
(El hecho de que hayan cambiado las circunstancias hace que cambien los tiempos de los verbos, y así, acciones como "interesar", tras la muerte, se ha convertido en pasado.)

**Situación D.** Me lo contó mi abuela hace unos días; mi bisabuelo vive todavía:

*El otro día me* **contó** *la abuela que su padre* **estuvo/había estado** *en la cárcel, y que antes era republicano, pero que ahora ya no le* **interesa/interesaba** *la política. ¡Ah! También me dijo que le* **van a dar/darán/ iban a dar/darían** *la Medalla al Trabajo.*
(Las circunstancias temporales han cambiado, y por eso usamos el verbo de comunicación en pretérito indefinido; cuando esto ocurre, lo más frecuente es que, por la influencia de ese pasado, los verbos que vienen detrás de "que" cambien:

> Presente ...................Pretérito imperfecto
>
> Futuro ....................Condicional
>
> Pretérito indefinido ....................Pretérito pluscuamperfecto

Sin embargo, sobre todo en la lengua hablada, si se sienten esas afirmaciones como algo que sigue siendo válido en el momento en el que hablamos, lo mantenemos en el tiempo de la cita original; por eso, las frases universales como *El hombre es un lobo para el hombre* son frecuentemente transmitidas como *Hobbes dijo que el hombre es un lobo para el hombre,* aunque también podría usarse "era" por la atracción de "dijo".)

**Situación E.** Me lo contó mi abuela hace un tiempo, y mi bisabuelo ya estaba muerto; murió antes de recibir la Medalla al Trabajo:

*El otro día me* **contó** *la abuela que su padre* **había estado** *diez años en la cárcel porque* **había matado** *a un hombre durante la guerra. También me* **estuvo contando** *que antes el bisabuelo* **era/había sido** *republicano, pero que después ya no le* **interesaba** *la política, y que le dijeron que le* **iban a dar/darían** *la Medalla al Trabajo pero no pudo ser, porque se murió al día siguiente.*
(Han cambiado todas las coordenadas temporales y las circunstancias, por lo tanto los cambios citados en el punto anterior son obligatorios; el uso del condicional en lugar de futuro o la perífrasis correspondiente en imperfecto indican que la acción no llegó a cumplirse.)

*Siempre que llega el día de Navidad, empieza a hablar de su padre, y nos **cuenta** que **estuvo** en la cárcel, y que **mató/había matado** a un hombre, y que antes **era** republicano pero (ahora no le **interesa**/después ya no le **interesaba**) la política, y que (le han dicho que le **van a dar/darán**) / (le dijeron que le **iban a dar/darían**) la Medalla al Trabajo (pero se murió antes de que se la dieran).*

(De las opciones que aparecen entre paréntesis, las primeras solamente se pueden usar si el bisabuelo sigue estando vivo, y las segundas si estuviera muerto o si estuviera vivo, pero yo me limitara a transmitir la información sin comprometerme a decir que es verdad.)

**Situación G.** Mi hermana va a ir a visitar a la abuela, y le advierto de lo que le va a decir:

*Ya verás cómo te contará que...* (igual que en el punto anterior).

Supongamos ahora que mi interlocutor responde diciendo que no está informado de esos sucesos, y lo hace sin comprometerse con la veracidad o no del hecho; en este caso, tendría que utilizar subjuntivo. Las situaciones más frecuentes serían las siguientes:

**Situación A:** El bisabuelo todavía vive    *¡Qué raro! Yo he hablado de esas cosas con el bisabuelo, y nunca me **ha dicho** que **haya estado** en la cárcel/**estuviera-se** diez años en la cárcel ni que **matara/hubiera-se matado** a un hombre. Y tampoco le **he oído** decir nunca que antes **fuera-se** republicano, ni que ahora no le **interese/interesara-se** la política. Y lo más raro de todo es que hoy mismo ha hablado con él y no me **ha contado** que le **vayan/fueran** a dar la medalla esa.*

**Situación B:** El bisabuelo está muerto    *¡Qué raro! Porque cuando era pequeño yo hablaba muchísimo con el bisabuelo, y nunca me **dijo** que **hubiera-se estado** en la cárcel ni que **hubiera-se matado** a un hombre. Y tampoco le **oí** decir nunca que antes **fuera-se** republicano, ni que después no le **interesara-se** la política. De lo de la medalla, tampoco me **dijo** nunca que se la **fueran-sen a dar** o que se la **hubieran-sen dado**.*

7.1.2. **Cuando se transmiten sugerencias, órdenes, peticiones, etc.** Las peticiones, órdenes y sugerencias se pueden expresar en español con un imperativo. Cuando transmitimos este tipo de mensaje a una tercera persona, utilizamos subjuntivo en lugar de imperativo.

Usamos presente para órdenes, peticiones y sugerencias para el presente o el futuro, y pretérito imperfecto, para órdenes pasadas y para órdenes presentes o futuras que están siendo contrariadas o que no quieren ser aceptadas:
*Si ves a Marga, dile que venga mañana a recoger los libros; Le dije que viniera a recoger los libros ayer, no hoy; Me ha dicho que fuera a recoger los libros hoy, pero no tengo ganas de ir; Me ha dicho que vaya a recoger los libros ahora mismo; Me dijo que fuera mañana a recoger los libros, pero no pienso ir.*

## 7.2. Otros verbos

Con los verbos que no son de comunicación, lo más normal es que se produzcan todas las transformaciones propias de la correlación temporal en español, sin que suela influir ni la verosimilitud de los hechos ni la posición subjetiva del hablante. Sin embargo, en el caso de que se trate de hechos que siguen siendo válidos en ese tiempo en el momento en que se habla, podemos mantenerlos sin cambios.

7.2.1. **Con indicativo**
**A.** Una persona muy despistada se ha dado cuenta hace un rato de los siguientes hechos:
• Le han robado la cartera esta mañana

• Ayer perdió la agenda
• Tiene el carné de identidad caducado
• Esta noche vendrán a cenar unos invitados y no tiene nada preparado

*Hace un momento se ha dado cuenta de que esta mañana le **habían robado/han robado** la cartera, de que ayer **había perdido/perdió** la agenda, de que **tenía/tiene** el carné caducado, y de que esta noche **iban a venir-vendrían/van a venir-vendrán** invitados a cenar y no **tenía/tiene** nada preparado.*

**B.** Se dio cuenta ayer de todas estas cosas:
*Ayer se dio cuenta de que esa mañana le **habían robado** la cartera, de que el día anterior **había perdido** la agenda, de que **tenía/tiene** el carné caducado, y de que esa noche i**ban a venir-vendrían** invitados a cenar y no **tenía** nada preparado.*

**C.** Si *ahora mismo se está dando cuenta de que... o esta noche se dará cuenta de que...,* los verbos se mantienen sin cambios en los tiempos.

7.2.2.  **Con subjuntivo**

**A.** Un amigo de la persona anterior, cuando ésta se lo ha contado un rato después de darse cuenta, no se ha extrañado porque la conoce muy bien:
*No me ha sorprendido nada que esta mañana le **hayan robado/robasen** la cartera, ni que ayer **perdiera-se** la agenda, ni que **tenga** el carné caducado, ni que **vengan-vayan a venir** invitados y no **tenga** nada preparado.*

**B**. Se lo contó ayer:
*No me sorprendió nada que esa mañana le **hubieran-sen robado/robaran-sen** la cartera, ni que el día anterior **hubiera-se perdido/perdiera-se** la agenda, ni que **tuviera-se** el carné caducado, ni que **vinieran-sen /fueran-sen** a venir invitados y no t**uviera-se** nada preparado.*

**C.** Si *no le sorprende nada que... o no le sorprenderá que...,* los verbos pasan al subjuntivo, con las siguientes equivalencias:

| INDICATIVO | SUBJUNTIVO |
|---|---|
| Presente | Presente |
| Futuro | Presente |
| Pretérito perfecto | Pretérito perfecto |
| Pretérito imperfecto | Pretérito imperfecto |
| Pretérito indefinido | Pretérito imperfecto |
| Pretérito pluscuamperfecto | Pretérito pluscuamperfecto |

*Tengo el carné caducado* _____ *No me sorprende que tenga el carné caducado*

*Vendrán invitados* _____ *Le sorprende que vengan / vayan a venir invitados*

*Ha perdido la agenda* _____ *No le sorprenderá que haya perdido la agenda*

*No tenía nada preparado* _____ *No me sorprende que no tuviera nada preparado*

*Le robaron la cartera* _____ *No me sorprende que le robaran la cartera*

*Antes de salir de casa,* _____ *Seguramente no te sorprenderá que, antes de*

*ya había perdido un anillo*                       *salir de casa, ya hubiera perdido un anillo*

### 7.2.3. Cuando el verbo de la oración principal está en condicional

**A.** Si se trata de un verbo que lleva detrás indicativo, se aplican las mismas transformaciones que en el apartado 7.2.1.: *Si hubieran estado allí, te habrían dicho que estaban allí, no que se habían ido.*

**B**. Si es un verbo o construcción que exige detrás un subjuntivo, el tiempo del subjuntivo puede ser: imperfecto, para acciones todavía sin terminar, o pluscuamperfecto, para acciones terminadas: *Me gustaría que estas vacaciones duraran eternamente; No me sorprendería que se hubiera perdido.*

Todo lo dicho sobre los tiempos verbales se cumple siempre que no se produzcan circunstancias que obliguen a utilizar el subjuntivo (ver "El subjuntivo", punto 5).

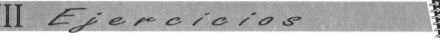

III *Ejercicios*

 **1**  En España, mientras suenan las doce campanadas que marcan el fin de año, tomamos doce uvas y formulamos un deseo para el año nuevo. A continuación tienes una lista de los diez deseos de una familia. Intenta formularlos tal y como ellos los pensaron, como en el ejemplo (a), usando el verbo que está entre paréntesis.

| | |
|---|---|
| a) | (Una hija) La recuperación de su padre. (RECUPERARSE) *Espero que mi padre se recupere.* |
| b) | (Un hijo) El perdón de su novia (que ha roto con él por haber salido con otra chica). (PERDONAR) *Deseo...* |
| c) | (El padre) Una rápida recuperación. (RECUPERARSE) *Me gustaría...* |
| d) | (La madre) La mejoría de su marido. (MEJORARSE) *Quiero...* |
| e) | (La abuela) Salud [para sí misma] para volver a celebrar la siguiente Nochevieja. (TENER) *Quiero...* |
| f) | (El abuelo) Felicidad para toda la familia. (SER) *Espero...* |

| | |
|---|---|
| g) | (La hija pequeña) La vuelta de Juan, su hermano favorito (que está trabajando en otro país). (VOLVER) *Me gustaría...* |
| h) | (El tío soltero) Una mujer que le quiera. (ENCONTRAR) *Deseo...* |
| i) | (Otro tío) Su continuación en su puesto de trabajo (se va a reducir la plantilla en su empresa). (SEGUIR TRABAJANDO) *Espero...* |
| j) | (La mujer del anterior) La continuación de su marido en su puesto de trabajo. (SEGUIR TRABAJANDO) *Querría...* |

**\* 2**

**A.** A continuación tienes algunas citas famosas. ¿Sabes quién las dijo?

> Agatha Christie, Albert Einstein, Bernard Shaw, Groucho Marx, Luciano Pavarotti, Mahatma Gandhi, Mark Twain, Marilyn Monroe, Ronald Reagan, Salvador Dalí

a)  *El ADN es la prueba de la existencia de Dios.*
b)  *Dios no juega a los dados.*
c)  *No hay caminos para la paz; la paz es el camino.*
d)  *Vivir sola es como estar en una fiesta donde nadie te hace caso.*
e)  *Aprender música leyendo teoría musical es como hacer el amor por correo.*
f)  *Encuentro la televisión muy educativa. Cada vez que alguien la enciende, me retiro a otra habitación y leo un libro.*
g)  *No hay amor más sincero que el amor a la comida.*
h)  *El contribuyente es una persona que trabaja para el Gobierno, pero sin haber hecho oposiciones a funcionario.*
i)  *Cásate con un arqueólogo. Cuanto más vieja te hagas, mas encantadora te encontrará.*
j)  *Al cumplir los setenta años, me he impuesto las siguientes reglas de vida: No fumar mientras duermo, no dejar de fumar mientras estoy despierto y no fumar más de un tabaco a la vez.*

**B**. Completa ahora las siguientes frases haciendo las transformaciones necesarias en las citas; en algunos casos hay dos posibilidades en el uso de los tiempos:

a)  Bernard Shaw decía que ..................................................................................................
b)  Luciano Pavarotti afirmó que...........................................................................................
c)  Mahatma Gandhi dijo que ..............................................................................................
d)  Agatha Christie aconsejó a las mujeres. ......................... (hay dos estructuras posibles)
e)  Marilyn Monroe se quejaba de que .................................................................................
f)  Salvador Dalí opinaba que. ............................................................................................
g)  Albert Einstein aseguraba que ........................................................................................
h)  Mark Twain declaró que. .................................................................................................
i)  Groucho Marx manifestó que. ........................................................................................
j)  Ronald Reagan consideraba que .....................................................................................

**\* 3**

En el siguiente texto, habla una pareja en la que la mujer es más famosa que el marido. Elige entre las diferentes opciones que están entre paréntesis la correcta o correctas:

**ENEDINA LLORIS Y JOSÉ JUAN MARTÍNEZ, SOLISTA Y ACOMPAÑANTE**

**Enedina Lloris.-** "Nosotros sabemos **(1) (a. ser nuestra situación; b. que nuestra situación es; c. que nuestra situación sea; d. que nuestra situación sería)** diferente a la media; es evidente **(2) (a. no comportarse mi marido; b. que mi marido no se comporta; c, que mi marido no se comporte; d. que mi marido no se comportaba)** como las señoras de los tenores, que hacen las veces de secretarias y ayudas de cámara. Pero si el cantante fuese él, yo haría el mismo papel que hacen las otras señoras, porque creo **(3) (a. ser; b. que es; c. que sea; d. que fuese)** una actitud que las mujeres llevamos en las venas. Muchos hombres fuerzan la ruptura del matrimonio cuando su mujer triunfa o es más conocida. Es una reacción machista. Pero también pienso **(4) (a. pedir y desear las mujeres; b. que las mujeres pedimos y deseamos; c. que las mujeres pidamos y deseemos; d. que las mujeres pediríamos y desearíamos)** oportunidades en el trabajo, y, sin embargo, no somos capaces de **(5) (a. renunciar; b. que renunciamos; c. que renunciemos; d. haber renunciado)** a muchas cosas. **(6) (a. Cambiar; g. Que cambiamos; c. Que cambiemos; d. Que cambiaremos)** esta situación es muy difícil."

— 82 —

**José Juan Martínez.-** " Para mí no ha sido un sacrificio, sino una satisfacción indescriptible ver **(7)** **(a. triunfar a Enedina; b. que Enedina triunfa; c. que Enedina triunfe; d. que Enedina triunfaba)**. No me arrepiento de nada. Cuando se presentó la oportunidad de **(8)** **(a. estudiar uno de los dos; b. que uno de los dos estudiaba; c. que uno de los dos estudiara; d. que uno de los dos estudiase)**, me pregunté cuál de los dos **(9)** **(a. poder llegar; b. podía llegar; c. pudiera llegar; d. podría llegar)**. Pues ella, que tiene un talento enorme. ¿Cuántas mujeres han dejado sus carreras por ayudar o seguir al marido? Montones. Y a nadie le parece raro. Ese planteamiento se llama machismo, y siento **(10)** **(a. decir que creo que haya; b. decir que creo que hay; c. que digo que creo que hay; d. que diga que creo que haya)** más mujeres machistas que hombres."

*Marie Claire,* extracto

 **4**
Un periódico de Madrid tiene un contestador automático que recoge las quejas y sugerencias de los ciudadanos. Te presentamos algunas de ellas. Con el mismo mensaje, construye una sola frase, como en el ejemplo.

a) Mi calle está sin aceras desde hace ocho meses por obras de Gas Natural. Estoy harto.
*Estoy harto de... (que mi calle esté sin aceras)*

## Diario Madrid
### el contestador automático
**568-87-22**

b) Tengo que andar por la calle mirando siempre al suelo porque las aceras de mi barrio están llenas de cacas de perro. ¡Ya estoy cansado!
*Estoy cansado de ....................................*

c) Todas las noches me despierta el camión de la basura. Lo odio.
*Odio ..........................................................*

d) Mientras los ciudadanos nos preocupamos por ahorrar agua, los camiones de limpieza del Ayuntamiento usan agua potable para limpiar las calles. Es una vergüenza.
*Es una vergüenza....................................*

e) Cuando voy en bicicleta, veo montones de gatos, pájaros y perros despachurrados en el asfalto.Es algo que me duele mucho.
*Me duele ...................................................*

f) ¿Por qué tengo que escuchar la música que algunos llevan puesta en su coche a todo volumen? ¡No lo soporto!
*No soporto ...............................................*

g) Los chavales se suben en los autobuses con las mochilas a la espalda, ocupan el sitio de dos personas y no te dejan pasar ni salir. No hay derecho.
*No hay derecho a ....................................*

h) Ayer vi cómo, por orden del Ayuntamiento, talaban los dos últimos árboles de mi calle para poder ampliar un aparcamiento. Me entristeció mucho.
*Me entristeció mucho...............................*

**A.** Completa el siguiente texto utilizando los verbos de la lista en infinitivo o conjugándolos en el tiempo adecuado:

| | | | | |
|---|---|---|---|---|
| estar | mantener | considerar | sacar | estar de |
| enseñar | formar parte | recibir | aumentar | acuerdo |
| compartir | fumar | tener | ser | |

### LOS ESPAÑOLES, A FAVOR DEL CASTIGO COMO MÉTODO DE ENSEÑANZA

El 51 por 100 de los españoles se muestra a favor de _____ **(a)** a obedecer a los niños desde pequeños aunque sea con castigos, según una encuesta del Centro de Investigaciones Sociológicas (CIS) realizada entre 2.500 personas. El estudio recoge las opiniones y actitudes de la sociedad ante la infancia y señala que el 65 por 100 de los españoles _____ **(b)** con que "un azote evita mayores problemas".

El estudio refleja que el 79 por 100 de los españoles afirman _____ **(c)** niños felices. En relación con las causas que explicitarían el aumento de suicidios infantiles, la encuesta señala que el 24 por ciento de los entrevistados _____ **(d)** la fuerte presión social sobre los jóvenes como causa principal y el 22 por 100 piensa que el alcohol y las drogas _____ **(e)** responsables de este crecimiento. Sólo el 16 por 100 entiende que los problemas de relación entre padres e hijos _____ **(f)** el número de suicidios.

La escolarización de niños portadores del sida ha sido objeto también de la encuesta. El 40 por 100 de los interrogados se muestra favorable a que sus hijos _____ **(g)** aula con los niños portadores de anticuerpos del sida, el 29 por 100 rechaza esta posibilidad y el resto no contesta.

Sobre los comportamientos de los hijos que más preocupan a los padres, en una escala de uno a diez, el estudio indica que lo más inquietante para los progenitores (8,64) es la pertenencia de su hijo varón a una secta, mientras que en el caso de una hija lo más preocupante (9,02) es que _____ **(h)** embarazada. Otras cuestiones preocupan a las familias respecto a sus hijos varones es que _____ **(i)** porros, que _____ **(j)** homosexuales, que _____ **(k)** relaciones sexuales, que _____ **(l)** de algún grupo juvenil o que _____ **(m)** malas notas. En el caso de una chica, el orden de importancia se modifica. Preocupa más la posibilidad de un embarazo que la pertenencia a una secta; que _____ **(n)** porros antes que el hecho de que _____ **(ñ)** homosexual.

Finalmente, el informe pone de manifiesto que el 59 por 100 de los encuestados _____ **(o)** partidario de que los niños entre cinco y dos años _____ **(p)** algún tipo de información sexual.

*ABC*, extracto

**B.** Dos hispanoamericanos han leído este artículo; algunas cosas les han sorprendido y las comentan. Completa sus comentarios:

–Pues yo nunca hubiera imaginado que los padres españoles _____ (SER) **(a)** partidarios de que sus hijos _____ (COMPARTIR) **(b)** aulas con seropositivos. No tenía idea de que los españoles _____ (SER) **(c)** tan tolerantes en este tema.
–Yo ya había leído algo sobre eso, pero lo que yo no creía es que todavía _____ (HABER) **(d)** tanta diferencia en el trato de los padres respecto a los hijos y las hijas. Pensaba que en España _____ (ESTAR) **(e)** más avanzados en esto.
–Sí, a mí también me ha sorprendido. Y otra cosa curiosa: yo no sabía que en España _____ (HABER) **(f)** tanta gente que _____ (PENSAR) **(g)** que _____ (SER) **(h)** bueno castigar a los niños.
–¡Qué contradicciones! Debe de ser un país muy raro, ¿no?

**6**

**A.** Hace unos años se celebró en Sevilla el "Primer Congreso Universal de Movimientos Vecinales", que terminó con la firma de un Manifiesto Vecinal sobre los problemas y soluciones para el mundo entero. A continuación tienes algunas de las cosas que se hacían por medio de ese manifiesto. Completa el principio de cada frase con alguno de estos verbos (úsalos todos):

| quejarse | manifestar | rechazar | recomendar | opinar |
|----------|------------|----------|------------|--------|
| solicitar | animar | asegurar | instar | conminar |

a)_____ de que las mujeres sufrían discriminación en todo el mundo.

b)_____ que los gobiernos fomentaran el asociacionismo.

c)_____ estar en desacuerdo con la represión, la discriminación y la tortura.

d)_____ a los países desarrollados a transferir su tecnología al Tercer Mundo.

e)_____ que debía haber un control democrático de la información.

f) _____ a varias organizaciones internacionales que ayudasen a hacer efectiva la participación política de los ciudadanos.

g)_____ a los gobiernos luchar contra la especulación que buscaba el beneficio privado a costa de arrasar el planeta.

h) _____ a que se condonara la deuda exterior de los países menos desarrollados.

i) _____ que los países desarrollados enviaran su basura tóxica al Tercer Mundo.

j) _____ que los mayores debían ser respetados y estar bien considerados en la sociedad.

**B.** Todavía ninguno de estos problemas ha cambiado. Si se reunieran otra vez, tendrían que hacer lo mismo. Completa tú esta crónica de este supuesto congreso actual:

En su XXX Congreso Internacional, el Movimiento Vecinal se queja de que _____ **(a)**, manifiesta _____ **(b)**, rechaza _____ **(c)**, recomienda _____ **(d)**, opina _____ **(e)**, solicita _____ **(f)**, anima _____ **(g)**, asegura _____ **(h)**, insta _____ **(i)** y conmina _____ **(j)**.

**7**

**A.** Completa las siguientes frases y anota si son verdaderas o falsas:

|  |  | V | F |
|---|---|---|---|
| a) | Antes creían que el Sol _____ (DAR) vueltas alrededor de la Tierra. | | |
| b) | Aristóteles dijo que los objetos ligeros _____ (CAER) más rápido que los pesados. | | |
| c) | Demócrito pensaba que todo _____ (ESTAR) formado por átomos. | | |
| d) | En la Edad Media creían que el plomo _____ (PODER) convertirse en oro. | | |
| e) | Marconi demostró que la luz blanca _____ (ESTAR) compuesta de colores. | | |
| f) | Antes de que Colón llegara a América, pensaban que la Tierra _____ (SER) cuadrada. | | |
| g) | Newton dijo que el hombre _____ (LLEGAR) a la Luna. | | |
| h) | Durante mucho tiempo no se creyó que _____ (EXISTIR) los meteoritos, hasta que cayó en Francia uno enorme. | | |
| i) | Pitágoras se negaba a comer habas porque aseguraba que _____ (TENER) alma. | | |
| j) | Los antiguos egipcios creían que el perejil _____ (ABSORBER) los vapores etílicos y evitaba las borracheras. Por eso iban a las fiestas con una corona de esta planta. | | |

**B.** Cuando ya sepas cuáles son falsas, ponlas en forma negativa.

# Estilo directo y estilo indirecto

1. Imagina cuáles eran las palabras de sus amigos: *Mis amigos decían:* "..."
2. ¿Es seguro que sus amigos utilizaran las palabras "vigilar" o "estar loco por..." cuando se lo dijeron?
3. ¿Qué diferencia de significado hay entre "Me decían que le vigilase" y "Me decían que le vigilaba"?
4. ¿Cuáles de estos verbos podrían sustituir al verbo "decir" en esta frase?: advertían, contaban, aconsejaban, informaban.

*A saber*

## 1. FORMAS DE REPRODUCIR LAS PALABRAS DE OTRA PERSONA O LAS NUESTRAS: ESTILO DIRECTO Y ESTILO INDIRECTO

### 1.1. Estilo directo

1.1.1    Tras el verbo de lengua citamos el mensaje. Es un procedimiento muy utilizado en la lengua oral informal: *Y entonces me dijo: "mañana te lo contaré"*.

1.1.2.    Reproducimos la información y las palabras; se supone gran fidelidad al mensaje original.

1.1.3.    Suelen mantenerse aquellas palabras y expresiones que nos sirven para empezar, mantener y terminar contactos, pedir confirmación al oyente, etc.: *Y me gritó: "¡oye!, que no se te olvide, ¿eh?"*.

1.1.4.    Las expresiones del espacio, el tiempo y la persona se mantienen sin cambios: *Ayer me dijo: "mañana vendré otra vez", pero todavía no ha venido*.

1.1.5.    Los tiempos verbales del mensaje original se mantienen sin variación.

### 1.2. Estilo indirecto

1.2.1.    Tras el verbo introductor, normalmente usamos la palabra QUE, y a continuación repetimos la información que otra persona dio: *Y entonces me dijo que al día siguiente lo contaría*.

1.2.2.    Reproducimos el contenido, y las palabras pueden ser las del mensaje original o no; así, una frase como *Vuelve pronto* podría reproducirse como *Me ha dicho que vuelva pronto/ que no tarde en volver / que no vuelva tarde*, etc.

1.2.3.    No se reproducen las palabras o expresiones propias de la interacción de la conversación: *Y me gritó que no se me olvidara* (comparar con 1.1.3.).

1.2.4.    Las expresiones del espacio, el tiempo y la persona cambian si cambian las circunstancias. Por lo tanto, a veces es necesario variar: pronombres personales, persona del verbo, demostrativos, posesivos, verbos como "traer/llevar, ir/venir" y expresiones temporales.

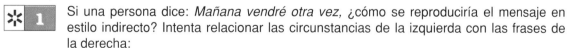

*Ejercicio*

**1**    Si una persona dice: *Mañana vendré otra vez*, ¿cómo se reproduciría el mensaje en estilo indirecto? Intenta relacionar las circunstancias de la izquierda con las frases de la derecha:

| | |
|---|---|
| 1) La misma persona, cinco minutos después. | a) *Ha dicho que mañana irá otra vez.* |
| 2) La misma persona, el mismo día, en otro lugar. | b) *Dijo que hoy vendría otra vez.* |
| 3) Su oyente, el mismo día, en el mismo lugar. | c) *He dicho que mañana vendré otra vez.* |
| 4) Su oyente, al día siguiente, en el mismo lugar. | d) *Dijo que hoy iría otra vez.* |
| 5) Su oyente, el mismo día, en otro lugar. | e) *He dicho que mañana iré otra vez.* |
| 6) Su oyente, al día siguiente, en otro lugar. | f) *Ha dicho que mañana vendrá otra vez.* |

1.2.5. Es necesario cambiar los tiempos verbales si las circunstancias temporales han cambiado; si alguien dice: *Me voy el lunes a Madrid,* su oyente, después del lunes, dirá: *Me dijo que el lunes SE IBA a Madrid.* Es frecuente que se produzcan estos cambios, aunque no hayan cambiado las circunstancias temporales, por la influencia del tiempo del verbo introductor, igual que en todas las oraciones sustantivas. Sin embargo, no es necesario cambiar el verbo si el mensaje sigue siendo válido, verosímil o seguro para nosotros en el momento en que lo reproducimos y las circunstancias temporales no han cambiado:
*Hobbes dijo que el hombre ERA / ES un lobo para el hombre; Ayer me contó que HABÍA / HA pasado unas vacaciones estupendas.*

1.2.6. Preguntas en estilo indirecto:

• Si la pregunta debe ser respondida con "sí / no" o una expresión equivalente, el nexo usado es SI, que puede ir precedido de QUE en la lengua informal:
*Me preguntó (que) si había visto al perro.*

• Si la pregunta debe ser respondida con una información, se usan los pronombres interrogativos, que pueden llevar delante la palabra QUE en la lengua informal:
*Le pregunté (que) dónde había estado; Me preguntó (que) cuántos éramos.*

### 1.3. ¿Quién es el responsable de las palabras utilizadas en la transmisión del mensaje?

Tanto en estilo directo como indirecto, cuando el hablante no quiere que de ningún modo se le atribuyan a él las palabras utilizadas, sino al emisor original, necesita reforzar esta idea con expresiones como las siguientes: *(así), con estas/esas (mismas) palabras* (informal), *textualmente, literalmente* (formal):
*Y me dijo que no venía porque no le daba la gana, así, con estas mismas palabras.*

### 1.4. Algunas peculiaridades del estilo directo y el estilo indirecto en la lengua informal.

• Si forma parte del conocimiento compartido en la conversación, alguno de los elementos, como el verbo introductor y partes de la oración con QUE, pueden no aparecer:
*Ha llamado Carmen. Que no viene; Y ella: "No", y yo: "Sí"; Ha dicho que a lo mejor.*

• A veces se usan, sobre todo en estilo directo, expresiones formadas por dos verbos introductores como "y va y me dice": *...y cogió y me dijo:...*

• Para reproducir mensajes con diversas informaciones que nos han resultado aburridos o que ya nos habían dado otras veces, o para menospreciar una serie de argumentos, podemos introducir el mensaje con QUE SI delante de cada información:
*Pues me estuvo diciendo que si estaba muy bien ahora con Antonio, que si el trabajo le iba fenomenal, ya sabes, todo eso que siempre cuenta...*

### 1.5. Los verbos introductores de estilo indirecto + infinitivo/ QUE + subjuntivo o indicativo.

Igual que todas las oraciones sustantivas, las de estilo indirecto, según cuál sea el verbo introductor, necesitan después indicativo o subjuntivo o infinitivo. Para ver los diferentes tipos de verbos, ver "Las construcciones sustantivas". En el caso de las preguntas indirectas, siempre utilizamos el indicativo.

## 2. OTRAS FORMAS DE REPRODUCIR MENSAJES DE OTRAS PERSONAS

### 2.1. Sin necesidad de especificar el emisor del mensaje:

2.1.1. Usando el imperfecto de indicativo, en la lengua informal, y el condicional en la lengua formal (especialmente utilizado por los periodistas):

–*¿Ha vuelto ya Carmen?*

+*No creo. Llegaba mañana a Santander* (según me dijeron).

*El presidente de la Cámara de Comercio habría dimitido esta mañana* (según fuentes oficiosas)

2.1.2. Con las expresiones *parece que, parece ser que, al parecer, por lo visto,* cuando no hay ningún signo externo que muestre la información que se da a continuación, o con *según dicen, tengo / tenemos / tenía / teníamos entendido que...* y *según tengo / tenemos / tenía / teníamos entendido.*

*Ya ha vuelto, según dicen; Por lo visto, la bomba estaba en los lavabos* (pero la persona que dice esta frase no lo ha visto, se lo han contado); *¿Que empezamos hoy el curso? Pues yo tenía entendido que hasta mañana no empezábamos.*

### 2.2. Especificando el emisor del mensaje: SEGÚN + nombre o sustantivo identificador: *Según mi abuela / Ana, lo que pasó fue que...*

## III Ejercicios

**2** Como el niño de los dibujos, mucha gente nunca hace caso de los consejos y advertencias de los demás. La madre le reprocha no haberla escuchado; fíjate y haz reproches en las situaciones que tienes debajo utilizando las palabras que están en mayúsculas:

| | |
|---|---|
| a) | A un amigo: "Yo creo que NO DEBERIAS ALQUILAR ESE PISO. Hay demasiado ruido en esa calle". Dos meses después, tu amigo te dice que no aguanta más vivir allí: <br> *¿Lo ves? Te dije que* _____. |
| b) | A tu madre: "Mamá, cuando limpies, NO TOQUES LOS PAPELES que están encima de mi mesa, por favor". Cuando vuelves a casa, tu mesa está ordenadísima, pero te falta un papel muy importante: <br> *Pero mamá, ¿no te había dicho que* _____ ? |
| c) | A tu compañero de trabajo: "NO TE APOYES EN ESA MESA, QUE ESTÁ A PUNTO DE ROMPERSE". Cinco minutos después, tu compañero se cae: <br> *Pero, hombre, si te he dicho que* _____. |
| d) | A una amiga: "NO LLAMES A ESE FONTANERO. Seguro que TE LO VA A HACER FATAL". Una semana después, la casa de tu amiga se inunda: <br> *Te lo dije. Te dije que* _____. |
| e) | A tu marido/mujer: "VAS A QUEMAR EL SOFÁ con ese cigarro". Cinco minutos después, ves una marca de cigarro en el sofá: <br> *¡Mira que te he dicho que* _____ ! |

**✳ 3** Lee la siguiente historia y después imagina cuáles, aproximadamente, fueron las frases que se dijeron él y ella, según se cuenta en las dos viñetas finales:

— **90** —

**A.** En los siguientes artículos de periódico se recogen declaraciones de diferentes personas, tanto en estilo directo como en estilo indirecto. Las frases en estilo directo aparecen en mayúsculas; ¿cómo las hubieran escrito los periodistas en estilo indirecto? En las frases en estilo indirecto, conjuga el verbo que te damos entre paréntesis.

---

Martes, 17 de octubre

### UN HOMBRE MUERE APALEADO EN UNA ZONA DE COPAS

David M. M., un hombre de 21 años, murió ayer en el hospital Gregorio Marañón tras recibir la noche del sábado una brutal paliza en una zona de copas de un pueblo de Madrid. La agresión se produjo ante decenas de testigos. Fuentes de la Guardia Civil aseguraron anoche que dos de los presuntos atacantes (DETENER) _____ (1) y que había varios más identificados. En la agresión masiva, alguien pisoteó la cabeza de David, según publicó ayer *El Mundo*. Cuatro jóvenes procedentes de otro pueblo habían acudido a una discoteca. Según comentarios de los vecinos, allí comenzaron a ser molestados por otros jóvenes y decidieron salir de la discoteca. La persecución continuó, por lo que salieron al paseo exterior, donde fueron agredidos por diez jóvenes a puñetazos y patadas.

Todo ocurrió con rapidez y, al parecer, sin gran escándalo, pues los dueños de los locales de la zona "SÓLO SE DIERON CUENTA DE LO QUE SUCEDÍA CUANDO YA ESTABA UN GRUPO DE GENTE ARREMOLINADA SOBRE EL CHICO CAIDO", NARRÓ EL DUEÑO DE UNA BODEGA. **(2)** "NO HE PODIDO IDENTIFICAR A NINGUNO ANTE LA POLICÍA PORQUE NO DIO TIEMPO A VERLOS", AGREGÓ **(3)**.

Personas próximas a la familia señalaron que el desconsuelo de los padres (SER) _____ **(4)** total. Jóvenes del pueblo consultados por este periódico declararon que quienes han cometido la agresión (SABER) _____ **(5)** lo que (HACER) _____ **(6)**, pues la han dirigido contra jóvenes de fuera.

---

Miércoles, 18 de octubre

### CUATRO DETENIDOS POR LA MUERTE DE DAVID

Un suboficial de la policía local informó que los cuatro detenidos (SER) _____ **(7)** naturales del pueblo donde se produjo la muerte. Según Efe, pertenecen a una pandilla, la de "Los pastilleros", muy violenta.

Al mediodía, los estudiantes de la localidad guardaron cinco minutos de silencio. Era la repulsa a la violencia de los "de siempre". "SUS NOMBRES ESTÁN EN BOCA DE TODOS", ASEGURABA AYER MARÍA, UNA ESTUDIANTE **(8)**, Y ANA, UNA UNIVERSITARIA, AÑADÍA: "ES UN GRUPO DE AMIGOS MUY GRANDE". **(9)**

---

Viernes, 20 de octubre

### EL ALCALDE DESMIENTE QUE LOS ACUSADOS (ACTUAR) _____ **(10)** COMO VIGILANTES

El alcalde desmintió ayer en una conferencia de prensa que los presuntos autores de la muerte de David Martín (ACTUAR) _____ **(11)** como vigilantes en los festejos de esa localidad celebrados el pasado septiembre. Esta información fue publicada ayer por *El País*, facilitada por fuentes oficiales que siguen de cerca la investigación.

---

## El miedo

El joven cayó ante una bodega, sobre su propia sangre. El mismo lugar en el que ayer 5.000 personas se congregaron en silencio para depositar claveles y rechazar la violencia.

Un vecino alzaba un cartel en el que se quejaba y acusaba al concejal de Seguridad: "¡NO HAY JUSTICIA! EN ESTE PUEBLO TENEMOS MIEDO. A MIS HIJOS ESOS CRIMINALES LES HAN AMENAZADO EN VARIAS OCASIONES.¡TENEMOS MIEDO!", REPETÍA **(12)**. Una anciana se abalanzó sobre él y le rompió la pancarta. "NO MEZCLE LA POLÍTICA EN ESTO", LE ESPETÓ **(13)**.

"¡A MI HIJO NO LE PONGAS EL NOMBRE Y A MÍ TAMPOCO, QUE LUEGO NOS RECONOCEN Y PASA LO QUE PASA! ESA GENTUZA AÚN ESTÁ EN LA CALLE Y A TRES DETENIDOS LOS HAN PUESTO EN LIBERTAD. NO QUIERO LÍOS", GRITABA UNA SEÑORA TRAJEADA ANTE LA PRESENCIA DEL PERIODISTA **(14)**. Un coro de madres le daba la razón. "MIRA, HAY MUCHO MIEDO. SON MUCHOS, SABES, Y TE BUSCAN PROBLEMAS. HAY QUE EVITARLOS", AÑADÍA UN ESTUDIANTE DE 17 AÑOS **(15)**. Es la ley del silencio.

"AQUÍ LA POLICÍA LOCAL NO HA HECHO NADA. YO NO LES HE VISTO ACTUAR CONTRA ESTOS BESTIAS", COMENTABA OTRO VECINO **(16)**, abrazado a su mujer entre la multitud. "CUANDO TE LOS ENCUENTRAS ALLÍ, EN LA CALLE, EN LOS RECREATIVOS O EN LOS BARES, LO MEJOR ES NI MIRARLES. TE BUSCAN PARA PEGARTE", CUENTA UN ESTUDIANTE **(17)**. El alcalde da una versión completamente diferente:"AQUÍ NO EXISTE MÁS VIOLENCIA QUE EN EL RESTO DE LOS MUNICIPIOS. PUEDE HABER AHORA MISMO SENSACIÓN DE MIEDO, PERO ESTÁ PROVOCADA POR UNA SITUACIÓN MUY CONCRETA", EXPLICÓ **(18)**.

*El País*, adaptación

**B.** En la noticia del martes 17, ¿tienen los periodistas la seguridad y pruebas, comprobadas por ellos mismos, de que sucedieron los siguientes hechos? Razona tu respuesta.

-Durante la paliza no se produjo mucho ruido.

-Una persona le pisó repetidamente la cabeza a David.

-Los enfrentamientos comenzaron en una discoteca.

**5** **A**. En el siguiente fragmento de la novela *La colmena,* de Camilo José Cela, aparecen diálogos en estilo directo. Subraya todas aquellas palabras, expresiones y frases que no aparecerían si transformásemos este diálogo en un relato en estilo indirecto.

---

**(El señor Vega, un impresor, le ofrece tabaco de su petaca al hombre de la mesa de al lado)**

-Ande, líe un pitillo y no las píe. Yo anduve peor que está usted y, ¿sabe lo que hice?, pues me puse a trabajar (...)

-¡Pues ya es mérito!

-Claro, hombre, claro, trabajar y no pensar en nada más. Ahora, ya lo ve, nunca me falta mi cigarro ni mi copa todas las tardes (...)

-¿Y si le dijera que yo quiero trabajar y no tengo en qué?

-¡Vamos, ande! Para trabajar lo único que hacen falta son ganas. ¿Usted está seguro que tiene ganas de trabajar?

-¡Hombre, sí!

-¿Y por qué no sube maletas de la estación?

-No podría; a los tres días habría reventado...Yo soy bachiller...

-¿Y de qué le sirve?

-Pues, la verdad, de poco.

-A usted lo que le pasa, amigo mío, es lo que les pasa a muchos, que están muy bien en el café, mano sobre mano, sin dar golpe (...)

**(El bachiller le devuelve la petaca y no le lleva la contraria.)**

-Gracias.

-No hay que darlas. ¿Usted es bachiller de verdad?

-Sí, señor, del plan del 3.

-Bueno, pues le voy a dar una ocasión para que no acabe en un asilo (...) ¿Quiere trabajar?

-Sí, señor. Ya se lo dije.

-Vaya mañana a verme. Tome una tarjeta. Vaya por la mañana, antes de las doce, a eso de las once y media. Si quiere y sabe, se queda conmigo de corrector (...)

---

**B**. Al narrar en estilo indirecto no tenemos por qué repetir las palabras originales, y de hecho, la mayoría de las veces no lo hacemos. Las frases del texto anterior que aparecen debajo pueden transmitirse, al menos, de dos formas: una, repitiendo exactamente lo que la primera persona dijo (donde el resultado es a veces informal si se repiten palabras propias de la lengua informal), y otra, normalmente más formal, interpretando la intención del hablante. ¿Podrías completar las dos versiones? En la segunda, la b), deberás usar uno de estos verbos: *ofrecer, reconocer, dar, sugerir invitar.*

1. "Gracias"
   a) Le dijo que _____ .
   b) Le _____ las gracias.

2. "Tome una tarjeta"
   a) Le dijo que _____ .
   b) Le _____ una tarjeta.

3. "¡Pues ya es mérito!"
   a) Le dijo que _____ .
   b) Le _____ el mérito.

4. "Vaya mañana a verme"
   a) Le dijo que _____ .
   b) Le _____ a ir al día siguiente a verle.

5. "¿Y por qué no sube maletas de la estación?"
   a) Le preguntó (que) por qué _____ .
   b) Le _____ que subiera maletas de la estación.

**C**. ¿Cuáles de las frases resultantes del ejercicio anterior son claramente informales?

# Las oraciones y los pronombres de relativo

## Tema 16

PISOS EN EL PARQUE DEL CONDE DE ORGAZ · PISOS EN EL PARQUE DEL CONDE DE ORGAZ · PISOS EN EL PARQUE

## SUEÑE

Con su piso. Con un piso que esté en una zona maravillosa. Con árboles.
Donde pueda bañarse y tomar el sol. Y pueda jugar. Y pasear. Y mantenerse en forma.
En un piso con todas las comodidades y los materiales más nobles.
Y que lo pueda pagar tranquilamente.

## DESPIERTE

Y venga a Nuevo Mundo. Al Parque del Conde de Orgaz. Allí tenemos el piso de sus sueños.
Con una distribución perfecta. Con piscina. Con pista de paddle. Con la calidad Nuevo Mundo.
Y lo podrá pagar como soñaba.

Venga a verlos, de 11 a 14 y de 16 a 19.30 (excepto tardes de domingos y festivos).
Entrando por el Centro Comercial Arturo Soria, al final de la Avenida de los Madroños. C/ Algabeño, 101.

NuevoMundo

Calidad Exclusiva

Por referirse esta oferta a un conjunto de viviendas diferentes en construcción, la demás información a que hace referencia el R.D. 515/1.989
del 21 de Abril, se encuentra a disposición del público en la oficina de venta. Nuevo Mundo, c/ Henri Dunant, 19 - Madrid.

PISOS EN EL PARQUE DEL CONDE DE ORGAZ · PISOS EN EL PARQUE DEL CONDE DE ORGAZ · PISOS EN EL PARQUE

1. Fíjate en la primera parte del anuncio ("Sueñe..."). ¿Sabe el lector si existe o no el piso del que habla el anuncio?

2. Ahora mira la segunda parte del anuncio ("Despierte..."). Completa la descripción eligiendo el tiempo correcto en cada caso: *Es un piso que está/esté en una zona maravillosa, donde se puede/ pueda tomar el sol, jugar y pasear. Es un piso de calidad que tiene/tenga todas las comodidades y que se puede/pueda pagar tranquilamente.*

Las oraciones de relativo dan información adicional o ayudan al oyente a identificar la persona, objeto o acción del que se está hablando.

Cuando la oración de relativo da una información que sirve para identificar al antecedente se llama "especificativa": *Devuélveme el libro que te presté el otro día.*

Cuando da una información adicional sobre el antecedente se llama "explicativa": *Su casa, que tiene cuatro dormitorios, les ha costado menos que la nuestra, que sólo tiene dos.*

## 1.    USOS BÁSICOS DE LOS PRONOMBRES

| Función del relativo | Explicativa | Especificativa | Pronombre | Ejemplo |
|---|---|---|---|---|
| Sujeto | | X | **Que** | El libro que me dejaste es muy interesante. |
| | X | | **Que** | Mi hijo, que no encuentra trabajo, sigue viviendo en casa. |
| | | | **Quien/es** (más culto / sólo personas) | Visitaron al alcalde, quien les esperaba a la entrada del ayuntamiento. |
| | | | **El / La / cual: Los /Las/cuales** (culto) | Se citó a los trabajadores, los cuales se congregaron frente al Palacio Real. |
| Complemento directo | X | X | Cosas: Que<br><br>Personas: **A + pronombre** (ver Complementos con preposición) | Me dieron este libro, que yo ya tenía.<br><br>La casa que me ofrecían era demasiado cara. |
| Complemento con preposición | X | X | **El / La / Los / Las que***<br><br>**El / La / Los / Las cuales; Quien/es** (más culto / sólo personas) | Juan, al que / al cual/ a quien vimos ayer, sigue trabajando en Pamplona.<br><br>Ésta es una herramienta sin la cual estaríamos perdidos |
| Determinante posesivo (con o sin preposición) | X | X | **Cuyo / a / os / as** (culto / normalmente en lengua formal) | Este pintor, cuya obra se encuentra expuesta en el Museo Municipal, se ha hecho muy famoso últimamente. |

* En registros cultos a veces se omite el artículo detrás de preposiciones de una sola sílaba.

# 2. AMPLIACIÓN DE LOS USOS BÁSICOS

**2.1.** **"El / la / los / las que".** Es obligatorio usar el artículo:

2.1.1. Cuando aparecen con preposición (ver cuadro y nota de la página anterior).

2.1.2. Cuando eliminamos un sustantivo ya utilizado o supuesto: *Danos más ciruelas porque las (ciruelas) que nos vendiste el otro día estaban pochas.*

2.1.3. Con las construcciones CUANTIFICADOR + DE + RELATIVO cuando son especificativas: *Varios de los que no vinieron a la reunión están intentando impugnar las votaciones.*

2.1.4. Cuando el antecedente no está expreso o se hace referencia general o total: *Puede venir todo el que quiera.*

**2.2.** **"Quien"** alterna con **"el / la / los / las que"** cuando el antecedente no está expreso o para generalizar (ver 2.1.4.), pero es menos específico y un poco más formal: *El que encuentre el perro que me avise* (normalmente informal y para interlocutores conocidos); *Quien encuentre este perro lo puede comunicar al siguiente teléfono...* (formal y para oyentes desconocidos). "Quien" no se puede usar con la palabra "todo".

**2.3.** **"El / la / los /las cual/es".** Es obligatorio con las construcciones CUANTIFICADOR + DE + RELATIVO cuando son explicativas: *Asistieron muchos vecinos, algunos de los cuales se negaron a aceptar el presupuesto.*

**2.4.** **"Lo que".** Referencia a cosas cuyo género no está determinado o no nos interesa determinar, conjuntos de cosas diversas, acciones, conceptos, situaciones o frases que pueden estar expresas o no: *Dile lo que quieras; Lo que te he dicho es cierto; Acabó marchándose, lo que no sorprendió a nadie.*

**2.5.** **"Lo cual".** Referencia a acciones, frases o conceptos expresos o supuestos y sólo en oraciones explicativas: *Acabó marchándose, lo cual no sorprendió a nadie.* Con preposición alterna con "lo que" pero es más culto: *Compraron un caballo, con el cual lograron hacer casi todo el camino.*

# 3. OTROS RELATIVOS

**3.1.** **Cuando el antecedente es un elemento temporal:** EN (EL / LA / LOS / LAS) QUE (normalmente con las especificativas), CUANDO (normalmente con las explicativas): *El día en (el) que por fin nos vimos hacía un tiempo estupendo; Llegó el 15 de junio, cuando estaba terminando el curso.*

**3.2.** **Cuando el antecedente es un elemento espacial:** EN (EL / LA / LOS / LAS) QUE, EN EL / LA / LOS / LAS CUAL/ES, DONDE: *La casa en (la) que / cual / donde vivíamos no tenía luz.*

Si el antecedente es un nombre propio o un adverbio de lugar (allí, aquí, ahí...) sólo se puede usar "donde" o "en donde": *Ahora nos dirigimos a Bilbao, (en) donde pasaremos los tres próximos días.*

3.2.1. Si la oración de relativo expresa movimiento hacia un lugar, se utilizan los pronombres ADONDE (obligatorio cuando el antecedente es un nombre propio o un adverbio de lugar), AL / A LA / A LOS / A LAS QUE, AL / A LA CUAL / A LOS / A LAS CUALES: *El accidente se ha producido cerca de Barajas, adonde ahora nos dirigimos.*

**3.3.** **Para expresar "del modo que" se puede utilizar COMO:** *Ven como quieras; Hazlo como te he dicho.*

**3.4.** **Para expresar "el / lo / la / los / las que" o "todo /a /os / as el / lo / la que / los que / las que"** se puede utilizar CUANTO(S) / AS(S): *Dale cuanto te pida; Coge cuantas quieras,* CUANTO(S) / CUANTA(S) son cultos y menos frecuentes que sus construcciones equivalentes.

## 4. USOS DE LOS MODOS EN LAS ORACIONES DE RELATIVO

**4.1.** **Las oraciones explicativas siempre van en INDICATIVO:** *María, que trabaja al lado de su casa, nunca coge el coche.*

**4.2.** **En las oraciones especificativas:**

4.2.1. Cuando lo que expresa el antecedente ha sido experimentado o es algo determinado o una persona concreta se usa INDICATIVO: *Busco a un señor que trabaja aquí* (sé que trabaja aquí).

4.2.2. Cuando lo que expresa el antecedente no ha sido experimentado o no es algo determinado o una persona concreta se usa SUBJUNTIVO: *Busco a un señor que me pueda venir a arreglar la lavadora* (no busco a una persona determinada sino a un tipo de persona).

4.2.3. A veces la diferencia entre subjuntivo e indicativo es inapreciable. Por ejemplo cuando en la oración principal aparece la expresión "raro/a" o "es raro/a" en el sentido de "poco frecuente": *Raro es el alumno que no ha/haya tenido un problema con él.*

Todo lo dicho sobre los tiempos verbales se cumple siempre que no se produzcan circunstancias que obliguen a utilizar el subjuntivo (ver "El subjuntivo", punto 5.)

III *Ejercicios*

**✳ 1** Explica la diferencia de significado entre las siguientes parejas de oraciones:

| | | | |
|---|---|---|---|
| a) | Te daré lo que quieres | c) | Te buscaré donde te encuentres |
| b) | Te daré lo que quieras | d) | Te buscaré donde te encuentras |
| | | | |
| e) | Puedes venir cuando dices | g) | Elegiremos al que tú dices |
| f) | Puedes venir cuando digas | h) | Elegiremos al que tú digas |

**2** Une las dos partes de cada cita con un relativo para formar definiciones; a veces tendrás que poner una preposición delante del relativo:

| | |
|---|---|
| a) Cree a aquellos que buscan la verdad, duda de _____<br><br>b) La política es un acto de equilibrio entre la gente _____<br><br>c) Vivimos en una época _____<br><br>d) Engañar _____<br><br>e) Un diplomático es un hombre muy honrado, _____<br><br>f) El tiempo es como un río _____<br><br>g) Nuestro mundo es un telón de teatro tras _____ | 1) engaña es doblemente entretenido *(Jean de la Fontaine. Escritor francés).*<br><br>2) quiere entrar y aquellos que no quieren salir *(J.B. Bossuet. Escritor francés).*<br><br>3) forma los acontecimientos *(Marco Aurelio. Emperador romano).*<br><br>4) el conocimiento ha superado a la sabiduría *(Charles Morgan. Escritor inglés).*<br><br>5) la han encontrado *(André Gide. Novelista francés).*<br><br>6) se le manda muy lejos a mentir por el bien de su país *(Henry Wotton. Escritor y diplomático británico).*<br><br>7) se esconden los secretos más profundos *(Rainer María Rilke. Escritor checo).* |

 **3** Completa esta conversación con la información que ponemos entre paréntesis. Usa oraciones de relativo. Algunas veces tendrás que usar preposiciones, cambiar el orden de las palabras o hacer ambas cosas:

Ejemplo: *Esa es la mujer (vive en mi calle). Esa es la mujer que vive en mi calle*

–El otro día vi a Pedro
+¿A qué Pedro?
–A Pedro, _____ **(a)** _____ (iba con nosotros al colegio).
+Pues no sé qué Pedro dices.
–Sí, hombre, _____ **(b)** _____ (te peleaste con él una vez).
+Ah, Pedro Ramírez, ¿y qué te contó?
–Pues nada, porque era el día _____ **(c)** _____ (yo tenía que entregar la declaración de Hacienda) y llevaba mucha prisa. Pero me dijo que ha puesto un bar en la calle _____ **(d)** _____ (Pedro ha vivido en esta calle toda su vida) y que fuéramos a verle.

**4** Completa estas frases de una guía turística de Madrid con los relativos que correspondan. En muchos casos hay varias posibilidades; trata de buscarlas todas.

En la Puerta del Sol se encuentra la sede de la Presidencia de la Comunidad de Madrid, _____ **(a)** _____ reloj emite las campanadas _____ **(b)** _____ anuncian el año nuevo a todos los españoles.

Madrid es la ciudad de lo opuesto, el lugar _____ **(c)** _____ todo tiene su otra verdad contraria: Uno de sus símbolos es la diosa Cibeles, _____ **(d)** _____ nunca ha tenido ninguna relación histórica con Madrid. Otros son el oso, _____ **(e)** _____ , según algunas investigaciones, es una osa, y el madroño, _____ **(f)** _____ nunca ha abundado en estas tierras.

En el siglo XVII compartían el mismo barrio los escritores Lope de Vega y Quevedo, _____ **(g)** _____ eran muy amigos. En la misma calle que Quevedo vivía Góngora, a _____ **(h)** _____ los otros consideraban su peor enemigo.

**5** Completa la sinopsis de un episodio de una telenovela después de leer la información que te presentamos. Utiliza oraciones de relativo y haz las transformaciones que necesites.
Ejemplo:
Amalia aún no ha ido al médico ← Lleva cinco meses embarazada:
*Amalia, que lleva cinco meses embarazada, aún no ha ido al médico.*

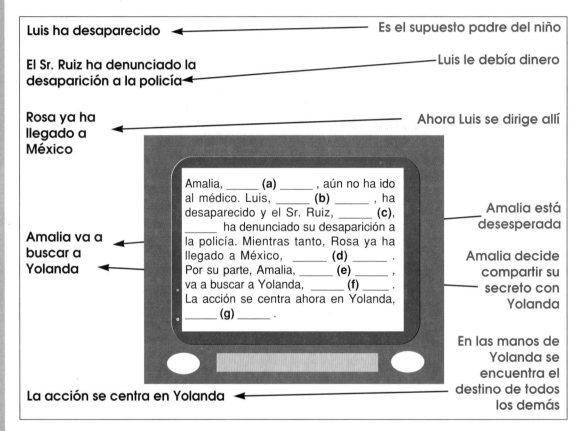

**Luis ha desaparecido** ← **Es el supuesto padre del niño**

**El Sr. Ruiz ha denunciado la desaparición a la policía** ← **Luis le debía dinero**

**Rosa ya ha llegado a México** ← **Ahora Luis se dirige allí**

**Amalia está desesperada**

**Amalia va a buscar a Yolanda** ←

**Amalia decide compartir su secreto con Yolanda**

Amalia, _____ **(a)** _____ , aún no ha ido al médico. Luis, _____ **(b)** _____ , ha desaparecido y el Sr. Ruiz, _____ **(c)**, _____ ha denunciado su desaparición a la policía. Mientras tanto, Rosa ya ha llegado a México, _____ **(d)** _____ . Por su parte, Amalia, _____ **(e)** _____ , va a buscar a Yolanda, _____ **(f)** _____ . La acción se centra ahora en Yolanda, _____ **(g)** _____ .

**En las manos de Yolanda se encuentra el destino de todos los demás**

**La acción se centra en Yolanda** ←

**6** En una empresa están decidiendo entre varios candidatos para ocupar un puesto. Completa el diálogo poniendo los verbos en presente de indicativo o de subjuntivo.

Currículos

—Este que _____ **(a)** _____ (él/decir) aquí que _____ **(b)** _____ (él/tener) tantos años de experiencia en un puesto parecido,... Yo creo que es el mejor, ¿no?
+Pues no sé qué decirte. Necesitamos a alguien que _____ **(c)** _____ (conformarse) con el sueldo de uno que _____ **(d)** _____ (empezar). Y este señor no va a dejar un trabajo en el que, según pone aquí, _____ **(e)** _____ (llevar) más de diez años para venirse a ganar menos de lo que gana ahora.
—Pues entonces el único que se me _____ **(f)** _____ (ocurrir) es este chico que _____ **(g)** _____ (acabar) de terminar la carrera,... o cualquier otro que no _____ **(h)** _____ (tener) experiencia.
+Al que le _____ **(i)** _____ (nosotros/dar) el puesto tiene que ser alguien que _____ **(j)** _____ (tener) ganas de trabajar y al que no le _____ **(k)** _____ (importar) el sueldo... Venga, vamos a repasarlos todos otra vez.

# Las construcciones condicionales

## I ¿Cuánto sabes?

*Como se te ocurra..., vas a cobrar*

1. ¿Es una frase formal o informal?
2. ¿Cómo cambiaría esta frase si empezara con la palabra "si" en lugar de con "como"?
3. ¿Cuáles de estas frases tienen un significado que equivale aproximadamente al del anuncio?:

   a) *En el supuesto de que se te ocurra..., vas a cobrar.*

   b) *Excepto que se te ocurra..., vas a cobrar.*

   c) *A no ser que se te ocurra..., vas a cobrar.*

   d) *En caso de que se te ocurra..., vas a cobrar.*

4. ¿Qué es lo que diferencia al "como" condicional de todas las demás expresiones condicionales?
5. La frase es humorística, porque "cobrar" tiene aquí un doble sentido. ¿Sabes qué dos significados tiene?

# II  *A saber*

## 1. LAS ORACIONES CONDICIONALES CON "SI"

En mayúscula se señalan los tiempos más frecuentes.

**1.1.** **Expresar condiciones posibles en el pasado, presente o futuro:** *Si pasas por allí, compra el periódico.*

- •Oración con SI:      - tiempos del indicativo (excepto futuro)
- •Oración principal:   - tiempos del indicativo e imperativo

**1.2.** **Expresar condiciones irreales en el presente o improbables en el futuro:** *Si por casualidad llamara mi madre, dile que mañana iré a verla.*

- • Oración con SI:       - IMPERFECTO DE SUBJUNTIVO
  - presente del indicativo (informal)
  - llegar (en presente de indicativo) + a + infinitivo (informal)

- • Oración principal:   - CONDICIONAL SIMPLE
  - imperfecto de indicativo (informal)
  - presente de indicativo (informal)
  - IMPERATIVO

**1.3.** **Expresar condiciones que no fueron reales en el pasado:** *Si hubieras llegado antes, habrías visto algo increíble.*

- • Oración con SI:       - PLUSCUAMPERFECTO DE SUBJUNTIVO
  - presente de indicativo (informal)
  - llegar (en presente de indicativo) + a + infinitivo (informal)

- • Oración principal:   - CONDICIONAL COMPUESTO y PLUSCUAMPERFECTO DE SUBJUNTIVO
  - pluscuamperfecto de indicativo (informal)
  - presente de indicativo (informal)

**1.4.** Los tipos 1.2. y 1.3. pueden aparecer mezclados, pues podemos hablar, por ejemplo, de una condición irreal en el pasado que ha dado como resultado una situación presente: *Si hubieras terminado, podrías venirte con nosotros.*

 **1** Escribe al lado de cada frase 1.1., 1.2. o 1.3., según el tipo de condición que expresan (siguiendo el cuadro anterior).

a) Si estuviste allí, seguro que viste la Alhambra, ¿no?

b) Si estaba en casa, ¿por qué ha dicho que no estaba?

c) Si lo sé, no te digo nada, porque... ¡vaya genio que se te ha puesto!

d) Si me entero, te llamo enseguida, no te preocupes.

e) Si algún día llega a enterarse el jefe de esto,

nos mata.

f) Si tuviera lo que tú tienes, yo ya había dejado el trabajo.

g) Si llego a verle haciendo eso, ¡menuda paliza le había dado!

h) Si acaso la vieras, dale un beso de mi parte.

i) Si pudiera, ahora mismo me iba.

j) Si me hubiera contado la verdad, no hubiera pasado nada.

**2** Lee y contesta a las preguntas:

a) ¿Por qué no es correcto que el niño utilice en esta situación el pretérito imperfecto de indicativo?

b) Fuera de esta situación, ¿podríamos encontrar algún uso correcto de la frase: *Si yo te decía que tenías que acostarte?*

## 2. OTRAS FORMAS DE EXPRESAR LA CONDICIÓN

**2.1.** **De + infinitivo simple o compuesto:** *De haberlo sabido, habría venido antes.*

**2.2.** **Expresar informalmente una amenaza que se cumplirá si nuestro interlocutor realiza o sigue realizando una determinada acción:**

**Imperativo + y + amenaza**
**Imperativo negativo, + que + amenaza**

*Tú ríete y te doy una torta* (= Si te ríes, te doy una torta).
*No me mires así, que me voy* (= Si me sigues mirando así, me voy).

**2.3.** **Informalmente, cuando hay dos o más condiciones reales o probables que se presentan como alternativas:**

**Que..., ...; Si..., ... / Que..., ...; Que..., ... / Si..., ...; Que..., ...**

Se usan los tiempos de indicativo, excepto el futuro. *Que quieres ir, vamos; que no, pues no vamos.*

**2.4.** **Expresar una condición imprescindible para que algo suceda:** Siempre que, **Con tal de que, Siempre y cuando, A condición de que, Con la condición de que, Suponiendo que, (En el ) supuesto (de) que +** SUBJUNTIVO: Te *lo dejo con tal de que me lo devuelvas mañana mismo sin falta. Si no, no te lo dejo.*

### 2.5. Expresar la única eventualidad que impide que se produzca algo; expresar condición negativa:

**2.5.1.** **A no ser que, Excepto que, Salvo que, A menos que** + SUBJUNTIVO
*Yo creo que tardaremos aproximadamente tres horas, a no ser que haya atasco* (si no hay atasco).

**2.5.2.** **Salvo si, Excepto si , Menos si** + INDICATIVO
*Yo creo que tardaremos aproximadamente tres horas, excepto si hay atasco* (si no hay atasco).

### 2.6. Expresar una condición que se percibe como remota, improbable:

**(En) (el) caso de que** + SUBJUNTIVO
**(En) caso de** + INFINITIVO (formal). Ejemplo: *Ya sé que lo más seguro es que no, pero, de todas formas, en caso de que le veas, dile que me llame.*

### 2.7. Expresar una condición cuya realización se teme o no se desea:

**Como** + SUBJUNTIVO. Con frecuencia se usa para expresar amenazas: *Como le vea yo haciendo eso, se le va a caer el pelo.*

### 2.8. Expresar una causa que se deriva de una condición:

**Por si (acaso):**
• + INDICATIVO (para el pasado): *Se llevó un paraguas por si llovía.*
• + presente de indicativo / imperfecto de subjuntivo (para el presente o el futuro; con subjuntivo, se expresa menor probabilidad de que se cumpla la acción): *Llévate esos papeles por si te los piden/pidieran-sen.*

### 2.9. Con GERUNDIO (ver "Infinitivo, gerundio y participio"): *Conduciendo más deprisa llegaremos antes.*

---

## 3. EVOCAR SITUACIONES FICTICIAS

| (tú) | pon | ponle | supón | suponte | imagina | imagínate | figúrate |
|------|-----|-------|-------|---------|---------|-----------|----------|
| (usted) | ponga | póngale | suponga | supóngase | imagine | imagínese | figúrese |
| (nosotros) | pongamos | — | supongamos | supongámonos | imaginemos | imaginémonos | figurémonos |
| (vosotros) | poned | — | suponed | suponeos | imaginad | imaginaos | figuraos |
| (ustedes) | pongan | — | supongan | supónganse | imaginen | imagínense | figúrense |

**+ Que + indicativo o subjuntivo**

Estas expresiones sirven para crear una situación ficticia que sirva de hipótesis: *Imagínate que viene / venga / viniera mañana. ¿Tú te alegrarías?* (= Si viene / viniera...); *Pon que te aceptan / acepten / aceptasen en la nueva empresa; yo te ayudaría a buscar clientes* (= Si te aceptan / aceptasen...).

---

Todo lo dicho sobre los tiempos verbales se cumple siempre que no se produzcan circunstancias que obliguen a utilizar el subjuntivo (ver "El subjuntivo", punto 5).

# III Ejercicios

**3** A continuación tienes un texto sobre un suceso y, más adelante, una serie de comentarios sobre ese mismo suceso. Basándote en la información que da el texto, completa los comentarios:

## SUCESOS

**Un juez condena a un conductor a pagar a su novia un millón al mes el resto de su vida**

**Alejandro V. García. Granada**
El Juzgado de Instrucción número 7 de Granada ha condenado al novio de una mujer de 29 años que quedó tetrapléjica como consecuencia de un accidente de circulación ocurrido como consecuencia de un accidente de circulación ocurrido en la denominada "ruta de la muerte", que sólo en cuatro años se ha cobrado 200 vidas, a pagar, además de una indemnización de 96 millones de pesetas, una ayuda mensual de 1.174.000 durante el resto de su vida.

(...) La sentencia, que será recurrida, supone una de las mayores indemnizaciones conocidas por secuelas en accidente de tráfico. La mujer, María Aránzazu Ibáñez Álvarez, licenciada en Derecho y en Ciencias Empresariales, sufre una tetraplejía y lesiones que la incapacitan para hablar y comunicarse, temblor y disfunciones de la capacidad sensoperceptiva.

(...) El accidente ocurrió (...) cuando los novios viajaban de Madrid a Granada en un turismo que habían alquilado a la empresa de Automóviles Chile de Madrid. Según la juez, el exceso de velocidad fue la causa de que Ramón Atarraga perdiera el control del vehículo y se saliera de la calzada. (...) Curiosamente, el accidente se produjo en el tramo de carretera con mayor siniestralidad de Andalucía y probablemente de España.

*El País.*

Completa las frases con alguno de estos nexos: *A condición de que, excepto si, de, a menos que, en el caso de que,* en los espacios en los que hay un número, sin repetir ninguno. En los huecos con una letra, escribe el verbo que te damos en la persona y el tiempo correctos.

| Comentarios de otras personas sobre el suceso: |
|---|
| A) "Estoy seguro de que, _____ **(1)** _____ la novia (PODER) _____ **(a)** _____ hablar, le (PERDONAR) _____ **(b)** _____ ." |
| B) "Eso les pasa por ir a todo gas. _____ **(2)** _____ (IR) _____ **(c)** _____ a la velocidad que debía, no (OCURRIR) _____ **(d)** _____ nada." |
| C) "Pues _____ **(3)** _____ ese hombre (TENER) _____ **(e)** _____ un seguro a todo riesgo, se va a arruinar para toda la vida." |
| D) "Si yo hubiera sido el juez, le hubiera perdonado la multa _____ **(4)** _____ se (CASAR) _____ **(F)** _____ con ella y la (CUIDAR) _____ **(g)** _____ ." |
| E) "Está perdido. _____ **(5)** _____ el recurso (CAMBIAR) _____ **(h)** _____ la situación, claro." |

— 103 —

**4**
Hace años se hizo en España la campaña de la Jefatura de Tráfico con el lema "Si bebes, no conduzcas". ¿Podrías dar otros consejos a los conductores relacionando y poniendo en la forma correcta los elementos que tienes a continuación?

| Situación | Consejo |
|---|---|
| **Si...** | |
| a) tener que conducir muchas horas | • hacer una revisión del coche |
| b) parar a comer | • parar el coche en un lugar seguro y esperar que termine |
| c) ir a hacer un largo viaje | • hacer paradas al menos cada dos horas |
| d) notar que vas a dormirte | • hacer una comida ligera |
| e) llover tanto que no se puede ver | • no conducir |
| f) haber tomado medicamentos que producen somnolencia | • parar el coche y descansar |

 **5**
***Hombre prevenido vale por dos.*** Completa el siguiente diálogo, entre dos compañeras de trabajo, escribiendo en cada hueco el nexo POR SI o alguno de los siguientes verbos en el tiempo correcto: IMAGINARSE, SUPONERSE, ROMPER, PASAR (tres veces), LLOVER, ROBAR, CAER.

–Siempre llevas el bolso llenísimo, ¿no?
+Pues sí, ya sabes... "hombre prevenido..."
–Y, aparte de las cosas normales, ¿qué llevas?
+Pues mira, llevo siempre una bolsa de plástico, _____ (a) _____ (b); unas medias, _____ (c) se me _____ (d) las que llevo puestas; hilo y aguja, _____ (e) se me _____ (f) algún botón... Y lo que siempre, siempre llevo es la tarjeta médica, _____ (g) me _____ (h) algo de pronto y me tienen que llevar a urgencias.
–¡Pero si tú estás sanísima y nunca te ha pasado nada!
+Ya, pero _____ (i) que algún día me _____ (j). Tendrían que llevarme a casa, buscar la tarjeta y luego ir al hospital. Es mejor llevarla siempre, _____ (k) acaso.
–Bueno, sí, es verdad, pero _____ (l) que te _____ (m) el bolso.
+Pues, _____ (n) algún día me _____ (ñ) eso, tengo en casa fotocopias legalizadas de todos los documentos que llevo en el bolso.
–¡Eso sí que es ser prevenida!

**6**
Los niños son objeto de "amenazas" y advertencias continuas por parte de sus padres con el fin de que se comporten de acuerdo a unas normas. Es muy frecuente oír a un padre o a una madre frases como las siguientes: *Tú mánchate el traje nuevo y te quedas hoy sin merendar; No grites, que te doy un azote; Como no te comas todo, te vas a quedar sin postre.*

¿Podrías crear frases como las anteriores relacionando los elementos de las dos columnas que tienes debajo?

| | |
|---|---|
| -Portarse mal en casa de los tíos mañana | • te los voy a tirar por la ventana. |
| -No tocar el enchufe | • te quedas sin ver la tele una semana. |
| -No meterse otra vez los dedos en la nariz | • te va a dar un calambre. |
| -Seguir andando descalzo por la casa | • te va a salir sangre. |
| -No tirar los juguetes por cualquier parte | • verás qué catarro coges. |

# Las construcciones concesivas y adversativas

**Tema 18**

## I ¿ Cuánto sabes ?

7 DE MAYO. DÍA DE LA MADRE. REGALA MOVILINE.

Y la tendrás siempre cerca.
Esté donde esté.

**MoviLine**
*Su Servicio de Telefonía Móvil*

Llame al **900 100 908** y le informaremos.

Visite su distribuidor, le esperan grandes ventajas.

1. ¿A quién se refiere el pronombre "la"?
2. ¿Qué frases vienen a decir lo mismo que "esté donde esté"?:
      *a) aunque no esté en casa*
      *b) a pesar de que no está en casa*
      *c) sin embargo, no estará en casa*
      *d) esté o no esté en casa*
      *e) esté en casa o no*
      *f) incluso cuando no esté en casa*
3. ¿Cómo completarías la siguiente frase?
      *El anuncio decía que la tendría siempre cerca, _____ donde _____ .*

Indican que una de las oraciones contrasta o limita (objetiva o subjetivamente) el cumplimiento de la otra oración.

## 1. NEXOS ADVERSATIVOS

Presentan una información que crea unas expectativas y luego la contrastan o limitan:
*No tengo dinero* (expectativa lógica = no puedo comprar nada) *pero me voy a comprar otro coche.*
Estas oraciones llevan el verbo en indicativo.

| Nexo | Contrasta | Limita | Peculiaridades / ejemplos |
|---|---|---|---|
| **Pero** | X | X | Tiene otros valores expresivos:<br>• Refuerzo: *Está muy bien, pero que muy bien.*<br>• Irritación: *¡Pero si te lo he dicho muchas veces!*<br>• Sorpresa: *¡Pero tú a qué hora has venido!* |
| **Mas** | X | X | Es muy poco frecuente incluso en la lengua culta. |
| **Sino** | X | X | Exige una negación en la primera oración: *No digo que no quiera sino que no puede.* |
| **Más bien** | X | X | Funciona igual que "sino" pero no es formal. Va precedido de pausa: *No le gusta la gente, más bien prefiere estar solo.* |
| **Aunque** | X | X | A veces equivale a "pero": *Tiene dinero, aunque no mucho* (ver también punto 2). |
| **Nexos que siempre van seguidos de pausa** | | | |
| **Sin embargo...** | X | | Suele ir precedido de una pausa fuerte o de "y" (y a veces "pero"): *Sabía que estaba enfermo y, sin embargo, decidió seguir trabajando.*<br>Puede ir en el interior de la frase que presenta el contraste: *Decidieron construir un nuevo edificio. La falta de medios, sin embargo, les impidió llevar a cabo el plan.* |
| **Aun así...**<br>**Así y todo...** | X | | Funcionan igual pero no suelen intercalarse. |
| **No obstante...** | X | | Igual que "sin embargo", pero no puede ir precedido de "y": *Sabemos que nunca nos elegirán; no obstante, hemos decidido presentar nuestro proyecto.* |
| **De todos modos...**<br>**De todas formas / maneras...**<br>**Con todo...**<br>**A pesar de todo...** | X | | Varios elementos implícitos o explícitos en las frases anteriores. Suelen ir precedidos por "y" o iniciar una frase: *Les hemos explicado el proyecto y les hemos demostrado que funciona, y a pesar de todo se niegan a aprobarlo.* |
| **(Pero) Eso sí...** | X | X | Limitación: *Acudieron en seguida, pero eso sí, tuvimos que pagarles el servicio.*<br>El contraste es muy fuerte: *Ven, pero eso sí, bien temprano.* |

# 2. NEXOS CONCESIVOS

Presentan un contraste o limitación que no es suficiente para impedir el cumplimiento de una acción: *Aunque no tengo dinero* (= limitación / contraste), *me voy a comprar otro coche* (= hecho que no se impide).

| Nexo | Construcción / ejemplos |
|---|---|
| **Aunque** | Puede ir seguido de indicativo o subjuntivo: <br> • Indicativo: información que es o se presenta como nueva y confirmada: *Aunque tiene mucho dinero, no lo derrocha.* <br> • Subjuntivo: información que es o se presenta como sabida o no confirmada: *Aunque quieras ayudarme, no podrás* (= DOS POSIBILIDADES: me has dicho que quieres ayudarme / no sé si querrás ayudarme). |
| **Así** (poco frecuente) | + SUBJUNTIVO: *Se niega a firmar ese contrato así lo maten* (= aunque lo maten). |
| **A pesar de** | + que + INDICATIVO/SUBJUNTIVO (ver "aunque"). <br> + INFINITIVO: el sujeto o la persona a la que se refieren las dos oraciones es la misma: *A pesar de llevar diez años en la empresa, ha decidido marcharse.* |
| **Pese a** <br> **Pese a que** ( formal) | + INFINITIVO. <br> + INDICATIVO/SUBJUNTIVO (ver "aunque"). |
| **A pesar de esto/ eso... Pese a todo** | *Nunca ha sido capaz de ayudarnos y siempre ha hecho lo que ha querido sin tenernos en cuenta. Pese a todo, le seguimos considerando nuestro amigo.* <br> Indica que lo que se va a decir a continuación contrasta con todo lo que se ha dicho anteriormente. |
| **Si bien** (formal) | *Si bien cometió errores, logró terminar el trabajo a tiempo.* |
| **Aun/incluso + gerundio** | *Aun teniendo el viento en contra, consiguió llegar en menos de una hora.* |
| **Incluso si / cuando** <br> **Aun si / cuando** | + INDICATIVO / SUBJUNTIVO (ver "aunque"). "Aun/incluso si" no pueden ir con presente o pretérito perfecto de subjuntivo. *Aun cuando necesitaba que le ayudáramos, nunca se dignó pedírnoslo.* |
| **Porque** | SUBJUNTIVO + oración negativa. *Porque tú te empeñes, no vamos a seguir haciendo un trabajo inútil* (= el hecho de que te empeñes no es suficiente razón / aunque tú te empeñes, no...). Puede ir al revés: *No vamos a seguir haciendo un trabajo inútil porque tú te empeñes.* <br> Indica que la razón que se aporta no es suficiente para que se cumpla o deje de cumplir algo. |
| **Y eso que** (informal) | + INDICATIVO <br> *Ha suspendido, y eso que había estudiado mucho.* No puede ir al comienzo de la oración. <br> Indica que algo no ha sido suficiente para evitar el cumplimiento de algo que se percibe como negativo. |

| Nexo | Construcción / Ejemplos |
|---|---|
| **(Y) mira que...** (informal) | + INDICATIVO<br>Puede ir a principio de oración, seguido de "y": *Mira que le dije que me llamara y todavía estoy esperando.* Añade la idea de recriminación |
| **Añaden la idea de Intensidad (con indicativo)** | |
| **(Con) lo que** | + verbo + y...: *Con lo que trabaja y apenas gana nada* (=aunque trabaja mucho gana poco). |
| **(Con) lo** | + Adjetivo / adverbio (con algunas excepciones: bastante, demasiado...) + que + verbo + y...: *Con lo mucho que trabaja y lo poco que gana.* |
| **(Con) la de** | + sustantivo plural + que + verbo + y....: *Con la de amigos que tiene y nadie le ayuda.* |
| **(Con)** | + artículo + sustantivo + que + verbo + y...: *Con el frío que hace y va sin abrigo.* |
| (Informales) | Suelen aparecer al principio de la oración. Cuando aparecen pospuestos, el "con" es obligatorio: *(Con) lo inteligente que es y no encuentra trabajo; No encuentra trabajo, con lo inteligente que es.* |
| **Por más** | Para expresar la inutilidad de un impedimento, independientemente de su intensidad o magnitud.<br>+ (sustantivo) + que + INDICATIVO / SUBJUNTIVO (ver "aunque").<br>*Por más que le importe...* (aunque le importe mucho).<br>*Por más que trabajó...* (= aunque trabajó mucho).<br>*Por más esfuerzos que hizo, no logró convencernos.* |
| **Por mucho/poco** | + INDICATIVO/ SUBJUNTIVO (según se presente la información, ver "aunque"):<br>*Por mucho que estudie, nunca logrará aprobar* (= aunque estudie mucho). |
| **Por muy/poco** | + adjetivo/adverbio + que + SUBJUNTIVO (porque la información nunca es nueva: ya se ha presentado o está implícita en la conversación):<br>*–Es que es muy orgulloso.*<br>*+Pues por muy orgulloso que sea, tendrá que trabajar como los demás.* |
| **Por mucho(s) /a(s) / pocos(s)/ a(s)** | (+ sustantivo) + que + SUBJUNTIVO (la información no es nueva): *Por mucha gente que le ayude, nunca va a conseguir tanto dinero.* |

# 3. OTRAS CONSTRUCCIONES CON VALOR CONCESIVO

**3.1.** **Verbo en un tiempo de subjuntivo + (preposición) + relativo (lo que / donde / quien / cuando, ...) + mismo verbo en el mismo tiempo de subjuntivo:** *Pase lo que pase, yo siempre estaré a tu lado* (= no importa lo que pase); *No estoy para nadie, haya venido quien haya venido* (= no importa quién haya venido).

**3.2.** **Verbo en un tiempo de subjuntivo + o no (mismo verbo en el mismo tiempo de subjuntivo):** *Quieras o no/quieras o no quieras, vendrás conmigo* (= no importa si quieres o no quieres).

**3.3.** **Verbo 1 en subjuntivo + o + verbo 2 en subjuntivo:** *Llueva o truene, el tren saldrá puntual* (= aunque llueva o aunque truene); *Salga el sol o se esconda...*

**3.4.** **Tanto si + verbo en indicativo + como si no (mismo verbo en indicativo):** *Tanto si quieres como si no (quieres), vendrás conmigo* (= no importa si quieres o no quieres).

**3.5.** **Ya + verbo poder en indicativo + que...** (informal). Indica la inutilidad de un impedimento independientemente de su intensidad: *Ya puede llover que yo no me voy.*

Todo lo dicho sobre los tiempos verbales se cumple siempre que no se produzcan circunstancias que obliguen a utilizar el subjuntivo (ver "El subjuntivo" punto 5).

# III *Ejercicios*

Materia Prima

**1** Transforma las siguientes citas famosas utilizando la palabra o expresión que te damos en mayúsculas, y haciendo los cambios que sean necesarios en la frase:

a)

"Un hermano puede no ser un amigo, pero un amigo será siempre un hermano." Benjamin Franklin (AUNQUE).

b)

"Un amigo es alguien que lo sabe todo de ti y a pesar de eso te quiere." Elbert Hubbard (AUN).

c)

"La edad no protege del amor, pero el amor protege de la edad." Jeanne Moreau (SIN EMBARGO).

d)

"El amor no tiene cura, pero es la única medicina para todos los males." Leonard Cohen (AUN ASÍ).

e)

"El arte no reproduce lo visible, sino que hace visible lo que no siempre lo es."Paul Klee (MÁS BIEN).

f)

"Puede haber puñalada sin lisonja, mas pocas veces hay lisonja sin puñalada." Francisco de Quevedo (SI BIEN).

g)

"Cada persona forja su propia grandeza. Los enanos permanecerán enanos aunque suban a los Alpes." August von Kotzebue (POR MÁS QUE).

h)

"El dinero no puede hacer que seamos felices, pero es lo único que compensa de no serlo." Jacinto Benavente (NO OBSTANTE).

i)

"El dinero es mejor que la pobreza, aun cuando sólo sea por razones financieras." Woody Allen (AUNQUE).

j) "Por muchos idiomas que se dominen, cuando uno se corta al afeitarse, siempre se utiliza la lengua materna." Eddie Constantine (AUNQUE).

k)

"No os toméis la vida demasiado en serio; de todas maneras no saldréis vivos de ella." Bernard Fontenelle (AUNQUE).

l)

"Intento comprender la verdad, aunque esto comprometa mi ideología." Graham Greene (PESE A QUE).

ll)

"Todo el mundo quiere llegar a viejo, pero nadie quiere serlo." Martin Held (A PESAR DE QUE).

**2** Te ofrecemos a continuación datos sobre algunas personas que aparecieron en el reportaje "Españoles. Radiografía de un país a través de 100 retratos", *El País Semanal*. Dos personas están leyendo el reportaje juntas; completa sus comentarios con "(y) mira que", "y eso que", "(con) lo que/la de _____ que/ el-la-los-las _____ que/lo _____ que". En algunas puede haber más de una respuesta.

a) **Esther Lara**. 25 años. Tiene una hija de 10 años.
   —Fíjate, _____ _____ joven que es, y ya tiene una hija de 10 años.

b) **Eduardo Santiago**. 25 años. Licenciado en Ciencias de la Información. Master en Relaciones Internacionales. Actualmente, trabaja cuidando niños en Londres.
   —Anda, mira éste, _____ _____ _____ estudios que tiene y está trabajando de niñero.

c) **Juan Ignacio Patiño Martín**. 56 años. Perito industrial. 30 años de experiencia de ventas en el sector farmacéutico. Actualmente en paro.
   —Desde luego, es increíble. _____ _____ experiencia que tiene y no encuentra trabajo.

d) **Rafael Rincón**. 41 años. Pesa 193 kilos. Sus análisis médicos son perfectos: ni colesterol, ni transaminasas, perfectamente sano.
   —¡Qué suerte! _____ _____ debe de comer y no tiene nada de colesterol.

e) **Benito Armero**. 59 años. Camionero. 32 años al volante, a un ritmo de 120.000 kilómetros al año. Todavía le encanta su profesión.
   —¡Qué moral tiene! Todavía le gusta su trabajo, _____ _____ _____ horas que se habrá pasado metido en el camión.

f) **Juan Pérez**. 52 años. Peón de albañil. Su jornada comienza a las 8 de la mañana y acaba a las 7 de la tarde, con una hora para comer, y gana 140.000 pesetas al mes.
   —Pues gana poco, y _____ _____ trabaja, ¿eh?

g) **Lourdes Martínez**. 26 años. Licenciada en Derecho. Prepara unas oposiciones desde hace tres años. Dedica 10 horas diarias a estudiar. Todavía no ha conseguido aprobar.
   —Deben de ser unos exámenes muy difíciles, porque todavía no los ha aprobado, y _____ _____ estudia mucho.

**3** **A**. Un jefe bastante autoritario habla con su secretario. Completa sus frases con los verbos: PASAR, DECIR, SER, LLAMAR y ESTAR ("A saber", 3.1.):

a) No me pase llamadas mientras estemos reunidos, ___ quien ___ la persona que llame.
b) Avíseme enseguida de cualquier novedad, ___ yo donde ___ .
c) ___ lo que ___ sus compañeros, usted debe seguir estrictamente mis instrucciones.
d) ___ lo que ___ durante la reunión, no deje de tomar nota de todo lo que se diga.
e) Pero, ¿por qué me interrumpe? Le dije que, ___ quien ___ , no debía usted interrumpirme.

**B.** El mismo hombre, cuando llega a su casa, sigue dando órdenes a su familia. Complétalas usando los verbos que te damos en infinitivo y utilizando las estructuras de "A saber", 3.3., 3.4., 3.5. y 3.6.

a) —¡Cómete eso!
—Es que no me gusta...
—Ahora mismo te lo vas a comer todo, te (GUSTAR) _____ .

b) —¿Cuándo vas a terminar los deberes?
—Es que ahora hay dibujos animados en la tele. Los hago luego, ¿vale?
—¡De eso nada! (HABER) _____ en la tele lo que haya, que tú te pones a hacer los deberes ahora mismo.

c) —Y este niño, ¿cuándo se va a acostar?
—Es que no quiere acostarse todavía.
—Pues ahora mismo se va a la cama, (QUERER) _____ . ¡Faltaría más!

d) —El domingo nos vamos al pueblo a ver a mis padres.
—Pero el hombre del tiempo ha dicho que va a llover.
—Me da igual. He dicho que vamos y vamos, (LLOVER, GRANIZAR) _____ .

e) —Venga, que tienes que ir a clase de inglés.
—Jo, papá, es que hoy no me apetece...
—Ahora mismo te vistes y te vas a clase, te (APETECER) _____ .

 **4** Construye frases con "aunque" para las siguientes situaciones:

**a)** Un ecologista que tiene mucho dinero:
"tener dinero" → "no comprarse un coche"
**b)** Un ecologista sin dinero, pero que pronto va a recibir una herencia:
"tener dinero pronto"→ "no comprarse un coche"
**c)** Un ecologista sin dinero:
"tener dinero ahora mismo" → "no comprarse un coche"
**d)** Un ecologista ganador de la lotería en el año 85 y después arruinado:
"tener mucho dinero" → "no comprarse un coche"

**e)** Un vegetariano que estuvo en un banquete en el que todos los platos tenían carne, y no comió nada:
"durar el banquete tres días y morirse de hambre" → "no comer carne"
**f)** Un vegetariano que está convencido de su futuro como vegetariano (quiere serlo para toda la vida):
"morirse de hambre" → "no comer carne jamás"
**g)** Un vegetariano anteriormente omnívoro:
"comer carne antes" → "ahora no"

# Las construcciones modales

# I ¿Cuánto sabes?

1. ¿A qué persona gramatical se refiere el pronombre "suyos": él, ella, usted, ellos, ellas o ustedes?
2. Los teléfonos que aparecen en el anuncio, ¿son realmente "suyos"?
3. ¿Cuáles de estos nexos podrían sustituir a "como si" en esa frase?:
   a) del mismo modo que si
   b) igual que si
   c) de tal forma que si
   d) de forma que si
   e) de igual forma que si

**1.** Construcciones que expresan el **modo en que se realiza una acción:** cuando la utilización de adverbios o complementos con preposición no es suficiente o adecuada para la expresión del modo, el recurso más frecuente es el uso de una construcción de gerundio: *Este plato hay que hacerlo muy despacio, removiendo con la cuchara de madera constantemente.*

**2.** Con otros tipos de construcciones, expresamos que **una acción se realiza de acuerdo con un modo de hacer, decir o pensar** (instrucciones de otros, órdenes, enseñanzas recibidas, predicciones, advertencias, etc.), sin decir necesariamente cómo se realizó la acción:
–*Así no se hace el gazpacho.*
+*¿No? Pues yo lo hago como me enseñó mi madre, que es andaluza.*

**Los nexos que usamos son:**

**2.1.** **Como:** Es el más utilizado; **igual que; según**; **conforme:** más formal que los anteriores; **tal y como:** subraya la idea de exactitud en el modo de hacer; **del modo (en) que, de la manera (en) que, de la forma (en) que, de acuerdo con lo que.** Delante de las palabras "modo", "forma" y "manera" pueden utilizarse adjetivos como "mismo/a", "igual" y "único/a".

Estas oraciones son en realidad relativas, y los tiempos verbales se usan igual que en el resto de las oraciones relativas (ver "Las oraciones y los pronombres de relativo"): *Lo hará de la manera que sabe/sepa; Lo hizo como pudo.*

**2.2.** **Como si, igual que si:** expresan que la acción se realiza de un modo semejante o igual a una situación irreal. Tienen también un valor comparativo: *Andaba haciendo eses, como si estuviera borracho* (compara el modo de andar con el de un borracho, pero se supone que esa persona no está borracha). Llevan el verbo en imperfecto o pluscuamperfecto de subjuntivo.

**3.** Con otras construcciones, expresamos **algo que ocurrió o no debido al modo en que se realizó la acción**. En ninguno de los dos casos es necesario decir cómo se realizó la acción. *Escondió las llaves de forma que nadie pudo encontrarlas* (nadie las encontró porque las escondió de un determinado modo).

Los nexos más usados son:

**3.1.** **Sin que:** Expresa algo que no ocurrió debido al modo en que se realizó la acción. Va seguido de subjuntivo: *Salió sin que nos diéramos cuenta; Sal sin que se den cuenta.*

**3.2.** **De (tal) forma, de (tal) modo, de (tal) manera + que:** Expresan algo que ocurrió debido al modo en que se realizó la acción (tienen también, por lo tanto, valor consecutivo): *Lo hizo de (tal) modo que nadie se enteró; Pues al final no lo organizaron de forma que cada uno tuviera que ir dos veces, como dijeron al principio.*
Estos nexos pueden también tener un valor consecutivo-final, y cuando predomina este sentido, se usa siempre el subjuntivo en la oración modal: *Escondió las llaves de manera que nadie pudiera encontrarlas* (con la intención de que nadie las encontrara).

Todo lo dicho sobre los tiempos verbales se cumple siempre que no se produzcan circunstancias que obliguen a utilizar el subjuntivo (ver "El subjuntivo", punto 5).

**1** En las siguientes frases, dichas por los jefes de una empresa, elige la opción correcta de las que te damos entre paréntesis:

| | |
|---|---|
| a) | Este proyecto tiene que hacerse **(de modo que / de acuerdo con lo que)** dicen las instrucciones que hemos recibido. |
| b) | La reunión salió **(tal y como / sin que)** lo planeamos. |
| c) | La planificación debe hacerse con todo detalle y **(de forma que / según)** lo que se nos dijo en la reunión. |
| d) | Este trabajo tenemos que hacerlo **(sin que / de la manera que)** interfiera en el resto de los trabajos pendientes. |
| e) | Los impresos hay que hacerlos **(conforme / de tal modo que)** nos dijo el director. |

**2** En los huecos con un número, escribe alguno de estos nexos: DE LA MANERA QUE, DE LA MISMA MANERA QUE, DE IGUAL MANERA QUE, DE LA ÚNICA MANERA QUE, DE MANERA QUE, DE TAL MANERA QUE. En algunas hay varias posibilidades. En los huecos con una letra, escribe el verbo que te damos en la forma adecuada.

| | |
|---|---|
| a) | –¿Y cómo vas a hacer el trabajo? <br> + \_\_\_\_\_ **(1)** me dijo el profe, (HACER) \_\_\_\_\_ **(A)** un esquema primero y (DESARROLLARLO) \_\_\_\_\_ **(B)** después. |
| b) | –¿Cómo vas a hacer la limonada? <br> +Pues \_\_\_\_\_ **(2)** sé hacerla, (CORTAR) \_\_\_\_\_ **(C)** la fruta y (ECHARLE) \_\_\_\_\_ **(D)** vino y gaseosa después. Si tú sabes otra, dímela. |
| c) | –¿Cómo vas a conseguir entrar? <br> +No te preocupes, me las arreglaré para entrar \_\_ **(3)** no se (ENTERAR) \_\_ **(E)** nadie. |
| d) | –¿Cómo vas a ordenar los libros? <br> +Pues \_\_\_\_\_ **(4)** los tenía ordenados en la otra casa, (PONERLOS) \_\_\_\_\_ **(F)** por épocas y, dentro de cada época, (ORDENARLOS) \_\_\_\_\_ **(G)** alfabéticamente. |

**3** Estamos en la consulta de un médico. Completa estas descripciones de los pacientes, escribiendo una palabra en cada hueco. Necesitarás los verbos PODER, DAR, TENER, ESTAR y HABER.

| | |
|---|---|
| a) | Mire, me duele \_\_\_\_\_ \_\_\_\_\_ \_\_\_\_\_ un cuchillo atravesado en la espalda. |
| b) | Suena \_\_\_\_\_ \_\_\_\_\_ \_\_\_\_\_ en mi oído \_\_\_\_\_ una catarata. |
| c) | Me siento mal, \_\_\_\_\_ \_\_\_\_\_ no \_\_\_\_\_ respirar. |
| d) | Tengo el cuerpo \_\_\_\_\_ \_\_\_\_\_ \_\_\_\_\_ me \_\_\_\_\_ \_\_\_\_\_ una paliza. |
| e) | Tengo el estómago \_\_\_\_\_ \_\_\_\_\_ todo el día \_\_\_\_\_ subiendo y bajando en un ascensor. |

## I ¿Cuánto sabes?

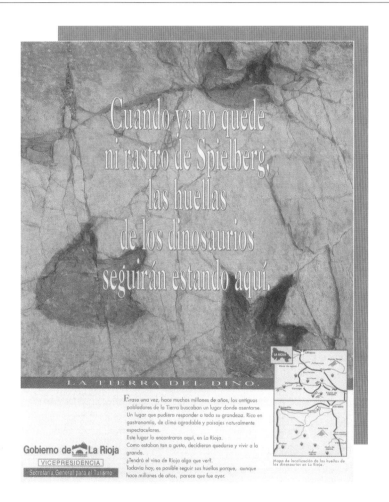

1. ¿Cuál es el producto que se anuncia?
2. ¿Qué durará mas tiempo: Spielberg (el director de cine estadounidense) o las huellas de los dinosaurios en La Rioja?
3. Si las circunstancias temporales variaran, ¿como variarían los tiempos de los verbos en estas frases?

        a) Hoy, cuando ya no _____ ni rastro de Spielberg, las huellas de los dinosaurios _____ estando aquí.

        b) Hace diez años, cuando ya no _____ ni rastro de Spielberg, las huellas de los dinosaurios _____ estando aquí.

## 1.   PARA EXPRESAR RELACIONES TEMPORALES ENTRE ACCIONES

**1.1.**   **Cuando:**

1.1.1.   Para hablar del pasado o del presente se usa indicativo: *Cuando viniste, ya había acabado la función; Cuando vienes, todo se arregla.*

Si se habla de un momento futuro se utiliza el subjuntivo: imperfecto o pluscuamperfecto (si es un futuro respecto de otro pasado) y presente o pretérito perfecto (si es respecto del presente): *Cuando llegues, llámame; Cuando hayas llegado, llámame; Me dijo que me llamaría cuando llegara; Me habían dicho que me llamaría cuando hubiera llegado.*

Sin embargo, en preguntas con "cuándo" acentuado no se usa el subjuntivo: *¿Cuándo vendrás?*

1.1.2.   Cuando acompaña a algunos sustantivos que expresan un acontecimiento, tiene el significado de "durante esa época": *Cuando la guerra, casi no había pan.*

**1.2.**   **Al + infinitivo = cuando** (ver "Infinitivo, gerundio y participio"): *Se hizo daño al caer* (= cuando cayó).

**1.3.**   **Para expresar relaciones temporales más específicas:**

1.3.1.   **Acción anterior a otra**

| | |
|---|---|
| **Antes de** + INFINITIVO (con el mismo sujeto o con distintos sujetos en los dos verbos). | Suele llevar pospuesto el sujeto cuando aparece: *Antes de llegar yo, empezó la fiesta.* |
| **Antes de que** + SUBJUNTIVO (normalmente con distinto sujeto, aunque es posible con el mismo sujeto). | Se usa presente o pretérito perfecto cuando nos referimos al futuro: *Antes de que vengan a buscarte, avísame.* Si se refiere al pasado, se usa el pretérito imperfecto o el pluscuamperfecto: *Antes de que vinieran a buscarte, ya me habían avisado.* |

1.3.2.   **Acción posterior a otra**

| | |
|---|---|
| **Tras** (formal). <br> **Después de** + INFINITIVO (con el mismo o distinto sujeto). | Suele llevar pospuesto el sujeto cuando éste aparece: *Después de llegar yo, empezó la fiesta.* |
| **Después de que** + INDICATIVO o SUBJUNTIVO (normalmente con distinto sujeto, aunque es posible con el mismo sujeto). | • Para hablar del pasado o de un presente habitual puede usarse el indicativo o el subjuntivo indistintamente (el subjuntivo se usa más en la lengua formal): *Me llamó después de que se enteró/enterara de que había aprobado.* <br> • Presente o pretérito perfecto de subjuntivo cuando nos referimos a una acción en el futuro: *Después de que llegues mañana, llámame.* |

| | • Imperfecto o pluscuamperfecto de subjuntivo cuando nos referimos a un futuro desde un punto del pasado: *Dijo que la llamara después de que hablara / hubiera /se hablado con su jefe.* |
|---|---|
| Para señalar que un proceso es el límite a partir del cual se inicia otro:<br><br>**Una vez que** + INDICATIVO o SUBJUNTIVO.<br><br>**Una vez** + PARTICIPIO. | • Indicativo cuando nos referimos al pasado o a un presente habitual: *Una vez que vino, ya nos quedamos tranquilos.*<br><br>• Subjuntivo cuando nos referimos a una acción en futuro: *Una vez que te pidan el pasaporte en el aeropuerto ya no lo necesitarás.*<br>*Una vez abierto el sobre no se podrá cerrar.* |

### 1.3.3. **Acción inmediatamente posterior a otra**

| | |
|---|---|
| **(Justo) cuando**<br>**En cuanto**<br>**En el momento en que**<br>**Tan pronto como**<br>**Apenas** (formal)<br>**No bien** (formal).<br><br>+ INDICATIVO o SUBJUNTIVO (con el mismo o distinto sujeto). | • Presente o pretérito perfecto de subjuntivo cuando nos referimos a una ación inmediatamente posterior en el futuro: *Apenas se marche mañana, avísame.*<br><br>• Imperfecto o pluscuamperfecto de subjuntivo cuando nos referimos a una acción futura desde el pasado: *Dijeron que se irían en cuanto se lo dijera.*<br><br>• Indicativo en los demás casos: *Apenas se marchó, me avisaron.* |
| **Nada más** + INFINITIVO<br>(con el mismo o distinto sujeto). | El sujeto se pospone: *Nada más llegar ellos nos avisaron los guardas; Llámame nada más llegar.* |

### 1.3.4. **Acción simultánea a otra**

| | |
|---|---|
| **Mientras** + INDICATIVO<br><br>**Mientras** + SUBJUNTIVO (con cierto valor condicional).<br><br>**Mientras tanto, Entretanto, Al mismo tiempo (que)** + INDICATIVO. | *Mientras terminas, voy a preparar un aperitivo.*<br><br>*Mientras no venga, no podemos hacer nada.*<br><br>• Después de la otra acción y tras una pausa fuerte: *Termina la comida. Mientras tanto, voy a preparar un aperitivo.*<br><br>• AL MISMO TIEMPO se usa en las narraciones, especialmente cuando los hechos se desarrollan en lugares distintos: *Estuvimos toda la familia buscando a la niña por el parque; al mismo tiempo, la policía la buscaba por las afueras del pueblo.*<br>• AL MISMO TIEMPO QUE expresa lo mismo, pero sin ir detrás de una pausa fuerte: *Estuvimos buscando a la niña por el parque al mismo tiempo que la policía la buscaba a las afueras del pueblo.* |

| | |
|---|---|
| **A medida que** | • Indicativo para hablar del presente y del pasado: *A medida que vienen se van sentando; Según llegaban se iban sentando.* |
| **Conforme** | • Presente o pretérito perfecto de subjuntivo cuando nos referimos a una acción en el futuro: *Tómales el nombre conforme vayan llegando.* |
| **Según**<br><br>+ INDICATIVO o SUBJUNTIVO | • Imperfecto o pluscuamperfecto de subjuntivo cuando nos referimos a un futuro desde un punto del pasado: *Le dijeron que irían comprobando las mercancías según fueran llegando.* |

1.3.5. **Acción que señala el límite de otra**

| | |
|---|---|
| Límite inicial:<br>**Desde que** + indicativo o subjuntivo (con el mismo o distinto sujeto). | • Para hablar de un límite en el pasado se usa un tiempo pasado de indicativo: *Desde que ha venido no hay tranquilidad en la casa; Estuvimos andando hasta que nos cansamos.* |
| Límite final:<br>**Hasta que** + indicativo o subjuntivo (con el mismo o distinto sujeto). | • En presente de indicativo nos referimos a una acción habitual: *Desde que viene no hay tranquilidad; Siempre leo un poco hasta que empiezan las noticias de la televisión.* |
| | • Con HASTA QUE se utiliza el presente o pretérito perfecto de subjuntivo para expresar un límite en el futuro: *Estaré en casa hasta que me llames*, y el imperfecto o pluscuamperfecto si el límite en el futuro es respecto de un pasado: *Pensaba estar en casa hasta que le llamaran.* |
| | Con DESDE QUE se usa el presente de subjuntivo cuando está en correlación con HASTA QUE para señalar los límites temporales de una acción en el futuro: *Desde que venga hasta que me vaya no quiero que nadie hable.* |
| | • Si la acción del verbo principal es negativa puede repetirse la negación en la construcción con HASTA QUE: *Hasta que (no) venga no empezamos a comer.* |
| **Hasta** + infinitivo (con el mismo o distinto sujeto). | Es menos usual cuando no hay coincidencia de sujetos. En este caso debe aparecer pospuesto el sujeto: *Estuvimos corriendo hasta reventar; Estuvisteis sin hacer nada hasta llegar nosotros.* |

## 2. PARA HABLAR DE PERIODOS DE TIEMPO TRANSCURRIDOS HASTA UN MOMENTO DETERMINADO

### 2.1. Informando del momento de comienzo de una acción que dura hasta un momento determinado:

Salí de Madrid    1976                                                                 hoy

**Desde +  fecha concreta, mes, año**: *Desde 1976 no veo a Antonio.*
**Desde que + verbo**: *Desde que salí de Madrid no veo a Antonio.*

### 2.2. Informando de la cantidad de tiempo transcurrida desde que comenzó la acción hasta un momento determinado:

1976                                                                                   hoy

veinte años

**Desde hace + periodo de tiempo**: *Desde hace veinte años no veo a Antonio.*
**Hace + periodo de tiempo + que + verbo**: *Hace veinte años que no veo a Antonio.*
**LLEVAR + (periodo de tiempo) + GERUNDIO / SIN + INFINITIVO + (periodo de tiempo)**
(ver "Las perífrasis verbales"): *Llevo viviendo en Madrid veinte años; Llevo veinte años sin ver a Antonio.*

Se usa presente de indicativo para hablar del tiempo transcurrido hasta el momento presente e imperfecto hasta el momento del que se habla en el pasado: *Hacía veinte años que no veía a Antonio* (hasta ayer, que lo vi). *Llevaba sin ver a Antonio veinte años.*

También son posibles el futuro y los tiempos que expresan la probabilidad: *Para entonces, llevaré veinte años sin fumar; Haría unos quince años que no la veía.*

## 3. PARA EXPRESAR RELACIONES TEMPORALES RESPECTO DEL MOMENTO EN EL QUE HABLAMOS

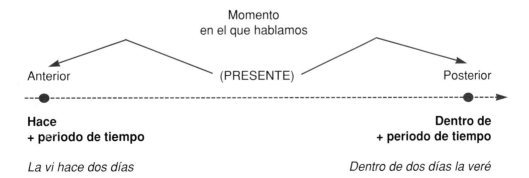

## 4. PARA EXPRESAR RELACIONES TEMPORALES RESPECTO DE UN MOMENTO DEL QUE SE ESTÁ HABLANDO, QUE NO ES EL PRESENTE

| Momento en el que hablamos | Momento anterior | Momento del que hablamos | Momento posterior | Momento en el que hablamos |
|---|---|---|---|---|
| | **Antes de +** suceso o fecha: *Antes de la comida.* | **En ese (preciso / mismo) momento** | **Después de +** suceso o fecha: *Después de la comida.* | |
| | | **Ese / aquel día** | Periodo de tiempo + **después / más tarde:** *Dos años después / más tarde.* | |
| | Periodo de tiempo + **antes** o **Atrás** (formal): *Dos días antes.* | **Entonces** | **Al / a la/ a los / al cabo de +** periodo de tiempo: *A los dos días* | |
| | | | **Al / día / mes / año siguiente A la / semana siguiente, etc.** | |

## 5. PARA EXPRESAR DIFERENTES ETAPAS DEL DESARROLLO TEMPORAL

**5.1.** **Para expresar etapa inicial:** Al principio. Al comienzo (formal). **En un primer momento** (formal: para acciones que cambian rápidamente). Se usan cuando posteriormente va a haber un cambio, que se señala con "luego" o "después": *Al principio me quedé triste, pero luego me fui recuperando; En un primer momento nos asustamos, pero después enseguida recobramos la tranquilidad.*

**5.2.** **Para expresar etapa final:** Al final. Etapa final como resultado de una o varias acciones realizadas anteriormente: *Después de estar todo el día discutiendo, al final no conseguimos nada.* **En el último momento.** Algo sucede en un tiempo mínimo antes del final de un plazo: *Marcaron un gol en el último momento, diez segundos antes del final del partido.*

**5.3.** **En enumeraciones de acciones:**

| Primero | Luego | Después | Y al final |
|---|---|---|---|
| Lengua formal: PRIMERAMENTE EN PRIMER LUGAR | SEGUIDAMENTE A CONTINUACIÓN | | FINALMENTE PARA TERMINAR POR ÚLTIMO |

*Primero debes pelar el cable, luego retorcer la punta, después meterlo en la clavija y al final apretar el tornillo; Primeramente les hablaré de los antecedentes de la Guerra Mundial; a continuación, de cómo se desarrolló, y para terminar, les hablaré de sus consecuencias.*

Todo lo dicho sobre los tiempos verbales se cumple siempre que no se produzcan circunstancias que obliguen a utilizar el subjuntivo (ver "El subjuntivo", punto 5).

 **1**   **A.** Lee los datos sobre María del Carmen Figueiro y completa el texto que tienes debajo con expresiones que se refieren al tiempo, con números o conjugando el verbo que aparece entre paréntesis:

---

### Carmiña cumple 112 años

Tiene 112 años. Tres hijos vivos, 19 nietos, 40 bisnietos y 2 tataranietos. Cuando nació, las ciudades no tenían luz ni agua corriente; Cuba era española, la generación del 98 no había dado sus primeros pasos, Europa no sabía de guerras modernas ni habían venido al mundo Hitler ni Franco. Ésta es la historia de una mujer valiente que se resiste a morir.

**La mujer más vieja de España**
1883.  El 29 de octubre nace María del Carmen Figueiro.
1895.  Muere su madre.

1910.  El 16 de septiembre da a luz a su primogénito, Gerardo.
1914.  Contrae matrimonio con Ángel Rodríguez.
1922.  Nace Paulino, su último hijo.
1938.  Nace Carmiña, su primera nieta, y después muere su marido.
1962.  Nace su primera bisnieta, María Luisa.
1983.  Cumple 100 años y recibe un homenaje de su familia.
1987.  Muere su hijo mayor, Gerardo, y nace su primera tataranieta, María Teresa.

Inmaculada G. Mardones, *El País Semanal*, extracto.

---

"La madre de Carmiña murió en 1895, poco después de que ésta _____ (HABER) **(a)** cumplido 12 años. Conoció a Ángel en 1909, y _____ _____ _____ **(b)** un año nació su primer hijo, pero no se casaron _____ **(c)** cuatro años después. Ocho años _____ _____ **(d)**, en 1922, nació su último hijo, Paulino. Su marido murió poco _____ _____ _____ **(e)** haber nacido su primera nieta, en 1938. Un año _____ _____ **(f)** cumplir 80 años fue bisabuela, y tatarabuela a los _____ **(g)** años. En 1983 recibió un cálido homenaje de su gran familia: _____ **(h)** año, el 29 de octubre, cumplió 100 años."

---

**B.** Durante la vida de Carmiña han sucedido muchas cosas. A continuación tienes una lista de algunas de ellas, junto con otras que sucedieron antes de que naciera. Con ayuda de esa información, completa el texto que tienes debajo igual que en el ejercicio anterior:

---

1876.  Alexander Graham Bell inventa el teléfono.
1884.  Construcción en Chicago del primer rascacielos.
1894.  Marconi inventa la radio.
1895.  Wilhelm Roentgen descubre los rayos X. Primera carrera de vehículos con motor de gasolina, de París a Burdeos y vuelta. Se alcanzan los 45 km/h.
1900.  Aparece la Coca-Cola.
1910.  Primera demostración del kinetófono, cinematógrafo con sonido.
1914.  Comienza la Primera Guerra Mundial.

1918.  Final de la Primera Guerra Mundial.
1919.  Inauguración del Metro de Madrid.
1928.  Primeras emisiones regulares de TV en Nueva York. Descubrimiento de la penicilina por Alexander Fleming.
1936.  En España, alzamiento militar contra la República. Comienzo de la Guerra Civil.
1939.  Fin de la Guerra Civil. Comienzo de la dictadura franquista. Comienzo de la Segunda Guerra Mundial.

1945.  Fin de la Segunda Guerra Mundial.
1963.  Asesinato del presidente estadounidense Kennedy.
1969.  Armstrong pisa la Luna.
1975.  Muerte de Franco. Instauración de la democracia en España.
1978.  Nacimiento del primer niño-probeta.
1984.  Identificación del virus del SIDA.
1992.  Celebración en España de una Exposición Universal y de los Juegos Olímpicos.

---

La radio, los rayos X, la Coca-Cola, la penicilina o el Metro no existían _____ (a) del nacimiento de Carmiña. Sí que existía el teléfono, que había sido inventado _____ (b). _____ (c) siguiente se construyó el primer rascacielos del mundo.

En 1895 murió su madre. Casi _____ _____ _____ (d), en Alemania, Roentgen descubrió los rayos X, y en Francia se celebró la primera carrera de vehículos con motor de gasolina.

A los 27 años tuvo a su primer hijo, _____ _____ _____ (e) que se hizo la primera tentativa de cine con sonido. Cuatro años _____ _____ (f), se casó; _____ _____ (g), en muchos países había guerra.

Terminó la Primera Guerra Mundial, se inauguró el Metro en Madrid, la televisión comenzó a emitirse en Estados Unidos y Fleming descubrió la penicilina, _____ (h) Carmen continuaba su vida tranquila de casada, durante la cual tuvo cuatro hijos,

_____ _____ (i) en 1938 se convirtió en viuda y en abuela, en plena guerra civil española, que había comenzado _____ (j) dos años y no terminaría _____ (k) un año _____ (l).

_____ _____ _____ (m) 24 años era ya bisabuela; _____ _____ _____ (n) mataron al presidente Kennedy.

_____ (ñ) haber cumplido los 80, ha podido ver cosas como la llegada del hombre a la Luna, la muerte de Franco y la llegada de la democracia, y el nacimiento de niños probeta. También ha llegado a conocer otras realidades terribles de nuestra época: _____ (o) ella cumplía 100 años en perfecto estado de salud, mucha gente joven moría de una extraña enfermedad cuya causa no se identificó _____ (p) un año _____ (q).

Un año _____ (r) de que _____ (CUMPLIR) (s) los 110, en España se celebraron la Expo y las Olimpiadas. Pero, para _____ (t), Carmiña ya no podía ver: se había quedado ciega.

---

**2**

**A.** A continuación tienes una serie de normas que aparecían en varios manuales de "urbanidad" o de "buenos modales españoles", unos muy antiguos y otros no tanto. Completa los huecos con estas palabras:

- Cuando estés solo
- Una vez que
- Tras
- Al llegar
- En tanto haya
- Antes de la visita
- Hasta que se haya cumplido
- Cuando un sacerdote
- Cuando una persona de respeto
- En el momento en que esté hecha
- Cuando se le presente
- Tan pronto como te metas
- Una semana después
- Al hacer
- Antes de tener
- Al acostarte
- Al desnudarse
- Al vestirse

URBANIDAD Y BUENOS MODALES

a) Una madre, _____ dar a luz, debe esperar _____ el mes del nacimiento para poder ser visitada por caballeros.

b) _____ de petición de mano, el novio enviará a su prometida un ramo de flores blancas. _____ , y sucesivamente todas las semanas, le seguirá enviando flores a su prometida, y también a sus futuras hermanas políticas.

c) Si _____ novio deben todas las jóvenes enseñar las cartas de los chicos a su madre, _____ tenga relaciones oficiales con un novio, que es _____ la petición de mano, la madre se abstendrá de pedírselas.

d _____ va con dos inferiores, éstos deben llevarle siempre en el centro. Con todo, _____ va con un matrimonio, para no ir al lado de la señora, es natural que el marido se ponga en el centro.

e) Dios te ve siempre y pudiera ocurrir que en la misma postura que tomas _____ te sorprendiera la muerte. Por eso, _____ en la cama, extiende completamente las piernas y mantente recostado del lado derecho.

→

f) Tanto _____ como _____ , jamás se debe permanecer de modo que quede desnudo todo el cuerpo.

g) Compórtate _____ del mismo modo que lo harías en presencia de otros.

h) Cuando se vaya de visita, _____ a la puerta se llamará ligeramente para no demostrar impaciencia.

i) La persona pudiente, _____ un regalo a otra persona pobre, cuidará de que el obsequio sea una cosa útil para el obsequiado, el cual sólo debe corresponder con su gratitud, estando dispuesto a pagar el regalo con algún servicio, _____ la oportunidad.

j) Nadie debe mantener encendida la pantalla del televisor _____ visita en casa.

Información obtenida de *Cien años de urbanidad,* de Amando de Miguel

**B.** ¿Cuáles de las normas anteriores crees que están vigentes en la sociedad española actual?

**3** Fíjate en la tabla de predicciones para el próximo siglo y completa después la explicación de esa tabla con expresiones de tiempo o con palabras que aparecen en ella:

## TODO LO QUE NOS ESPERA

| | 1990 | 2020 | 2060 | 2100 |
|---|---|---|---|---|
| **POBLACIÓN** | • 8.000 millones de habitantes | • 10. 500 millones de habitantes | • 12.000 millones de habitantes | |
| **URBANISMO** | • Eliminación de los barrios de chabolas • Edificios inteligentes avanzados | • Aumento de las ciudades de tamaño medio • Ciudades artificiales sobre los océanos | • Ciudades verdes, "ecológicas" | |
| **COMUNICACIÓN** | • Videoteléfono para todos • TV de alta definición • Multimedia y ciberespacio | • Realidad virtual creíble | • Traducción simultánea automática | |
| **TRANSPORTES** | • Metros automáticos • Alta velocidad ferroviaria | • Turismo en el espacio | • Planetas artificiales (colonias orbitales) • Preparación para la salida del sistema solar | |
| **ENERGÍA Y MATERIAS PRIMAS** | • Utilización del hidrógeno como combustible | • Desarrollo de la energía solar | • Uso masivo de energías renovables • Explotación minera de la Luna. | |

Adolfo Castilla, *Muy Interesante,* extracto

POBLACION: _____ _____ (a) empiece el siglo XXI _____ (b) termine, la población irá en aumento.

URBANISMO: En el futuro próximo, _____ **(c)** se vayan eliminando los barrios de _____ **(d)**, se irán construyendo _____ **(e)** inteligentes. Cuarenta años _____ **(f)**, existirán ciudades construidas sobre los _____ **(g)**. _____ _____ **(h)**, las ciudades irán cuidando más los aspectos medioambientales, de modo que _____ **(i)** un siglo aproximadamente tendremos ciudades ecológicas.

COMUNICACIÓN: _____ _____ **(j)** la implantación de la televisión de alta _____ **(k)** y de la generalización del _____ **(l)**, se llegará al uso masivo de la realidad _____ **(m)**, que será creíble para el usuario. Pero _____ _____ **(n)** que esto suceda, se habrá generalizado también el uso de los sistemas multimedia y el acceso a las redes informáticas. _____ _____ **(ñ)**, se llegará a la traducción _____ **(o)** automática.

TRANSPORTES: En el segundo tercio del siglo XXI, se podrán pasar las vacaciones en el _____ **(p)**. Bastante años _____ **(q)**, se habrán generalizado ya el metro automático y los trenes de _____ **(r)** velocidad. _____ _____ _____ **(s)** unos cuarenta años, la gente podrá viajar a colonias espaciales, y _____ _____ **(t)** momento el mundo se estará preparando para la primera salida de los seres humanos fuera del sistema _____ **(u)**.

ENERGÍA Y MATERIAS PRIMAS: _____ _____ _____ **(v)** se haya desechado el petróleo como combustible y sustituido por el hidrógeno, se irá desarrollando cada vez más el uso de la energía solar, _____ **(w)** llegar, a finales del siglo, al uso generalizado de energías completamente _____ **(x)**. _____ _____ **(y)** época se sacarán ya minerales de la Luna.

**✳ 4** En un futuro cercano, es posible que desaparezcan algunos objetos y algunas palabras y expresiones (o algunos de sus significados), entre ellas las siguientes:

| taquilla | quiosco | está comunicando | taquigrafía | cambio |
|----------|---------|------------------|-------------|--------|

Completa las preguntas y respuestas que tienes debajo conjugando los verbos que te damos entre paréntesis, y piensa a cuál de los objetos y expresiones anteriores se refieren.

a) –¿Cuándo ___ (DESAPARECER) esa expresión?
+Una vez que todos los teléfonos ___ (TENER) el servicio de llamada de espera.

b) –¿Cuándo ___ (DEJAR) de usarla en las oficinas y reuniones?
+Cuando todos los ordenadores ___ (RECONOCER) la voz del usuario y ___ (ESCRIBIR) lo que éste dice directamente, sin necesidad de teclear.

c) –¿En qué momento no los ___ (NECESITAR)?
+Tan pronto como toda la prensa se ___ (TRANSMITIR) electrónicamente y todo el mundo la ___ (RECIBIR) en casa.

d) –¿Cuándo ___ (DESAPARECER)?
+Inmediatamente después de que todas las salas de espectáculos ___ (ESTAR) conectadas a la red de cajeros automáticos o a las redes informáticas de distribución de datos con televenta de entradas.

**Enciclopedia de la Historia**

**(en 50.000 páginas)**

e) –¿Cuándo se ___ (ACABAR) el problema de tener que pedirlo para usar muchas máquinas?
+Cuando el dinero actual se ___ (SUSTITUIR) totalmente por una única tarjeta, con la que podremos pagar todo.

**5** Ahora te damos una serie de datos sobre algunas personas famosas. Con esa información, construye el máximo número de frases posibles, como en el ejemplo (a veces no son posibles todas las construcciones), usando las palabras que aparecen al final entre paréntesis:

**Ejemplo:** Adolfo Suárez, el primer presidente de un gobierno democrático tras la muerte de Franco, se retiró de la política en 1991. (TRABAJAR EN LA POLÍTICA)
*Lleva (número de años hasta el actual) años sin trabajar en la política. Desde 1991 no trabaja en la política. Desde hace (número de años hasta el actual) años no trabaja en la política. Hace (número de años hasta el actual) años que no trabaja en la política. Desde que se retiró en 1991, no trabaja en la política.*

| | |
|---|---|
| a) | Los Beatles se separaron en 1970, año en que publicaron su último álbum, "Let it be". En 1980 mataron a John Lennon. (NO TRABAJAR JUNTOS) |
| b) | Jacques Brel, cantante belga, se retiró en 1966 y se fue a vivir a las islas Marquesas, en el Pacífico. En 1977 le diagnosticaron un cáncer y volvió de su exilio voluntario para morir un año más tarde. (VIVIR EN UNA ISLA DEL PACÍFICO) |
| c) | Gary Cooper, actor norteamericano, murió en 1961, un mes después de recibir su tercer Oscar. (RECIBIR SU TERCER OSCAR) |
| d) | Christo Jauncheff, artista estadounidense nacido en Bulgaria, comenzó en 1969 a envolver con plástico y otros materiales grandes edificios y otros lugares. Su primer trabajo fue envolver más de dos kilómetros de costa australiana. Ahora sigue trabajando en eso. (ENVOLVER EDIFICIOS) |
| e) | Miguel Delibes, novelista español, publicó su primera novela, *El camino,* en 1945. Todavía sigue publicando novelas. (PUBLICAR NOVELAS) |
| f) | La actriz Greta Garbo se retiró del cine en 1941. Murió en 1990. (NO HACER PELÍCULAS) |

 **6** **A.** Completa esta transcripción de las palabras de un locutor de televisión con algunas de las expresiones que tienen en A SABER, 5:

Muy buenas tardes, señoras y señores. Les ofrecemos un avance de nuestra programación de tarde. ____ ____ ____ (a), podrán ver ustedes las noticias, seguidas de la información meteorológica. ____ ____ (b), "Sesión de tarde", hoy con el largometraje *La ratera.* ____ (c), a las 17:30, se proyectará en "Cine de oro" la película norteamericana *Brubaker.* Y, ____ ____ (d) nuestra programación de tarde, a las 20:00 podrán ver el programa "Valor y coraje". Gracias por su atención y que pasen una feliz tarde con nosotros.

**B.** Una persona ha estado escuchando este avance. Ahora viene su padre y le pregunta:

–¿Qué hay esta tarde en la tele?
+Pues ____ (a) el telediario, ____ (b) una película española, ____ (c) una americana, de Robert Redford, y ____ ____ (d), a las ocho, "Valor y coraje".

 **7** Completa, también con expresiones del apartado 5, esta breve crónica periodística de un partido de fútbol:

" ____ ____ ____ ____ (a), el Oyambre F.C. dominó el campo, pero rápidamente empezó a perder terreno y el Atlético Villarrobledo metió el primer gol. ____ (b) vinieron sendos goles de cada equipo. ____ (c), en la segunda parte, hubo ____ ____ (d) un tiempo neutro, de pases en el centro del campo, pero a los 15 minutos llegó el gol del empate. ____ ____ ____ ____ (e), cuando ya parecía que el resultado iba a ser equis, llegó el gol decisivo del Oyambre. Así pues, ____ ____ (f), resultado de 3 a 2."

## I ¿Cuánto sabes?

### Por qué elegí una VHS Slim Palmcorder

A mis años, ¿quién necesita complicarse la vida? Yo, desde luego, no. ___(a)___ eso la **sencillez y calidad de imagen** de la Slim Palmcorder me convencieron desde el primer momento. ___(b)___ ser **VHS compatible**, sólo tengo que sacar la cinta de la videocámara, colocarla en el adaptador e introducirla en el vídeo. Así veo lo que grabé **sin cables, ni conexiones**, ni historias.

Directamente. Por si fuera poco, ___(c)___ tiene **1 lux de iluminación mínima** puedo grabarlo todo con total claridad. Y aunque a veces me tiemble el pulso, ___(d)___ una ya no es lo que era, mis grabaciones nunca salen movidas: **el súper estabilizador de imagen** se encarga de ello. Con la VHS Slim Palmcorder mi vida resulta mucho más fácil.

**Panasonic**
PREPÁRATE A SENTIR **MÁS**

Lee este anuncio y elige las palabras con las que podrías completar los huecos del texto. En algunos casos puede haber más de una opción correcta.

a) Con / Pues / Por
b) Al / Como / Porque
c) como / gracias a que / pues
d) gracias a que / porque / que

# 1. CÓMO EXPRESAR LA CAUSA DE UNA ACCIÓN

### 1.1. Nexos que suelen ir al principio de la frase:

**Como, como quiera que** (formal): *Como no venías, hemos salido a esperarte; Como quiera que las circunstancias nos lo exigen, debemos cambiar nuestros objetivos a largo plazo.*

Cuando "como" presenta una excusa que se añade a lo que se ha dicho, puede aparecer detrás de la oración principal, pero se produce una interrupción en la entonación: *Hemos regalado el cuadro... Como decías que no lo querías...*

### 1.2. Nexos que suelen ir detrás de la oración principal:

1.2.1. **POR / PORQUE**
POR + sustantivo / infinitivo / PORQUE + oración: *Nos respetan por decir la verdad; Nos respetan por nuestra honradez; Nos respetan porque decimos la verdad.*

Puede ir al principio cuando se repite el tema del que se acaba de hablar dándole énfasis:
−*Tú no te preocupes.*
+*Porque me preocupo tienes tú comida en la mesa todos los días.*

También se usa POR + adjetivo para recriminaciones y burlas: *Eso te pasa por tonto.*

1.2.2. **PUES:** formal y literario: *Lo eligieron a él, pues era el de mejores cualidades.*

1.2.3. **QUE:** detrás de una orden, un consejo o la declaración de una decisión: *Vete, que ya están llegando; Me voy, que a las ocho sale el tren.*

### 1.3. Nexos que pueden ir delante o detrás:

1.3.1. **DEBIDO A / A CAUSA DE** + sustantivo. **DEBIDO A** + que + oración (formales): *Han parado las obras debido a / a causa de la lluvia; Debido a que el programa de visitas era muy apretado, tuvieron que anular la rueda de prensa.*

1.3.2. **YA QUE, PUESTO QUE, DADO QUE** (formal): *No puede ayudarnos puesto que se encuentra sin dinero; Puesto que no están dispuestos a colaborar, hemos decidido expulsarlos.*

1.3.3. **CONSIDERANDO QUE, TENIENDO EN CUENTA QUE, HABIDA CUENTA DE QUE** (formales), **EN VISTA DE QUE:** *Considerando que nuestros recursos son limitados, será mejor que controlemos los gastos.*

1.3.4. **AL** + infinitivo, **VERBO EN GERUNDIO:** *Al encontrar un segundo trabajo, pudo comprarse un coche nuevo; Trabajando en dos sitios a la vez, pudo comprarse otro coche.*
Cuando el sujeto no es el mismo en las dos frases, se especifica, a menos que quede muy claro en el contexto: *Trabajando tú, podremos vivir más desahogados.*

1.3.5. **DE** + infinitivo: *Me duele la cabeza de estudiar.*

1.3.6.  **POR** / **DE** (informal) + **LO** + adjetivo /adverbio + **QUE** + verbo en indicativo
**DE** + **TANTO** + infinitivo
**DE TANTO/A/OS/AS** + sustantivo (+ que / como + verbo en indicativo)
**DE TAN** + adjetivo / adverbio + **QUE** + verbo en indicativo

Añaden una idea de intensidad: *Le han dado un premio por lo bien que lo ha hecho; Tengo la garganta seca de tanto hablar; Se está volviendo loco de tantos problemas como tiene.*

1.3.7.  **GRACIAS A** + sustantivo / **GRACIAS A QUE** + oración. Acción que se considera positiva: *Se nos estropeó el coche en la autopista y conseguimos salir gracias a que un señor se ofreció a llevarnos.*
Cuando la acción se considera negativa, se puede utilizar **POR CULPA DE** + sustantivo: *No pudieron salir por culpa de la lluvia*

## 1.4. Otras expresiones causales:

1.4.1.  **ES QUE:** para dar excusas o explicaciones: *Lo siento pero no te puedo atender. Es que tengo mucha prisa.*

1.4.2.  **LO QUE PASA ES QUE:** cuando ya se ha hablado de un tema, para aclararlo, o cuando ya se ha producido una reacción negativa en el interlocutor, para contrarrestarla:
*–Yo no entiendo cómo me han podido dejar aquí plantado.*
*+Mira, lo que pasa es que están enfadados contigo porque siempre llegas tarde.*

1.4.3.  **NO ES QUE (no)** / **NO (ES) PORQUE (no):** para negar que algo sea la razón de una acción. Suelen ir seguidas de sus correspondientes construcciones afirmativas para dar la verdadera razón: *No es que no quiera ir de vacaciones con vosotros, es que no tengo dinero.*

1.4.4.  **POR SI (ACASO):** la causa es una precaución: *Se llevó un paraguas por si acaso llovía* (ver "Las construcciones condicionales", 2.8.)

1.4.5.  **POR LO QUE PUEDA/ PUDIERA** + infinitivo. Para indicar que algo se hace como precaución ante otra cosa que puede ocurrir: *Nos callamos por lo que pudiera pensar.*

## 2. CÓMO EXPRESAR LA RAZÓN DE LO QUE SE DICE:

2.1.  Algunos de los nexos anteriores se utilizan para explicar por qué se dice algo, en vez de explicar por qué se produce algo. Por ejemplo en: *Deben de estar en casa, porque hay luz,* "porque hay luz" no es la razón de que estén en casa, sino la justificación de una conjetura. Con este fin se suelen utilizar los nexos:

**PORQUE** (más frecuente) y **PUES** (ambos detrás de la oración principal y seguidos de pausa): *No estará tan mal de forma, porque ha llegado el primero.* **YA QUE, PUESTO QUE, DADO QUE** (más formales): *Debe de estar desesperado, puesto que / ya que insiste en vernos.* **COMO** y **COMO QUIERA QUE** (formal) van delante de la oración principal: *Como aquí no hay nadie, han debido de salir.* Otros nexos son **EN VISTA DE QUE** (suele ir delante de la oración principal), **TENIENDO EN CUENTA QUE, HABIDA CUENTA DE QUE** (muy formal): *El asesino es un profesional, teniendo en cuenta que no ha dejado huellas.*

| 2.2. | **CON** | + **LO QUE** + verbo |

+ **LO** + adjetivo variable (en género y número) + **QUE** + verbo
+ **LO** + adverbio + **QUE** + verbo
+ **EL / LA / LOS / LAS** + sustantivo + **QUE** + verbo
+ **LA DE** + sustantivo + **QUE** + verbo

Expresa, en la lengua informal, la razón por la que se hace una hipótesis, destacando la causa como algo intenso: *Seguro que sacan sobresaliente. Con lo listas que son...; Con la de libros que tienen, tendrán que llenar la casa de estanterías; Con lo lejos que está, seguramente tardaremos más de dos horas en llegar; Ya se habrá peleado con todos sus compañeros. Con el genio que tiene...; Con lo que come, deben de gastarse casi todo el sueldo en comida.*

Esta construcción siempre aparece separada por una pausa del resto de la oración, bien como una coma, si va delante de la oración principal, bien con un punto, si va detrás.

## 3. USO DE LOS MODOS EN LA EXPRESIÓN DE LA CAUSA

| 3.1. | Exceptuando "No es que (no)" y "No (es) porque (no)" y "Por si", todos los demás nexos y expresiones causales van seguidos de indicativo.

| 3.2. | Con "porque"

3.2.1. Se puede utilizar indistintamente el subjuntivo o el indicativo en las expresiones "o porque (no)... o porque (no)", "bien porque (no)... bien porque (no)" y otras equivalentes.

3.2.2. Se usa subjuntivo en oraciones que además de causales tengan un valor concesivo: *Porque a ti te apetezca, no vamos a comprar el más caro* (= El hecho de que te apetezca no es razón suficiente para que compremos el más caro / Aunque a ti te apetezca, no vamos a comprar el más caro).

## 4. LA EXPRESIÓN DE LA CONSECUENCIA

| 4.1. | **Con intensificación:** A veces se expresa sólo con "que": *Estamos (tan cansados) que no podemos ni movernos.*

4.1.1. De cantidad: **Tanto / a /os / as** (+ sustantivo) ... **que** ...: *Gana tanto dinero que ha tenido que contratar a un administrador.*

4.1.2. De cualidad:

**TAL (ES)** + sustantivo... (formal)
**TAN** + adjetivo (+ sustantivo)...
**UN/A/OS/AS** + sustantivo (+ **TAN** + adjetivo)...
**CADA** + sustantivo (+ **TAN / MÁS** + adjetivo)... (informal)

**QUE...**

*Tiene tales dolores que no puede ni dormir; Tiene un coche tan pequeño que no le cabe la familia; Tiene un genio (tan malo) que no hay quien le aguante; Tiene cada idea (tan /más tonta) que no sé cómo le aguantan.*

4.1.3. De modo:
**DE TAL MODO (MANERA/FORMA/SUERTE** [formal]**) / DE UN MODO (UNA MANERA / UNA FORMA) TAN** + adjetivo... **QUE...:**
*Lo ha escrito de tal modo que nadie lo puede entender; Lo ha escrito de una manera tan complicada que nadie lo puede entender.*

4.1.4. Otras expresiones:
• **SI** + futuro o condicional + **QUE...:** Se utiliza cuando ya se ha nombrado en la conversación el elemento que se quiere intensificar o está implícito en ella: *Es que es altísimo. Si será alto que no cabe por la puerta.*

Se usan los tiempos que tienen valor de probabilidad: los dos futuros *(Sí, tiene mucho dinero. Fíjate si tendrá que se ha comprado un avión; ¿Ése? ¡Un ladrón! Si habrá robado que tiene una cuenta en Suiza con 200 millones)* y los dos condicionales *(Menudo frío pasamos! Si haría frío que se heló el agua en las tuberías; Cuando llegamos hacía buen tiempo, pero fíjate si habría hecho frío antes que todos los lagos estaban helados).*

• **DÓNDE / CUÁNDO / CUÁNTO** / etc. + futuro o condicional + **QUE...:** tiene que estar implícito o haberse nombrado el elemento que se intensifica: *Tiene que ser carísimo. ¡Cuánto costará que no nos lo quieren ni decir!*

• Para confirmar o intensificar la afirmación de otro se puede usar **COMO QUE** + verbo en indicativo:
−*Es muy caro ¿no?*
+*Como que no nos quieren decir cuánto cuesta* (= es tan caro que no nos quieren decir cuánto cuesta).

## 4.2. Sin intensificación:

4.2.1. **ASÍ QUE / ASÍ ES QUE** (más informal), **CON LO QUE.**
"Así que" es la expresión más frecuente: *Ya hemos terminado el trabajo, así que nos vamos.* **DE MODO (MANERA, FORMA) QUE, POR LO QUE** son alternativas formales de "así que": *Ya he comprendido sus argumentos, de modo que no es necesario que insistan.* **CONQUE** es informal y a veces brusco: *Ya has terminado, conque ya te puedes ir.*

4.2.2. **POR (LO) TANTO, ASÍ PUES, POR CONSIGUIENTE, EN CONSECUENCIA:**
La acción que se presenta es resultado de lo anterior. Van precedidos de pausa y seguidos de pausa: *Ya hemos terminado el trabajo que nos habíamos propuesto; así pues, dejemos que otros ocupen nuestro puesto.* **POR (TODO) ESTO (ESO, ELLO...)** (formal): Van precedidos de pausa fuerte y a veces también van seguidos de pausa: *No ha pagado usted los últimos tres recibos. Por esto nos vemos obligados a llevar el asunto a los juzgados.* **DE AHÍ QUE** + subjuntivo va precedido de pausa, pero normalmente no va seguido de pausa.

Estos nexos, con la excepción de "así pues", pueden ir precedidos de "y". En este caso, enlazan con la oración anterior y no necesitan pausa fuerte delante.

4.2.3. **LUEGO, ENTONCES** y **O SEA QUE.** Introducen una conclusión lógica:
−*Sois cinco.*
+*O sea que tú no vienes, ¿no?*

Con este sentido también pueden usarse los nexos de los puntos 4.2.1. y 4.2.2. excepto "conque", "con lo que", por esto", "por lo que" y "de ahí que".

| 5. | USO DE LOS MODOS EN LA EXPRESIÓN DE LA CONSECUENCIA |
|---|---|

### 5.1. Con los nexos del grupo 4.1.:

• Si la primera parte es negativa, la segunda va en subjuntivo: *No tiene tanto poder que no podamos vencerlo.*

• En este caso "que" suele alternar con **COMO PARA** + infinitivo (cuando es el mismo sujeto) o **COMO PARA QUE** + subjuntivo (cuando son distintos sujetos): *No es tan tonto como para no saber cuándo quedarse callado / como para que nunca hagáis caso de lo que dice.*

En las preguntas negativas que repiten lo que ha afirmado otro se sigue usando el indicativo:
–*El pobre está muy solo.*
+*Pero, ¿no (decía él que) tenía tantos amigos que no sabía qué hacer con ellos?*

### 5.2. Con los nexos del grupo 4.2., se suele usar indicativo, excepto con la expresión "de ahí que".

Todo lo dicho en este tema sobre los tiempos verbales se cumple siempre que no se produzcan circunstancias que obliguen a utilizar el subjuntivo (ver "El subjuntivo" punto 5).

## III Ejercicios

**1** Completa el siguiente texto utilizando algunos de los nexos de la lista. Intenta buscar dos posibilidades para cada hueco sin repetir ninguno de los nexos (te sobrará uno).

| | | | |
|---|---|---|---|
| Así que | Ya que | Puesto que | |
| Con lo que | Como quiera que | Como | Y en consecuencia |
| Debido a que | Dado que | De modo que | |
| Pues | Por lo que | Porque | |

### Tres grados más que cambiaron la Historia

Los climatólogos advierten que un calentamiento de tres grados centígrados no es nuevo para la Tierra. Sabemos que hace 10.000 años Europa central tenía un clima similar al que existe actualmente en África _____ **(a)** _____ muchos animales típicos de ese continente dejaron sus restos en los estratos rocosos del subsuelo europeo. En el otro extremo, esos mismos tres grados centígrados, pero descendentes, causaron la última glaciación. Durante esta época, el hemisferio norte quedó cubierto por gruesas capas de hielo, _____ **(b)** _____ el nivel del mar descendió 120 metros.
Hace cinco millones de años, el Hemisferio Norte se enfrió y hubo una fuerte sequía. Al mismo tiempo, _____ **(c)** _____ la selva empezó a retroceder en África, se formaron las grandes sabanas. Cuando terminó definitivamente la época glaciar, grandes bloques de hielo se derritieron, _____ **(d)** _____ el nivel de los mares aumentó en decenas de metros. _____ **(e)** _____ el mar cubría ahora una extensión de terreno mucho mayor, Gran Bretaña quedó separada del continente europeo. _____ **(f)** _____ buena parte de las poblaciones humanas vivían entonces cerca de las costas, la elevación del mar fue una catástrofe, quizá relacionada con el universal mito del diluvio. Pero los supervivientes se beneficiaron del premio de un paraíso húmedo y fértil. En los territorios del actual Sáhara crecieron árboles, proliferó la fauna que hoy sobrevive más al sur y fluyeron diversos ríos hoy desaparecidos.

**2** Ésta es la continuación del texto. Sigue completándolo con dos nexos por hueco. Esta vez te sobrarán cuatro.

| | | |
|---|---|---|
| A causa de | Teniendo en cuenta que | Habida cuenta de que |
| Considerando que | Al notar que | Por lo que pudiera pasar |
| Por culpa de lo | En vista de que | Así pues |
| Por esto | Provocando | Gracias a que |
| Por lo tanto | Por si acaso | Haciendo |
| Por consiguiente | Por lo | Por |

Desde el fin de la última glaciación la temperatura del planeta no se ha modificado más de un grado centígrado. Sin embargo, esta pequeña alteración produjo grandes cambios: _____ **(a)** _____ una tendencia moderada al enfriamiento, se impulsó el desplazamiento de los pueblos germánicos hacia el sur durante el año 375. Del mismo modo, los celtas pudieron plantar viñedos en Escocia y los vikingos introducir la cría de ganado en Groenlandia _____ **(b)** _____ se había producido un ascenso de 0'5 grados.

A partir del año 1300 la temperatura global bajó un grado centígrado, _____ **(c)** _____ que Europa entrase en otra era climática: ya en 1212, y como anticipo, hubo enormes inundaciones en los Países Bajos. En esa época los veranos eran lluviosos y los inviernos gélidos y nevados. _____ **(d)** _____, los cereales se pudrieron y plagas sucesivas acabaron con las cosechas. _____ **(e)** _____ mal que se alimentaban, hombres y animales se hicieron más vulnerables a enfermedades y epidemias.

_____ **(f)** _____ unos cambios tan pequeños afectaron tanto a la humanidad, quizá debiéramos preocuparnos más por la temperatura del planeta, _____ **(g)** _____.

Adaptado de un artículo de Octavi Piulats en *Integral*.

**3** Completa este diálogo utilizando: ES QUE, NO ES QUE, NO ES PORQUE, LO QUE PASA ES QUE, QUE (2 veces), y POR NO.

–¿Qué os ha pasado?

+Pues que ya no nos aguantamos

–Pero si lleváis sólo dos meses casados.

+_____ **(a)** _____ esto es insoportable. Tiene un carácter imposible.

–_____ **(b)** _____ tú también tienes mucho genio.

+Mira, _____ **(c)** _____ tengamos genio ni él ni yo, es que nos pasamos el día discutiendo.

–¿Entonces es porque no le quieres?

+_____ **(d)** _____ no le quiera, es que no se puede vivir con él sin discutir.

–Pues intenta no llevarle la contraria.

+Pero si _____ **(e)** _____ llevarle la contraria me he pasado estos dos meses aguantando.

–Ten paciencia, _____ **(f)** _____ estas cosas pasan al principio porque estáis los dos acostumbrándoos a vivir con el otro. Hazme caso, _____ **(g)** _____ yo sé mucho de estas cosas.

**4** Una noche, en julio de 1978, 124 delincuentes peligrosos se escaparon de la cárcel de Alcoente, cerca de Lisboa (Portugal). Los guardias no se enteraron de la fuga hasta las seis y media de la mañana siguiente, cuando uno de los presos que se habían quedado se lo dijo.

**A.** Un inspector está investigando el incidente; a continuación tienes frases de las declaraciones de los trabajadores de la prisión. ¿Se podrían completar todas usando "PORQUE"? ¿En qué frases se podría sustituir este nexo por "EN VISTA DE QUE"?

| | |
|---|---|
| a) | No debían de gustarles las películas que proyectábamos los sábados, _____ muchos dejaron de venir al cine. |
| b) | Seguro que estaban haciendo algo con los cuchillos, _____ faltan 220 en las cocinas. |
| c) | A mí me faltaban 23 presos en el recuento de la noche, pero pensé que se habrían escondido _____ ya lo habían hecho otras veces. |
| d) | Los dibujos que habían puesto en las paredes no eran de adorno, _____ detrás de cada papel había un túnel. |
| e) | Cuando salimos a buscarlos no vimos nada _____ las luces del patio nos cegaban. |

**B.** ¿Qué frases informan de la causa de la acción y cuáles de la razón de lo que se dice?

**C.** Completa ahora las deducciones del inspector utilizando un nexo distinto en cada hueco. Cuando termines, emparéjalas con las frases de arriba.

| | |
|---|---|
| f) | _____ que usted no se dio cuenta de que ya se habían fugado. |
| g) | _____ habían cubierto las entradas de los túneles con sus propios dibujos. |
| h) | _____ construían los túneles mientras ustedes se entretenían. |
| i) | _____ que utilizaron los cuchillos que robaban para hacer los túneles. |
| j) | _____ las luces en vez de ayudar, les sirvieron de estorbo. |

 **5** Lee esta descripción de un nuevo prototipo de coche y completa el diálogo utilizando expresiones del punto 2.2. del tema:

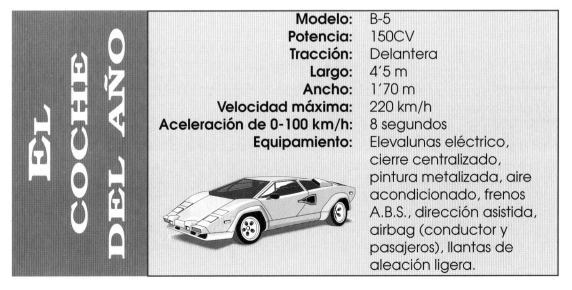

EL COCHE DEL AÑO

| Modelo: | B-5 |
|---|---|
| Potencia: | 150CV |
| Tracción: | Delantera |
| Largo: | 4'5 m |
| Ancho: | 1'70 m |
| Velocidad máxima: | 220 km/h |
| Aceleración de 0-100 km/h: | 8 segundos |
| Equipamiento: | Elevalunas eléctrico, cierre centralizado, pintura metalizada, aire acondicionado, frenos A.B.S., dirección asistida, airbag (conductor y pasajeros), llantas de aleación ligera. |

Dos amigos están parados delante de un coche en una exposición. Uno de ellos quiere que el otro se compre ese coche porque a él le dan comisión. Sin embargo, el comprador no parece estar muy convencido:

–Fíjate en éste, ¡menudo coche! Llega hasta los 220 por hora.
+Sí, pues con **(a)** _____ _____ que corre, seguro que va por ahí provocando accidentes.
–Al revés,hombre, con **(b)** _____ rápido que acelera, te podría sacar de muchas situaciones difíciles.
+Ya, pero con **(c)** _____ grande que es, seguro que pesa muchísimo y debe de gastar un montón.
–¡Pero, qué va! Si tiene llantas de aleación ligera.
+Bueno, pues con **(d)** _____ _____ extras que tiene, seguro que sale carísimo.
–Tú lo que tienes que pensar es que con **(e)** _____ extras que tiene, vas a ir comodísimo.

**✳ 6**  Completa las frases de cada columna buscando su otra mitad en la columna opuesta

| A | B |
|---|---|
| a) Era un hombre tan avaro que... | 1) Era un hombre tan bajo que... |
| b) ...la gente tenía que salir para dejar entrar el sol | 2) ...no podía verse los dedos de los pies |
| | 3) ... no daba ni los buenos días |
| c) Era un hombre tan feo que... | 4) ...cuando salía a la calle lo querían llevar al zoo |
| d) ...vendió el coche para comprar gasolina | |
| e) Era un hombre tan gordo que... | 5 Era una casa tan pequeña que... |
| f) ...en vez de abrir la puerta pasaba por debajo | 6) ... no podía pasar por las calles estrechas |
| g) Era un hombre tan cabezón que... | 7) Era un hombre tan tonto que... |

**✳✳ 7**  Doña Rosa acaba de ver la casa de unos recién casados y se lo está contando a su vecina. Completa el diálogo poniendo una palabra en cada hueco. Si necesitas ayuda, repasa la sección 4.1. del tema.

Rosa: La casa es enorme, eso sí. Por lo visto tienen _____ **(a)** _____ ventanas que han tenido que comprarse una máquina especial para limpiarlas.

Lola: ¡Vamos que, qué exagerados! ¿Y muebles? ¿Tienen muchos muebles?

Rosa: Pues fíjate _____ **(b)** _____ tendrán muebles que algunos los tienen puestos encima de otros. Y el resto los tienen puestos de _____ **(c)** _____ _____ **(d)** _____ que es casi imposible moverse por la casa.

Lola: Y encima se habrán gastado mucho dinero, ¿no?

Rosa: ¡Hombre! _____ **(e)** _____ que no pueden ni salir al cine. Fíjate _____ **(f)** _____ se habrán gastado que han tenido que pedir tres créditos. No, si ya les dije yo que el que mucho corre pronto para.

Lola: Si es que tú también tienes _____ **(g)** _____ comentario que un día te vas a meter en un lío.

I ¿Cuánto sabes?

Descubra un lugar elegido por los dioses: México. La tierra prometida. México está lleno de escaleras. Todos los grandes monumentos prehispánicos las tienen. ¿Un intento de estar más cerca del cielo? ¿La manera de que los dioses pudieran disfrutar de esta tierra fascinante? Venga a descubrirlo usted mismo. Descubra sus 10.000 kms. de playas, su sol, su cultura milenaria, su rica gastronomía, su gente. Entenderá por qué los dioses eligieron este lugar. Y no se preocupe, en nuestros modernos centros turísticos hay ascensores.

¿ESCALERAS
PARA SUBIR
AL CIELO
O PARA QUE
LOS DIOSES
BAJEN A
LA TIERRA?

MÉXICO

LE VA A CONQUISTAR

RUINAS DE TULUM, CARIBE MEXICANO.

RUINAS DE PALENQUE.

1. ¿Para qué se construyeron, según el anuncio, las escaleras de las fotografías?
2. Sería igualmente correcto decir ¿Escaleras para que suban al cielo o para los dioses bajar a la tierra?

## 1. NEXOS PARA EXPRESAR LA FINALIDAD

**1.1.** **Para (QUE):** *Trabaja para que sus padres no tengan que mantenerle; Trabaja para dar de comer a su familia.*

**1.2.** **A (QUE):** Con verbos que expresan movimiento en una dirección determinada (bajar, subir, venir, salir): *Vino a que le arreglaran sus asuntos; Vino a arreglar sus asuntos.*

En la lengua informal se elimina "A" cuando el verbo anterior está en imperativo: *Ven que te peine.*

**1.3.** **Otros nexos usados en la lengua formal:**

• **CON VISTAS A (QUE):** *Con vistas a que todo se desarrolle sin ningún conflicto, se ha diseñado una operación de alta seguridad.*

• **CON EL OBJETO / EL PROPÓSITO / LA INTENCIÓN / EL OBJETIVO / LA IDEA / LA FINALIDAD / EL FIN DE (QUE):** *He convocado esta reunión con el propósito de que solucionéis vuestras diferencias; Todo lo que ha dicho ha sido con el objetivo de conseguir el puesto de director.*

• **A FIN DE (QUE):** *Se ha conseguido retrasar la fecha de entrega del trabajo a fin de que todos los participantes puedan terminarlo.*

• **DE MODO / MANERA / FORMA / SUERTE QUE** (ver "Las construcciones modales"): *El plan se diseñó de manera que no hubiera posibilidad de cometer ningún error.*

## 2. LAS FORMAS VERBALES

QUE + SUBJUNTIVO e INFINITIVO alternan con todos los nexos anteriores, excepto con "de modo, manera, etc. que", que siempre rigen subjuntivo.

**2.1.** **Infinitivo.** Cuando el sujeto de la oración principal y de la construcción final es el mismo: *(Yo) Trabajo para mantener (yo) a mi familia.*

**2.2.** **Que + subjuntivo**. Cuando son distintos: *(Yo) trabajo para que (tú) comas; Llamé para que fueras hoy.*

**Observación:** En las preguntas con "¿para qué? (acentuado) nunca se usa subjuntivo: *¿Para qué hicieron esa torre?*

## 3. RELACIONAR DIFERENTES PARTES DE UN DISCURSO CUANDO SE EXPRESA PRIMERO UN OBJETIVO Y DESPUÉS LO QUE SE HACE PARA CONSEGUIRLO

Después de exponer un objetivo pasado, presente o futuro, si queremos explicar cuál va a ser el modo en que ese objetivo se ha cumplido, se cumple o se cumplirá, podemos introducir esta explicación con alguno de los siguientes nexos (precedido de pausa fuerte):

**Para ello; con este objetivo / fin / propósito / objeto; con esta idea / finalidad / intención.**

Con mucha frecuencia, estas expresiones van seguidas de una pausa. Este tipo de exposición lógica es propio de la lengua formal, sobre todo de la lengua escrita y de los medios de comunicación.

*"La Biblioteca Nacional mostrará al público sus 1.000 mejores manuscritos a partir del 1 de enero. CON ESTE FIN, la sala de lectura para universitarios ha sido habilitada como sala de exposiciones."*

*"Después de la aprobación de la Ley de Familia Numerosa, las familias con tres o más hijos dispondrán de un carné con el cual conseguirán descuentos en transportes y universidades. Las familias interesadas pueden solicitarlo a partir de hoy. PARA ELLO, deberán acudir a la Concejalía de Asuntos Sociales."*

Todo lo dicho en este tema sobre los tiempos verbales se cumple siempre que no se produzcan circunstancias que obliguen a utilizar el subjuntivo (ver "El subjuntivo" punto 5).

## III   *Ejercicios*

**1** Completa este poema de Gustavo Adolfo Bécquer usando INFINITIVO O QUE + SUBJUNTIVO:

Para _____ (LEERLOS, tú) con tus ojos grises (a)
para _____ (CANTARLOS, tú) con tu clara voz (b)
para _____ (LLENAR, ellos) de emoción tu pecho, (c)
hice mis versos yo.
Para _____ (ENCONTRAR, ellos) en tu pecho asilo (d)
y _____ (DARLES, tú) juventud, vida y calor, (e)
tres cosas que yo ya no puedo darles,
hice mis versos yo.
Para _____ (HACERTE, yo) gozar con mi alegría, (f)
para _____ (SUFRIR, tú) con mi dolor, (g)
para _____ (SENTIR, tú) palpitar mi vida, (h)
hice mis versos yo.
Para _____ (PODER, yo) poner ante tus plantas (i)
la ofrenda de mi vida y de mi amor,
con alma, sueños rotos, risas, lágrimas,
hice mis versos yo.

**2** ¿Para qué sirve un libro? Para muchas cosas. Mira el dibujo y completa las palabras del vendedor con los nexos necesarios y con palabras que se refieran a objetos o acciones del dibujo:

## LOS USOS DEL LIBRO

Señores y señoras, esto que tengo en mis manos no es un simple libro. No sirve solamente para leer, no. Este objeto multifuncional se ha fabricado también con el _____ **(a)** de que ustedes, si se les rompe la _____ **(b)** de una mesa, puedan usarlo _____ **(c)** sustituirla; _____ **(d)** la _____ **(e)** de _____ **(f)**, si llueve y no lleva _____ **(g)**, pueda usarlo como tal; lo mismo sirve para _____ **(h)** un mosquito que para _____ **(i)** el _____ **(j)** se refugie debajo de él. Hemos diseñado este extraordinario objeto de _____ **(k)** _____ **(l)** usted pueda, en caso de atraco a mano armada, usarlo como escudo, o, si no tiene otro objeto contundente a mano, _____ **(m)** que pueda darle un _____ **(n)** a su hijo si se ha portado mal. Si a usted, cuando empiece a leerlo, no le gusta este libro, puede usarlo para _____ **(ñ)** flores, en lugar de un jarrón. También tiene un sobre en las páginas centrales _____ **(o)** fin _____ **(p)** que, cuando usted se lo lleve al parque a leer, pueda llevar dentro migas de pan para las palomas. Y, finalmente, se le ha dado una forma especial con _____ **(q)** _____ **(r)** que pueda ser utilizado como asiento cuando se va al campo. ¿Qué más se puede pedir por 2.000 pesetas?

*S. Kislan.*

**3** **A.** Lee estas conversaciones entre una madre y una niña preguntona, y di en cuáles de las frases se podría utilizar "a" en lugar de "para".

| a) | b) | c) |
|---|---|---|
| –¿Para qué hemos venido aquí?<br>+Para que te corten el pelo.<br>–¿Y para qué me van a cortar el pelo?<br>+Para que estés más guapa. | –Acércate, para que te vea bien la cara.<br>+¿Y para qué me quieres ver la cara?<br>–Para ver si la tienes bien limpia<br>+¿Y para qué tengo que estar limpia?<br>–Anda, calla y ven para que te vea. | –¿Para qué vamos al banco?<br>+Para sacar dinero.<br>–¿Y para qué quieres más dinero?<br>+Para comprar comida. |

**B.** ¿Cuáles de las frases en las que se pueden usar "a que" podrían llevar simplemente "que", sin la preposición?

— **138** —

**A.** Todas las asociaciones y organizaciones tienen algún objetivo o finalidad. A continuación tienes una lista de nombres de asociaciones que existen realmente, en España o en otros países. Asocia cada nombre con alguno de los objetivos que tienes debajo y después, en la lista de objetivos, piensa si hay que usar INFINITIVO o QUE + SUBJUNTIVO (y qué tiempo y persona de subjuntivo):

| | |
|---|---|
| → Asociación del Morro Corto | → Coordinadora de Ciudadanos Agobiados y Cabreados |
| → Asociación de Viudas de España | → Conspiración del Príncipe convertido en Rana |
| → Asociación para la Erradicación de la Televisión | → Comité Universal de Ayuda a las Ranas |
| → Club de Calvos de América | → Asociación de la Gran Muralla de Tejas |
| → Asociación de Amigos de la Boina | |

a) _____ : se fundó en Madrid con la intención de _____ (PROTESTAR) por todos los males de la ciudad.

b) _____ : trabaja con el objetivo de _____ (NO SENTIRSE) solas las mujeres que se quedan sin marido.

c) _____ : se creó para _____ (NO PERDERSE) la costumbre de llevar tan tradicional prenda.

d) _____ : fue creada con vistas a _____ (MEJORAR) la imagen pública de suciedad de estos animales.

e) _____ : fue fundada con el propósito de _____ (ACABAR) con la idea de que la gente guapa no es inteligente.

f) _____ : sus miembros trabajan con el fin de _____ (HUNDIRSE) todos esos aparatos en el océano algún día.

g) _____ : reúnen fondos con el objeto de _____ (CONSTRUIRSE) alrededor de su estado la obra que da nombre a su asociación.

h) _____ : se creó con el fin de _____ (CONVENCERSE) la gente de que la piel de la cabeza, al descubierto, estaba de moda. No han logrado aún su objetivo.

i) _____ : se fundó con la idea de _____ (PROTEGER) a estos animales de una agresividad indebida.

**B.** Completa ahora las siguientes frases con alguno de los nexos que aparecen en el apartado 3 de A SABER (sin repetir ninguno) y el nombre de la asociación correspondiente:

a) Algunas personas que sufrían por no tener pelo decidieron que era el momento de que la sociedad no se burlara de su problema, sino que, por el contrario, lo vieran como algo estético. _____ , crearon _____ .

b) Varios ciudadanos madrileños, hartos de soportar la contaminación, el tráfico, el ruido, etc., decidieron que debían mostrar su malestar a la sociedad y a las autoridades. _____ , crearon _____ .

c) Algunos ciudadanos, hartos de que, por su belleza, los tomasen por tontos, decidieron que había que hacer algo para erradicar el viejo prejuicio de que la belleza nunca va asociada a la inteligencia. _____ , crearon _____ .

d) Varios españoles pensaron que era una pena que se perdiese la costumbre de llevar en la cabeza algo tan tradicional y característico de nuestro país, y pensaron que debían hacer algo para recuperar su uso entre la juventud. _____ , crearon _____ .

# La comparación

1. Según el anuncio, ¿qué es mejor: un largo viaje o un gran viaje?
2. ¿Se te ocurre algún adjetivo que pueda sustituir a "lo mismo"?
3. ¿Cuáles de estas frases serían equivalentes a "no es lo mismo que"?:
   a) no es diferente de
   b) no equivale a
   c) es distinto de
   d) no se parece a

# 1. COMPARAR EXPRESANDO SUPERIORIDAD O INFERIORIDAD

**1.1.** **Verbo + más/menos + adjetivo/adverbio/sustantivo + (que...):** *Lo hizo menos rápidamente (que yo); Mi caballo corre más (que el vuestro).*

**1.2.** **Comparativos especiales:** MEJOR (bien/bueno), PEOR (mal/malo), MAYOR (grande; para tamaño alterna con "más grande"), MENOR (pequeño; para tamaño alterna con "más pequeño"), INFERIOR (bajo) y SUPERIOR (alto). Los dos últimos se usan para la calidad, dificultad, eficacia, etc., y van seguidos de "a": *Este producto es superior al otro* (en calidad); en los demás casos (tamaño, ubicación) se usan "más bajo" y "más alto".

**1.3.** 

| Verbo1 | + {Más/Menos + de lo que} | + Verbo 2 |
| | {Más/Menos + cuanto mas/menos} | |
| Cuanto/a/os/as más/menos | + Verbo 1    + más/menos | + Verbo 2 |

• **Mismo sujeto - dos acciones distintas:** *Trabajas más de lo que debes; Lo harás mejor cuanto más practiques; Cuanto más trabaje, más cansado estará.*
• **Dos sujetos - dos acciones distintas:** *Gana más de lo que crees; Estudiará más cuanto más le exijas; Cuanto menos le exijas, menos hará.*

**1.4.** **Cantidades que son múltiplos de otra:** VERBO + EL DOBLE / LA MITAD (DE + ADJETIVO / NOMBRE) + QUE... *Es la mitad de listo que tú; Tiene el doble de libros que yo.* VERBO + TRES/CUATRO/CINCO... VECES MAS/MENOS + (ADJETIVO/NOMBRE) QUE... *Es ochenta veces más listo que su jefe;Trabaja cuatro veces más que sus compañeros.*

**1.5.** **Otras formas de expresar superioridad:**

1.5.1. **Superar.** Generalmente: SUPERAR + A ALGO / ALGUIEN + (EN ALGO): *La obra de este pintor supera a la de su maestro (en el dominio del color).*

1.5.2. **Ser preferible.** *Prevenir es preferible a/que lamentar.*

# 2. COMPARAR EXPRESANDO IGUALDAD

**2.1.** TAN + ADJETIVO / ADVERBIO + COMO...
IGUAL DE + ADJETIVO/ADVERBIO + QUE... (no suele usarse con adverbios terminados en -mente).
SUJETO PLURAL + VERBO + A CUAL MÁS + ADJETIVO/ADVERBIO. *Es tan alto como tú; Trabaja igual de bien / rápido que yo; Trabajan a cual más lento; Son a cual más torpe.*

**2.2.** TANTO / TANTA + sustantivo singular + COMO...
LA MISMA / IGUAL CANTIDAD DE + SUSTANTIVO SINGULAR + QUE...
TANTOS/TANTAS + SUSTANTIVO PLURAL + COMO...
LA MISMA / IGUAL CANTIDAD DE + SUSTANTIVO PLURAL + QUE...
EL MISMO / IGUAL NÚMERO DE + SUSTANTIVO PLURAL + QUE DE...
IGUALAR A ALGUIEN EN ALGO (lengua formal).
*Tengo tanta prisa como usted; Tiene la misma cantidad de clientes que yo; Hay igual número de hombres que de mujeres; Es más joven pero nos iguala a todos en capacidad de trabajo.*

**2.3.** **Verbo + Tanto como.../ Lo mismo que.../ Igual que.../ Como...:** *Yo trabajo tanto como tú; Pesa igual que yo; Anda como un pato.*

---

## 3. COMPARAR EXPRESANDO SIMILITUD

**3.1.** **Parecerse / ser parecido / ser semejante + a... (en...):** *Se parece a su padre en los ojos; Este pueblo es parecido al mío.*

**3.2.** **Cuando la similitud es muy grande o total:**
IDÉNTICO, EXACTO A, CLAVADO A (informal), IGUALITO A / QUE (informal): *Las casas son idénticas; Esta casa es exacta a la mía; Este niño es igualito que su padre.*

**3.3.** **Cuando dos cosas o situaciones son análogas o semejantes en sus funciones, consecuencias, efectos, etc.:**
SER COMO/ EQUIVALER A / SER EQUIVALENTE (A) / SER EL EQUIVALENTE DE: *Para mí mi tío fue como un padre; El coche es el equivalente actual del caballo.*

**3.4.** **Para expresar que el modo de hacer algo es similar a lo que expresa un adjetivo o un sustantivo:** A LO + ADJETIVO / NOMBRE DE PERSONA (normalmente famosa): *Se peinaba a lo James Dean; Lo hicimos todo a lo loco.*
El número de adjetivos es limitado. Los más frecuentes son: Loco, bestia, fino (educado), grande.

• Si la similitud (real o supuesta) es con el modo de hacer algo en una región o país, se utiliza: A LA + ADJETIVO DE PROCEDENCIA GEOGRÁFICA EN FEMENINO: *En su casa cenan a la europea, a las siete de la tarde.*

**3.5.** **Cuando se compara una acción o situación con otra hipotética:**
Oración + COMO SI / IGUAL QUE SI + oración con imperfecto o pluscuamperfecto de subjuntivo: *Actúa como si tuviera mucho dinero; Me trata igual que si fuera su hijo.*
Con indicativo, para expresar que una situación nos resulta tan indiferente como otra situación hipotética:
–*¿Sabes que Luis se va a vivir a Soria?*
+*A mí me da igual, como si se va a la India.*

---

## 4. COMPARAR EXPRESANDO DIFERENCIA

DISTINTO / DIFERENTE - DISTINGUIR(SE) / DIFERENCIAR(SE)

*Tienen un color muy distinto; Éste es diferente de ese en el color; Se distinguen por el color; Se diferencian por/en el color.*

---

## 5. EXPRESAR EL PUNTO MÁS ALTO O BAJO DENTRO DE UN GRUPO O UNA CATEGORÍA

**5.1.** **El/la/los/las +** (nombre) **+ más / menos +** adjetivo **+ (de todos) / (del grupo) / (que he visto):** *El alumno más despistado de la clase; El tonto más tonto de todos los tontos.*

| 5.2. | **Con cosas que pueden tener grados de altura, intensidad, cantidad, etc.:** |

MÁXIMO / MÍNIMO: *El sueldo mínimo es de 100.000 pesetas; La temperatura máxima alcanzó los cuarenta grados.*

| 5.3. | **Con verbos:** |

EL/LA/LOS/LAS + QUE { + MÁS/MENOS + verbo} + (DE TODOS) / (DEL GRUPO)
EL/LA/LOS/LAS + QUE { + verbo + MÁS/MENOS} (DE TODOS) / (DEL GRUPO)
*El que más habla de todos; El que gana más del grupo.*

---

## III  *Ejercicios*

Materia Prima

---

**1** Consulta los datos de "España en cifras" para completar las frases que tienes debajo con expresiones comparativas:

---

- Españoles residentes en el extranjero: 3.299.000.
- Esperanza de vida masculina: 73,27 años; esperanza de vida femenina: 79,69 años.
- Región con más habitantes: Andalucía, con ocho millones; región con menos habitantes: La Rioja, con 261.000.
- Capital con más habitantes: Madrid, con 3.120.732; capital con menos habitantes: Teruel, con 28.488.
- Importaciones de la CE: 5,26 billones de pesetas; exportaciones: 3,9 billones de pesetas.
- Funcionarios: 1.600.000.
- Teléfonos: 283 por cada 1.000 habitantes.
- Televisiores: 368 por cada 1.000 habitantes.
- El 21% de las casas tienen calefacción central; el 11% lavavajillas.
- Kilos de cerdo consumidos por habitante y año: 39; kilos de pollo: 21 kilos.
- Número de parados: 2.422.524.
- Ganancia media por hora trabajada: empleados, 1.311 pesetas; obreros, 812 pesetas.
- Restaurantes: 50.005
- Porcentaje de la población que viaja en vacaciones: 44%.
- Bibliotecas: 5.062.

**España en cifras**

Extracto, *El País Semanal*

---

| a) | Las mujeres suelen vivir _____ _____ los hombres. |
| b) | Hay _____ residentes en el extranjero _____ madrileños. |
| c) | Andalucía es _____ comunidad que está _____ poblada; La Rioja, _____ _____ _____ . |
| d) | El número de  habitantes de Teruel es aproximadamente cien _____ _____ _____ de Madrid. |
| e) | España exporta a la Comunidad Europea _____ _____ _____ _____ importa. |
| f) | Hay _____ televisores _____ teléfonos. |
| g) | En las casas hay casi _____ _____ _____ lavavajillas _____ de calefacciones. |
| h) | Se come _____ _____ _____ cerdo _____ _____ pollo. |
| i) | Los sueldos de los empleados son _____ _____ los de los obreros. |
| j) | Casi _____ _____ _____ la población viaja en vacaciones. |
| k) | El número de restaurantes es diez _____ _____ _____ el de bibliotecas. |
| l) | El número de personas sin trabajo _____ al de funcionarios. |

**2** A continuación tienes algunos fragmentos de un artículo que trata de los cambios ocurridos en España en los últimos veinte años. Con ayuda de la gramática y de lo que sabes sobre España, completa los huecos con expresiones comparativas:

"... la sociedad española se nos ha ido poblando de viejos, o como ahora se dice, de 'mayores'; se ha llegado al _____ **(a)** histórico y geográfico de natalidad. (...)

...El modo de vivir de los españoles se _____ **(b)** cada vez más al que rige para otros pueblos europeos. Aunque no siempre. Tomemos el horario, la organización del tiempo cotidiano. Por un lado, gozamos los españoles de _____ **(c)** fiestas, pero, por otro, andamos _____ **(d)** azacanados que nuestros vecinos transpirenaicos durante los días de labor. No se trata de una supervivencia del viejo orden rural; la prueba es que la disonancia es cada vez _____ **(e)** respecto de lo que podríamos considerar como horario 'europeo'. Bien es verdad que los españoles urbanos madrugan hoy _____ **(f)** que antaño, pero también comen _____ **(g)** tarde y se recogen a horas cada vez _____ **(h)** retrasadas. (...) Lo que se elimina en gran medida es la siesta generosa, bien porque la jornada partida es cada vez _____ **(i)** frecuente o porque también se llena ese espacio posmeridiano con la ubicua televisión. (...)

Se generaliza el deseo –a veces la obsesión– de adelgazar. A finales de los años setenta se llegó al _____ **(j)** interés por tostarse al sol, por lucir un natural bronceado pla- yero. (...) Se instaura por doquier el culto al cuerpo. La belleza se convierte en un requisito para muchos trabajos. Es curiosa esta nueva discriminación por una razón que es _____ **(k)** difícil de alterar _____ **(l)** el sexo o la raza. (...)

Aunque se hacen _____ **(m)** frecuentes los hogares unipersonales como consecuencia del divorcio, la verdad es que los divorcios 'legales' no han proliferado _____ **(n)** se había supuesto en un principio. Hoy, como ayer, lo que _____ **(ñ)** en este punto a la sociedad española son las separaciones de hecho."

"Hay gente para todo", Amando de Miguel, *Diario 16*

**3** En los dos ejercicios siguientes, forma cuatro frases lógicas y correctas utilizando un elemento de cada columna, sin repetir ninguno:

**A.**

| 1 | 2 | 3 | 4 |
|---|---|---|---|
| Una milla | es parecido | de | la opereta |
| Un hipopótamo | es diferente | a | la calculadora |
| La zarzuela | equivale | | un rinoceronte, pero sin cuerno |
| El ábaco | era el equivalente | | 1'6 kilómetros |

**B.**

| 1 | 2 | 3 |
|---|---|---|
| Un tarro | se parece | a otro |
| Un bolso | es idéntico | a Italia en el clima |
| España | es semejante | una lata, pero de cristal |
| Ningún rostro | es distinto | de una bolsa |

**4** Con la información que te damos sobre seis mujeres de diferentes países, completa las frases que tienes después utilizando expresiones comparativas (MISMO/A, IGUAL NÚMERO DE, EL/LA QUE MÁS / MENOS, A CUAL MÁS / MENOS, TANTO COMO, etc.) y las palabras que te damos entre paréntesis:

**Hanke Cakoni:** Albania. 38 años. Ama de casa. Cuatro hijos. Se casó a los 22 años. Se levanta a las 5.30, y trabaja en casa hasta las 22.00.

**Buaphet Khuenkaew:** Tailandia. 38 años. Costurera. Dos hijos. Trabaja desde las 8.00 hasta las 18.00.

**Pattie Skeen:** Estados Unidos. 36 años. Maestra. Dos hijos. Se casó a los 20 años. Se levanta a las 5.00. Empieza a trabajar a las 8.30; termina a las 11.30.

**Nalim:** Bután. 49 años. Ama de casa y campesina. Cuatro hijos. Se levanta a las 6.00 y trabaja desde esa hora hasta que se acuesta.

**Montse Perea:** España. 30 años. Enfermera. Un hijo. Se levanta a las 6.00. Empieza a trabajar a las 8.00; termina a las 16.00.

**Zhanna Kapralova:** Rusia. 38 años. Profesora. Dos hijos. Se casó a los 20 años. Se levanta a las 6.30. Empieza a trabajar a las 9.00; termina a las 18.00.

Datos tomados de "La sal de la tierra. Mujeres en la aldea global", *El País Semanal.*

a) Montse y Nalim se levantan _____ (hora).
b) Zhana, Pattie y Buaphet tienen _____ (hijos).
c) Pattie y Zhanna se casaron _____ (joven).
d) Buaphet es _____ (levantarse, tarde), pero _____ (trabajar, las demás).
e) Montse es _____ (tener, hijos), pero también es _____ (joven).
f) Hanke es _____ (trabajadora) Nalim, y tiene _____ (hijos) ella.
g) Zhanna, Buaphet y Hanke tienen _____ (edad).

**5** **A.** En la naturaleza, todo está relacionado. Cuando cambiamos algo en ella, otras cosas cambian. Debajo te presentamos hechos relacionados con la naturaleza. Haz frases semejantes a las del ejemplo que te damos.

a) Fabricación de embalajes con poliestireno ------------------------------------▶ menos ozono.
  Menos ozono------------------------------------▶ más radiación ultravioleta llega a la Tierra.
  *Cuantos más embalajes se fabrican con poliestireno, menos ozono hay.*
  *Cuanto menos ozono hay, más radiación ultravioleta llega a la Tierra.*
b) Contaminación del aire -------------------------▶ problemas de irritación de ojos, tos y asma.
c) Contaminación del mar------------------------------------▶ proliferación de algas tóxicas.
  Más algas tóxicas -------------------------------------▶ riesgos de salud para los bañistas.
                                                         peligros para la vida acuática.
d) Desaparición de bosques ------------------------▶ menor diversidad biológica.
                                                   ------------------------▶ erosión del suelo.
  Erosión del suelo --------------------------------------▶ menos lluvias.
                                                        ------------------▶ desertización.
e) Gases de combustión de centrales eléctricas,
  fábricas y motores de vehículos -----------------------------------------------▶ Lluvia ácida
  Lluvia ácida ----------------------------------------▶ acidez en las aguas de lagos y ríos.
                                                      ------------------▶ árboles muertos.
  Acidez en las aguas de lagos y ríos-------------------------▶ menos animales y plantas.

**B.** Conclusión de todo lo anterior es que, en el futuro... (Completa con los verbos HABER, DESAPARECER, CONTAMINAR y las palabras MÁS, MENOS, MEJOR Y PEOR):

a) *Cuanto menos poliestireno se fabrique, mejor.*
b) *Cuanto ___ se ___ el aire, ___ .*
c) *Cuanta ___ contaminación ___ en el mar, ___*
d) *Cuantos ___ bosques ___ , ___ .*
e) *Cuanta más lluvia ácida ___ , ___ .*

**6** Completa las siguientes frases con "A LO" O "A LA" y alguno de los siguientes nombres y adjetivos: MARYLIN MONROE, CHARLIE CHAPLIN, AMERICANA, BESTIA, LOCO, JAPONESA.

a) A veces, las huelgas _____ son más efectivas: trabajar más, en lugar de no trabajar, puede causar un caos en algunas empresas.

b) El otro día, cuando iba por la Gran Vía, se levantó de pronto un viento muy fuerte y se me subió el vestido hasta la cabeza. Di un espectáculo _____ .

c) Se lo dijiste _____ , sin avisar, y, claro, no me extraña que se echara a llorar.

d) Llevaba un bigotito _____ que no me gustaba nada.

e) En España cada vez se come más _____ : se cocina menos, y se comen muchas hamburguesas y productos precocinados.

f) No se puede confiar en él; lo hace todo _____ , deprisa y corriendo.

**7** Una persona le está contando a otra lo mal que le cae uno de sus compañeros de trabajo. Completa lo que dice utilizando COMO SI o IGUAL QUE SI, y las palabras que te damos entre paréntesis:

Es un creído, habla siempre sentando cátedra, _____ (saberlo) **(a)** todo, y nos mira a todos los demás por encima del hombro, _____ (ser) **(b)** superior. Cuando pasa a tu lado, casi ni te saluda, _____ (deberle) **(c)** dinero. Bueno, y en su coche hay que verlo, va pitando a todo el mundo para que le dejen paso, _____ (ser) **(d)** el dueño de las carreteras, y no tiene problemas para aparcar, ninguno, aparca donde le viene en gana, aunque moleste, _____ (tener) **(e)** el único coche de toda la ciudad. En fin, una alhaja de hombre.

**8** Éstos son los récords del mundo animal. Completa las frases con las palabras necesarias, utilizando, entre otras, éstas: LARGO, ALGO, PEQUEÑO, PESAR, SALTAR, VENENOSO, RUIDOSO, LONGEVO, VELOZ.

a) La avispa bracónida mide 0,2 milímetros de longitud; es _____ del mundo.
Ejemplo: *el animal más pequeño.*

b) La ballena azul puede ser oída por otras ballenas hasta 1.600 kilómetros de distancia; es _____ del mundo.

c) La almeja gigante puede vivir hasta 200 años; es _____ del mundo.

d) La ballena azul mide 34 metros de longitud; es _____ que existe.

e) La rana "flecha venenosa" dorada, que vive en Colombia, puede matar con las toxinas de su piel aproximadamente a 1.500 personas; es _____ que se conoce.

f) La ballena azul puede pesar 190.000 kilos; es _____ del mundo.

g) El pez volador salta distancias de hasta 100 metros; es _____ del mundo.

h) La jirafa mide hasta 5,9 metros; es _____ que existe.

i) El halcón peregrino puede volar a 180 kilómetros por hora; es _____ que se conoce.

## I  ¿ Cuánto sabes?

¡Que levante
la mano el que quiera
un Ballantine's!

1. Alguien está invitando a estos animales a tomar una copa. La frase que dice, ¿es un mandato o una petición?
2. Si en lugar de usar una tercera persona, usara "vosotros", ¿cómo terminaría esta frase: "Eh, vosotros, _____"?
3. En esta situación, ¿cuáles de las siguientes formas serían también correctas?

      a) A levantar la mano el que quiera...

      b) Levantará la mano...

      c) Levantar la mano...

      d) ¿Puede levantar la mano...?

      e) Va a levantar la mano...

      f) ¿Tendría la amabilidad de levantar la mano...?

La diferencia entre mandato y petición a menudo depende del contexto y de la entonación. Siempre se puede atenuar un mandato utilizando expresiones como "por favor", "si hace/s el favor", "si es / eres tan amable", etc.

## 1. ORACIONES DECLARATIVAS O EXCLAMATIVAS

**1.1.** **Verbo en imperativo** (ver "El imperativo").

**1.2.** **Verbo en presente de indicativo:**

1.2.1. Instrucciones: *Coges las patatas, las pelas y luego las fríes.*

1.2.2. Mandato perentorio: • con expresiones de inmediatez: *Ahora mismo te vas.*
  • utilizando el pronombre sujeto: *Tú te vas.*

**1.3.** **Verbo en futuro imperfecto.** Mandato muy fuerte de alguien que tiene mucha autoridad: *Tú harás lo que yo te diga.* Se puede utilizar solamente cuando la persona a la que se ordena algo ha mostrado ya una resistencia o se ha negado a cumplir una orden.

**1.4.** **Ir a + infinitivo:**

1.4.1. Puede expresar mandato, con cierta idea de amenaza e imposición, solamente cuando ha habido resistencia o negativa previa por parte del oyente: *Te vas a comer eso.*

1.4.2. La fórmula VAMOS A + infinitivo, en la lengua informal, sustituye al imperativo: *Venga, vamos a comer* (comamos).

1.4.3. IR A + infinitivo en presente de subjuntivo en frases negativas puede expresar ruego o advertencia sobre una acción futura: *No se te vaya a olvidar.*

**1.5.** **Que + verbo en 3ª persona del presente de subjuntivo.** Órdenes indirectas (normalmente a personas que no están presentes) a través de otros: *Que venga mañana.* También se usa para repetir una orden (ver "El imperativo").

**1.6.** **A + infinitivo.** Exclamación informal de mandato: *¡A callar!*

**1.7.** **Verbo en infinitivo.** Instrucciones o mandatos en carteles en lugares públicos: *No aparcar.*

**1.8.** **Estar + gerundio.** Mandato descortés o muy autoritario usado en la lengua informal. Precedido de "ya" o "ahora mismo" y en presente: *¡Ya te estás yendo!*

## 2. ORACIONES INTERROGATIVAS

**2.1.** **Verbo en presente de indicativo.** Petición a la que se deja abierta la posibilidad de negarse: *¿Me pasas la sal?; ¿Me haces el favor de traerme un pañuelo?*
Con "poder" y "querer" la petición es aún más suave o formal, frecuentemente porque el hablante piensa que su petición puede ser una molestia para el otro: *¿Puedes / Quieres venir un momento?*

**2.2.** **Verbo en condicional + infinitivo.** Petición muy cortés u orden encubierta: *¿Le importaría venir?* Se usan con frecuencia "poder", "querer" y expresiones como: *¿Tendría/s/ais/n la amabilidad de - Sería/s/ais/n tan amable(s) de...?; ¿Me haría/s/ais/n el favor de* + infinitivo? siempre para suavizar aún más la petición.

**2.3.** En estos casos puede haber una **intención irónica,** más fuerte cuanto más formal sea la fórmula, que convierta la petición en un mandato: (un padre a un hijo) *Niño, ¿querrías hacerme el favor de callarte?*

**2.4.** **Verbo en futuro imperfecto o "ir a" en presente + infinitivo.** Mandato fuerte, normalmente en contextos informales: *¿Te callarás? ¿Te vas a callar?* (= ¡Cállate ya!).

# III *Ejercicios*

**1** ¿Cómo interpretas las siguientes frases en las situaciones que te damos: como una orden o como una petición? Escribe **O** o **P** al lado de cada frase.

a) (Un dentista a un paciente) *¿Puede abrir la boca, por favor?*

b) (Un padre a su hijo) *Ahora mismo estás recogiendo los juguetes, ¿eh?*

c) (El director a su secretario) *Sr. Pérez, ¿me hace usted el favor de traerme las cartas que haya terminado?*

d) (Un cliente al camarero) *¿Me pone una caña, por favor?*

e) (El hermano mayor al hermano pequeño) *A callar, que empieza la película.*

f) (Un fotógrafo a un cliente) *A ver, ¿podría ponerse un poco más a la derecha?*

g) (El Ayuntamiento a los ciudadanos) *No tirar basuras.*

h) (Un maestro a un niño) *Carlos, ¿me harías el favor de callarte de una vez por todas? ¡Voy a llamar a tus padres mañana mismo!*

i) (Un policía a un conductor) *¿Me enseña su carné de conducir?*

j) (Dos niños)     *−Yo no quiero subir ahí.*
                      *+Tú vas a subir donde yo te diga, y corriendo.*

k) (Una abuela a su nieto)  *−No me gusta esto. Yo no me lo como.*
                      *+Tú te comerás lo que yo te dé.*

**2** Completa los siguientes diálogos escribiendo una palabra en cada espacio en blanco. En algunos te damos el verbo necesario en infinitivo.

a) (En una biblioteca pública, un estudiante a otro)
−Oye, por favor, ¿_____ **(1)** callarte? Aquí estamos intentando estudiar. Si quieres ligar con tus amiguitas, te (IR) _____ **(2)** a un bar.
+Y tú,¿_____ **(3)** meterte en tus asuntos y dejarnos en paz? ¿No tienes que estudiar? Pues venga, _____ **(4)** estudiar.
−Ahora mismo te _____ **(5)** o te callo yo.

b) (En un restaurante, dos amigos que han terminado de comer)
−(COGER) _____ **(6)** la cartera, no _____ **(7)** a dejártela aquí.
+Sí, ya la cojo. Oye, ¿me _____ _____ **(8)** favor de pasarme el abrigo? ¡Ah! Se me había olvidado decirte que mañana no puedo llevarte el ordenador porque tengo una entrevista a las once.
−Bueno, pues _____ **(9)** me lo _____ **(10)** Ana, ¿no?

c) (En una oficina, dos compañeros)

–Oye, ¿me (AYUDAR) _____ **(11)** con el ordenador? Es que nunca sé cómo salir de este programa.

+Si es muy fácil... Mira, le (DAR) _____ **(12)** a esta tecla y ya está.

–Bueno, y ya que estás aquí, ¿te _____ **(13)** explicarme para qué sirven estas otras teclas?

---

d) (Dos hermanos en su dormitorio)

–Venga, _____ _____ **(14)** quitando todos tus trastos de mi mesa, que voy a estudiar. Ya no te lo digo más veces.

+¿Me (DEJAR) _____ **(15)** en paz de una vez? Ésta no es tu mesa, es nuestra mesa, y ahora la tengo yo.

–Ésta es mi mesa, porque la compró mamá para mí, y tú _____ **(16)** a quitarte ahora mismo de ahí.

+ No me da la gana. Me quitaré cuando termine, y tú te (ESPERAR) _____ **(17).**

–Tú te _____ **(18)** cuando yo lo diga, o sea, ya.

 **3**

A continuación tienes dos fragmentos de la película *Solos en la madrugada*, del director español José Luis Garci. En ellos aparecen varias órdenes y peticiones que están en mayúsculas. ¿Cuáles de las otras expresiones que te damos serían correctas también en esa situación? (Los protagonistas son un matrimonio separado. Ella le ha pedido a él que se quede con los niños un fin de semana, y él va a recogerlos).

Ella: Hola.

Él: Hola.

Ella: PERDONA **(1)** (a. ¿Me puedes perdonar?; b. A perdonar; c. ¿Me perdonas?) el embarque*, pero es que...

Él: Nada, nada, no te preocupes.

Ella: Es que tal como se ponen las carreteras, para uno o dos días no vale la pena...

Él: No te preocupes, mujer, si yo lo paso muy bien con ellos, y además no tengo nada que hacer...

Niña: Mamá, ¿me has metido la muñeca?

Niño: ¿Y a mí la linterna?

Ella: Sí, aquí está. Toma... ¡Ah! A la niña LE DAS **(2)** (a. dale; b. ¿le puedes dar?; c. le darás) una cucharadita de Calcigenol, está aquí en la bolsa, ¿eh?

Él: Muy bien.

Ella: Oye, y vosotros, A VER CÓMO OS PORTÁIS **(3)** (a. portaos bien; b. haced el favor de portaros bien; c. os vais a portar bien). ¿Me prometéis que vais a ser buenos?

Niños: Sí.

Ella: Vale, hasta luego. Bueno...

Él: QUE NO TE PREOCUPES **(4)** (a. A no preocuparte; b. ¿No te preocuparás?; c. Haz el favor de no preocuparte), y diviértete.

*(Los niños están en casa de su padre. Van a cenar)*

Niños: TÓMATE **(5)** la leche (a. Venga, a tomarse; b. ¿Podrías tomarte?; c. ¿Puedes tomarte?).

Niña: A mí no me gusta la leche.

Niño: Papá, venga, que tengo mucha hambre.

Él: Ya voy, ya voy... Bueno, vamos. A ver, ésta es para ti. Eso... Bueno, y QUE NO SE OLVIDE **(6)** (a. no olvidaréis; b. ¿podríais no olvidar?; c. no olvidéis) el pacto, ¿eh? Nadie ha comido patatas en estos días. ¡Palabra!

Niños: Palabra.

Él: Hala, CÓMETE **(7)** (a. a comerte; b. ¿te comes?; c. ¿te importaría comerte?) la tortilla, venga, y vamos a repasar las instrucciones. Si suena el teléfono...

Niños: No lo cogemos.

Él: Para eso está el contestador automático. Si llaman a la puerta, ¿abrimos? No abrimos. Muy bien. Ya sabéis que yo vuelvo enseguida, que no voy a tardar nada. Venga, A COMERSE **(8)** (a. comeos; b. ¿queréis comeros?; c. haced el favor de comeros) todo, deprisa. ¡Vamos!

Niños: ¿PODEMOS LLEVARNOS **(9)** (a. ¿Nos llevamos?; b. ¿Nos podríamos llevar?; c. ¿Nos llevaremos?) los tebeos a la cama?

Él: Claro que sí. Venga, ahora lo organizamos todo. Yo os dejaré preparada la leche y el televisor. No te preocupes de la luz de la mesilla de noche; DÉJALA ENCENDIDA, **(10)** ¿eh? (a. la dejarás encendida; b. ya la estás dejando encendida; c) la dejas encendida). Y ya sabéis que habrá un regalo muy bonito para el que esté dormido cuando yo llegue.

*"El embarque" = el compromiso que te he creado y el trabajo que te voy a dar. Expresión informal poco usada.

# La necesidad y la obligación

Si un envío tiene que llegar el mismo día, que vuele.

Todo lo que siempre ha esperado de un servicio de transporte urgente lo tiene ahora en **IBEXPRESS**. • Servicio **puerta a puerta.** • Atención **24 horas.** • Recogida y entrega en el **mismo día.** • **365 días** al año. Garantizado. Siempre que nos necesite, llegamos a su puerta, recogemos su envío y lo entregamos en la puerta del destino que usted indique. En un tiempo record: sólo **5 horas** para envíos entre Madrid y Barcelona, y la máxima rapidez en la entrega en cualquier ciudad española con conexión aérea. Así de fácil. Así de rápido. Si tiene un envío urgente, piense en **IBEXPRESS**. Se lo llevamos volando.

**EXPRESS**
EN UN VUELO
901 25 00 25

Fíjate en la oración que está debajo del paquete que aparece en la foto; ¿por cuáles de estas opciones podrías sustituirla?:

    a) Si un envío debe llegar el mismo día, que vuele
    b) Si un envío necesita llegar el mismo día, que vuele
    c) Si necesita que un envío llegue el mismo día, que vuele
    d) Si hace falta que un envío llegue el mismo día, que vuele

## 1. TENER QUE Y DEBER

**1.1.** **Tener que + infinitivo.** Forma más general y más utilizada. A veces se usa como excusa para presentar como obligación lo que en realidad es una decisión personal: *No puedo acompañarte porque tengo que hacer varias cosas.*
Puede servir para expresar conjeturas (= "deber de"): *No sé qué hora es, pero tienen que ser las ocho porque están cerrando las tiendas.*

**1.2.** **Deber + infinitivo** (se confunde muy frecuentemente con "deber de" + infinitivo, ver "La conjetura"). Obligación de hacer algo porque se considera personal o socialmente bueno o correcto: *Debemos atender a los enfermos.*

**1.3.** También, para dar consejo o recriminar, **en condicional o en imperfecto de indicativo** (más informal): *Deberías / tenías que trabajar más.* "Deber" en imperfecto de subjuntivo es posible pero sólo en registros muy formales: *Pues debiera usted pensárselo mejor.*

**1.4.** **No deber + infinitivo** y **no tener que + infinitivo** expresa prohibiciones: *No debe usted fumar / No tiene usted que fumar.* "No tener que" + infinitivo también puede usarse para expresar que no existe obligación: *Puedes quedarte, pero si no quieres, no tienes que hacerlo.*

## 2. HABER QUE + INFINITIVO

Sólo en 3ª persona de singular. Necesidad u obligación impersonal: *Para aprender bien un idioma extranjero hay que estudiar mucho.*

**2.1.** A veces se utiliza para presentar como impersonal una obligación que es personal, normalmente para suavizar la idea de que es el hablante el que impone la obligación *(Niños, hay que portarse bien; Vamos, Julián, hay que trabajar)* o para eludir nombrar quién tiene que realizar la acción: *Esto hay que dejarlo terminado hoy mismo* (y lo tenéis que terminar vosotros).

**2.2.** **No haber que + infinitivo** funciona igual que no tener que. *No hay que fumar, es malo para la salud; No hay que fumar para saber lo que es el humo* (No es necesario).

## 3. (NO) HABER DE + INFINITIVO

Tiene los mismos valores que "(no) tener que": *Hemos de hacerlo* (tenemos que hacerlo). Se usa más en la lengua culta.

## 4. OTRAS EXPRESIONES DE NECESIDAD

Cuando a continuación se hable de sujeto indeterminado deberá entenderse que, aunque pueda estar perfectamente claro qué personas o cosas necesitan el objeto o la acción, el hablante decide utilizar una expresión impersonal para no nombrarlas.

**4.1.** **Cuando un sujeto indeterminado necesita una persona o cosa:**
• **necesitarse + sustantivo:** *En África se necesitan alimentos.*
• **hacer falta + sustantivo:** *En esta oficina haría falta un buen secretario.*
El número del sustantivo determina el número del verbo.

**4.2.** **Cuando un sujeto indeterminado necesita que se cumpla una acción:**

4.2.1.  Si no se especifica quién debe realizar la acción:
• **es necesario + infinitivo:** *Es necesario hacerlo ahora.*
• **hace falta + infinitivo:** *Hace falta comprar más pescado.*

4.2.2.  Si se especifica quién debe realizar la acción:
• **es necesario que + (sujeto) + subjuntivo** *Es necesario que Alicia y tú vengáis mañana.*
• **hace falta que + subjuntivo** (generalmente en frases que expresan una condición previa para que se cumpla algo: *Para hacerte rico primero hace falta que encuentres un buen trabajo.* O bien con la expresión "lo que hace falta es que...": *Lo que hace falta ahora es que te pongas a estudiar.*

**4.3.** **Cuando una persona o cosa determinada necesita algo o alguien:**
• **necesitar (conjugado) + sustantivo:** *Necesito unos zaptatos nuevos.*
• **me/te/le/nos/os/les + hacer** (en 3ª persona del singular o del plural) **falta + sustantivo.** El número del sustantivo determina el número del verbo: *Me hacen falta unos zapatos nuevos.*

**4.4.** **Cuando una persona o cosa determinada necesita la realización de una acción:**

4.4.1.  Si la persona o cosa que necesita el cumplimiento de la acción y la que debe cumplirla es la misma:
• **necesitar (conjugado) + infinitivo:** *Necesitamos ahorrar más.*
• **me/te/le/nos/os/les + hacer** (siempre en 3ª persona del singular) **falta + infinitivo:** *Os hace falta descansar* (= necesitáis descansar).

4.4.2.  Si la persona o cosa que necesita el cumplimento de la acción y la que debe cumplirla son distintas:
• **necesitar (conjugado) que + (sujeto) + subjuntivo:** *Necesito que me ayudes.*
• **me/te/le/nos/os/les + hacer falta** (siempre en singular) **que + (sujeto) + subjuntivo:** *Les hace falta que sus padres les presten dinero.*

**5.** La negación de las expresiones de los puntos 4.2. y 4.4 indica la falta de obligación o innecesariedad de hacer algo. También se puede utilizar:
• **No haber** (en 3ª persona de singular) **por qué + infinitivo** (si se quiere hacer impersonal): *No había por qué hacer esto deprisa* (no era necesario u obligatorio).
• **No tener** (conjugado) **por qué + infinitivo:** *No tienes por qué ayudarme si no quieres* (no es necesario u obligatorio).

## 6. NECESITAR Y TENER QUE

**Tener que** se utiliza para hablar de obligación o de necesidad. **Necesitar** sólo expresa necesidad, es decir, carencia total o parcial de algo o de alguien. En la frase *Margarita está sin dinero y tiene que ir al banco,* se usa **tener que** porque Margarita tiene carencia de dinero, pero no carencia de ir al banco.

# 7. LAS PERÍFRASIS OBLIGATIVAS Y LOS TIEMPOS VERBALES

| | | |
|---|---|---|
| Debe ir<br>Debía ir<br>Debiera ir<br>Debería ir<br>Deberá ir<br>Hay que ir<br>Había que ir | Habría que ir<br>Habrá que ir<br>Tiene que ir<br>Tenía que ir<br>Tendría que ir<br>Tendrá que ir | **Irá / no irá** |
| Debía ir<br>Había que ir<br>Hubo que ir | Tenía que ir<br>Tuvo que ir<br>Ha tenido que ir | **Fue / ha ido** |
| Tuvo que haber ido / ir | Tiene que haber ido | Es probable que fuera |
| Debía ir<br>Ha debido ir<br>Hubiera debido ir<br>Debía haber ido<br>Debería haber ido<br>Debiera haber ido | Había que haber ido<br>Habría que haber ido<br>Tenía que ir<br>Tenía que haber ido<br>Tendría que haber ido | **No fue /<br>no ha ido** |

## III  Ejercicios

**1**  Completa este texto con consejos sobre cómo preparar bien un viaje. Necesitarás usar DEBER, TENER QUE, HABER QUE, o HACER FALTA. Si ves varias posibilidades, ponlas todas.

_____**(a)**_____ poner a punto el organismo, además del vehículo, antes de emprender un viaje y descansar adecuadamente. No _____**(b)**_____ olvidar que la fatiga y el sueño son los enemigos número uno de la conducción. La comida previa al inicio del viaje _____**(c)**_____ ser fácil de digerir, con alto contenido en hidratos de carbono y muy pocas grasas. Se _____**(d)**_____ huir de féculas y verduras, para evitar problemas de flatulencia, y la hidratación _____**(e)**_____ ser exclusivamente con agua.

Las horas nocturnas no son aptas para todos. Las personas con dificultades de visión pueden tener problemas. Además _____**(f)**_____ tener en cuenta que una avería puede requerir la detención del vehículo durante algún tiempo en la carretera. Por eso, si se circula con niños, ancianos o personas delicadas de salud, no se _____**(g)**_____ olvidar que es fácil encontrarse solo y que de noche resulta más complicado encontrar ayuda.

Extracto de *Sobre el asfalto,* Pedro de Castro, *El País Semanal*

**2** Un matrimonio está preparando la salida de vacaciones después de haber leído el artículo anterior. Completa la conversación con **deber, tener que, haber que, necesitar** o **hacer falta** en presente de indicativo. Si hay varias posibilidades, trata de pensar en todas. ¿En qué frases podrías poner el verbo en condicional?

---

Sonia: ¿Ves? Aquí dice que _____**(a)**_____ acostarte temprano la noche antes de salir de viaje...

David: Sí, y también dice que no _____**(b)**_____ comer cosas fuertes y tú estás preparando una fabada.

Sonia: Bueno, venga, vamos a ver qué _____**(c)**_____ (nosotros) llevarnos para el viaje. Para beber, dice aquí que _____**(d)**_____ llevar agua. Pues _____**(e)**_____ (nosotros) otra botella porque si se va a venir en nuestro coche el abuelo... Por cierto que no _____**(f)**_____ (tú) conducir de noche llevando al niño y al abuelo, así que no _____**(g)**_____ dormir siesta porque si no se nos va a hacer muy tarde.

David: Mira, Sonia, lo del artículo son consejos. Tampoco _____**(h)**_____ seguirlos al pie de la letra. Lo que _____**(i)**_____ hacer es preparar el equipaje esta noche y ya hablaremos de la siesta mañana.

---

 **3** **A.** Paloma es una mujer muy nerviosa. Tiene dos hijos gemelos de cuatro años a los que siempre está gritando o dando órdenes. Forma parejas con las frases que te damos para ver algunos ejemplos de lo que les dice.

---

| | | |
|---|---|---|
| 1) ¡Si es que teníais que tener más cuidado! | a) ¿Queréis dejar ya de correr? | |
| 2) Tenéis que estar agotados. | b) A la próxima, os castigo. | |
| 3) Tendríais que acostaros más pronto. | c) La comida no se tira. |  |
| 4) No tenéis que hacerlo ahora. | d) Luego no hay quien os levante. | |
| 5) Ahora no puedo jugar con vosotros | e) ¿Os habéis hecho daño? | |
| 6) Tenéis que ayudarme un poco. | f) Tengo que hacer unos recados. | |
| 7) Niños, no tenéis que pelearos. | g) Ya seguiréis mañana. | |
| 8) Tenéis que acabaros todo. | h) Yo no puedo hacer todo sola. | |

---

**B.** ¿Qué expresa el verbo "tener que" en estas oraciones? Elige entre EXCUSA, CONJETURA, ORDEN, RUEGO, CONSEJO, RECRIMINACIÓN, PROHIBICIÓN Y AUSENCIA DE OBLIGACIÓN.

**4** Utiliza los datos que te damos a continuación para completar el párrafo de abajo. Utiliza tiempos simples o compuestos de TENER QUE o DEBER. Si hay varias posibilidades, ponlas todas.

---

| | | |
|---|---|---|
| Javier estuvo tomando unas copas con sus amigos y luego cogió su moto para volverse a casa. Miguel iba hablando por teléfono en su coche y, distraído, se saltó un semáforo en rojo. Javier tiene que estar ingresado durante tres días y luego tiene que hacer rehabilitación durante seis meses. | Miguel ha tenido que comprarse otro coche y pagar una indemnización de dos millones de pesetas. | Conchita es enfermera. Ese viernes decidió cambiarle el turno a su amiga para poder pasar el resto del fin de semana con su novio. Cuando estaba a punto de terminar su jornada, ingresó Javier y tuvo que atenderle. |

---

Javier no _____**(a)**_____ bebido y _____**(b)**_____ controlado su velocidad. Por eso ahora _____**(c)**_____ estar ingresado y más tarde _____**(d)**_____ hacer rehabilitación. Miguel, por su parte, no _____**(e)**_____ estar hablando por teléfono mientras conducía y no se _____**(f)**_____ saltado el semáforo. Ahora, _____**(g)**_____ comprarse un coche nuevo. Conchita _____**(h)**_____ ocuparse de Javier cuando ingresó y ahora _____**(i)**_____ explicarle a su novio por qué ha decidido dejarle para casarse con otro.

---

## I ¿Cuánto sabes?

1. ¿ Qué se hace en la primera parte de este anuncio?
   a) afirmar una cosa que es segura
   b) hacer una conjetura sobre lo que hace el lector
   c) hacer una conjetura sobre lo que hará el lector en el futuro
2. ¿De qué otra manera se podría decir lo mismo?
   a) Seguramente se ha preguntado si en la relación...
   b) Probablemente se habrá preguntado si en la relación...
   c) Es posible que se haya preguntado si en la relación...
   d) Con total seguridad se va a preguntar si en la relación...

El hablante puede elegir el grado de seguridad que quiere dar a su mensaje; puede presentarlo como simplemente "posible" o como algo que tiene muchas probabilidades de ser o de haber sido cierto, es decir, "probable". Elegir entre las diferentes formas que aparecen a continuación no depende del grado de probabilidad real de que sea cierto lo que se dice, sino de la impresión que el hablante tenga o quiera dar.

## 1. FORMAS DE EXPRESAR LA CONJETURA

| CON DETERMINADOS TIEMPOS VERBALES | CON EXPRESIONES | |
|---|---|---|
| | PROBABILIDAD | POSIBILIDAD |
| FUTURO SIMPLE Y COMPUESTO, CONDICIONAL SIMPLE Y COMPUESTO<br><br>(Expresan la pura conjetura, que debe siempre hacerse sobre una base.) | 1. POSIBLEMENTE (más formal)<br>2. PROBABLEMENTE, SEGURAMENTE*<br>3. SEGURO QUE*<br>4. DEBER DE<br>5. TENER QUE<br><br>(Las dos últimas formas expresan tanta seguridad que normalmente debemos explicar la razón de estar tan seguros.) | -QUIZÁ(S), TAL VEZ (formales)<br><br>-PUEDE (SER) QUE, PUDIERA / PODRÍA SER QUE<br><br>-A LO MEJOR, IGUAL, LO MISMO<br><br>(Informales; se usan sobre todo para expresar conjeturas que se le acaban de ocurrir al hablante.) |

\* Estas expresiones no se utilizan para expresar seguridad (aunque, en el caso de "seguro que", podemos preguntar pidiendo confirmación de la veracidad de algo ya dicho y contestar:
–¿Seguro que no está en casa?
+ Sí, sí, seguro, lo he visto salir.
Para indicar total certeza, se pueden emplear otras expresiones como :"con toda / total / absoluta seguridad / certeza", "Estoy absolutamente / totalmente seguro de que + indicativo / condicional", "No me cabe la menor duda de que + indicativo/ condicional", etc.

En preguntas se suele utilizar el futuro o el condicional, con dos usos fundamentales:

• Con pregunta afirmativa: supongo que mi interlocutor tampoco sabe la respuesta: *¿Habrá llegado ya?* (la respuesta posible sería una conjetura de mi interlocutor o *No lo sé* ).

• Con pregunta negativa: creo que mi interlocutor se ha equivocado, y doy otra información que supongo cierta: *¿No serían dos mil pesetas en vez de doscientas?* (el precio de doscientas me parece demasiado barato, y creo que la otra persona se ha confundido).

## 2. LAS FORMAS VERBALES

| CERTEZA | CONJETURA | PROBABILIDAD | POSIBILIDAD |
|---|---|---|---|
| Está enfermo | Estará... | - Posiblemente / probablemente está / estará / esté...<br>- Seguramente está / estará / esté*...<br>- Seguro que está / estará...<br>- Debe de / Tiene que estar... | - Quizá / tal vez está / esté...<br>- Puede (ser) / pudiera ser / podría ser que esté...<br>- A lo mejor / igual / lo mismo está... |

| CERTEZA | CONJETURA | PROBABILIDAD | POSIBILIDAD |
|---|---|---|---|
| Ha ido a una reunión. | Habrá ido... | - Posiblemente / Probablemente ha ido / habrá ido / haya ido...<br>- Seguramente ha ido / habrá ido / haya ido*...<br>- Seguro que ha ido / habrá ido...<br>- Debe de / Tiene que haber ido... | - Quizá / tal vez ha ido / haya ido...<br>- Puede (ser) / pudiera ser / podría ser que haya ido...<br>- A lo mejor / igual / lo mismo ha ido... |
| Estaba / Estuvo allí. | Estaría... | - Posiblemente / Probablemente estaba / estuviera/se...<br>- Seguramente estaba / estuvo / estaría / estuviera/se*...<br>- Seguro que estaba / estuvo / estaría...<br>- Debía / Debió de / Tuvo que / Tenía que estar... | - Quizá / tal vez estaba / estuvo / estuviera / estuviese...<br>- Puede (ser) / pudiera ser / podría ser que estuviera/se...<br>- A lo mejor / igual / lo mismo estaba / estuvo... |
| −¿Por qué llegó tarde?<br>+Se había perdido. | No sé. Se habría perdido | - Posiblemente / Probablemente se había / habría / hubiera / hubiese perdido.<br>- Seguramente se había / habría perdido.<br>- Seguro que se había / habría* perdido.<br>- Debía / Debió de / Tuvo que / Tenía que haberse perdido. | - Quizá / tal vez se había / hubiera / hubiese perdido.<br>- Puede (ser) / pudiera ser / podría ser que se hubiera / hubiese perdido.<br>- A lo mejor / igual / lo mismo se había perdido. |
| Vuelve / Va a volver / Volverá mañana. | Volverá...** | - Posiblemente / Probablemente vuelve / volverá / vuelva...<br>- Seguramente vuelve / volverá / vuelva*...<br>- Seguro que vuelve / volverá...<br>- Debe de / Tiene que volver... | - Quizá / tal vez volverá / vuelva...<br>- Puede (ser) que vuelva...<br>- A lo mejor / igual / lo mismo vuelve... |
| Para entonces ya habrán cerrado. | ..ya habrán cerrado** | - Posiblemente / Probablemente ya han / habrán / hayan cerrado<br>- Seguramente ya han / habrán / hayan* cerrado.<br>- Seguro que ya han/habrán cerrado.<br>- Ya deben de / Tienen que haber cerrado.* | - Quizá / tal vez ya habrán / hayan cerrado.<br>- Puede (ser) que hayan cerrado.<br>- A lo mejor / igual / lo mismo ya han cerrado. |

\* Estas formas verbales son menos utilizadas que las demás.

\*\*Cuando queremos resaltar el carácter de conjetura, podemos utilizar las expresiones de la tercera columna, comenzar la frase con "supongo que", "me imagino que", terminarla con esos mismos verbos ("Volverá mañana, supongo"), etc.

## 3. EL ORDEN DE PALABRAS Y EL TIEMPO VERBAL

Si las expresiones "quizá(s)", "tal vez", "seguramente", "posiblemente" y "probablemente" aparecen detrás del verbo, éste no irá nunca en subjuntivo: *Quizá nos veremos/veamos otra vez,* pero *Nos veremos otra vez, quizá.*

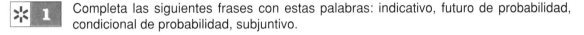

## III Ejercicios

 **1**  Completa las siguientes frases con estas palabras: indicativo, futuro de probabilidad, condicional de probabilidad, subjuntivo.

a)  Las expresiones "posiblemente" y "probablemente" pueden ir acompañadas de verbo en _____ , _____ , _____ y _____ .

b)  Con las expresiones "seguramente" y "seguro que" se suele usar un verbo en _____ , _____ o _____ .

c)  El verbo que va acompañado de "quizá" y "tal vez" puede estar en _____ o en _____ .

d)  "A lo mejor", "igual" y "lo mismo" suelen ir acompañadas de un verbo en _____ .

e)  "Puede (ser) que" siempre obliga a usar un verbo en _____ .

**2**  ¿Con cuáles de las formas que te damos se podría completar este texto? En cada caso hay dos respuestas correctas y una incorrecta.

### Semáforo

Esa chica de azul que espera ahí enfrente en el semáforo, ¿quien **(a)** [será / es / debe de ser]?, ¿de dónde **(b)** [vendrá / puede que venga / viene]?, ¿adónde **(c)** [irá / a lo mejor va / va] con el bolso en bandolera? Parece vulgar.No sé nada de ella, aunque en otras circunstancias **(d)** [pudo / pueda / podría haber sido] quizá la mujer de mi vida. Por la calle, entre los dos, pasa un furgón de la policía y el aire de la ciudad se rasga con sirenas de ambulancia. La chica **(e)** [será / es / sea] probablemente secretaria, enfermera, ama de casa, camarera o profesora. En el bolso **(f)** [llevará / igual lleve / debe de llevar] un lápiz de labios, un peine, pañuelos de papel, un bono de autobús, polvos para la nariz y una agenda con el teléfono de unos primos del pueblo, de algún amigo, de algún amante. ¿Cuántos amores frustrados **(g)** [habrá tenido / ha tenido que tener / tendría]? La joven me ve desde la otra acera y **(h)** [probablemente/puede ser que / seguramente] también estará pensando algo de mí. **(i)** [Creerá / Quizá cree / Seguro que crea] que soy agente de seguros, un tipo calvo, muy maduro, con esposa y tantos hijos, o que tengo un negocio de peletería, un llavero en el bolsillo, un ignorado carné de identidad, una úlcera de estómago y dos mil quinientas pesetas en la cartera.

Si esa mujer y yo nos hubiéramos conocido en cierta ocasión tal vez nos **(j)** [hemos/ habríamos / hubiésemos] besado, amado, casado, odiado, gritado, reconciliado e incluso separado. Desde el otro bordillo la chica también me observa. ¿Qué **(k)** [es posible que está / está / estará] imaginando? Que soy un sujeto anodino, operado de apendicitis, con muchas letras de cambio firmadas para comprar un vídeo. Sin embargo, pude haber sido el hombre de su vida. Pude haberla llevado a la sierra con una tortilla o a Benidorm con grandes toallas y un patito de goma. Finalmente huye el último coche y el semáforo se abre. Por el paso de peatones la chica avanza hacia mí y yo voy hacia ella. Los dos, al cruzarnos, sorbemos sesgadamente nuestro rostro anodino con una mirada y al llegar cada uno a la acera contraria ya para siempre nos hemos olvidado. En la ciudad se oyen sirenas de ambulancia.

Manuel Vicent

**✳ 3** Imagina que la mujer de la que habla el texto anterior le está contando a una amiga lo que ha sucedido. Completa el diálogo poniendo los verbos en el tiempo correcto.

–Ayer me pasó una cosa rarísima. Estaba esperando a cruzar en un semáforo y un señor que estaba al otro lado de la calle se me quedó mirando fijamente, como si me conociera.
+Puede que te _____**(a)** (conocer), ¿no? Ya estas tú con tus cosas. A ver, ¿qué pinta tenía?
–Pues normal. Seguro que _____**(b)** (ser) agente de seguros o algo así. Llevaba una gorra pero probablemente _____**(c)** (ser) calvo, y tenía cara de dolerle algo.
+Igual _____**(d)** (tener) una úlcera. ¡Mira tú ésta! ¿Y tú crees que quería ligar?
–No sé. Seguramente _____**(e)** (estar) casado y _____**(f)** (tener) hijos...
+¿No _____**(g)** (estar, él) soltero y desesperado? A lo mejor _____**(h)** (ser) rico y le has dejado escapar.
–¡Qué va! No tenía pinta de tener dinero. Seguro que no _____**(i)** (llevar) más de dos mil quinientas pesetas en el bolsillo, un llavero y el carné de identidad. Mira, posiblemente _____**(j)** (ser) un sujeto anodino. Quizá sólo _____**(k)** (tener) un montón de letras firmadas para comprarse un vídeo. Pero, por un momento nos quedamos mirando y, _____**(l)** (ser, yo) idiota, pero pensé que tal vez _____**(m)** (poder) ser el hombre de mi vida si nos hubiéramos encontrado en otra ocasión.
+Oye, pues lo mismo _____**(n)** (tener, tú) razón... ¡Anda que tienes unas fantasías...!

**✳ 4** Completa estas predicciones para el año 2100 poniendo el verbo en el tiempo correcto.

a) Quizá _____ (haber) 12.000 millones de habitantes en el planeta.
b) Puede que se _____ (construir) ya planetas artificiales, es decir, colonias en órbita alrededor de la Tierra.
c) Probablemente ciertas empresas _____ (tener) más poder que los Estados.
d) Seguramente se _____ (poder) crear artificialmente órganos para transplantes.
e) Para el 2100 seguro que ya _____ (alcanzar, nosotros) el nivel máximo de reciclaje.

MADRID-MARTE

## I ¿Cuánto sabes?

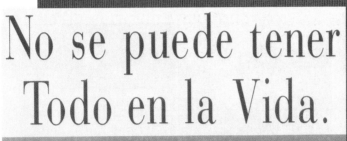

# No se puede tener
# Todo en la Vida.

M·3648·ZX

Pero se puede tener un Mercedes 190.

► Son ambiciosos luchadores, viven rápido y triunfan. Saben lo que quieren de la vida. Para ellos Mercedes-Benz pone a su alcance la Clase 190.

► Una Clase que combina cada detalle artesanal con la más avanzada tecnología de nuestro tiempo. Para facilitarle la conducción y ofrecerle seguridad, rodeado de silencio.

► Súbase a un Mercedes 190. Sienta cómo se puede tener todo en la vida.

► Mercedes-Benz Clase 190, desde 2.990.000 Ptas.

Mercedes-Benz

¿Cuáles de estas frases son equivalentes en su significado a la primera frase del anuncio?
- a) Nadie puede tener todo en la vida.
- b) Hay quienes no pueden tener todo en la vida.
- c) No puedes tener todo en la vida.
- d) Los hay que no pueden tener todo en la vida.
- e) No pueden tener todo en la vida.
- f) Uno no puede tener todo en la vida.

## 1. LA EXPRESIÓN DE ALGUNOS FENÓMENOS ATMOSFÉRICOS Y TEMPORALES

**1.1.** **Llover, granizar, nevar, lloviznar, etc.; Hacer** + buen/mal tiempo, viento, calor/frío, bueno/malo, sol, etc. Siempre en tercera persona de singular: *En Madrid últimamente casi no llueve; Estas vacaciones nos ha hecho un tiempo estupendo.*

**1.2.** **Ser + de noche/de día, tarde/pronto/temprano, etc.:** *Levántate. Ya es de día.*

## 2. HABLAR DE LA EXISTENCIA DE ALGO O ALGUIEN

El recurso más utilizado es el verbo **HABER,** que en presente adopta la forma "hay", y, en este uso, sólo se conjuga en tercera persona de singular: *Hay nubes; Había cientos de personas.*

## 3. RECURSOS PARA LA OMISIÓN DE UN SUJETO PERSONAL

Hay muchas razones para no expresar un sujeto que sabemos que existe: lo desconocemos, queremos ocultarlo, es un sujeto colectivo muy general, etcétera.

**3.1.** **Para omitir un sujeto de forma que la acción no incluya al hablante ni, normalmente, al oyente:**

3.1.1. VERBO EN TERCERA PERSONA DEL PLURAL.
*Me han dicho que todo te va muy bien; El otro día me robaron la cartera.*

3.1.2. HAY QUIEN..., HAY QUIENES..., LOS HAY QUE...
Para referirse a un sujeto indeterminado plural, pero que no consideramos demasiado general (sería equivalente a "algunos" o "algunas personas", o a "hay gente que"): *Todavía hay quien cree que la Tierra es plana.*
El verbo es conjugable en cualquier tiempo: "Había quien", "Los habrá que", etc. Existe la variante "Las hay que" si el sujeto indeterminado lo constituyen únicamente mujeres.
En el caso de los verbos que se construyen como "gustar", "encantar", etc., es necesaria la preposición "a" en *Hay a quien/quienes le/les gusta ese programa,* y "a + artículo" en *Los/las hay a los/las que les gusta...*
"Hay quien" se usa tanto en la lengua formal como en la informal; "los hay que" es informal (esta última expresión implica cierta crítica por parte del hablante).

**3.2.** **Para presentar como general una afirmación incluyendo al hablante y al oyente (uso informal):**

• PRONOMBRES "UNO/UNA" + tercera persona de singular.
Las mujeres suelen usar también la forma "uno"; en caso de usar "una", pueden referirse al conjunto de las mujeres, o bien es un caso de uso de forma impersonal para referirse a la primera persona de singular ("yo") (ver "La persona").

• Uso de la SEGUNDA PERSONA DE SINGULAR ("tú"): *Sí, parece muy simpático, pero si le dices/uno le dice cualquier cosa que no le gusta, se pone como una fiera.*

## Para omitir un sujeto o para presentar como general una afirmación que puede incluir o no al hablante y al oyente:

SE + verbo en tercera persona de singular: *En mi país se bebe más cerveza que aquí* (donde "yo" puede estar incluido o no, y el "se" tiene un sentido generalizador, semejante al de "todo el mundo" y "la gente"); *En este departamento se habla mucho, pero se hace poco* (donde el sujeto real pueden ser todos los componentes del departamento, incluido el hablante, y es un uso de "se" generalizador; también puede ser una parte de él, incluso puede referirse a una determinada persona a la que no se desea nombrar, y se usa el "se" para omitir el sujeto).

La construcción impersonal con SE no puede utilizarse con verbos reflexivos: por ejemplo, con el verbo "bañarse" tendríamos que expresar la impersonalidad con otras formas como *En España la gente se baña poco, prefiere ducharse; Está prohibido bañarse en esta fuente* (en lugar de "no se puede").

Cuando el complemento de estas oraciones es plural, existen dos posibilidades: el verbo en singular *(Se busca enfermeros)* o en plural, convirtiendo así el complemento en el sujeto gramatical *(Se buscan enfermeros);* esta última opción es mucho más utilizada.

Si el complemento es plural, pero va precedido de preposición, se mantiene el verbo en singular: *En nuestra empresa se prefiere a los empleados titulados.*

# III Ejercicios

**1** Hoy has leído en el periódico la sección de noticias de Madrid y te han llamado la atención estas cinco noticias:

# Noticias de Madrid

LA ESTATUA DE LA CIBELES, DESTROZADA AYER POR LA NOCHE

Terminadas las torres de la Plaza de Castilla

El Guernica *de Picasso, trasladado al Reina Sofía*

DESVALIJADO AYER POR LA TARDE EL CHALÉ DEL EMBAJADOR DE FRANCIA

ESTA NOCHE, INAUGURACIÓN DEL TEATRO DE LA ÓPERA

Después, durante una conversación con un amigo, le vas a comentar las cinco noticias, que sabes que le interesan. Completa las frases que podrías decirle con un verbo:

a) ¿Sabes? Anoche _____ la Cibeles.

b) No, el *Guernica* ya no está allí. Lo _____ hoy mismo al Reina Sofía.

c) ¿Sabes que ya _____ las torres de la Plaza de Castilla?

d) ¿Pero no te has enterado? Ayer por la tarde _____ el chalé del embajador.

e) Esta noche, por fin, _____ el teatro de la Ópera.

**2** **A.** A continuación tienes algunas respuestas que dieron varias amas de casa a la pregunta: "Las amas de casa, ¿deberían recibir un sueldo como cualquier otro trabajador?" Complétalas utilizando la expresión "hay quien" en el tiempo y la forma necesarios.

a) Yo creo que sí, pero puede _____ piense lo contrario, y me parece que no debería ser obligatorio.

b) Claro que sí. Parece mentira que todavía _____ diga que las amas de casa no hacemos nada, con lo que trabajamos.

c) No, porque el sueldo se convertiría en la excusa perfecta para evitar que las mujeres trabajaran fuera de casa. Seguramente _____ le parezca mal lo que digo, pero creo que tengo razón.

d) Pues sí, porque trabajamos tanto como cualquier otro. Yo, por ejemplo, trabajo por lo menos diez horas diarias. Claro, que también _____ no hace nada, pero eso es como en cualquier otro trabajo.

e) La verdad es que no estoy segura. El otro día lo estábamos comentando un grupo de amigas, todas amas de casa, y la mayoría pensaba que sí, pero _____ pensaba que no, porque si el sueldo te lo tenía que pagar tu marido, pues encima parecía que te podía exigir más, como si fuera el jefe, y la verdad es que tienen su parte de razón.

**B.** En ninguna de las frases anteriores podríamos usar "hay quienes", puesto que son frases informales, pero ¿en cuáles podríamos usar "los/las hay que" y cómo cambiaría la frase?

**3** **A**. Aquí tienes una serie de preguntas que le hizo la periodista Koro Castellano al torero colombiano César Rincón. Después tienes las respuestas. ¿Podrías relacionar cada pregunta con su respuesta?

a) ¿Cree en la suerte?

b) Esa constancia, esa dedicación, ¿son lo que hace falta para ser torero?

c) Usted cumple uno tras otro todos los tópicos del torero, empezando por el de venir de una familia humilde. ¿Es indispensable ser pobre para ser torero?

d) Y el toreo significaba salir de pobre.

e) ¿Y no se pasa el enamoramiento con todo el riesgo que corre?

f) Después de eso, ¿cómo le quedan ganas de volver a ponerse delante del toro?

g) El altar, las estampas, las medallas de los toreros, ¿no son más fetichismo que fe?

h) ¿Alguna vez ha podido más el miedo que usted?

i) Se debe de sentir muy solo.

j) Y en las tardes de fracaso, ¿qué desea?, ¿que le dejen solo?, ¿que le arrope toda esa gente que llevan los toreros alrededor?

**1.** Yo no lo llamaría así. Es el intentar estar un poco más protegido. Y uno no busca esas estampas. Son los amigos, la gente que te quiere, quien te las regala.

**2.** Sí. Y tener mucha afición. La afición es el no aburrirse, el no desesperarse, porque esta profesión es de mucho repetir todos los días lo mismo. Si entrenas, te dedicas y no ganas dinero, ¿qué aliciente tiene todo esto?

**3.** Al principio no, porque al principio uno juega, y está tan ilusionado con ese juego que no es consciente, como todo niño. Cuando empiezas a madurar es cuando te das cuenta de que verdaderamente esta profesión es para eso, para olvidarte de la pobreza. Aparte de la gran satisfacción que te da el torear, claro. Las cosas no se deben hacer sólo por dinero. Si uno no está enamorado de lo que hace, no hay esa entrega.

**4.** Sí, claro. Pero uno tiene que ayudar a la suerte, porque ella sola no viene. Si la persona es dedicada, y constante, y entregada a su profesión, pienso que tarde o temprano esa suerte le abrirá el paso, y en ese momento hay que aprovecharla.

**5.** Mucho. Los verdaderos momentos de soledad son después de la corrida, al llegar al hotel. Te metes en la ducha y das vueltas a lo que debiste hacer y no hiciste, o lo bonito que fue, o lo feo que quedó. En esos momentos, la soledad es terrible.

**6.** Yo me juego la vida, pero eso tiene un morbo muy especial. A mí me pegó una cornada en la femoral un toro el año pasado y casi me manda al otro mundo. Y, sin embargo, sigo aquí.

**7.** Muchas veces. Pero todo tiene su contrapartida: cuando uno se juega la vida constantemente, cualquier detalle adquiere un valor inmenso, cualquier reunión se disfruta como si fuera la última.

**8.** Pues me quedan. El toreo es un veneno. Te engancha tanto que aunque a mí la profesión me ha tratado muy duro, nunca me ha dado por decir: lo dejo todo, nunca en la vida. Es igual que cuando uno se enamora de una mujer, que ya te pueden decir que no te conviene, que te busques otra, que da igual. El amor es ciego, y tú no puedes hacer nada.

**9.** A mí me encanta estar acompañado. Uno quisiera que no le dijeran nada, que no le dieran ánimos. Porque sólo hay una meta: vestirse de torero para que el público salga satisfecho, feliz.

**10.** No, no, no lo creo. Aunque sí es un poco la historia de la gran mayoría. Hemos salido de la nada. Pero eso es también un gran aliciente, el mirar hacia atrás, el ver que uno no tenía donde caerse muerto y que ha ido consiguiendo lo que a lo mejor en otra profesión o estudiando no hubiera conseguido nunca.

*El País Semanal,*
extracto

**B.** En sus respuestas, César Rincón utiliza muchas frases impersonales para hablar de sí mismo, pero también para hablar de los toreros en general. ¿Puedes subrayarlas? ¿En cuáles de las frases que no llevan "se" sería posible utilizarlo? Haz las transformaciones necesarias.

**4** En los siguientes textos aparecen frases impersonales con "se". Localízalas y después piensa en cuáles se podría usar, en lugar de "se", el verbo en tercera persona de plural y cómo sería la frase.

a) El primer anuncio escrito que se conoce data del año 3000 a. de C. Es el contenido en un cartel encontrado en las ruinas de la ciudad egipcia de Tebas, que ofrece la recompensa de una moneda de oro a quien capture y devuelva a su amo un esclavo.

b) Las mujeres de Esparta, para probar el carácter de los recién nacidos, en vez de lavarlos con agua lo hacían con vino. Se creía que, si el niño estaba enfermo, caía con convulsiones.

c) En la Edad Media, las ejecuciones de presos eran la fuente de un particular mercado negro: se comerciaba con las sogas de la horca, que se suponía que poseían virtudes curativas.

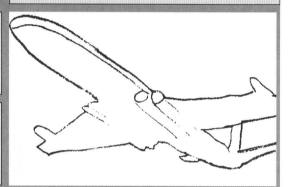

d) Se dice que sólo dos personas conocen la fórmula exacta de la Coca-Cola. La empresa mantiene sus nombres en secreto, pero se sabe que les prohíbe viajar en avión al mismo tiempo, para evitar accidentes.

e) En el reino vegetal, se puede decir con toda seguridad que las plantas femeninas son el sexo débil: debido al esfuerzo que realizan para dar frutos, tienen una vida más corta.

f) El caballero de Lamarck (1744-1829), apasionado por los temas de la evolución de los seres vivos, llegó a afirmar que, si se sacase un ojo a los recién nacidos y se les dejara reproducirse entre ellos, al cabo del tiempo se lograría obtener una raza con un solo ojo.

g) En la corte de Luis XV de Francia, se creó la figura del portacorbatas, un criado cuyo único cometido era abrocharle y desabrocharle la corbata al rey.

h) Los chinos adiestraban a los ciegos para la práctica del masaje con doble intención. Por una parte, se pensaba que los invidentes tenían más desarrollado el tacto y, por otra, podían tratar a la clientela femenina sin pudores.

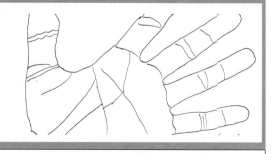

*El libro de lo increíble,* Muy Interesante

## I ¿Cuánto sabes?

**BIEN ACOMPAÑADO.**

A lo largo de la vida, lo que de verdad cuenta es sentirse siempre seguro y bien acompañado.
Catalana Occidente te ofrece soluciones flexibles y rentables para asegurar el futuro. Con una gestión eficaz a través de una extensa red de oficinas y agentes profesionales.

Seguros CATALANA OCCIDENTE

DESDE HACE 128 AÑOS, TU GRAN COMPAÑÍA.

Teniendo en cuenta la información del anuncio, completa estas frases con SER o ESTAR:
   a)  Lo importante en la vida es _____ siempre seguro y bien acompañado.
   b)  Las soluciones de Catalana Occidente _____ flexibles y rentables.
   c)  Su gestión _____ eficaz, su red actual de oficinas _____ extensa y sus agentes_____ profesionales.

## 1. PARA IDENTIFICAR Y DEFINIR

| | | |
|---|---|---|
| *Éste* **es Juan.**<br>**Es ése** *que está allí.*<br>*Eso* **es lo mejor.**<br>*¡Esto* **es dibujar bien!**<br>*Aquel* **fue quien me lo dijo.** | SER<br>+ | Sustantivo<br>Pronombre        (que no sean sujetos)<br>Lo + adjetivo<br>Infinitivo<br>Oración de relativo sustantivada |

Recuerda: Cuando el complemento es un sustantivo (u otra clase de palabra que funcione como un sustantivo) sin preposición delante, USAMOS EL VERBO SER. Las únicas excepciones son algunos modismos: "estar pez" (no saber nada de una materia), "estar mosca" (tener sospechas).

## 2. PARA LOCALIZAR ALGO O A ALGUIEN EN EL TIEMPO O EL ESPACIO

**2.1.**

| | |
|---|---|
| *¡Mira,* **allí está tu marido!**<br>*El estadio* **está por aquí cerca.** | Ubicar espacialmente personas, lugares o cosas:<br><br>ESTAR |
| **No es por aquí,** *nos hemos equivocado de calle.* | Para indicar dirección, es frecuente usar:<br><br>SER |

**2.2.**

| | |
|---|---|
| *La boda* **fue en esa iglesia.**<br>*El congreso* **será en mayo.** | Ubicar temporal o espacialmente sucesos y acontecimientos:<br>SER |

**2.3.**

| | |
|---|---|
| *Ya* **es tarde.**<br>**Era de noche.**<br>*Hoy* **es jueves.** | Para la localización temporal:<br><br><br>SER |
| **Estamos a lunes.**<br>**Estamos en otoño.** | Con el verbo en plural para el día de la semana y la fecha:<br>ESTAR A<br>Y para el mes y la estación:<br>ESTAR EN |

**2.4.**

| | |
|---|---|
| *Este trabajo* **es para un año.**<br>*El gazpacho* **es para esta noche.**<br>*No* **será por mucho tiempo.** | Cuando las preposiciones POR y PARA tienen valor temporal:<br>SER |
| *El coche* **estará para el lunes.** | Cuando está sobreentendido un participio como HECHO, LISTO, TERMINADO, ARREGLADO, etc.:<br>ESTAR |

| ✳ **1** | Trata de explicar qué diferencias de significado hay entre estos pares de frases: |
|---|---|

| a) | • La comida es allí. |
|---|---|
| | • La comida está allí. |
| b) | • La mesa redonda fue en esta sala. |
| | • La mesa redonda estuvo en esta sala. |
| c) | • Yo creo que para ir al cine es por allí. |
| | • Yo creo que el cine está por allí. |
| d) | • El arroz con leche es para esta noche. |
| | • El arroz con leche estará para esta noche. |
| e) | • Solamente somos cuarenta profesores |
| | • Solamente estamos cuarenta profesores. |

**3.**

| ¿Cuánto es? <br> Son quinientas. | Para expresar el precio: <br> SER |
|---|---|
| Los boquerones **están a quinientas**. | Para expresar el precio como algo variable: <br> ESTAR A |

**4.**

| La temperatura **es de veinticinco grados**. | Para hablar de la temperatura, si el sujeto es "la temperatura": <br> SER DE |
|---|---|
| **Estamos a veinticinco grados**. | Si no: <br> ESTAR A |

Para hablar de la temperatura corporal de las personas usamos "tener": *Tiene 39 grados de fiebre*.

**5.**

| Este mueble **es de pino**. <br> ¿Esto **es de tu amiga**? <br> **Es budista**. <br> **Somos republicanos**. <br> **Son vendedores**. | Para clasificar un objeto o a una persona de acuerdo con la materia, la pertenencia, el origen, la religión, la ideología, la profesión, etc.: <br> SER |
|---|---|
| Soy ingeniero, pero ahora **estoy de vendedor**. | Cuando queremos señalar que la ocupación es temporal y no se trata de la profesión verdadera: <br> ESTAR DE |
| Todavía **está soltero**. <br> **Soy casado**. <br> **Estoy casada** con un italiano. | Con los adjetivos que hablan de estados civiles se usa (sin variación de significado*): SER o ESTAR <br> Cuando especificamos con quién estamos casados: ESTAR |

*Actualmente se usa más ESTAR.

**6.**

| | |
|---|---|
| Este asunto no **es para reírse.**<br>**Las cebollas de Cantabria *son moradas*.**<br>*La vida **es así,** no se puede cambiar.* | Para describir lo que se percibe como cualidad, que puede ser innata o vista como permanente por el hablante:<br><center>SER</center> |
| *Déjalo tranquilo, ahora no **está para reírse,** porque lo han despedido del trabajo.*<br>*Estas cebollas **están negras,** se han estropeado.*<br>*Espero que la calle no **esté así** mucho tiempo, porque no se puede ni andar con las obras.* | Para describir un estado, que puede ser transitorio o percibido como tal por el hablante:<br><center>ESTAR</center> |
| *Seguro que no lo entiende.**Es tonto.***<br>*¿**Estás tonto** o qué? ¡Es la tercera vez que te equivocas en una mañana!*<br><br>*El caviar **es más caro** que el salmón ahumado.*<br>*Últimamente, el aceite **está más caro** que el vino.* | Existen nociones que solamente percibimos como estados, aunque puedan tener un carácter de bastante permanencia: *embarazada, lleno, vacío, contento, vivo, muerto, de viaje, de vacaciones, sentado, de pie, desnudo, descalzo, loco, harto, enfermo, satisfecho, insatisfecho, preso, de buen/mal humor, a favor /en contra,* etc. Por eso podemos decir: *Siempre **está insatisfecho.*** * |
| ***Es alto, delgado,** y lleva el pelo largo.*<br>*–¡Pero qué **alto está** tu hijo! Ha crecido muchísimo.* | También hay nociones que solamente percibimos como cualidades: *invidente, leal, fiel honorable, santo, famoso, importante, partidario, contrario,* etc., que solamente se combinan con el verbo SER. |

*Algunos de los adjetivos nombrados pueden usarse como sustantivos, y, en este caso, se usan con SER para definir a personas: *Es un loco; Siempre ha sido una insatisfecha; Es un mal enfermo; Éste es el muerto.*

**Nota:** Podemos expresar cualidades también mediante los sustantivos, con metáforas como *Es un fideo* (= es delgadísimo), *Es un gallina* (= es un cobarde). Cuando lo percibimos como un estado utilizamos ESTAR HECHO/A/OS/AS + SUSTANTIVO, puesto que no podemos usar un sustantivo directamente detrás de "estar" (ver punto 1.): *Antes estaba gordita, pero ahora está hecha un fideo; Cuidado con él, hoy está hecho una fiera.*

| | |
|---|---|
| ***Es ciego.** Trabaja vendiendo cupones de la .ONCE.*<br>***Está ciego** desde que nació.*<br>*Ahora mismo **está ciego,** pero pronto se recuperará.* | Con los adjetivos **sordo, ciego, mudo, manco, cojo, tuerto,** si se trata de algo permanente:<br><center>SER o ESTAR (indistintamente)</center>Si hablamos de un estado transitorio:<br><center>ESTAR</center> |
| ***Está que** no hay quien lo aguante (insoportable)*<br>***Está que** no vive desde que le dieron la noticia (nervioso, inquieto).*<br>*Esto tiene demasiada sal. **Está que** le quema a uno la boca.* | Para expresar estados extremos o que presentamos como tales:<br><br>ESTAR QUE + frase que describe el estado (con frecuencia de forma exagerada). |

| 7. | Este cuadro **es perfecto** para mi salón.<br>Me han dicho que esa conferencia **va a ser muy interesante.** | Con los adjetivos que usamos para valorar objetos, si lo hacemos de forma objetiva:<br>SER |
|---|---|---|
| | Te ha salido muy bien el dibujo. **Está perfecto.**<br>Fui a la conferencia y **estuvo interesante.** | Si indicamos que nuestra valoración es producto de una experiencia (haber visto) cómo se hacía un cuadro, haber asistido a una conferencia, por ejemplo):<br>ESTAR |
| | Las calabazas **son dulces.**<br>Esta calabaza **está amarga.**<br>La comida marroquí **está riquísima.** | Con los adjetivos de sabor usamos ESTAR para expresar el resultado de una experiencia, la de haber probado un alimento concreto o un tipo de comida. |
| | Yo creo que esta falda **es grande** para ti, pero mejor pruébatela.<br>¿Lo ves? **Te está grande.** | Con los adjetivos que expresan medida, podemos usar ESTARLE para expresar el resultado de una experiencia, la de haberse probado una prenda. |

| 8. | **Es extraño** que no haya venido<br>**Es increíble** que nadie proteste.<br>**Es estupendo** que exista gente así | Cuando expresamos una valoración subjetiva sobre un suceso, hecho o información:<br>SER |
|---|---|---|
| | **Está bien** que nos hayamos reunido.<br>**Está muy mal** que no te hayan invitado. | Con "bien" y "mal":<br>ESTAR |

| 9. | La sal **es necesaria** para el organismo.<br>**Es imposible** trabajar en estas condiciones.<br>Eso no **es cierto.**<br>**Es evidente** que ha mentido. | Con los adjetivos que expresan la actitud del hablante sobre la verdad o falsedad, posibilidad, obligatoriedad o necesidad del tema del que se habla (sucesos, informaciones, hechos, objetos):<br>SER |
|---|---|---|
| | **¡Estas imposible** hoy! ¡No hay quien te aguante!<br>**Estoy seguro** de que saldrá bien.<br>No sé qué hacer, **estoy dudoso.** | Algunos de estos adjetivos admiten un sujeto personal y se usan entonces con:<br>ESTAR |

## 10. CAMBIOS DE SIGNIFICADO SEGÚN SE UTILICEN "SER" O "ESTAR"

10.1. Existen adjetivos y participios que adquieren significados o matices diferentes según vayan acompañados de "ser" o de "estar".

| | SER | ESTAR |
|---|---|---|
| **Aburrido** | que aburre a otros | que se aburre |
| **Cansado** | que produce cansancio | que se encuentra fatigado |
| **Interesado** | que sólo busca su propio beneficio | que tiene interés en algo |
| **Listo** | inteligente | preparado |
| **Vivo** | agudo, ingenioso, intenso (un color) | no muerto |

**10.2.** Algunos adjetivos, utilizados con "ser" o "estar", indican, respectivamente, cualidad o estado, pero además, con ESTAR pueden usarse con otro significado.

|  | SER "cualidad" / ESTAR "estado" | ESTAR |
|---|---|---|
| **Alegre** | no triste | (informal) un poco borracho |
| **Atento** | amable, servicial | que presta atención |
| **Bueno** | bondadoso | de buen sabor / guapo, atractivo (informal) / que ha sanado de una enfermedad |
| **Despierto** | inteligente | no dormido |
| **Malo** | malvado | de mal sabor / enfermo (informal) |
| **Molesto** | que produce molestia | enfadado, ofendido / que no se encuentra bien |
| **Negro** | de color negro | con la piel muy tostada por el sol / harto (informal) |
| **Verde** | de color verde | inmaduro (un fruto o una persona) |
| **Violento** | que actúa o habla con demasiada fuerza, incluso con brutalidad | incómodo ante una situación |

**10.3.** La mayoría de los participios pueden utilizarse con "ser" o con "estar" sin cambio de significado, para expresar la voz pasiva (ver punto 14). Algunos, además, usados con el verbo "ser" tienen otros significados o matices.

|  | SER | SER/ESTAR (pasiva de acción / resultado) |
|---|---|---|
| **Agarrado** | (informal) roñoso, tacaño | sujeto, asido |
| **Considerado** | que trata con respeto a los demás | juzgado |
| **Cumplido** | atento, que intenta agradar a los demás | (una acción) realizado |
| **Desenvuelto** | (una persona) que sabe comportarse con soltura en diferentes situaciones | (un paquete) sin papeles que lo envuelvan |
| **Despistado** | olvidadizo | desorientado, perdido |
| **Leído** | (una persona) culta, que ha leído mucho | (algo descodificable) descodificado |
| **Parado** | (informal) tímido | sin movimiento / sin ocupación |

| **11.** | Ya está.<br>¿Estáis ya?<br>¿Está ya el coche? | Con frecuencia, en la lengua informal, omitimos las palabras listo, terminado, hecho, etc., utilizando únicamente el verbo:<br>ESTAR |
|---|---|---|
| **12.** | Hace mucho que no veo a Yolanda, ¿qué ha sido de ella?<br><br>Es un desastre. Cuando viva solo, no sé qué va a ser de él. | Como pregunta, directa o indirecta, y en tercera persona de singular, usamos:<br><br>QUÉ + SER + DE + (una persona, cosa, etc.)<br>Significa ocurrirle, sucederle en la vida. |
| **13.** | ¿Qué estás haciendo?<br><br>Eso todavía está por hacer.<br><br>Date prisa, está ya para irse.<br><br>Ya está al llegar. | ESTAR + gerundio<br><br>ESTAR para/por/al + infinitivo<br><br>(Ver "Las perífrasis verbales".) |

## 14. LA VOZ PASIVA CON "SER" O "ESTAR" + PARTICIPIO

a)     **Los empleados**        devuelven        **los paquetes**
            Sujeto                                        Complemento directo

b)     **Los paquetes**        SON DEVUELTOS        **por los empleados**
            Sujeto                                          Complemento agente

En la oración a), el tema del que se habla son los empleados; en la b), los paquetes. Las dos tienen el mismo significado.

Las oraciones como b) se construyen con "ser / estar + participio"; este participio concuerda en género y número con el sujeto gramatical. En ellas, el agente de la acción pierde importancia y a veces ni siquiera se nombra.

### ▌14.1. Diferencias entre "ser" y "estar"

14.1.1. Cuando usamos ESTAR, marcamos un resultado; con SER, una acción o un proceso:
Los paquetes son devueltos (= los devuelven).
Los paquetes están devueltos (= los han devuelto).

14.1.2. Puesto que la construcción con "estar" indica resultado, la acción se debe haber realizado antes del tiempo verbal expresado por el verbo "estar"; por eso, muchas veces equivale al tiempo compuesto correspondiente del verbo "ser":
El palacio YA HA SIDO CONSTRUIDO = Ya ESTÁ CONSTRUIDO.

Sin embargo, al situar una acción en el tiempo, "ser" suele señalar un determinado punto en el tiempo (en el que la acción se realiza), y "estar" un periodo de tiempo (durante el cual la acción ya ha tenido un resultado), por lo que no tienen construcciones equivalentes:
La casa ESTÁ CONSTRUIDA desde 1984 / HA SIDO CONSTRUIDA recientemente; El museo ESTABA ABIERTO desde hacía dos horas / HABÍA SIDO ABIERTO a las 9 de la mañana.

14.1.3. Con ESTAR no suele expresarse el agente en la misma frase (a menos que siga provocando el resultado de la acción: *La ciudad está gobernada por un tirano.*

14.1.4. Con los participios que tienen dos formas, una regular y otra irregular, con el verbo SER se usa la regular y con ESTAR la irregular: *Está maldito / Ha sido maldecido; El libro ha sido imprimido / Está impreso.*

## 14.2. Usos y limitaciones de uso

14.2.1. No podemos usar sujetos sin determinante, a no ser que sean nombres propios: *América fue descubierta en 1492* (pero no es correcto *Paquetes son devueltos* ).

14.2.2. No usamos el participio "matado", sino el adjetivo "muerto": *El soldado está muerto / ha sido muerto a tiros* (frente a: *Han matado al soldado*).

14.2.3. ESTAR + PARTICIPIO: con algunos verbos, en vez del participio, se usa un adjetivo; decimos *Ha sido limpiado*, pero *Está limpio*. Otros ejemplos: *lleno, relleno, vacío, oculto, desnudo, descalzo.*

14.2.4. SER + PARTICIPIO: Suele usarse en el lenguaje periodístico y en textos didácticos. En el lenguaje cotidiano se prefieren otras construcciones activas, con la repetición del complemento en forma de pronombre personal *(Los paquetes los devuelven)* o el pronombre "se" *(Los paquetes se devuelven).*

# III Ejercicios

*Materia Prima*

**2**  **A.** Completa esta encuesta con los verbos SER y ESTAR en la forma necesaria:

> **ENCUESTA**   ¿Cree que _____ **(a)** realmente bueno decir siempre la verdad?

**Esperanza Mora Martínez.** Maestra. Barcelona: "Sí, se evitan malentendidos y te posibilita una actuación más libre y consecuente. Sólo en contadas ocasiones _____ **(b)** oportuno recurrir a la mentira piadosa."

**Begoña Sojo.** Dependienta. Bilbao: "Cuando no _____ **(c)** necesario tampoco hace falta _____ **(d)** tan franco; a veces se puede herir o se puede complicar más la relación."

**Rosana León Martín.** Taquillera de cine. Madrid: "Creo que sí _____ **(e)** bueno decir la verdad, pero a veces hay que decir una mentira piadosa para no hacer daño a la gente, si se trata de alguna cosa que _____ **(f)** muy grave."

**María Asunción Güede**. Estudiante. Orense: "Creo que siempre vale más la verdad por muy dura que _____ **(g)** que una mentira piadosa".

**Enedina Manzano Rivero**. Ama de casa. Oviedo: "Me parece que _____ **(h)** conveniente decir siempre la verdad, porque siempre puedes caer en un error y, si se descubre que no has dicho la verdad, _____ **(i)** peor."

**Rocío García Gallardo.** Estudiante. Sevilla: "Por regla general sí, aunque a veces _____ **(j)** más adecuado decir una mentira piadosa sin gran trascendencia que no hiera a ningún semejante ni a mí misma."

Revista *Lecturas.*

**B.** Vamos a sacar ahora algunas conclusiones sobre la encuesta. Complétalas también con SER o ESTAR y con números cuando está indicado:

"De las seis mujeres encuestadas, **(a)** _____ **(nº)** _____ **(b)** _____ a favor de decir la verdad, pero, curiosamente, hay **(c)** _____ **(nº)** _____ que también **(d)** _____ partidarias de decir de vez en cuando alguna mentira piadosa, mientras que únicamente **(e)** _____ **(nº)** _____ manifiestan que **(f)** _____ en contra de cualquier tipo de mentira. Solamente **(g)** _____ **(nº)** _____ de las mujeres **(h)** _____ abiertamente contraria a decir siempre la verdad."

**3** Cada una de las frases de la columna izquierda tiene uno o varios significados de la columna derecha. ¿Podrías relacionar cada frase con uno de ellos? Escribe la letra correspondiente.

| | | | |
|---|---|---|---|
| a) | Está que echa chispas. | | |
| b) | Está que no hay quien lo/la aguante. | | |
| c) | Está que da miedo. | | |
| d) | Está que muerde. | A) | Está furioso/a. |
| e) | Está que no vive. | B) | Está despistadísimo/a. |
| f) | Está que no se le puede ni hablar. | C) | Está generosísimo/a. |
| g) | Está que no le llega la camisa al cuerpo. | D) | Está insoportable. |
| h) | Está que lo tira. | E) | Está nerviosísimo. |
| i) | Está que ni que le hubiese tocado la lotería. | | |
| j) | Está que no da una. | | |
| k) | Está que no se entera de nada. | | |

**4** Completa la siguiente lista de "récords" con los verbos SER y ESTAR:

| | | |
|---|---|---|
| a) Una de las presas más altas del mundo _____ la de Rogún; _____ en Tajikistán, _____ terminada en 1989 y su altura _____ de 325 metros. | b) Uno de los escapes nucleares más graves _____ en Chernobyl, que _____ en Ucrania. _____ en 1986. | c) Uno de los edificios de oficinas más altos _____ la torre Petrons; _____ en Kuala Lumpur (Malasia), _____ terminado en 1995 y su altura _____ de 450 metros. |
| d) Uno de los peores desastres aéreos _____ en 1977. _____ en la pista de Los Rodeos, en Tenerife (España), y _____ dos Boeing 747 los que chocaron. El número de muertos _____ de 583. | e) Uno de los instrumentos musicales más valiosos _____ un Stradivarius, el "Mendelssohn"; _____ fabricado en 1720, y su valor en dólares _____ de 1.382.766. | f) Uno de los museos europeos más populares _____ el Louvre de París; en 1993, por ejemplo, cinco millones de personas _____ en él. |

g) Uno de los cuadros subastados más caros _____ el "Retrato del doctor Gachet", de Van Gogh, que _____ comprado por 82.500.000 pesetas. La subasta _____ en 1990.

**✳ 5** **A.** En los anuncios por palabras normalmente desaparecen los verbos. En los siguientes anuncios de pisos aparecen varias palabras en mayúsculas; construye con ellas frases con los verbos SER o ESTAR, como en los ejemplos:

**Ejemplo 1: Está en la Gran Vía**

**Ejemplo 2: Es un ático.**

INMOBILIARIA VENTAS

### GRAN VÍA, OCASIÓN.

Cuatro dormitorios, garaje, terraza. EXTERIOR, MUY REFORMADO, PRECIOSO. QUINTO PISO, ascensor. URGENTE VENTA.
**7884956.**

¡OFERTA ESPECIAL!

### SANTA EULALIA

ÁTICO, IMPECABLE, MODERNÍSIMO. COMO NUEVO. Gran terraza, una habitación, ascensor, mucha luz. UNA PRECIOSIDAD.
**7315200.**

**B.** Haz lo mismo con estos anuncios de trabajo de un periódico de Venezuela, pero ahora deberás buscar cuáles son las palabras y expresiones que pueden construirse con SER y ESTAR; haz frases describiendo a la persona que buscan, como las de estos ejemplos: *Debe ser de nacionalidad venezolana; Tiene que ser culta.*

# Montpellier Regalos
### Solicita

## Señora Encargada en Lista de Bodas
## Trato Directo con las Novias

**Requisitos:**
– Experiencia (indispensable en trato con novias y lista de bodas)
– Culta
– Fina
– Excelente presencia (indispensable)
– Bien relacionada
– No mayor de 40 años

Interesadas favor concertar cita por el 562.7309
Señora Delfina

AEROPOSTAL
SOLICITA
AEROMOZAS

Requisitos:
☐ Nacionalidad venezolana
☐ Bachiller
☐ Edad: 18 a 25 años
☐ Estado civil: soltera
☐ Estatura mínima 1,65 m.
☐ Perfectamente Bilingüe (español–inglés), indispensable
Favor abstenerse quien no cumpla con los requisitos.

Las interesadas deben acudir a la Gerencia de Relaciones Industriales, antiguo Aeropuerto de Maiquetía, al lado de los Bomberos Aeronáuticos, los días lunes, miércoles y viernes de 8:00 am. a 3:00 pm. con los siguientes recaudos: Curriculum Vitae, 2 fotografías de frente (carnet), fotocopia de la Cédula de Identidad, constancia de estudios realizados, constancias de trabajos anteriores, dos cartas de referencias personales, constancia de inscripción militar

SIEMPRE LA PRIMERA

**6** En los siguientes fragmentos de la obra de teatro *Maribel y la extraña familia,* de Miguel Mihura, elige en cada caso entre las dos opciones que te damos:

*(Pili, Niní y Rufi han ido a casa del novio de Maribel, y están sentadas en el salón esperando a que ésta salga. Unos canarios están cantando y una cotorra está hablando).*

| | |
|---|---|
| Pili: | ¡Pues vaya follón que se traen los animalitos! ¡Ni que **(1)** (estuviéramos / fuéramos) viendo una película de Tarzán! |
| Niní: | ¡Y a mí que ese ruidito que hacen me gusta mucho!... |
| Rufi: | No **(2)** (está/es) ruido, Niní... **(3)** (Están / Son) las aves que cantan. |
| Pili: | ¡Pues vaya un cante! ¡Qué barbaridad! ¡Para mis nervios **(4)** (está / es) ese soniquete! |
| Rufi: | Como no salís de la Gran Vía no sabéis lo que **(5)** (está / es) lo bucólico. |
| Pili: | Déjate ahora de bucolismos y bájate un poco la falda, que **(6)** (estarás / serás) mejor. |
| Rufi: | ¡Hija! ¡Jesús! ¡Qué pesada **(7)** (estás / eres) con la falda! (...) nos ha dicho la que nos ha abierto la puerta que Maribel **(8)** (estaba / era) en la alcoba, dándole una friega a la que **(9)** (está / es) enferma; pero que en seguida vendría... |
| Pili: | Pues ya podía aligerar, porque una no **(10)** (está / es) para perder el tiempo. Y a mí, a las ocho, me espera un señor que ha venido de El Escorial. |
| Niní: | Bueno, pero que yo me entere... La que **(11)** (está /es) pachucha, quién **(12)** (está / es), ¿la madre o la tía? |
| Pili: | ¡La madre del conde! |
| Rufi: | ¡Pero si no **(13)** (está /es) conde! |
| Pili: | ¡Y qué más da, caramba!... ¿No **(14)** (estamos / somos) de visita? Pues a ponernos finas... |
| Niní: | Entonces, la vieja esa que nos ha abierto quién **(15)** (está / es), ¿la tía o la asistenta? |
| Rufi: | ¡Pero hija! **(16)** (¡Está / ¡Es) que no te enteras nunca de nada! Pues lo ha dicho bien claro. "Aquí, servidora, la tía de Marcelino. Doña no sé qué de no sé cuántos". (...) |
| Niní: | Pues a mí me parece simpática, ¿verdad? |
| Pili: | A ti te parecen simpáticos hasta los gatos. |
| Niní: | Y así **(17)** (estoy / soy) más feliz... (...) |
| Rufi: | ¿Y aquí se podrá fumar o **(18)** (estará / será) prohibido? |
| Pili: | Si **(19)** (estuviera / fuera) prohibido lo pondría en un cartel. |
| Rufi: | Pues entonces, dame un pitillo... Lo que no me explico **(20)** (está / es) por qué se le ocurre llamarme a mí para que le ponga una inyección a la que **(21)** (está / es) mala. Porque si tienen dinero, como Maribel dijo, lo natural **(22)** (está / es) que llamen a un practicante (...) |
| Pili: | A mí todo esto me da muy mala espina, la verdad... Yo creo que aquí hay tomate. |
| Rufi: | Tampoco hay que **(23)** (estar / ser) tan pesimista... La chica **(24)** (está / es) cariñosa y querrá vernos... |
| Niní: | Pues claro **(25)** (está / es) que sí... Yo no la veo hace la mar de tiempo. Lo menos siete días. |
| Pili: | A mí me pasa igual. Desde que nos contó lo del novio este... |
| Rufi: | Yo la veo más, pero de refilón... Como se viene aquí a eso de las tres, cuando nosotras **(26)** (estamos / somos) durmiendo todavía, y vuelve a casa cuando ya **(27)** (estamos / somos) en la calle... |
| Niní: | ¡Pues en la pensión **(28)** (están / son) buenas con ella! (...) |
| Rufi: | Como que la quieren echar a la calle. |

Después de los dibujos tienes unos comentarios sobre los personajes que están en este edificio. Completa las frases con SER o ESTAR en los huecos que tienen una letra, y en los que tienen un número usa alguna de las siguientes palabras: TRAVIESOS, SASTRE, LADRÓN, INDIGNADO, MOROSO, INSERVIBLES, FAQUIR, PENDIENTE, AMANTE, ACREEDORES, ASOMBRADA, MOLESTANDO, CHAPUZAS, PREOCUPADO, CONTENTA, HARTOS, TIMADOR, VETERINARIO, HÁBIL, ENGAÑADOS, FURIOSA, CELOSOS, QUEJANDO.

**La buhardilla.-** El señor que vive aquí _____ (a) un _____ **(1)** impenitente. Los que _____ (b) en la terraza _____ (c) sus _____ **(2)**, que siempre _____ (d) _____ **(3)** por el moroso. También hay un ratón que siempre _____ (e) _____ **(4)** al gato.

**El tercero izquierda.-** El marido _____ (f) _____ **(5)**, pero no _____ (g) muy _____ **(6)**, y su mujer _____ (h) _____ **(7)** con él, porque roba cosas que _____ (i) _____ **(8)**.

**El tercero derecha.-** Los niños de la mujer que vive aquí _____ (j) muy, muy _____ **(9)**.

**El segundo izquierda.-** La dueña del gato _____ (k) una gran _____ **(10)** de los animales. Su amiga _____ (l) _____ **(11)** viendo el baile del gato.

**El segundo derecha.-** El dueño de este piso_____ (m) _____ **(12)**, pero _____ (n) un _____ **(13)**. Su cliente _____ (ñ) _____ **(14)**.

**El primero izquierda.-** El hombre que tiene aquí su consulta _____ (o) _____ **(15)**. El cliente _____ (p) _____ **(16)** porque no sabe qué hacer con su mono.

**El primero derecha.-** La dueña de la pensión _____ (q) muy _____ **(17)** con su nuevo cliente, que _____ (r) un _____ **(18)**. Los demás huéspedes _____ (s) _____ **(19)**.

**El bajo izquierda.-** El vendedor _____ (t) un _____ **(20)**, y su clienta se _____ (u) _____ **(21)**.

**La portería.-** La portera _____ (v) _____ **(22)** de todo el que pasa. Los vecinos _____ (w) _____ **(23)** de ella.

---

**178**

**8** Dos amigas están hablando del novio de una de ellas. Completa sus frases con SER o con ESTAR:

–Bueno, cuenta, cuenta, ¿cómo es?
+Pues... no sé por dónde empezar... Lo más importante de todo es que _____ **(a)** muy bueno, un ángel, pero _____ **(b)** listísimo, no tiene un pelo de tonto. Y también otra cosa que me encanta: que _____ **(c)** muy cumplido, muy atento, tiene unos detalles increíbles conmigo.
–¿Más que Juan?
+¿Pero qué dices? Pero si Juan _____ **(d)** tan agarrado que fingía que se le había olvidado la fecha de mi cumpleaños para no regalarme nada... Y además, Juan _____ **(e)** muy interesado: aunque no lo parecía, con esa cara de mosquita muerta que tenía, que parecía que siempre _____ **(f)** despistado y que era un alma de Dios, iba a lo suyo, a conseguir lo que quería, que yo creo que era el dinero de mi padre, y a mí ni caso. En cambio, Antonio siempre _____ **(g)** atento a todo lo que yo digo, a lo que quiero, a lo que me interesa. Y _____ **(h)** muy interesado por mi trabajo, no como Juan, que no me hacía ni caso.
–Bueno, ¿y qué más? ¿ _____ **(i)** igual de despistado que Juan o _____ **(j)** un poco más despierto?
+No tiene comparación. Antonio _____ **(k)** muy vivo, muy alegre, y además _____ **(l)** muy desenvuelto con todo el mundo y en todas partes, no como Juan, que, como _____ **(m)** tan parado, siempre _____ **(n)** violento en todas partes, y, claro, yo ya le podía presentar gente y llevar a sitios, que, como era tan tímido, siempre _____ **(ñ)** aburrido, estuviéramos donde estuviéramos. Como no hablaba con nadie más que conmigo...
–Pues está claro que has hecho un buen cambio, ¿eh?

**9** ¿Cómo están tus conocimientos de arte español? Completa las preguntas de la izquierda con SER o ESTAR, y después elige la respuesta correcta. ¡El máximo de respuestas acertadas es 10!

**A.** ¿Qué edificio de Barcelona no _____ terminado por el arquitecto A. Gaudí?
    a) El Parque Güell
    b) La Sagrada Familia
    c) La Casa Batlló

**B.** ¿Por quién _____ diseñado el Palacio de Deportes Sant Jordi de Barcelona para los Juegos Olímpicos de 1992?
    a) Por el japonés Arata Isozaki.
    b) Por el español Ricardo Bofill.
    c) Por la italiana Gae Aulenti.

**C.** ¿En qué siglo _____ amurallada la ciudad de Ávila?
    a) En el V.
    b) En el XI.
    c) En el XVII

**D.** ¿Dónde _____ situada la Alhambra?
    a) En Sevilla.
    b) En Córdoba.
    c) En Granada.

**E.** ¿Qué catedral _____ considerada como una de las mejores del mundo?
    a) La de Santiago de Compostela.
    b) La de Sevilla.
    c) La de Barcelona.

**F.** ¿En la fachada de qué famosa universidad _____ semiescondida una rana?
    a) En la de Alcalá de Henares (Madrid).
    b) En la de Salamanca.
    c) En la de Valencia.

**G.** ¿Dónde _____ expuesto en la actualidad el cuadro *Las Meninas,* de Velázquez?
    a) En el Museo del Prado.
    b) En el Centro de Arte Reina Sofía.
    c) En el Museo Thyssen-Bornemisza.

**H.** ¿En qué siglo _____ construido el monasterio de El Escorial?
    a) En el XV.
    b) En el XVI.
    c) En el XIX.

**I.** ¿Cuál de estas catedrales _____ terminada en 1994?
    a) La de León.
    b) La de Burgos.
    c) La de Madrid.

**J.** ¿En qué famoso cuadro _____ representada la guerra civil de 1936-39?
    a) *Los fusilamientos del 2 de mayo.*
    b) *Guernica.*
    c) *La rendición de Breda.*

Hasta hoy te has puesto rojo. Te han puesto verde. Te has puesto morado. Y te han puesto negro. Oye: ¿nunca has probado ponerte naranja? **Grand Marnier** LIQVOR

1. ¿Sabes lo que significan las expresiones que se usan en el anuncio? Une cada expresión con su explicación.

    a) ponerse rojo

    b) poner verde a alguien

    c) ponerse morado

    d) poner negro a alguien

    1) comer o beber mucho

    2) insultar

    3) enfadar

    4) sentir vergüenza

2. Fíjate en la primera expresión. ¿Significaría lo mismo si dijéramos "volverse rojo" o "quedarse rojo"?

3. ¿Son correctas estas frases?

    a) Juan se pone negro cada vez que alguien le aparca el coche en su plaza.

    b) El agua se puso verde cuando le echamos las verduras.

4. ¿Tienen estas últimas expresiones el mismo significado en el ejercicio 3 y en el anuncio?

## 1. CONTRASTES ENTRE LOS VERBOS DE CAMBIO

### 1.1. Ponerse / volverse

| TIENEN EN COMÚN | Transformación de ciertas cualidades del sujeto. Suelen llevar detrás un adjetivo. |
|---|---|
| SE DIFERENCIAN | **PONERSE:** se produce una transformación del sujeto en su estado de salud o ánimo, color o aspecto físico, sin señalar si es permanente o no: *Se puso nervioso.* Puede aparecer con complementos preposicionales y adverbios: *Se puso de todos los colores; Se puso peor.*<br><br>**VOLVERSE:** cambio de clase (religión, ideología) o de cualidades (forma de ser, características físicas) más permanente y definitivo: *Antes era católico pero ahora se ha vuelto protestante; Cuando era joven no le importaba el dinero, pero ahora se ha vuelto tacaño; Desde que tuvo el accidente se volvió sordo.*<br><br>Puede aparecer con sustantivos: *Se volvió un hombre muy precavido.* |

### 1.2. Quedarse / volverse

| TIENEN EN COMÚN | Cambio que se siente como duradero: *Se quedó / volvió tonto.* |
|---|---|
| SE DIFERENCIAN | • **QUEDARSE** expresa el estado en el que se encuentra el sujeto tras el cambio: *Se quedó atontado.* Equivale a ESTAR más la idea de cambio.<br><br>• **VOLVERSE** expresa cómo es el sujeto tras el cambio y la nueva cualidad que ha adquirido: *Se volvió tacaño.* Equivale, por tanto, a SER más la idea de cambio.<br><br>• Los adjetivos que pueden aparecer tanto con SER como con ESTAR pueden también hacerlo con **VOLVERSE** y **QUEDARSE,** con las mismas diferencias de significado (ver "Ser y Estar"): *Se volvió listo* (inteligente) / *Se quedó listo* (preparado).<br><br>• Con los adjetivos de color, **VOLVERSE** se refiere exclusivamente al cambio *(El agua se volvió verde)*, frente a **QUEDARSE,** que destaca el estado del objeto tras el cambio *(El agua se quedó verde).*<br><br>• **QUEDARSE** no aparece acompañado de sustantivos, salvo en la construcción de la lengua informal **QUEDARSE HECHO UN** + sustantivo *(Quedarse hecho un asco / desastre / etc.).* **VOLVERSE** sí puede aparecer con sustantivo: *Se volvió un tirano.*<br><br>• Con **VOLVERSE** pueden aparecer adjetivos que expresen clase (religión, ideología): *Se volvió liberal;* con **QUEDARSE** no. |

## 1.3. Hacerse / Volverse

| TIENEN EN COMÚN | • Cambio de cualidad o de clase (religión, ideología) que se siente como duradero: *Se ha vuelto precavido; Se ha hecho precavido.*<br><br>• Pueden aparecer con adjetivos sustantivados o sustantivos con o sin artículo determinado o indeterminado: *Se ha hecho jefe; Se ha hecho el hombre más famoso de España; Se ha vuelto un hombre huraño.* |
|---|---|
| SE DIFERENCIAN | • Con adjetivos que señalan grados de una cualidad (fuerte-débil, pesado-ligero, rico-pobre, etc.) **HACERSE** expresa cambio gradual, precedido de un proceso: *Parece mentira, pero ya nos hemos hecho viejos y no nos hemos dado casi cuenta.*<br><br>• Con **VOLVERSE** sólo se expresa cambio: *Me estoy fijando en ti y de repente me he dado cuenta de que te has vuelto viejo.*<br><br>• Con adjetivos y sustantivos que expresan religión o ideología **HACERSE** implica voluntariedad: *Se ha hecho liberal,* frente a **VOLVERSE,** que simplemente expresa un cambio de manera de pensar: *Se ha vuelto liberal* (puede ser un cambio sin reflexión). Por ello, **HACERSE** puede aparecer con adjetivos y sustantivos que expresen profesión: *Se ha hecho abogado* (tras estudiar varios años), pero **VOLVERSE** no.<br><br>• **HACERSE** puede aparecer con adjetivos que expresen nacionalidad: *Se hizo español;* **VOLVERSE** no. |

## 1.4. Llegar a ser* / hacerse

| TIENEN EN COMÚN | Cambio, precedido de un proceso, de clase (cargo, profesión) o situación personal *(rico, pobre): Llegó a ser diputado; Se hizo diputado.* |
|---|---|
| SE DIFERENCIAN | • **LLEGAR A SER.** Destaca el resultado del cambio y que éste ha sido precedido de un proceso prolongado, pero no la voluntariedad o esfuerzo del cambio: *Llegó a ser diputado* (el resultado es que es diputado y esto ha dependido de él o de otras personas, de la suerte , etc.). Puede eliminarse el verbo SER: *Llegó a abogado.*<br><br>• **HACERSE.** Destaca la voluntariedad del sujeto de realizar el cambio y el cambio mismo más que el resultado de éste: *Se hizo diputado* (tuvo la determinación de ser diputado y lo consiguió). Puede aparecer también con adjetivos que expresan cualidad: *Se hizo precavido.* |

*Además existe LLEGAR A ESTAR. Expresa también la culminación de un proceso; pero en este caso no de clase o situación personal, sino de estado, por lo que aparece con participios, adjetivos que expresan estado *(Llegó a estar harto)* y complementos preposicionales *(Llegó a estar sin dinero).*

## 1.5. Convertirse en / volverse

| TIENEN EN COMÚN | Cambio de cualidad o clase sin expresar voluntariedad o esfuerzo del sujeto por realizar el cambio: *Se volvió / se convirtió en un idiota.* |
|---|---|
| SE DIFERENCIAN | **CONVERTIRSE EN** sólo aparece con sustantivos o adjetivos sustantivados: *Se ha convertido en el hombre más famoso de España.; Se ha convertido en un mentiroso.*<br><br>**VOLVERSE** aparece también con adjetivos: *Se volvió loco.* |

## 1.6. Hacerse / convertirse en / pasar a ser*

| TIENEN EN COMÚN | • Cambio de clase o cualidad.<br><br>• Pueden aparecer con adjetivos sustantivados y sustantivos: *Se hizo / se convirtió en / pasó a ser el hombre imprescindible de su empresa.* |
|---|---|
| SE DIFERENCIAN | •Con **CONVERTIRSE EN** y **PASAR A SER** no se expresa voluntariedad de realizar el cambio; con **HACERSE** sí: *Se convirtió en / pasó a ser piloto civil* (nos informa sólo del cambio) / *Se hizo piloto civil* (el cambio fue voluntario y determinado por el sujeto).<br><br>•Con **PASAR A SER** se destaca la existencia de una situación anterior al cambio: *Después de ser varios años un simple médico pasó a ser director del hospital.* |

* Además existe PASAR A ESTAR. Expresa también cambio sin voluntariedad o esfuerzo del sujeto, pero en este caso de estado, por lo que aparece con participios y adjetivos de estado: *De alegre, pasó a estar enfadado.*

## 2. LOS VERBOS DE CAMBIO SIN "SE"

**2.1.** **Poner, volver, hacer y convertir en** pueden usarse como verbos de cambio cuando el sujeto de la acción no es quien sufre el cambio, sino el causante o agente de él: *Mi padre pone nervioso a Luis; El colorante puso roja el agua; El petróleo le ha hecho rico; Las circunstancias de la vida lo han convertido en un hombre sin corazón.*

**2.2.** **Quedar**

2.2.1. Puede no aparecer SE con QUEDAR cuando:

a) Va seguido de participios y adjetivos que expresan opiniones o valoraciones: *La casa ha quedado preciosa después de las obras.*

b) Se quiere dar la idea de que el sujeto no participa en el cambio: *Quedó en muy mala situación.*

2.2.2. Para expresar lo mismo que QUEDAR cuando el sujeto de la acción es el causante o el agente del cambio, se utiliza DEJAR: *Los mecánicos del taller han dejado el coche perfecto.*

**1** Completa esta descripción de los efectos físicos del envejecimiento utilizando HACERSE, PONERSE, QUEDARSE y VOLVERSE. Muchas veces podrás utilizar más de un verbo.

| | |
|---|---|
| Con la edad, las venas y arterias se _____ **(a)** menos flexibles. También los reflejos se _____ **(b)** más lentos. Por otra parte, muchos ancianos se _____ **(c)** sordos y pierden vista. Aparecen arrugas porque la piel se _____ **(d)** menos flexible y el pelo se _____ **(e)** blanco. Los huesos se _____ **(f)** más frágiles y las articulaciones pierden movilidad. | Los ancianos que practican algún deporte se _____ **(g)** más resistentes a las enfermedades cardiovasculares, pero les cuesta más recuperarse de los esfuerzos que a una persona joven. Estas personas son también menos propensas a _____ **(h)** tristes al mirarse al espejo y pensar en su juventud. |

**2** **A.** Aquí tienes el caso de un anciano, Epifanio Villanova Ródenas, que eligió ser un anciano activo. Completa el texto utilizando CONVERTIRSE EN, HACERSE, LLEGAR A SER y VOLVERSE.

| | |
|---|---|
| Empezó jugando en la calle, luego _____ **(a)** boxeador y _____ **(b)** campeón de Cataluña y España en la categoría de aficionado, luego _____ **(c)** profesional, pero al final _____ **(d)** un detractor del boxeo. _____ **(e)** vegetariano en 1950 por motivos de salud, siguiendo los consejos de un | médico naturista. Ahora se sigue manteniendo en forma haciendo gimnasia y, aunque con la edad _____ **(f)** un poco perezoso, ha evitado quedarse en casa y se dedica a entrenarse y participar en carreras populares. |

**B.** Completa ahora estas declaraciones de Epifanio utilizando CONVERTIR(SE) EN, DEJAR, HACER(SE), PONER(SE), QUEDAR(SE) y VOLVER(SE). Usa un verbo diferente en cada caso. Para algunos huecos hay varias posibilidades.

| | |
|---|---|
| "El boxeo _____ **(a)** sádica a la gente. Yo he visto a muchos _____ **(b)** tontos para toda la vida después de un combate. Por eso el boxeo ha dejado de apasionarme, | me _____ **(c)** frío". "También creo que la carne me _____ **(d)** más agresivo, por eso _____ **(e)** vegetariano". |

**3** Completa esta breve biografía de Mata Hari utilizando las expresiones CONVERTIRSE EN, HACERSE y PASAR A SER. Utiliza la forma verbal que te indicamos entre paréntesis.

| | |
|---|---|
| Mata Hari (Margaretha Geertruida MacLeod) nació en 1876 y _____ **(a)** (pretérito perfecto) el símbolo de la espía seductora. Cuando se separó de su marido a principios del siglo xx decidió _____ **(b)** (infinitivo) bailarina profesional. Enseguida _____ **(c)** (pretérito indefinido) un personaje famo- | so en media Europa. Parece ser que primero _____ **(d)** (pretérito indefinido) espía alemana y luego _____ **(e)** (pretérito indefinido) agente de la inteligencia francesa. En 1917, cuando los franceses se enteraron de que les estaba haciendo doble juego, fue condenada a muerte y luego fusilada. |

**4** Completa estas preguntas eligiendo las opciones correctas. Muchas veces hay más de una correcta. Cuando termines, puedes intentar contestarlas.

| | | |
|---|---|---|
| 1) | ¿De qué arte se dice que | a) deja<br>b) vuelve  mansas a las fieras?<br>c) se hace |
| 2) | ¿Qué mítico rey | a) se volvía<br>b) ponía  en oro todo lo que tocaba?<br>c) convertía |
| 3) | ¿Qué actor | a) se puso<br>b) se hizo  presidente de los EE.UU. de América?<br>c) llegó a ser |
| 4) | a) ¿Qué se hace<br>b) ¿Qué se vuelve  el aceite cuando lo mezclamos con sosa cáustica?<br>c) ¿En qué se convierte | |
| 5) | ¿Qué famoso músico siguió componiendo a pesar de haberse | a) quedado<br>b) vuelto  sordo?<br>c) hecho |
| 6) | ¿Y cuántos años tenía este compositor cuando se | a) puso<br>b) hizo  músico profesional?<br>c) volvió |
| 7) | ¿Qué famoso templo | a) se convirtió en<br>b) quedó  polvorín de los turcos en el siglo XVII?<br>c) pasó a ser |
| 8) | ¿Qué grupo musical británico hizo años 60? | a) quedarse<br>b) volverse  histéricas a muchas jovencitas de los<br>c) ponerse |

# Las perífrasis verbales

1. ¿Con qué fenómeno de la naturaleza se suele asociar el otoño? Fíjate en la foto del anuncio para encontrar la respuesta.

**SU SUERTE ESTA AL CAER**

SORTEO EXTRAORDINARIO DE

**OTOÑO**

500 Y 200 MILLONES AL DECIMO
7.000 MILLONES EN PREMIOS

**Lotería** 🌐 **Nacional**

SORTEOS JUEVES Y SABADOS

2. ¿Qué quiere decir el anuncio?
   a) Su suerte se va a caer.
   b) Pronto va a tener usted suerte.
   c) Cuando se caiga, tendrá usted suerte.

# 1. PARA EXPRESAR ACCIÓN ACABADA

## 1.1. Resultado de una acción ejercida desde antes:

| TENER + PARTICIPIO | LLEVAR + PARTICIPIO | IR + PARTICIPIO |
|---|---|---|
| *Tengo corregidos veinte exámenes.* | *Llevo corregidos veinte exámenes.* | *Van corregidos veinte exámenes.* |
| No implica que la acción podría continuar:<br><br>*Ya tengo corregidos veinte exámenes.* | La acción podría continuar. Por ello es frecuente que aparezcan "por ahora", "por el momento", "hasta ahora": *Por ahora llevo corregidos veinte exámenes* (y todavía no he acabado); *Por el momento van corregidos veinte exámenes* (pero todavía quedan más). | |
| | LLEVAR + PARTICIPIO tiene carácter activo (el sujeto es agente de la acción) pero IR + PARTICIPIO tiene un carácter pasivo (el sujeto gramatical es el objeto, y el agente de la acción no se nombra). | |
| | *Por ahora Luis lleva corregidos* **veinte exámenes** (complemento directo) | *Por ahora van corregidos* **veinte exámenes** (sujeto pasivo) (No se nombra a Luis) |
| Puede aparecer con los tiempos compuestos y el pretérito indefinido: *Siempre he tenido corregidos los exámenes a tiempo.* | No pueden usarse con los tiempos compuestos ni con el pretérito indefinido. | |

Es frecuente interponer entre el verbo auxiliar y el participio el complemento directo o sujeto pasivo y los complementos adverbiales: *Van por ahora veinte exámenes corregidos.*

## 1.2. Acción terminada

1.2.1. SIN expresar la existencia de una ACCIÓN ANTERIOR:

• DEJAR + PARTICIPIO: *He dejado encargada la comida; He dejado escrito lo que había que hacer.*

• DAR POR + PARTICIPIO: El sujeto considera que la acción está terminada, se haya producido o no: *Dio por explicada la lección* (pero no la había explicado); *Me dieron por muerto* (pero nunca lo estuve).

• ACABAR DE (en presente o imperfecto de indicativo) + INFINITIVO: Acción inmediatamente anterior: *Acabo de ver* (ahora mismo) *a tu amigo Antonio.*

1.2.2. EXPRESANDO la existencia de una ACCIÓN ANTERIOR:

• DEJAR DE + INFINITIVO: Acción desarrollada habitualmente que es interrumpida o abandonada: *He dejado de fumar.*

• NO DEJAR DE + INFINITIVO puede expresar:

a) Que la acción no es interrumpida o abandonada: *No he dejado de fumar ni pienso hacerlo.*
b) Acción repetida con frecuencia: *No dejo de fumar en todo el día.*
c) Con imperativo: (además de lo anterior) recomendación o sugerencia: *No dejes de llamar.*

## 1.3. Culminación de un proceso como resultado de acontecimientos anteriores, explícitos o no:

| | |
|---|---|
| LLEGAR A + INFINITIVO | *Llegó a perder todo el dinero que había ganado en su vida* (por hacer malos negocios, por mala suerte, en el juego, etc.). Puede expresar el cumplimiento de una acción en grado extremo, con cierto matiz de asombro o admiración: *Llega a trabajar más de doce horas diarias; Llegó a decirme que me callara.* |
| ACABAR / TERMINAR POR + INFINITIVO | Final de un proceso realizado a pesar del sujeto o tras muchos intentos y esfuerzos de los demás: *Acabó / terminó por comprender lo que decía* (a pesar de que no quería o después de habérselo explicado muchas veces). |
| ALCANZAR A + INFINITIVO | Final de un proceso realizado tras muchos esfuerzos o intentos del sujeto: *Ahora por fin alcanzo a comprender lo que queréis decir.* |
| VENIR A + INFINITIVO | • Domina la idea de "culminación": *Al final vino a hacer* (tras muchas vacilaciones) *lo que todos esperábamos.*<br><br>• En la lengua formal, añade en ocasiones un matiz de "finalidad" (servir para...), especialmente cuando el infinitivo es un verbo que ya lleva en su significado el de acción terminada o culminada ("confirmar", "solucionar", "terminar", "culminar", "resolver", etc.): *Los experimentos vienen a confirmar las hipótesis que habíamos realizado.* |

## 2. PARA EXPRESAR ACCIÓN EN DESARROLLO

## 2.1. Estar + gerundio

2.1.1. Acción en desarrollo en el pasado, presente o futuro, pero que puede venir de antes y seguir después. Sólo está limitada por las expresiones temporales: *Estoy llorando* (ahora); *Estaré llorando* (mañana cuando te vayas); *Estaba llorando* (ayer); *Siempre está llorando; Ha estado llorando un minuto.*

Para otros usos y valores de ESTAR + GERUNDIO, ver "Hablar del pasado", "Hablar del futuro", "Hablar del presente" y "El mandato y la petición".

2.1.2. No se utiliza con los verbos "saber", "tener" (cuando significa 'poseer'), "llevar" (con el significado "tener puesto") y "poseer".

## ▉ 2.2. Otras perífrasis

| | |
|---|---|
| **ANDAR + GERUNDIO** Acción en desarrollo: *Siempre anda pensando en lo mismo.* | • Expresa lo mismo que ESTAR + GERUNDIO, pero añade un matiz de acción dinámica, de movimiento impreciso, sin una dirección temporal determinada. Además, expresa acción que se repite en sucesivos momentos. Casi siempre el uso de ANDAR + GERUNDIO para referirse a lo que hace otro tiene un carácter peyorativo. • No suelen usarse gerundios de verbos como "tener", "haber", "ser", etc., o de verbos que carezcan de sujeto (como "llover"). |
| **IR + GERUNDIO** Acción en desarrollo progresivo, desde el tiempo en que se halle el verbo hacia el futuro: *Hemos ido adelantando el trabajo desde hace un mes.* | En muchos casos esta acción se desarrolla de un modo gradual, lento: *Te voy conociendo mejor* (poco a poco); *Hemos ido haciendo la casa poco a poco.* Por esto, a veces tiene un matiz de esfuerzo o dificultad: *Voy aprobando lo que puedo.* |
| **VENIR + GERUNDIO** Acción repetida o habitual que va progresando desde el pasado acercándose al presente. | • Nos interesa expresar desde cuándo se produce la acción, por lo que es necesario que aparezca un complemento temporal que señale claramente la acción en desarrollo desde un punto temporal a otro (desde... hasta...): *Te lo vengo advirtiendo desde el mes pasado.* • No se usa cuando aparece un complemento que expresa una determinada cantidad de tiempo es incorrecto: *\*El metro viene costando lo mismo un año.* |
| **LLEVAR + GERUNDIO** | • LLEVAR + GERUNDIO expresa lo mismo que VENIR + GERUNDIO: *Te lo llevo advirtiendo desde el mes pasado.* Pero, además, con LLEVAR + GERUNDIO nos interesa indicar cuánto dura la acción. Por esto es necesario siempre que aparezca una expresión temporal que señale el momento de inicio (como en VENIR + GERUNDIO) o la cantidad de tiempo: *Llevo trabajando en esta empresa más de veinte años / desde hace veinte años.* • No se usa cuando la frase tiene como determinación temporal un punto temporal muy concreto y no un plazo temporal, es incorrecto: *\*Llevo estudiando en este colegio este año.* • No se usa con los tiempos compuestos ni con el pretérito indefinido. • Es frecuente poner entre LLEVAR y el gerundio el complemento temporal: *Llevo un año estudiando aquí.* • Cuando utilizamos NO, la negación sólo afecta al complemento temporal. Para poder expresar la negación de la acción es necesario usar LLEVAR + SIN + INFINITIVO: *No llevo estudiando aquí una semana* (sino dos); *Llevo sin estudiar un año* (no he estudiado durante un año). |

## 3. PARA EXPRESAR ACCIÓN EN SU INICIO

| | |
|---|---|
| ACCIÓN SIN EMPEZAR | ESTAR POR + INFINITIVO:<br>• Acción que todavía no se ha producido: *El coche todavía está por arreglar* (= aún no lo han arreglado).<br>• Intención no definida o no decidida de realizar una acción: *Estoy por ir a verle a su casa* (= estoy considerando esta posibilidad). |
| ACCIÓN INMINENTE | ESTAR PARA + INFINITIVO: Acción a punto de ocurrir, preparada para iniciarse: *Está para llover* (= a punto de llover); *El tren está por salir* (= está preparado y saldrá dentro de muy poco). |
| ACCIÓN EN SU COMIENZO<br><br>SIN ALUDIR A SU DESARROLLO POSTERIOR<br>(comienzo brusco e inesperado) | • ECHAR A + INFINITIVO: Sólo con ciertos verbos de movimiento: "andar", "caminar", "correr", "nadar", volar".<br>• Con ECHARSE A + INFINITIVO aparecen más verbos (los de movimiento y los que expresan acción emotiva: "llorar", reír", etc.).<br>• ROMPER A + INFINITIVO añade la idea de acción contenida hasta un determinado momento, aumentando la sensación de inicio brusco: *Rompió a llorar inesperadamente.* Su uso está limitado a muy pocos verbos: "llorar", "reír" (los más frecuentes), "llover", "cantar", "chillar", "gritar", "hablar" (en la lengua literaria). |
| ALUDIENDO A SU DESARROLLO POSTERIOR | PONERSE A + INFINITIVO: actividad en la que está implicado el sujeto, añadiendo un matiz de esfuerzo o voluntad: *Al fin se puso a estudiar.*<br>No se puede usar cuando no hay voluntad o actividad del sujeto. |

## 4. PARA EXPRESAR INTENCIÓN DE REALIZAR LA ACCIÓN

### 4.1. Tratar de + infinitivo

Intención o voluntad de parte del sujeto: *Trató de ayudarnos* (intentó ayudarnos).

### 4.2. Ir a + infinitivo

4.2.1. IR A + INFINITIVO expresa fundamentalmente intención de realizar una acción en un futuro, respecto de un pasado o un presente: *El próximo verano vamos a ir a la playa.*

4.2.2. Sobre los valores de IR A + INFINITIVO en presente e imperfecto de indicativo, y su equivalencia con el futuro y el condicional, ver "Hablar del futuro".

4.2.3. Valores con las formas verbales.

• Las formas verbales con las que más frecuentemente aparece son el presente y el imperfecto de indicativo.

• Se utilizan el pretérito perfecto y el indefinido de indicativo cuando expresa acción que tenía intención de iniciarse pero que no se realiza finalmente: *He ido a contestar, pero no me han dejado; Fue a responder, pero le impidieron hablar* (también podría decirse: *Iba a responder...*)

• En la lengua hablada, en pretérito perfecto, indefinido y presente de indicativo, generalmente en frases exclamativas, se usa IR A+ INFINITIVO para destacar, casi siempre con un matiz de sorpresa o enfado, quién ha realizado una acción anteriormente, cuál ha sido esa acción o quién la ha sufrido: *¡Quién fue a hablar!; Y le ha ido a dar en toda la cabeza; ¡Mira quién va a decirme lo que tengo que hacer!*

• Para los usos de IR A + INFINITIVO para el mandato, ver "El mandato y la petición".

# 5. PARA EXPRESAR CONJETURA Y APROXIMACIÓN

**5.1.** **Deber de + infinitivo**. Ver "La conjetura".

> Nota: las confusiones entre DEBER DE + INFINITIVO y DEBER + INFINITIVO (ver "La necesidad y la obligación") son muy frecuentes.

**5.2.** **Venir a + infinitivo:** para hablar de cantidades aproximadas: *Este traje viene a costar unas cincuenta mil pesetas.*

# 6. PARA EXPRESAR OBLIGACIÓN

Ver "La necesidad y la obligación".*Tienes que hacerlo, no te dejan otra opción; Debemos atender a los enfermos; Para aprender bien un idioma extranjero hay que estudiar mucho.*

# 7. CONSTRUCCIONES Y LOCUCIONES DE LA LENGUA INFORMAL

**7.1.** **Con "Ir + infinitivo"**

7.1.1.  ¡QUÉ + IR A + INFINITIVO + ...!: para expresar lo contrario de lo que se afirma. En presente de indicativo podemos referirnos al pasado, al presente o al futuro: *¡Qué va a ir de vacaciones al Caribe! Se fue a su pueblo como todos los años.*

En imperfecto, la acción se sitúa en el pasado: *¡Qué iba a ir de vacaciones al Caribe!*

7.1.2.  ¡QUÉ IRLE A + HACER!: para expresar la aceptación de una situación y la imposibilidad de oponerse a ella: *¡Qué le vamos a hacer!; ¡Qué íbamos a hacerle!*

7.1.3.  ¡DÓNDE + IR A + PARAR!: para destacar la bondad o calidad de algo, señalando que no tiene comparación posible: *La carne de mi pueblo es mucho mejor, ¡dónde va a parar!*

También para expresar el rechazo por una situación o acción no consideradas normales; en este caso la perífrasis se refuerza usando dos veces IR A: *¡Veinte millones vale un piso! ¡Dónde vamos a ir a parar!*

7.1.4. VAMOS A VER: al principio de la frase y separada por pausa, tiene la función de llamar la atención del oyente con distintas intenciones (para pedir aclaraciones, tranquilizar, centrar el tema, etc.) Sirve para retardar el comienzo de la comunicación y dar tiempo al hablante a pensar lo que va a decir. Puede reducirse a A VER: *(Vamos) a ver, ¿tú qué quieres exactamente?*

7.1.5. IR A + VER + SI: sirve para expresar que se intenta realizar algo. Puede reducirse a A VER SI: *(Voy) a ver si acabo ya el trabajo.*

7.1.6. VETE (TÚ) A SABER-VAYA (USTED) A SABER: para expresar desconocimiento o duda; equivalen a "¿quién sabe?": *¿Que dónde está Luis? ¡Vete tú a saber!*

7.1.7. NO VAYA A SER QUE + PRESENTE DE SUBJUNTIVO / NO FUERA A SER QUE + IMPERFECTO DE SUBJUNTIVO: para señalar la necesidad, como precaución, de una acción, señalando el posible riesgo: *Guárdate el dinero. No vaya a ser que te roben; Se guardó el dinero, no fuera a ser que se lo robaran.*

## 7.2. Con otras perífrasis

7.2.1. DARSE POR + PARTICIPIO: "considerarse": *darse por vencido, darse por aludido, darse por enterado.*

7.2.2. ESTAR AL CAER: expresa que algo está a punto de suceder (si el sujeto es un acontecimiento) o de llegar (si el sujeto es una persona). Pueden usarse también las locuciones ESTAR AL LLEGAR y ESTAR AL VENIR.

7.2.3. ECHAR(SE) A PERDER: expresa que algo se ha estropeado o desaprovechado. *Echaste a perder tu vida.*

7.2.4. (Y) VENGA A + INFINITIVO: acción repetida de forma reiterada o constante, con un matiz de desagrado por parte del hablante: *Y venga a decir que no tiene dinero.* Puede combinarse con ESTAR: *Está venga a llover.* Puede expresarse lo mismo con la construcción ESTAR + VERBO + QUE + TE + MISMO VERBO: *Está llueve que te llueve.*

7.2.5. ¿(Y) QUÉ TIENE QUE VER...?, NO TIENE NADA QUE VER...: dos situaciones, objetos, personas, no tienen comparación o relación: *No tiene nada que ver lo que dice con lo que hace.*

7.2.6. ¡HAY QUE VER!: sorpresa mezclada con enfado o indignación: *¡Desde luego, hay que ver qué poco me ayudas!*

7.2.7. ¡HAY QUE FASTIDIARSE!, ¡HAY QUE JOROBARSE!, ¡HAY QUE JODERSE!: desagrado o indignación; pertenecen a la lengua hablada informal y la última expresión está considerada malsonante.

 **1** Lee el texto de abajo y busca cuál es el sujeto de los verbos que vienen en mayúsculas en las siguientes frases.

a) Cuando ACABAN DE SUCEDER (estas cosas), nos envían publicidad.

b) DAN POR SUPUESTO que estas cosas nos interesan.

c) Deberían DEJAR DE MOLESTAR Y DE MALGASTAR papel.

d) (Esta situación) ACABA POR IRRITAR a cualquiera.

e) HAN LLEGADO A FILTRAR información.

f) No queremos que ACABE POR CONVERTIRSE en un cubo de basura.

g) Podía ALCANZAR A ESCRIBIR algunas cartas de protesta.

h) Pueden DEJAR EXPRESADA su voluntad.

i) SE HA IDO HACIENDO accesible a la publicidad.

j) Tampoco DEJAN DE LLEGAR.

k) VIENE A AGRUPAR a más de cien empresas.

## BASURA EN EL BUZÓN

Es una situación cotidiana: abrir el buzón de casa y encontrar, ya con irritación, una carta (o ninguna) y multitud de anuncios de fontanero, enciclopedias, venta de pisos, productos de limpieza,... mezclados con las también abundantes domiciliaciones bancarias.

Paulatinamente el buzón se ha convertido en el último territorio al que han accedido los publicistas para que sigamos comprando. El sufrido consumidor creía mantener un rincón de intimidad, pero pocos días después de tener un hijo recibe correspondencia de una marca de pañales; tras adquirir un coche le llega un anuncio de una alarma antirrobo y después de divorciarse recibe un folleto de una agencia matrimonial.

Hace poco supimos cómo las marcas comerciales obtenían datos íntimos de nuestra vida privada: algunos funcionarios estaban implicados en una red informática de venta de fichas personales.

Hasta ahora el consumidor podía hacer poco para frenar la avalancha de publicidad por correo. Si tenía paciencia, podía escribir a algunas de las firmas, diciéndoles que no pensaba comprar ninguno de sus productos, que por favor no le molestaran más y que no

gastaran papel de forma incontrolada y derrochadora. Pero este procedimiento es lento, costoso y, seguramente, poco efectivo.

A finales de 1991 la Asociación Española de Marketing Directo anunció la apertura de un banco de datos, en el que podrían inscribirse todos aquellos ciudadanos que desearan expresar claramente que no querían recibir correspondencia publicitaria. Esta asociación agrupa a más de un centenar de empresas que, mayoritariamente, se dedican a anunciarse por correo. Al contrario que en otros países, como Gran Bretaña, donde existen listas precisamente para lo contrario –recibir más anuncios en casa–, este nuevo control informático podría ser una válvula de escape para que nuestro buzón no se convierta en un vertedero de basura publicitaria.

Sergi Ramis en *Integral*. Extracto

**2** Éste es un fragmento de una declaración del gobierno en un día de elecciones. Complétalo utilizando LLEVAR + participio, TENER + participio o IR + participio. Para los verbos "llevar" y "tener", utiliza la forma "nosotros". Si ves varias posibilidades, ponlas todas.

Éstos son los resultados provisionales cuando _____(a)_____ doscientos mil votos escrutados. Es decir, que _____(b)_____ escrutado el 30% del censo. Les diré con más precisión que _____(c)_____ contados todos los votos de dos circunscripciones y que _____(d)_____ registrados sólo mil votos nulos entre todas las mesas. Para las cinco de la mañana ya _____(e)_____ escrutado el 100% del censo.

**3** Completa este fragmento de un programa de televisión en el que se busca a personas desaparecidas. Utiliza las expresiones ESTAR + gerundio, ANDAR + gerundio, IR + gerundio, VENIR + gerundio, LLEVAR + gerundio o LLEVAR SIN + infinitivo, siempre en presente de indicativo. Si ves varias posibilidades, escríbelas todas.

Presentador:    Juan Gómez, un chico de trece años, se ha fugado de su casa en Sevilla. Éste es el testimonio de un vecino de la familia:

Vecino:    Pues mire usted, esta historia se _____(a)_____ (repetir) desde hace varios años y _____(b)_____ (empeorar) cada vez más. Fíjese usted que el niño _____(c)_____ (ir) al colegio desde que tenía ocho años... Ahora los padres le _____(d)_____ (buscar) de pueblo en pueblo. Por lo visto, el niño _____(e)_____ (decir) que su padre le pega, pero por aquí dicen que no es verdad. También el hermano mayor de este chico _____(f)_____ (decir) a todo el mundo que en su familia están todos locos y que él también se va a fugar.

Presentador:    Así estaban las cosas hasta hace unos días, pero escuchen ahora una llamada anónima que hemos recibido en nuestra redacción.

Voz anónima:    Juan _____(g)_____ (trabajar) aquí en Málaga en una feria desde hace varios días. Por lo visto _____h)_____ (viajar) con los de la feria varias semanas seguidas.

Presentador:    Bien, esperemos que el propio Juan se ponga pronto en contacto con el programa, pero por el momento ya _____(i)_____ (tener/nosotros) confirmación de que se encuentra bien...

**4** ¿En cuáles de estas frases podrías sustituir el verbo "empezar" por los verbos "echar(se)", "ponerse" o "romper"? ¿En qué frases hay varias posibilidades?

a) **Empezó a llover.**
b) **Empezaron a llorar.**
c) **Empezamos a trabajar.**
d) **Empecé a correr.**

**5** Haz todas las frases que puedas utilizando un elemento de cada columna.

| Esta alarma<br>El coche<br>Este collar<br>La película | debe de<br>está para<br>está por<br>ha dejado de<br>iba a<br>no ha dejado de<br>viene a | confirmar<br>costar<br>parar<br>sonar<br>terminar | en toda la mañana<br>lo mismo que este otro<br>pero le fallaron los frenos<br>porque ya han encontrado al asesino<br>porque aún no la tenemos aquí<br>sin que nadie haga nada<br>una fortuna |
|---|---|---|---|

 **6** Completa este diálogo utilizando las construcciones del punto 7.1. del tema.

A: ¿Qué? ¿A la compra?
B: _____(a)_____ encuentro algo barato en el mercado porque están los precios que yo no sé _____(b)_____ parar.
A: ¡ _____(c)_____ decir! Si vengo yo ahora de la plaza y está imposible. Y han dicho en la tele que iban a bajar los precios, pero ¡ _____(d)_____ bajar! Si esto no hay quien lo pare.
B: Bueno, mujer ¡ _____(e)_____ hacer!

Me voy corriendo, no vaya a ser que me cierren la pollería.
A: Pues oiga, los pollos están mucho más baratos en el supermercado.
B: Sí, pero los del mercado son mucho mejores, ¡ _____(f)_____ parar! Y los del supermercado _____(g)_____ saber qué les han dado de comer para que se pongan tan gordos. Bueno, lo dicho, que me van a cerrar. Hasta otro día. Adiós.

 **7** Éstas son las respuestas que van a enviar unos padres a una carta de uno de sus hijos que está estudiando en el extranjero. La carta que ha escrito la madre se ha mojado y se han borrado algunos trozos.¿Podrías completarla basándote en la información que da el padre? Si estás muy perdido, consulta la sección 7.2. del tema.

*Querido hijo:*
*¿Qué tal estás? Aquí todo va bien, menos el tiempo. Lleva lloviendo dos semanas seguidas y ya estamos un poco hartos. Tu madre se pasa el día con prisas de un lado para otro, pero está bien.*
*Hemos recibido tu carta en la que nos dices que vas a dejar los estudios y venirte a España. Pero hombre, ¿cómo se te ocurre decir esas tonterías? Dices que en España todo sería más fácil, pero lo que tú estudias allí no se parece en nada a la carrera de aquí. ¡Si por eso mismo te fuiste!*
*Venga, Gonzalo, no te rindas. No estropees todo lo que has hecho hasta ahora porque estés pasando un bache malo.*
*Confío en ti.*
*Un abrazo muy fuerte*
*Papá*

Querido Gonzalo,

¿Cómo estás? Nosotros estamos bien, pero lleva dos semanas venga _____ (a) _____ .
Yo me paso el día corre _____ (b) _____ , pero estoy bien.
El otro día nos llegó tu carta y nos quedamos muy preocupados. ¡_____ (c) _____ ver, hijo! ¿pero no te das cuenta de que lo que tú estudias allí no tiene _____ (d) _____ ¿? ¡Si fuiste tú el que dijo que se iba! Hijo mío, no _____ (e) _____ vencido. Haz caso a tu padre y no _____ (f) _____ perder todo lo que has hecho hasta ahora. Sabes que nosotros te queremos y te ayudaremos en todo lo que necesites.
Bueno, te dejo, que tus hermanos _____ (g) _____ al caer y no tengo la cena preparada.
Muchos besos,<br>Mamá

# El artículo

**I** *¿ Cuánto sabes ?*

1. ¿En qué casos se utiliza en este anuncio el artículo "el" o "la" y podría cambiarse por "un" o "una"? ¿Cambiaría el significado?
2. ¿Y al revés? ¿Se puede cambiar "un" o "una" por "el" o "la"?

## 1. USOS Y FUNCIONES

### 1.1. Puede aparecer acompañado a:

1.1.1. Un sustantivo.

1.1.2. Otras palabras o construcciones, haciendo que funcionen como un sustantivo: *El rojo* (adjetivo); *Los de abajo* (complemento con preposición); *Siempre hay un antes y un después* (adverbio); *Los que quieran venir que levanten la mano* (oración relativa).

Variaciones de género y número:
**a)** Con el adjetivo, complementos con preposición y oraciones de relativo de acuerdo con el supuesto sustantivo al que se refieren: *El (coche) rojo / La (casa) roja; Los (hombres) que quieran venir / Las (mujeres) que quieran venir.*
**b)** Con el infinitivo, el masculino singular (sólo varía el número en casos excepcionales): *El querer / Los quereres.*
**c)** Con adverbios, siempre en masculino singular: *El antes y el después.*

1.1.3. Puede acompañar también a oraciones sustantivas; en este caso siempre aparece la forma EL y puede eliminarse: *(El) que hayas ganado no te da derecho a insultarme.*

### 1.2. Su función es concretar e individualizar al objeto o persona designados por un sustantivo: *El muchacho del que te hablé* (ése en concreto); *He visto un coche precioso* (y no coches en general).

### 1.3. Se utiliza el artículo neutro LO:

1.3.1. Con adjetivos, complementos con preposición y oraciones relativas:
• Cuando hacemos referencia a un conjunto de cosas de diversos géneros que tiene una cualidad común: *Lo barato* (las cosas baratas) *siempre sale caro.*
• Cuando hacemos referencia a una acción, situación, frase o idea anteriores: *Ponme lo de antes; Al final pasó lo que te dije.*

1.3.2. En la construcción A LO + ADJETIVO O NOMBRE PROPIO para expresar el modo de realizar una acción (ver "La comparación"): *Se lo dijo a lo bruto; Canta a lo Julio Iglesias.*

1.3.3. Con un adverbio en construcciones comparativas o que tienen la idea de comparación, enfatizándolo: *Ve lo más pronto que puedas; Ven lo antes posible.*

1.3.4. En construcciones enfáticas del tipo *Lo tonto que es* (ver último punto de este tema).

## 2. CONTEXTOS EN LOS QUE ALTERNAN "EL / UN / AUSENCIA DE ARTÍCULO"

La aparición o no del artículo y los usos del artículo determinado e indeterminado son complicados. Por ello, tan sólo podemos señalar a continuación tendencias.

> No pueden aparecer a la vez delante del sustantivo el artículo y otro determinante (como posesivos, demostrativos y algunos indefinidos). Por ello, cuando se señala que el uso del artículo es obligatorio, debemos tener en cuenta que esto es así si no aparece otro determinante.

## 2.1. Artículo determinado (EL-LA-LOS-LAS):

2.1.1. Cuando se nombra algo específico, conocido o ya nombrado:
*–Te traigo el libro.*                              *Ese profesor* (nuestro profesor).
*+¿Qué libro?*                                      *Tras varios años de guerra, se firmó la*
*–Pues el libro que me pediste ayer, ya lo sabes.*  *paz* (la paz de esa guerra).

2.1.2. Cuando el sujeto es general o abstracto: *El profesor* (cualquier profesor) *tiene como obligación ayudar a los alumnos; Odia el teatro; La justicia debe ser para todos.*

2.1.3. Con sustantivos que expresan "materia", cuando se señala una porción determinada y ya establecida de esa materia: *Se tomó la leche* (que le había dejado preparada).

## 2.2. Artículo indeterminado (UN-UNA-UNOS-UNAS):

2.2.1. Cuando nombramos por primera vez un objeto o persona concretos; informamos a qué clase de objetos o personas pertenece y lo individualizamos: *Por la puerta pasó una señora.*

2.2.2. Cuando nombramos algo general en singular, UN-UNA puede alternar con EL-LA: *Una/la secretaria es una empleada indispensable en cualquier empresa.*

2.2.3. Con sustantivos abstractos acompañados de adjetivo: *Sentí una alegría incontenible.*

2.2.4. Con sustantivos que expresan "materia":
**a)** Si expresa una porción individualizada de esa materia; el sustantivo sufre una transformación y pasa a significar algo contable: *Se tomó un café* (una taza de café).
**b)** Si el sustantivo está acompañado de un adjetivo, aparece UN-UNA-UNOS-UNAS frecuentemente si el adjetivo expresa una valoración subjetiva: *Me dieron un vino repugnante.*

## 2.3. No aparece el artículo:

2.3.1. Cuando nombramos sólo la clase a la que pertenece un objeto o persona: *Esos que están allí sentados son policías.*

2.3.2. En plural, los objetos o personas aparecen también individualizados, como con UN: *Allí había (unos) policías.*

2.3.3. En la lengua formal, puede no aparecer el artículo en el caso de sujetos múltiples en plural coordinados: *(Los) profesores y (los) alumnos deben entenderse; (La) belleza y (la) armonía son los atributos del Arte.*

2.3.4. Se puede eliminar también el artículo en el caso de que haya varios sustantivos coordinados entre sí en cualquier contexto; se conserva el artículo del primer sustantivo: *Tengo los repuestos y piezas que me pediste.*

2.3.5. Con los sustantivos de "materia", cuando expresan una cantidad indeterminada o nombramos simplemente la materia en general: *Compré madera.*

2.3.6. Con sustantivos abstractos en función de complemento directo, cuando nos referimos al concepto en general y no van acompañados de adjetivos: *Pedimos justicia.*

## 3. CONTEXTOS EN LOS QUE ES OBLIGATORIO EL ARTÍCULO DETERMINADO

**3.1.** Con sustantivos que expresan juegos, actividades de ocio, diversiones: *Juego mucho al baloncesto; Cuando era pequeño iba mucho al circo.*

**3.2.** Cuando el sustantivo es sujeto de verbos como GUSTAR, APETECER, ENCANTAR, etc.: *Me gusta la leche.*

**3.3.** Cuando se nombra un lugar, ambiente, institución, podemos referirnos a un lugar concreto o hacer una referencia general al sitio donde se realiza una actividad: *Voy a la playa* (me puedo referir a una playa en concreto o al lugar en el que la gente se baña, toma el sol, etc.); *Estuve en el colegio* (me estoy refiriendo a mi colegio en concreto o al hecho de estudiar en un colegio).

**3.4.** Con el comparativo que expresa el grado más alto de una cualidad: *Es el mejor de la clase.*

**3.5.** Cuando nombramos partes del cuerpo, partes de nuestro vestuario u objetos personales con valor posesivo: *Me duele el pie; Se me ha roto el zapato.*

## 4. CONTEXTOS EN LOS QUE ES OBLIGATORIO EL ARTÍCULO INDETERMINADO

**4.1.** Detrás de HABER impersonal cuando el sustantivo está en singular o no es un colectivo, a menos que sean sustantivos de "materia" o abstractos: *Hay una persona que te busca / Hay gente que te busca.*

**4.2.** Al hablar de cantidades aproximadas: *Debo unas* (= aproximadamente/sobre) *veinte mil pesetas.*

## 5. CONTEXTOS EN LOS QUE ES FRECUENTE LA AUSENCIA DE ARTÍCULO

**5.1.** Con sustantivos que nombran estudios académicos o asignaturas, cuando no son sujetos: *Estudia arquitectura; La arquitectura es un arte; Entiende mucho de medicina.*

**5.2.** En complementos de sustantivos con las preposiciones DE, CON y SIN cuando estos equivaldrían a un adjetivo que define y delimita al sustantivo: *Dolor de cabeza; Casa sin ventanas; Café con nata.*

## 6. GRUPOS ESPECIALES

**6.1. Palabras que designan tiempos, épocas y edad:**

6.1.1. Días de la semana:

**a)** Llevan artículo:
→ Cuando hablamos de acciones habituales: *Los domingos suelo ir al cine.*

→ Cuando hablamos de un día determinado en el que sucedió o sucederá algo: *El domingo próximo viene Antonio.*

**b)** No llevan artículo:

→ Cuando señalamos qué día de la semana es: *Mañana es domingo.*
→ Al señalar plazos temporales con "DE...A": *Trabajamos de lunes a viernes.*
→ Cuando nos referimos a un día de la semana con características peculiares: *Hoy parece domingo. Todo está vacío.*

6.1.2.   Horas: sólo se omite el artículo al hablar de plazos temporales: *Abrimos de ocho a dos / Son las ocho.*

6.1.3.   Nombres de los meses: sólo llevan artículo si van acompañados por algún tipo de determinación o especificación: *El diciembre que pasamos juntos / Diciembre es un mes lluvioso.*

6.1.4.   Estaciones: suelen llevar artículo *(La estación que más me gusta es el verano)*; cuando tienen delante las preposiciones EN o DE el artículo puede usarse o no: *En (el) otoño iremos.*

6.1.5.   Fechas:

**a)** Días:   En general se usa el artículo *(El catorce de abril es mi cumpleaños),* excepto:
→ En los encabezamientos de cartas: *catorce de abril.*
→ Detrás de la preposición A: *Estamos a catorce de abril.*
→ Cuando señalamos qué fecha es: *Ayer fue catorce de abril.*

**b)** Años:   → Usamos el artículo cuando aparece la palabra "año" *El año 1942.*
→ No lo usamos tras la preposición EN si damos el año completo: *En 1942.* Si sólo nombramos las dos últimas cifras debe aparecer: *En el 42.*
→ En los demás casos es más frecuente que no aparezca: *1992 fue un año de grandes celebraciones.*

6.1.6.   Edad:

**a)** No se usa el artículo:
→ Con los verbos "tener" y "contar": *Tiene veinte años.*
→ Cuando aparece en un complemento con preposición: *A la edad de veinte años.*

**b)** Se usa el artículo determinado detrás de la preposición A: *A los veinte años.*

**c)** Con los verbos PASAR DE y CUMPLIR puede aparecer o no:
*Pasa de (los) cuarenta; Ayer cumplí (los) treinta y cuatro.*

## 6.2. Nombres propios

6.2.1.   Apellidos. Se usa el artículo:

a) Para designar al conjunto de los miembros de una familia: *Los García.*
b) Para referirnos a personas que poseen cualidades asociadas a un nombre propio: *Pinta fatal y se cree que es un Dalí.*
c) Para actrices, escritoras, cantantes, etc., a veces se usa LA + APELLIDO: *La Caballé.*

6.2.2.   Nombres de persona. Se usa el artículo determinado:

a) Con una especificación: *Éste no es el Pepe que yo conocí. Es diferente.*
b) En la lengua informal (con valor irónico o afectivo) y vulgar: *Ayer vino la Pepa.*

6.2.3.    Nombres de lugares.

   **a)** Se usa el artículo determinado con los ríos, mares, y cordilleras con nombre plural:
   *Los Andes, El Mediterráneo.*

   **b)** No se usa con los nombres de países, regiones y poblaciones excepto:
   → En algunos ya establecidos: *La Habana, La Haya, El Cairo, El Salvador, La Rioja, El Escorial,* etc. Se tiende actualmente a eliminar algunos de estos artículos cuando no forman parte del nombre propio: *(la) India. (los) Estados Unidos.*
   → Cuando aparecen delimitados o especificados: *La España actual es muy diferente.*

### 6.3. | Tratamientos

a) Se utiliza el artículo determinado con "señor", "señora", "señorita", excepto cuando se apela directamente al interlocutor: *¿Es usted el señor García?; Señor García, venga, por favor.*
b) No se utiliza con "don", "doña".

## 7.    USOS ENFÁTICOS

### 7.1. | Sobre la construcción VERBO + UN/A/OS/AS + SUSTANTIVO + QUE... para
destacar la cualidad, ver "La causa y la consecuencia": *Tiene un genio que no hay quien le aguante.*

### 7.2. | VERBO + UNA + DE + SUSTANTIVO. En la lengua informal, para destacar gran
cantidad de algo: *Había una de gente ayer en el cine...* (= Había muchísima gente).

### 7.3. | CONSTRUCCIONES CON ARTÍCULO + QUE. Destacan una acción, cualidad,
cantidad o situación:

| LO QUE | +VERBO |
|---|---|
| LO + adjetivo | |
| LO + adverbio | |
| LA DE + sustantivo | + QUE + VERBO |
| EL/LA/LOS/LAS + sustantivo | |

Equivalen a las construcciones exclamativas con QUÉ y CUÁNTO, pero destacan en mayor grado lo expresado por el verbo:

Cuánto come este chico!............................................................................¡Lo que come este chico!

¡Qué grande es ese barco!.....................................................................¡Lo grande que es ese barco!

¡Qué lejos está!...............................................................................................¡Lo lejos que está!

¡Cuánta gente hay hoy!.......................................................................¡La (de) gente que hay hoy!

¡Qué hambre tengo!.............................................................................¡El hambre que tengo!

Sobre estas construcciones precedidas de CON, para contrastar ideas o para expresar la causa de lo que se dice, ver respectivamente "Las construcciones adversativas y concesivas" o "La causa y la consecuencia": *Con la de gente que pasó por aquí y nadie lo vio; Con la de gente que va a venir, seguro que no hay bastante comida.*

**1** Has leído este anuncio en el periódico y ahora estás hablando con unos amigos que quieren comprarse un sofá. Completa la conversación con los artículos y palabras necesarios (en cada hueco pueden aparecer varias palabras):

–Pues _____ **(a)** es _____ **(b)** del sofá en La Oca, y he leído en un anuncio que hacen _____ **(c)** de _____ **(d)** en todos los modelos.

+¿Y dónde está eso?

–En _____ **(e)** de Toledo, en _____ **(f)** 1, al lado de _____ **(g)** Puerta de Toledo. Además, si vais en coche, podéis dejarlo en _____ **(h)** del Centro Comercial.

+Sí, pero no sé cuándo vamos a poder ir. Siempre estamos tan liados...

–Bueno, pero abren también _____ **(i)** por _____ **(j)** . Y si queréis saber qué horario tienen, tengo anotado el número de teléfono. Esperad un momento. Sí, aquí está. Es _____ . **(k)**

**2** En cada grupo, relaciona cada frase con una o más de las continuaciones que están debajo:

**A**

a. −¿Has comprado pan?
b. −¿Has comprado el pan?
c. −¿Has comprado un pan?

1. +Sí, pero hoy he comprado menos.
2. +No, porque estamos a régimen, ¿ya no te acuerdas?
3. +No, he comprado una barra.

**B**

a. ¿Tienes lápiz?
b. ¿Tienes un lápiz?
c. ¿Tienes el lápiz?

1. Te va a hacer falta para el examen.
2. Es que se me ha olvidado el mío.
3. Te lo dejé hace una semana y no me lo has devuelto.

**C**

a. Es médico.
b. Es el médico.
c. Ése sí que es un médico.

1. Trabaja en un hospital de Madrid.
2. Es buenísimo.
3. Ya va a empezar la consulta.

**D**

a. Tomaron café
b. Se tomaron un café
c. Se tomaron el café

1. que les puse y se marcharon
2. porque no les gusta el té
3. en el bar de enfrente

**E**

a. Dame veinte mil pesetas.
b. Dame las veinte mil pesetas.
c. Dame unas veinte mil pesetas.

1. Ni un duro menos.
2. Si son diecinueve mil da igual.
3. Estoy harto de pedírtelas.

**3** En el siguiente texto, elige la opción u opciones correctas entre las que te damos entre paréntesis:

### COMPARTO PISO

Convivir bajo **(1)** (a. mismo techo; b. un mismo techo: c. el mismo techo) nunca es fácil, y menos cuando **(2)** (a. habitantes; b. unos habitantes; c. los habitantes) **no se conocen.**

Convivir no es fácil, pero a veces no hay más remedio que hacerlo para poder pagar las facturas **(3)** (a. a fin; b. a un fin; c. al fin) de mes. Llega **(4)** (a. momento; b. un momento; c. el momento) de plantearse compartir **(5)** (a. piso; b. un piso; c. el piso) con alguien, una posibilidad que puede suscitar más de un conflicto con **(6)** (a. otra; b. una otra; c. la otra) u otras personas. Por eso, nada mejor que dejar **(7)** (a. cosas; b. unas cosas; c. las cosas) claras desde **(8)** (a. primer; b. un primer; c. el primer) instante. Para no salir "escaldados" conviene tener en **(9)** (a. cuenta; b. una cuenta; c. la cuenta) ciertos aspectos muy importantes.

• Facturas. Agua, luz, teléfono. Dicen **(10)** (a. unos que; b. las que; c. los que) han pasado por esta experiencia que **(11)** (a. uno mejor; b. el mejor; c. lo mejor) es abrir **(12)** (a. cuenta; b. una cuenta; c. la cuenta) corriente conjunta en **(13)** (a. lo que; b. la que; c. el que) periódicamente cada uno vaya aportando

→

→

**(14)** (a. cuota; b. una cuota; c. la cuota) concreta de dinero.

•¿Gente conocida o extraños? Los iniciados aconsejan **(15)** (a. desconocidos; b. unos desconocidos; c. los desconocidos), pero con **(16)** (a. referencias; b. unas referencias; c. las referencias) a través de terceros; por ejemplo, una amiga de **(17)** (a. amigo; b. un amigo; c. el amigo) común.

• Mantenimiento de la casa. Las cuestiones más aburridas, como la limpieza, han de establecerse desde **(18)** (a. principio; b. un principio; c. el principio); si es necesario, con **(19)** (a. tabla; b. una tabla; c. la tabla) de **(20)** (a. horarios; b. unos horarios; c. los horarios) según los días.

Fragmentos de
"Comparto Piso", Ana Marcos. *El País Semanal*

---

**4**   En el siguiente texto faltan 31 artículos determinados (EL, LA, LOS, LAS, LO) cuya utilización es necesaria y obligatoria. Búscalos y escríbelos.

## Miedo a Domingo

Domingo, sobre todo domingo por tarde, es muro contra que choca fin de semana para mucha gente. Ese momento coincide con sentimientos de angustia, de irritabilidad, de desazón e incluso de miedo. Es síndrome de domingo por tarde. Síntomas son claros: angustia, tensión, miedo, cambios bruscos de humor, desánimo, sensación de vacío en estómago, dolor de cabeza o malestar físico, y afectan fundamentalmente a dos tipos de personas. Por un lado, a personas muy competitivas, que necesitan estar informadas de todo relacionado con su profesión y que consideran el ocio y las fiestas una pérdida de tiempo.
Otro grupo lo constituyen quienes viven su ámbito laboral de manera conflictiva, aquellos que no encuentran satisfacción alguna en su trabajo, que realizan actividades rutinarias que no aportan nada más que cantidad de dinero para llegar a fin de mes. Estos individuos sienten angustia y tensión cuando ven que se va acercando lunes y tienen que volver a enfrentarse a trabajo. (....) Según doctor Albert Sola Castelló, estos sentimientos se dan más en ciudades, donde hay más situaciones de estrés que en campo (...)
Para luchar contra angustia de domingo no hay recetas; como indica doctor Sola, "que no se arregla durante semana no se soluciona en unas horas; hay que prepararse todos días para afrontar y vencer ansiedad. Se trata, sobre todo, de cambiar de estilo de vida, de situar trabajo en lugar que le corresponde, sin darle ni más ni menos importancia de que tiene, buscando, sobre todo, armonizar vida real con deseos.

Lola Martínez, *El País Semanal,* extracto

---

**5**   En el texto "Armas de mujer" que tienes a continuación, faltan artículos determinados e indeterminados que son de uso obligatorio, en total 25. En algunos casos pueden usarse dos.

Ninguna de estas dos profesionales de secretariado ha sido típica muñequita colocada en antesala de despacho oficial, contestando a teléfono con uñas recién pintadas. Ana de Cal ha convivido con más de media docena de jefes en sus casi 30 años de oficio. Ana Pilar Pedrosa sólo tiene 23 y, además de ocupar la vicepresidencia de Asociación Española de Secretarias, es mano derecha de presidente de entidad bancaria.
Ana de Cal fue rompedora secretaria que llegó a oficio con 28 años y las ventajas de haber vivido cuatro años en Londres practicando algo más que inglés de andar por casa. "Me encantaba escribir y en las empresas en las que he trabajado, dedicadas casi todas a publicidad, en seguida vieron que mío eran textos. Hoy soy redactora de la revista *Secretaria,* que edita nuestra asociación, pero queremos pasar la antorcha a las más jóvenes (...) trabajo es más difícil de lo que parece porque, sobre todo actualmente, secretaria no está solo para archivar documentos, taquimecanografiar cartas o pasar llamadas. Tampoco ha de ser clásica 'Marylin'. Buena secretaria debe saber cómo ser insustituible sin salir de la sombra." (...)
La joven Ana Pilar cursó estudios de secretariado internacional en un centro "donde muchas compañeras demostraban no tener ningún interés por profesión. Era forma de evitarse universidad. Nada más obtener título, comencé a trabajar. Primer día me pareció tenso y divertido, difícil pero apasionante.

Sol Alonso, *El País*, extracto

---

**6** Estás leyendo *El libro de lo insólito pero cierto* (de la revista *Muy Interesante*) con un amigo, y algunas cosas te sorprenden. Reacciona ante las siguientes informaciones usando las estructuras del apartado 7.3. de "A saber" y la palabra que te damos entre paréntesis al final, como en el ejemplo.

a) Sólo una quinta parte de los nacimientos ocurren en el día previsto por el ginecólogo. (EQUIVOCARSE LOS GINECÓLOGOS)
–¡Hay que ver _____ ¡

b) La cantidad de carbono que guarda un cuerpo humano es suficiente como para ¡recargar las minas de 9.000 lapiceros! (CARBONO, TENER)
–¡_____ ! Si me lo dicen no me lo creo.

c) Se calcula que en todo el mundo se consumen a diario dos millones de aspirinas. (ASPIRINAS, TOMAR)
–¡_____ ! Es demasiado.

d) La criatura que más rápidamente se mueve en el agua es el pez aguja, que alcanza los 110 kilómetros por hora. (RÁPIDO, SER)
–¿Has visto_____ ? ¡Si corre más que mi coche!

e) Se estima que el 90 por ciento de los delitos violentos son cometidos por hombres. La causa podría estar en la hormona masculina testosterona. (VIOLENTOS, SER)
–No me extraña, porque... ¡es que hay que ver_____ !

f) En Egipto, cuando un médico realizaba una operación con éxito a un noble recibía 10 monedas de plata. Esta suma equivalía a 450 días de trabajo de un carpintero. (VIVIR BIEN LOS MÉDICOS)
–¡Fíjate_____ en Egipto!

g) En Worcester, Massachussetts, cuatro chicas fueron atendidas por dislocarse la mandíbula mientras gritaban en un concierto de Bruce Springsteen. (GRITAR FUERTE)
–¡_____ para dislocarse la mandíbula! ¡Qué brutas!

h) El cuerpo humano contiene suficiente grasa como para hacer siete pastillas de jabón de baño. (TENER GRASA)
–¡Fíjate_____ ! ¡Y yo que pensaba que después del régimen la había perdido toda!

i) Por término medio, una persona consume a lo largo de su vida 50 toneladas de comida. (COMER)
–¡Qué barbaridad! ¡_____ !

**I ¿Cuánto sabes?**

Si esto te lava la ropa, esto te la seca, esto te prepara la comida y esto te friega los platos. ¿Qué puedes hacer tú mientras?

● Puedes ver la televisión ● Escuchar tu compact-disc favorito ● Ver las fotos de tus vacaciones ● Disfrutar y aprender con la infinidad de títulos multimedia ● Alucinar con los últimos juegos interactivos ● Llevar tu propio negocio ● Todo con el ordenador personal más vendido en el mundo. Compaq. Llama al 900 20 40 60.

**COMPAQ**
**PRESARIO**

1. Fíjate en los electrodomésticos del anuncio. ¿Cómo se llaman?
2. ¿Qué género tiene cada electrodoméstico?
3. ¿Por qué crees que en el anuncio se utiliza "esto" y no "este" o "esta"?

## 1.  FUNCIONES

Pueden funcionar como determinantes, cuando acompañan al sustantivo, o como pronombres, cuando lo sustituyen.

## 2.  USOS PRINCIPALES

**2.1.**  **Señalamiento espacial real** (de objetos presentes en el momento de la enunciación).
*Coge esto un momento; Mira ese chico; ¿Ves aquella casa?*

**2.2.**  **Señalamiento temporal** (en el pasado, presente o futuro de objetos, personas o situaciones no presentes en el momento de la enunciación).

**1**  **A.** Lee las siguientes frases. Observa e indica qué expresan los demostrativos en ellas (pasado, presente o futuro) y completa a continuación el cuadro del apartado B poniendo el demostrativo que corresponda a cada referencia temporal.

- **Aquella** España del XIX no es esta España de hoy.
- Para **ese** día ya estaré bien. Todavía queda mucho tiempo.
- No quiero dejarlo por más tiempo. **Este** viernes vamos a la playa.
- En **este** momento no puedo atenderle. Estoy ocupado.
- **Esta** noche me he puesto muy enfermo y me he levantado hoy por la mañana muy tarde.
- Siempre me acordaré de **ese** día del mes pasado en que fuimos juntos a ver amanecer.

**B.**

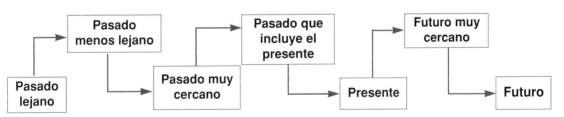

**2.3.**  **Para referirse a personas**

| ESTE/A/OS/AS<br>ESE/A/OS/AS<br>AQUEL/AQUELLA/OS/AS<br>en lugar del nombre de la persona.<br><br>ESTO/ESO (ver 3.4.) | • Ofensivo o descortés en situaciones en que no hay confianza: *Éste es tonto.*<br><br>• Humorísticamente, expresa sorpresa o rechazo frente a lo dicho por nuestro interlocutor: *¡Anda éste con lo que sale!* |
| --- | --- |

**Para referirse a otros elementos del discurso**

2.4.1. **Diálogo → Ese:** Las palabras o conceptos expresados por el interlocutor o por nosotros mismos son retomados con "ese..." pronombre o "ese + sustantivo que reformula o resume lo expuesto".
–¿*Te acuerdas del chico que vimos ayer?*
+*Sí, pero ÉSE no es el que...*
*Voy a dejar mi trabajo en la empresa, pero ESO no quiere decir que me retire completamente.*

2.4.2. **Lengua formal, monólogo escrito o hablado → Este:** utilizado como enlace entre oraciones: *A finales del siglo XVIII, toda la región vive momentos de gran vitalidad comercial, que apunta hacia su inmediato desarrollo mercantil. Prueba de ESTAS transformaciones...*

ESTE puede referirse no a un elemento anterior, sino anunciar algo que viene a continuación: *Solamente os quiero decir esto: si...*

2.4.3. **En la lengua formal: enumeraciones de varios elementos → Éste... Aquél, Aquél... Éste:** ÉSTE se refiere al primer elemento y AQUÉL al segundo. *Tuvo dos pretendientes, Alfonso y Carlos, pero no llegó a casarse: aquél (Alfonso) le resultaba vulgar, y éste (Carlos) era pobre.*

# 3. USOS DE LOS PRONOMBRES NEUTROS

Referentes de los demostrativos neutros:

**3.1.** **Un objeto cuyo nombre o identidad se desconocen:** *¿Cómo se llama esto?*

**3.2.** **Un objeto que no queremos o no creemos necesario nombrar:** *Pásame eso.*

**3.3.** **Una oración, argumento o razonamiento anteriores, una situación mencionada o que está en el contexto, o una acción:** *Eso que dices no me parece mal.*

**3.4.** **Personas, con valor despectivo (eso) o simplemente humorísticos (esto, eso):** *¿Pero cómo has podido casarte con eso?*

# 4. COLOCACIÓN DEL DEMOSTRATIVO DETERMINANTE

Lo normal es que vaya delante del sustantivo, pero hay excepciones:

**4.1.** • **¡Vaya + sustantivo + este/a/os/as + oración de relativo!**
• **¡Qué + sustantivo + este/a/os/as¡** Sirven para expresar sorpresa, admiración, desprecio, según la entonación: *¡Qué chico este!; ¡Vaya coche este que te has comprado!*

**4.2.** **Artículo + sustantivo + demostrativo.**
Valor despectivo: *Me tiene harta el tío este,* o de simple rechazo: *La escuela esa donde estudia.* A veces es una mera variación: *¿Te acuerdas del chico aquel que conocimos?*

## 5. OTROS USOS DE LOS DEMOSTRATIVOS

| | |
|---|---|
| ESTO<br>ESTE | • En la lengua hablada, para ganar tiempo mientras se piensa qué decir a continuación. |
| ESTE<br>ESTA | • En la lengua informal = YO: *Pues estará muy bien, pero éste (yo) no va a ir a verlo.* |
| ESE/A/O/AS/AS | • En la lengua informal, para preguntar por la salud, saludar, invitar al saludo *(¿Qué tal va esa vida?; ¿Cómo va eso?)*. |
| ARTÍCULO + ESTE/A/OS/AS<br>ESE/A/OS/AS | • En la lengua informal, cuando, por pereza u olvido momentáneo, no decimos en nombre del objeto *(Dame el ese que está allí)*. |

## 6. FÓRMULAS Y EXPRESIONES CON DEMOSTRATIVOS

√ *Esto, lo otro y lo de más allá* (para referirse a cosas en general, sin especificarlas).

√ *Por éstas* (juramento acompañado por el gesto de besarse los dedos pulgar e índice formando una cruz = *juro por estas cruces* ).

√ *Pues eso, eso sí que no, eso sí, eso no* (hacen referencia a lo que se acaba de decir).

√ Expresiones que utilizan pronombres demostrativos femeninos que no hacen referencia a nada (es decir, que no sustituyen a algo femenino): *Ni por esas* (ni siquiera intentándolo de ese modo), *esa es otra* (además sucede esto) *y en esas estábamos cuando* (eso es lo que hacíamos / eso es lo que nos estaba sucediendo cuando...) *¿Conque esas tenemos?* (así que eso es lo que te propones /así que así piensas actuar), *¡A mí con esas!* (A mí no me hacen cambiar de actitud con lo que se ha dicho o hecho).

√ *Tener algo su aquel* (algo no es tan simple como parece).

## III Ejercicios

**✳ 2** En la primera parte de esta receta hemos puesto los pronombres demostrativos en mayúsculas. ¿Puedes decir a qué se refiere cada uno?

---

**Ingredientes:**

2 perdices, 2 lonchas de panceta, 150 gr. de mantequilla, 1/4 de l. de champagne, 6 higaditos de pollo, 4 rebanadas de pan tostado, 1/2 cucharada de harina, sal y pimienta.

---

### Perdices al champagne

Limpia, vacía y echa sal y pimienta a las perdices. Ata fuertemente una loncha de panceta alrededor de ÉSTAS **(a)**. Interesa que ÉSTA **(b)** sea larga para que abarque toda la superficie de las perdices. ESTO **(c)** hará que las perdices adquieran todo el sabor de la panceta. Coloca mantequilla en una sartén y cuando ÉSTA **(d)** se derrita, agrega las perdices junto con la mitad del champagne. Todo ESO **(e)** se mete en el horno y se asa durante treinta minutos.

**3**

Ésta es la segunda parte de la receta anterior. Evita las repeticiones sustituyendo las palabras en mayúsculas por un pronombre demostrativo.

Mientras las perdices están en el horno saltea durante cuatro o cinco minutos los higaditos en 30 gr de mantequilla. Mantén el fuego bajo para que LA MANTEQUILLA **(a)** no se queme. Pasa todo por un tamiz para hacer una crema. Usa LA CREMA **(b)** para untar las rebanadas de pan tostado. Coloca las rebanadas en una fuente teniendo cuidado de que LAS REBANADAS **(c)** no se rompan. Saca las perdices del horno y colócalas encima de las rebanadas, utilizando un cucharón para que el jugo no se pierda. Haz una salsa en la misma bandeja del horno cociendo en LA BANDEJA DEL HORNO **(d)** el resto del champagne, el jugo de las perdices, la mantequilla y la harina. Vierte ESTAS COSAS MEZCLADAS **(e)** sobre las perdices y sirve enseguida.

**4**

Los demostrativos que aparecen en mayúsculas en el siguiente diálogo hacen referencia a personas. Relaciona cada demostrativo con uno de estos pronombres: **yo, tú, él, ella, o ellos.**

*(En un banquete de boda.)*

Pedro: Menuda pinta tienen esos langostinos.
Julián: Pues ÉSTE **(a)** piensa comerse dos platos. Como son gratis...
Pedro: Anda ÉSTE **(b)**, que parecía tonto. Tú te comerás los que te pongan.
Pepi: Pues dicen que los langostinos son muy malos para el colesterol.
Manolo: A ÉSTA **(c)** no le hagáis ni caso, que está obsesionada con la salud.
Pepi: Oye, tú te callas, que pareces idiota.
Pedro: ¡Eso, Pepi! ¿Pero qué haces tú saliendo con ESO **(d)**, que no se le puede llamar ni persona?

Manolo: Eh, sin faltar.
Pepi: Si es que tú te has creído que ÉSTA **(e)** te lo va a aguantar todo... Pues no estoy dispuesta.
Manolo: Pedro, dile a ÉSA **(f)** que se calle que no me quiero enfadar.
Pepi: Mira, Manolo, no metas a Pedro en esto. Porque quieras hacerte el gallito delante de ÉSTOS **(g)** no te voy a tener que aguantar toda la comida.
Manolo: ¡Mira ÉSTA! **(h)** ¿Pero tú quién te has creído que eres?
Julián: ¡Bueno, no discutáis, que nos va a sentar mal la comida!

**5**

**A.** Ordena las palabras de manera que tengan sentido (en algunas hay varias posibilidades):

a)   ¡coche comprado éste has que te vaya!
b)   ¡este hombre más pesado qué!
c)   de donde el ese pueblo viene
d)   ¿acuerdas aquel de de donde Granada paramos restaurante te viniendo?

**B.** Ahora junta cada mitad con su continuación:

e)   debe de ser muy bonito.
f)   ¡Qué bien estaba!
g)   ¡Bien caro y bien malo!
h)   ¡Es que no se calla nunca!

**6** Completa las frases con las siguientes expresiones y di si el demostrativo se refiere a una persona, objeto, situación, etc., o no se refiere a nada en concreto.

| | |
|---|---|
| • AQUEL | • ESO SÍ QUE NO |
| • ESA ES OTRA | • ESO (X 2) |
| • ESO DE | • NI POR ESAS |
| • ESTO (X 2) | • EN ESAS ESTÁBAMOS |
| • QUE SI ESTO, QUE SI LO OTRO Y QUE SI LO DE MÁS ALLÁ | • ESAS |
| | • ESTAS |
| • CON ESAS | • PUES ESO |

| | |
|---|---|
| a) | Oye, sujétame _____, que se me cae. |
| b) | A mí no me gusta _____ tener que hacer siempre lo que él diga. |
| c) | Siempre está _____. El caso es quejarse. |
| d) | ¿A mí _____? Este tío se va a acordar de mí. ¡Por _____! |
| e) | A: Ven cuando quieras, ya sabes que siempre estamos en casa.<br>B: Ya. Es que como siempre estoy tan ocupado...<br>A: Bueno, _____, que cuando tú quieras nos vienes a ver. |
| f) | A: He decidido que me voy de esta casa.<br>B: ¿Conque _____ tenemos, eh? Pues por mí puedes hacer lo que quieras. |
| g) | (Un vecino a otro en la escalera de la casa): ¿Qué? ¿Cómo va _____? |
| h) | (Un arquitecto a un albañil en una obra) ¿Qué tal va _____? |
| i) | Pues no te creas que es tan fácil. Esto tiene su _____. |
| j) | A: Bueno, de acuerdo, nos vamos a comer a un restaurante. Pero pago yo, ¿eh?<br>B: _____. Hoy invito yo. |
| k) | Dijo que le ayudara a preparar la comida, y _____ cuando llegó su mujer. |
| l) | ¡Pero dónde vas con_____! ¿No ves que no es nuestro? |
| m) | A: ¿Pero no venía Luis a recogeros?<br>B: Ya, _____. Ahora resulta que a Luis se le ha estropeado el coche. |
| n) | Estábamos dispuestos a darle todo lo que nos pedía, pero _____. Se negó a seguir trabajando para nosotros. |

I ¿Cuánto sabes?

1. ¿A qué persona se refiere el posesivo "SU"?
2. ¿A quién se refiere el pronombre "LA TUYA"?
3. Marca cuáles de las siguientes frases son correctas y equivalentes a la del anuncio:
   a) Cómo recordar los mejores momentos de la vida suya sin complicarte la vida.
   b) Cómo recordar los mejores momentos de la suya sin complicarte la vida.
   c) Cómo recordar los mejores momentos de la suya sin complicar tu vida.
   d) Cómo recordar, sin complicarte la vida, los mejores momentos de la suya.
   e) Cómo recordar los mejores momentos de su vida sin complicártela tú.

# II   *A saber*

## 1.   FORMAS Y FUNCIÓN

| | | |
|---|---|---|
| HAY DOS SERIES DE POSESIVOS | Grupo I ⟶ | formas átonas: mi/s, tu/s, su/s |
| | Grupo II ⟶ | formas tónicas: mío/a/os/as, tuyo/a/os/as, suyo/a/os/as. |
| FORMAS COMUNES A LAS DOS SERIES | nuestro/a/os/as vuestro/a/os/as | |

Ambas series sirven para establecer entre una persona y lo nombrado una relación, que puede ser de pertenencia, parentesco, etc.

## 2.   COMBINACIONES DE LOS POSESIVOS CON OTROS ELEMENTOS

| GRUPO I (formas sin acento) | GRUPO II (formas con acento) |
|---|---|
| Acompañan siempre a un sustantivo. | Pueden aparecer solos. |
| Delante del sustantivo; si algún adjetivo acompaña al sustantivo, delante del adjetivo: *Tu pobre madre.* | Detrás del sustantivo; si un adjetivo acompaña al sustantivo, normalmente el adjetivo aparece detrás del posesivo: *Un amigo mío alemán.* |
| No admiten delante otros determinantes, como artículos o demostrativos. Son compatibles, con determinantes como TODO/A/OS/AS (que se utilizarían delante: *Todos mis amigos...*) y OTRO/A/OS/AS (detrás: *Mis otras objeciones son...*) En cambio, para hablar de VARIOS o ALGUNOS, etc. necesitamos decir: *Varios de mis libros; Algunas de mis ideas.* | Podemos usar delante del sustantivo cualquier determinante: *Esos discos tuyos; Varios amigos suyos; Cuatro obras mías.* |
| Son incompatibles con el verbo HABER: *Tu piso está en venta* (y no *Hay tu piso en venta*). | Puede usarse un POSESIVO con acento con el verbo HABER y un SUSTANTIVO PLURAL o con sentido plural: *Todavía hay cosas tuyas en mi casa.* |

## 3.   CONTEXTOS EN LOS QUE SE USAN LOS POSESIVOS, Y SUS VALORES

### 3.1.   *Mi casa*

3.1.1.   En español, en general, se usan menos los posesivos sin acento (GRUPO I) que en otras lenguas. Se prefiere el artículo:

• Si existe otro tipo de construcción con un pronombre que indique ese tipo de relación personal; así, preferimos decir: *Se le ha estropeado el coche* antes que *Se le ha estropeado su coche.*

• Si la relación personal está explícita o implícita en el contexto y no hay confusión posible; así, se dice *¿Has encontrado el bolso?* si está claro que el bolso que esa persona buscaba era el que le pertenecía, o, en el caso de las partes del cuerpo y pertenencias personales (ropa y otros), decimos *Me he cortado el pelo, Le duele la cabeza,* pero *¿Te gustan mis ojos?,* ya que en este último caso el uso del posesivo es necesario para la comprensión.

3.1.2   Se usan estos posesivos sin acento:

• Cuando los interlocutores comparten unos conocimientos personales, culturales o propios de la situación en la que están inmersos, por lo que el sustantivo y su relación con la persona están perfectamente delimitados.

| Ejemplo | Si estoy en clase, puedo preguntarle a un compañero: *¿Has cogido mi libro?,* pues él sabe que me refiero al libro de texto (y necesito usar el posesivo porque si dijese: *¿Has cogido el libro?,* podría interpretarse como el libro de otra persona o del profesor, y mi interlocutor preguntaría: *¿Qué libro?*); en cambio, si se tratara de una novela que estoy leyendo estos días, y no la llevo normalmente a clase, sería más normal preguntar algo como: *¿Has cogido un libro que tenía encima de la mesa?* |
|---|---|

• Cuando ya ha habido una mención anterior del sustantivo:

| Ejemplo | Si le estoy contando lo que hice el fin de semana a un compañero de clase que no conoce a mis amistades, podría decir: *Ayer me fui de excursión con un amigo mío,* y, más tarde, contando lo que hicimos, *...y entonces mi amigo decidió que..,* pues ahora, mi interlocutor sabe de quién estoy hablando. |
|---|---|

• Cuando se habla de personas o cosas que mantienen una relación única e irrepetible con la persona *(tu padre, su marido),* o de posesiones que para la mayoría de la gente son únicas *(su casa, su coche).*

**Observación:** en la lengua informal, puede usarse también la construcción DEMOSTRATIVO + SUSTANTIVO + POSESIVO con acento: *Este marido tuyo, este país nuestro,* con valor irónico o humorístico.

3.1.3.   A veces se usa el posesivo sin acento para dar énfasis en la lengua informal: *Aquel hotel tenía su encanto; Me regaló un ramo de flores precioso, con sus rosas, sus gladiolos...*

## ▌ 3.2. │  *Es mi primo / es primo mío*

| *Son cosas mías. Son manías suyas* SER (o verbos equivalentes: CONSIDERAR, PARECER) + SUSTANTIVO + POSESIVO con acento | Usamos el posesivo con acento cuando definimos la relación que mantenemos con alguien o algo, y esa relación puede darse con otros objetos o personas del mismo nombre. |
|---|---|
| *Es mi abrigo. Es mi padre* SER + POSESIVO sin acento + SUSTANTIVO | Si la persona mantiene con un objeto singular una relación de posesión real, debemos decir: *Es mi abrigo,* si queremos distinguir ese objeto de otros. También si la relación que mantenemos con el objeto o persona es única, no transferible a otros objetos o personas. |
| *Es mi primo = Es primo mío* | Si hablamos de personas, y sobre todo cuando la relación es de parentesco, es posible usar ambas formas cuando la relación no es única. |

— 214 —

### 3.3. *Esa casa es mía / Esa casa es la mía*

3.3.1. Pueden utilizarse los posesivos del GRUPO II sin sustantivo ni determinantes cuando hablamos de quién es el poseedor de un objeto: *Esta casa es mía, no tuya.* En este caso admiten la comparación y la gradación: *Eso es mío y muy mío; El coche es más mío que tuyo, porque yo puse más dinero.*

3.3.2. Usamos las formas como "el mío" cuando hay varios objetos, personas, ideas, etc., de la misma categoría, para distinguir los que pertenecen a unas personas y a otras: *De todas esas casas de enfrente, la que tiene la puerta azul es la mía.*

### 3.4. *El mío*

| EL/LA/LOS/LAS + POSESIVO CON ACENTO | • para evitar la repetición de un sustantivo: *¿En qué coche vamos, en el mío o en el tuyo?* |
|---|---|
| LO MÍO, LO TUYO, LO SUYO, LO NUESTRO, LO VUESTRO | • para referirse a situaciones, acciones, y objetos cuya identidad o nombre se desconoce o no se quiere nombrar, a grupos de objetos de diversas clases y nombres, etc.: *Toma, esto es lo tuyo* (por ejemplo, haciendo entrega a alguien de un conjunto de cosas diversas).<br><br>• para destacar un sufrimiento o esfuerzo: *Le costó lo suyo; Pasamos lo nuestro.* |

También se usa en la construcción ¡QUÉ + SUSTANTIVO + EL/LA/LOS/LAS + POSESIVO!, muy enfática por su valor excesivamente admirativo: *¡Vaya! ¡Qué memoria la tuya!*

### 3.5. *El coche tuyo*

El grupo EL/LA/LOS/LAS + SUSTANTIVO + POSESIVO con acento tiene pocos usos: casi sólo se utiliza cuando detrás hay una oración de relativo que delimita el significado de todo lo anterior.

> **Ejemplo**
>
> *Las obras tuyas que vi en la exposición me gustaron mucho, pero las demás no;* no nos estamos refiriendo al conjunto de las obras de este artista sino solamente a las que vimos, y usamos el posesivo para separar ese conjunto de obras de las de los demás artistas que exponían; no podríamos usar el posesivo sin acento, porque con él nos referiríamos al conjunto de las obras de arte de ese artista ("tus obras" = "todas tus obras"), por lo que el resto de la frase ya no tendría sentido.

### 3.6. *Una hija mía / mi hija*

Cuando utilizo "mi hija", sin ninguna palabra detrás que delimite el significado, doy a entender que solamente tengo una; en cambio, cuando digo "una hija mía" quiero decir que tengo más.

Si uso palabras que delimiten el significado, como "la mayor", "la profesora", utilizo las formas sin acento: *mi hija la mayor, mi hija la profesora,* dando a entender que tengo una hija menor o una hija que tiene otra profesión.

| 3.7. | *Madre mía* |

3.7.1. En la lengua informal:

• Exclamaciones que a veces constituyen expresiones fijas, como *¡Madre mía!, ¡Dios mío!* (que usamos cuando estamos sorprendidos o asustados) *¡Pobrecito mío!* (para expresar compasión por alguien con el que mantenemos algún tipo de relación) etcétera.

• En la lengua familiar y frecuentemente con intención humorística, fórmulas que sirven para comenzar o mantener contactos con el interlocutor: *Mira, hija/o mía/o...; Amor mío; Cariño mío,* etcétera.

3.7.2. En las cartas comerciales es muy frecuente el encabezamiento *Muy señor/a mío/a o Muy señores nuestros.*

## 4. EXPRESIONES CON POSESIVOS

| 4.1. | **Con MAYORÍA, TOTALIDAD, CONJUNTO, MAYOR PARTE, etc., la construcción más usual es:** "la mayoría / el conjunto / la mayor parte de..." Sin embargo, podemos decir también "Los/las..., en su mayoría / totalidad / mayor parte", etc. Por ejemplo: *Los españoles, en su mayoría, prefieren... / La mayoría de los españoles prefiere...* |

| 4.2. | **Con expresiones o locuciones con DE + SUSTANTIVO** ("por parte de", "a favor de", "en contra de", "de parte de", "a la izquierda de", etc.), podemos usar también los posesivos: *Por mi parte no hay nada más que hablar; Dale recuerdos de nuestra parte; ¿No lo ves? Está a mi derecha; ¿Estás a su favor?* La mayoría admite también los posesivos con acento (pero no: "a la izquierda / derecha"); su uso es más informal: *Todo se volvió en contra suya; Se lo diré de parte tuya.* |

| 4.3. | ***En su día*** y ***En su momento*** **(formales):** señalan un momento en el pasado o futuro, que no podemos o nos interesa especificar, en el que se produjo o se producirá algo: *Ese tema se tratará en su día* (en el día en que corresponda tratarlo, no ahora); *En su momento ya dijimos que no era conveniente hacer ese contrato* (en el momento en el que correspondió tomar esa decisión). |

| 4.4. | ***Salirme con la mía, salirte con la tuya,*** **etc. (informal):** conseguir lo que se quiere, aun cuando existe oposición: *Dio tanto la lata que al final se salió con la suya.* |

| 4.5. | ***Soy muy mío/a, eres muy tuyo/a,*** **etc. (informal):** ser muy orgulloso, egoísta, especial o independiente: *Son muy suyos, no se les puede mandar nada.* |

| 4.6. | ***(Una) de las mías / tuyas / suyas,*** **etc.** (informales con los verbos HACER y DECIR o semejantes): se aplica a actos o palabras propios o peculiares de alguien, generalmente censurables o aceptables si se consideran graciosos: *Ya está ése haciendo de las suyas. Ya verás como nos estropea el día.* |

| 4.7. | ***Cada cual / cada uno/a a lo suyo*** (con sentido general) **o Pronombre personal o nombre de persona + a lo mío/ tuyo / suyo, etc.** (frase personal, referida a una o unas personas en concreto) (informales): para indicar a un grupo de personas o a alguien |

en concreto que debe dedicarse a sus cosas o que no debe hacer o decir cosas que no son de su incumbencia: *Bueno, venga, cada uno a lo suyo, que al final no nos va a dar tiempo a terminarlo; Tú a lo tuyo, que mis asuntos me los soluciono yo.*

**4.8.** ***Lo mío / tuyo / suyo,* etc**. Se usa informalmente con el significado de "su especialidad, lo que le gusta, lo que hace bien": *Desde luego, cantar no es lo vuestro. Lo hacéis fatal.*

**4.9.** ***Los míos / tuyos / suyos / nuestros / vuestros,*** en masculino, pueden usarse para designar a la familia: *Gracias a Dios, todos los míos están bien;* en masculino o femenino, puede utilizarse informalmente para hablar de "los/las que hacen o piensan lo mismo que otra persona o los que tienen los mismos gustos que una persona o participan en actividades comunes con ella": *Ése es de los tuyos: le gusta la música clásica, no bebe ni fuma, y es ecologista.*

**4.10.** ***Ésta es la mía / tuya / suya,* etc.** (informal): ser la oportunidad de alguien: *Ésta es la nuestra. Ahora que está desprevenido le vamos a hacer nuestra propuesta.*

# III Ejercicios

**1** **A.** En las siguientes frases que le dice una mujer a su marido, elige la opción correcta. En algunos casos las dos posibilidades son correctas:

| | |
|---|---|
| a) ¿Cuándo te vas a cortar **(el / tu)** pelo? | g) No me gusta **(el / mi)** jersey nuevo, porque cuando me lo pongo me pican **(los / mis)** brazos. |
| b) ¿Has visto **(el / mi)** abrigo que me he comprado? | |
| c) ¿Te gusta **(el / mi)** nuevo peinado que me he hecho? | h) ¿Donde has aparcado **(el / tu)** coche? |
| d) Espera, voy a lavarme **(las / mis)** manos. | i) Oye, ¿has visto por algún sitio **(las / mis)** medias? |
| e) ¿Te vas a poner **(la / tu)** corbata azul? | j) Espera un momento, que voy a pintarme **(los / mis)** labios. |
| f) Me duele un poco **(el / mi)** estómago. | |

**B.** En las frases en que valen las dos opciones, ¿que diferencia de significado existe entre una y otra?

**2** Aquí tienes cartas y folletos de propaganda comercial. Completa los huecos con un posesivo con acento o sin acento:

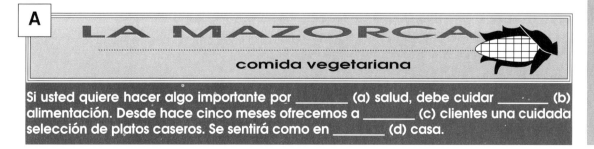

**A**

## LA MAZORCA
### comida vegetariana

Si usted quiere hacer algo importante por _____ (a) salud, debe cuidar _____ (b) alimentación. Desde hace cinco meses ofrecemos a _____ (c) clientes una cuidada selección de platos caseros. Se sentirá como en _____ (d) casa.

## B

Alcobendas, 4 de febrero de 1995
**ADA (Ayuda del Automovilista)**

Muy Sr. _____ **(a):**
Me es muy grato remitirle para _____ **(b)**
estudio _____ **(c)** modalidad de asociación
**ADA ORO**, que amplía las prestaciones del
producto que tiene contratado con nosotros.
Asimismo, quiero poner en _____ **(d)**
conocimiento que si solicita **ADA ORO**, será
obsequiado con un cambio de aceite.
Reciba _____ **(e)** más cordial saludo,
Fdo.:
**DIRECTOR GERENTE**

## C

*Muy Sres. _____ (a):*
*Les ofrecemos, con carácter exclusivo para*
*ustedes y los _____ (b), la posibilidad*
*de invertir con sentido práctico,*
*protegiendo _____ (c) patrimonio*
*familiar ante la inflación. Hablamos de*
*una cubertería de plata maciza de gran*
*belleza y máxima calidad.*
*Esta oportunidad tan extraordinaria está*
*limitada a las 1.000 cuberterías obtenidas*
*en esta edición única. Para conseguir la*
*_____ (d), les recomendamos presenten*
*a la mayor brevedad _____ (e) Título de*
*Reserva en _____ (f) oficina habitual*
*del Banco Santander.*
*Mientras esperamos _____ (g) visita,*
*reciban _____ (h) más cordial saludo.*
*Atentamente,*

*Banco Santander*

## D

**CCC**

SI QUIERES LLEGAR LEJOS,
ÉSTA ES LA ____ **(a).** No
pierdas el tiempo esperando a
que caiga una ocasión del
cielo. Toma la iniciativa. Con
____ **(b)** Cursos **CCC,**
estudiando desde ____ **(c)**
propia casa, en unos pocos
meses estarás preparado
para ocupar ____ **(d)** lugar en
el mundo laboral. ____ **(e)**
futuro está en ____ **(f)** manos.
Que no pase de hoy.

## E

**HOECHST**

____ **(a)** SALUD ES LA ____ **(b).** Debemos mucho a
____ **(c)** animales. Constituyen una pieza clave en la
cadena de alimentación de una población en constante
crecimiento. Porque ____ **(d)** salud es la ____ **(e),**
mantener a ____ **(f)** animales sanos y saludables
constituye el principal objeto de Hoechst.
Visita ____ **(g)** stands en SIZOO, Pabellón 7.
Hoechst Roussel Veterinaria, A.I.E.

---

**✳ 3**

**A.** Un grupo de cuatro amigos (Raquel y Miguel, un matrimonio; Juana y María) han salido de un restaurante y quieren ir a tomar unas copas. Raquel y Miguel han llevado su coche, y Juana también, pero deciden que van a ir todos juntos en un coche. ¿Cómo sería la pregunta según quien la hiciera y a quien se la hiciera?

> –¿En qué coche vamos? ¿En _____ o en_____ ?

a) Juana a Miguel:    c) María a Juana:    e) María a Raquel:
b) Miguel a Juana:    d) Miguel a Raquel:

**B.** Al salir de un bar, alguien propone tomar la última copa en casa de alguno. En casa de Juana no puede ser, porque vive con sus padres y los despertarían. ¿Cómo sería la pregunta?

> –¿A qué casa vamos? A_____ o a _____ ?

a) Juana a Miguel:    c) María a Juana:    e) María a Raquel:
b) Miguel a Juana:    d) Miguel a Raquel:

**4** ¿Qué significan "lo mío", "lo tuyo" o "lo suyo" en cada uno de los siguientes diálogos?

a) –Oye, ¿sabes algo ya de lo mío?
+No, todavía no he podido hablar con el jefe, pero no te preocupes, porque Fernández no se jubila hasta dentro de dos meses, así que todavía tengo tiempo para hablarle de ti.

b) –Toma, esto es lo tuyo, y esto es lo mío, ¿no?
+No, lo tuyo es esto, porque tú habías puesto 5.000 y yo 4.000. ¿Y no dejamos nada de propina?

c) –¿Y que tal va lo suyo?
+Pues igual, sin novedad. Mañana tengo que ir al especialista, y a ver si ya me dicen lo que tengo.

d) –Esto es lo suyo, señora.
+¡Pero si yo no había comprado melocotones!

e) –Y lo tuyo con Luis, ¿qué?
+Nada, lo hemos dejado. Es que no pasaba un día sin que discutiéramos, y así no se puede estar.

**5** Unos padres están hablando sobre su hijo. Elige las opciones correctas entre las que te damos (a veces hay más de una):

–**(a)** (Este hijo tuyo / Este tu hijo / Este hijo / Tu hijo) me tiene harta. Todos los fines de semana igual, a las tantas de la noche, y yo sin poder pegar ojo. Tienes que hablar con él.
+Oye, ¿es que no es también **(b)** (un hijo tuyo / tu hijo/ tuyo / hijo tuyo)? ¡A ver si es que solamente tengo yo la culpa de lo que hace mal!
–No, pero tú le disculpas todo, y por eso a mí ya no me hace caso, y además, se parece a ti más que a mí. En su forma de comportarse hay más **(c)** (tus cosas / cosas las tuyas /cosas tuyas / unas cosas tuyas) que **(d)** (mis cosas / las mías / mías / cosas mías).
+Pues si se parece a mí, ¡**(e)** (mi pobrecito / pobrecito el mío / pobrecito mío / este pobrecito mío)! Como tenga la misma suerte que yo... y encuentre una mujercita tan cariñosa como **(f)** (esta mía / mía / mujercita mía / la mía), está listo...
–¡Mira qué **(g)** (respuesta la tuya / tu respuesta / respuesta tuya / esta respuesta tuya)! Mira, si hay **(h)** (tu cosa / la tuya / una cosa tuya / cosa tuya) que no aguanto, es que cambies de tema cuando no te interesa hablar. ¿Qué hacemos con Felipe? ¿Vas a hablar con él o no?
+¿Y qué quieres que le diga, con 28 años que tiene? Si quieres cojo y le digo: "Mira, **(i)** (mi hijo / un hijo mío / el hijo mío / hijo mío), tu mamá no puede dormir, así que sé bueno y ven a las 11 a casa, ¿eh?". ¿Qué crees que me va a contestar? ¡A freír morcillas me va a mandar!
–Pues no sé, pero esto no puede seguir así. O deja de salir con **(j)** (todos esos amigotes suyos / todos sus amigotes / los amigotes todos suyos / todos amigotes suyos), que no saben más que salir por la noche, o ésta va a dejar de ser **(k)** (casa suya / la casa suya / la suya / su casa). Y si no se lo dices tú, se lo pienso decir yo en cuanto llegue.
+¡**(l)** (Mi madre / Esta mi madre / La madre mía / Madre mía)! ¡Qué noche me espera!

 **6** Completa el siguiente diálogo entre dos amigos que están en clase de pintura con algunas de las expresiones del apartado 5. En cada hueco necesitas una palabra:

– Decididamente, hacer amistades no ___ ___ ___**(a)**.
+¿Por qué dices eso?
–Pues porque siempre me pasa lo mismo con la gente. Parece que somos muy amigos, y en cuanto les dices algo que no les gusta, se acabó todo.
+No, lo que pasa es que hay mucha gente que siempre tiene que ___ ___ ___ **(b)**, y no aguanta que les lleves la contraria, o que no hagas lo que ellos quieren, y así no se puede tener una amistad. Claro, que también es verdad que tú ___ ___ ___ **(c)**.
–¿Y qué quieres decir con eso?
+Pues que a veces no te fijas en lo que la gente siente, y que siempre estas haciendo ___ ___ ___ **(d)**.
–¿Y qué cosas son ésas que yo hago, a ver?
+Pues, por ejemplo, cuando me dijiste a mí el otro día: "Oye, yo que tú dejaría la pintura. Está claro que no ___ ___ ___ **(e)**". Bueno, pues yo ya sé que pinto fatal, pero si me gusta y lo paso bien, ¿a qué viene decirme eso? Quiero decir que siempre dices la verdad, pero no es necesario estarle diciendo a la gente las cosas negativas de su vida, y tú te pasas el día soltándole monsergas a todo el mundo.
–Oye, yo empiezo contándote un problema para que me ayudes, y al final lo que te cuento se vuelve ___ ___ ___ **(f)**. ¡Pues vaya una ayuda!
+Bueno, pues si tú tampoco quieres oír la verdad yo ___ ___ ___ **(g)**, que es este cuadro que tengo que acabar hoy, y tengamos la fiesta en paz. Oye, ¿me puedes pasar el pincel que tienes ___ ___ ___ **(h)**?

# Los indefinidos

¿QUIÉN SERÍA CAPAZ DE RELLENAR UN CUPÓN COMO ÉSTE?

NO QUIERO HACER ABSOLUTAMENTE NADA POR LAS VÍCTIMAS DE NINGUNA GUERRA.

NOMBRE Y APELLIDOS _____

CALLE Y NÚMERO _____ C.P. _____

POBLACIÓN _____ PROVINCIA _____

PROFESIÓN _____ FECHA NAC. _____

FECHA _____ FIRMA _____

CUALQUIERA QUE NO SEA CAPAZ DE RELLENAR UN CUPÓN COMO ÉSTE.

QUIERO AYUDAR A LAS VÍCTIMAS DE LAS GUERRAS SIN DISTINCIÓN DE RAZA, RELIGIÓN, SEXO O IDEOLOGÍA.

MÉDICOS SIN FRONTERAS

Iremos. Si tú quieres.

Tel. 802 210 250

Médicos Sin Fronteras, C/Nou de la Rambla 26, 08001 Barcelona

1. ¿Cuál o cuáles de las siguientes frases serían justamente el contrario de la frase que encabeza el primer cupón?
   - a) Quiero hacer algo por las víctimas de las guerras.
   - b) Quiero hacerlo todo por las víctimas de todas las guerras.
   - c) Quiero hacer cualquier cosa por las víctimas de cualquier guerra.

2. ¿Quién sería capaz de rellenar un cupón como el de arriba, según el anuncio?
   - a) Todo el que no sea capaz de rellenar el segundo.
   - b) Todos los que no sean capaces de rellenar el segundo.
   - c) Otros que no sean capaces de rellenar el segundo.

Señalan personas, objetos o conceptos hablando de su existencia o inexistencia, su número o cantidad aproximados, o de su identidad respecto de otros elementos de su grupo.

## 1. PARA EXPRESAR LA EXISTENCIA O INEXISTENCIA DE PERSONAS, OBJETOS O IDEAS

### 1.1. Valores generales, funciones y formas:

|  | SEÑALAN EXISTENCIA | | SEÑALAN INEXISTENCIA | |
|---|---|---|---|---|
|  | Personas | No personas | Personas | No personas |
| PRONOMBRE | Alguien | Algo | Nadie | Nada |
|  | Alguno/a/os/as | | Ninguno/a | |
| ADJETIVO | Algún/a/os/as | | Ningún/a | |
| ADVERBIO DE CANTIDAD | Algo | | Nada | |

### 1.2. Observaciones:

a) Usamos ALGUIEN, NADIE, NADA, y ALGO si no especificamos a qué tipo o grupo de personas, objetos, acciones, etc. nos estamos refiriendo: *Alguien viene. No sé quién será, pero parece una mujer*.

b) Usamos ALGÚN / ALGUNA / ALGUNOS / ALGUNAS - NINGÚN / NINGUNA + SUSTANTIVO si queremos nombrar el grupo al que pertenecen los elementos de los que hablamos: *No conozco a ningún chico*. Si hemos nombrado ya antes ese grupo y no lo repetimos, funciona como un pronombre y usamos la forma completa: *No conozco a ninguno*.

c) ALGUNO /ALGÚN/A/OS/AS:

• En singular expresa "uno por lo menos": *Me acompañará alguno de los compañeros.*
• En plural, "número pequeño indeterminado" y equivale a UNOS/AS, CUANTOS/AS, UNOS/AS y VARIOS/AS: *Sólo he comprado algunas cosas.*

d) No admiten el artículo y sólo se combinan con demostrativos y posesivos en construcciones con DE *(Algunos de estos chicos, algunos de los míos)* aunque el posesivo pronombre puede unirse directamente sin artículo: *Aquí todavía hay alguno mío* (libro).

### 1.3. Contextos y combinaciones

1.3.1. NADIE, NADA y NINGUNO aparecen en contextos negativos; si se colocan delante del verbo no aparece la palabra NO: *A nadie le importó lo que pasaba = No le importó a nadie lo que pasaba*. NINGÚN/A alterna con ALGUNO/A en la lengua formal; delante del sustantivo, usamos siempre NINGÚN/A, y detrás ALGUNO/A o NINGUNO/A: *No tengo ninguna constancia / constancia ninguna/ constancia alguna de ese hecho.*

1.3.2.   Elementos con los que pueden combinarse:

a) Con adjetivos: *No vi a nadie conocido; Me ocurrió algo increíble.*
• A veces, ALGO y NADA con un adjetivo se comportan como modificadores de éste, con valor cuantificador: *Es algo tonto* = un poco tonto; *No es nada tonta.*

b) Con los ADVERBIOS "más", "menos" y "así": *¿Has visto a alguien más?*

c) Con DE + SUSTANTIVO o PRONOMBRE: Se señala el grupo o categoría al que pertenecen los elementos de los que hablamos: *Alguien de la fábrica* (de los compañeros de la fábrica) *me ha dicho que van a subirnos el sueldo; Seguro que ninguno de vosotros es capaz de hacerlo.*
• ALGO DE equivale a "un poco de" cuando acompaña a sustantivos que expresan "materia" o abstractos: *Sólo bebí algo de vino; Sentí algo de miedo.*
• NADA DE puede intercambiarse por "ninguno/a" cuando acompaña a un sustantivo abstracto: *No tengo nada de/ ninguna hambre.*

d) ALGO / NADA + DE + ADJETIVO expresa el grado en que se posee una cualidad. *Ese chico no tiene nada de bueno; La situación tiene algo de divertido.*

e) Con una oración de relativo: *¿Ves algo que te guste?*

## 2.   PARA EXPRESAR UN NÚMERO O CANTIDAD (CUANTIFICADORES)

Sirven para expresar la mayor o menor cantidad o la intensidad con que se presenta algo. Algunos del apartado 1 también tienen este valor, como ya se ha explicado.

### 2.1.   1ª SERIE: Expresan un número, cantidad o grado de intensidad indeterminados.

| | | | | |
|---|---|---|---|---|
| ADJETIVO | Poco/a/os/as Unos/as pocos/as Algún/a que otro/a | Varios/as Unos/as cuantos/as Unos/as | Mucho/a/os /as | Todo/a/os /as |
| PRONOMBRE | Poco/a/os/as Unos/as pocos/as Un poco (de) Algún/a que otro/a | Varios/as Unos/as cuantos/as | Mucho/a/os /as | Todo/a/os /as |
| ADVERBIO | Poco Un poco Un tanto | | Mucho Muy | Todo |

2.1.1.   POCO/A/OS/AS, UN POCO (DE), UNOS/AS POCOS/AS, MUCHO/A/OS/AS, ALGUN/O/A QUE OTRO/A

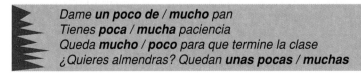

*Dame **un poco de** / **mucho** pan*
*Tienes **poca** / **mucha** paciencia*
*Queda **mucho** / **poco** para que termine la clase*
*¿Quieres almendras? Quedan **unas pocas** / **muchas***

• Acompañando a sustantivos o refiriéndose a ellos, POCO/A/OS/AS suele indicar "cantidad o número insuficiente, o menor de los normal", mientras que UN POCO (DE) y UNOS POCOS indican solamente "pequeño número o cantidad": *¿No te parece que hay poca comida para tanta gente?; Tengo un poco de miedo, pero ya se me pasará.*

• POCO/A y UN POCO (DE) normalmente acompañan o se refieren a sustantivos no contables (colectivos, de materia, abstractos):

> *Esto está **muy** / **poco** bien.*
> *Eso está **muy** / **un poco** mal.*
> *Esa película es **muy** / **poco** divertida.*
> *Es **muy** feo / es **un poco** feo.*
> *Últimamente como **poco** / **mucho**.*
> *A mediodía he comido **un poco** / **mucho**.*
> *Es **un tanto** extraño - sorprendente - raro.*

• POCO, UN POCO y MUCHO funcionan como adverbios cuando acompañan a otro adverbio, a un adjetivo o a un verbo. Normalmente usamos POCO para acompañar a adverbios y a adjetivos con sentido positivo, y UN POCO para los de sentido negativo. Con los verbos, POCO significa "cantidad o intensidad insuficiente o menor de lo normal" y UN POCO "pequeña cantidad o intensidad".

• UN TANTO significa lo mismo que UN POCO, pero funciona únicamente como adverbio y se utiliza con pocos adjetivos.

> *Échame vino, pero sólo **un poquito**.*
> *Vino muy **poquita** gente.*
> *Al estreno vino **poquísima** / **muchísima** gente.*

• POCO/A/OS/AS y UN POCO (DE) pueden usarse con formas diminutivas (*un poquillo, un poquitillo*, etc.).

• POCO/A/OS/AS y MUCHO/A/OS/AS pueden usarse con la forma del superlativo (-ísimo/a/os/as).

> *Coge **otras pocas** galletas para después de cenar.*
> *Tráeme **otro poco** de agua, por favor.*
> *(Formal) **Otros muchos** me han dicho eso antes que tú.*
> *Sólo han venido **estas pocas** personas.*
> *Tómate **este poco de** leche.*
> *No tengo bastante con **el poco** dinero que me das.*
> *(Formal) No olvidó a **los muchos** amigos que había perdido.*
> *La despidieron por **su poca** puntualidad.*
> *(Formal) No dejaba de pensar en **sus muchos** problemas.*
> ***Lo poco** gusta, pero **lo mucho** cansa.*

• La combinación de MUCHO/A/OS/AS con los demostrativos, posesivos, la palabra OTRO/A/OS/AS y el artículo determinado (excepto el neutro) se utiliza en la lengua formal. Estas combinaciones, en cambio, son normales con POCO/A/OS/AS y con POCO (DE). En todos los casos, para que estas palabras se combinen con EL/LA/LOS/LAS, tiene que aparecer un sustantivo después y a continuación una oración de relativo que se refiera a él.

> *Esto es **bastante poco** serio.*
> *Llegaron **muy pocos** mensajes.*

• POCO/A/OS/AS es el único indefinido de esta serie que es cuantificable por otros, como MUY, DEMASIADO y BASTANTE.

*Ha entrado **algún que otro** espectador, pero la mayoría está todavía afuera.*
  *–¿Tienes algún problema?*
  *+Bueno, **alguno que otro,** pero nada importante.*

• Con esta expresión, en singular pero con un sentido plural de "algunos/as", "poca cantidad de elementos", restamos importancia al número de objetos a los que nos referimos.

2.1.2. VARIOS/AS, UNOS/AS CUANTO/AS, UNOS/AS. Se usan en plural con este valor, y equivalen a ALGUNOS/AS: *Vendí unos cuantos / varios / unos / algunos libros ayer.*

UNOS/AS no se usa con sustantivos abstractos a menos que éstos vayan acompañados de un adjetivo: *Recibía unas alabanzas inmerecidas.* Los demás sí: *Recibió varias / unas cuantas alabanzas.*

Solamente UNOS/AS, seguido de una cantidad numérica, indica número aproximado: *Recorrimos unos diez kilómetros* (aproximadamente).

2.1.3. TODO/A/OS/AS

*__Todo el día__ ha estado viendo la televisión.*
*__Todos los días__ ve la televisión un par de horas.*
*__Todo él__ se echó a temblar.*
*__Todos vosotros__ estáis locos.*
*__Todo esto__ es tuyo / __Toda esta casa__ es tuya.*
*__Todo lo mío__ es tuyo / __Todo mi dinero__ está aquí.*
*__Todos los demás__ están locos.*
*Le daré __todo lo que__ = __todo cuanto__ quiera.*
*No me voy a comprar la falda, porque __todas las que__ quedan son muy feas.*

Con las construcciones "todo/a/os/as + determinante (artículo determinado / posesivo / demostrativo) + sustantivo o palabras con función de sustantivo" y "todo/a/os/as + pronombre (precedido de artículo en el caso de los posesivos y el indefinido "demás")" en singular, nos referimos a la totalidad de un elemento; en plural, a la totalidad de los elementos de la categoría nombrada.

En plural, si queremos insistir en que hablamos de la totalidad, lo destacamos usando TODOS/AS Y CADA UNO/A DE: *Todos y cada uno de los profesores de esta escuela son responsables de lo que sucede en ella.*

En algunos complementos preposicionales de lugar, causa y modo, se puede suprimir el artículo: *Llegaron de todas (las) partes; Vinieron de todas (las) direcciones; Está enfadado con toda (la) razón.*

*__Toda buena secretaria__ debe saber redactar.*
*__Todo momento__ es bueno para tomar Kasexpress.*

En la lengua formal, puede usarse la construcción "todo/a + sustantivo" en lugar de la anterior "todos/as + los/las + sustantivo" *Todas las buenas secretarias deben...; Todos los momentos son buenos para...* Es equivalente a CUALQUIER.

*Tardó **toda una semana** en acabar el trabajo.*
*Tu hijo ya está hecho **todo un hombre**.*

• Sólo en singular. Se destaca la duración, extensión o cualidad expresada por el sustantivo.

*Se puso **toda pálida**.*
*Estaba **todo triste**.*

• Con adjetivos, en la lengua informal se usa con el significado de "muy".

*Sigue **todo recto** por esta calle.*
*Ahora **todo seguido** y enseguida llegamos.*

• En estas expresiones, utilizadas para dar instrucciones, se usa la palabra "todo", que es invariable.

*Comí de **todo**.*
*La botella está llena **del todo**.*
*No gana mucho, **todo lo más** 100.000 al mes.*

• La expresión "de todo" indica variedad. "Del todo" significa "completamente" y suele acompañar a adjetivos. "Todo lo más" es igual a "como mucho" o "como máximo".

**2.2.** **2ª SERIE: Expresan si el número, cantidad o intensidad son o no suficientes o adecuados según unos límites establecidos por el hablante.**

| PRONOMBRE /ADJETIVO | BASTANTE/S | DEMASIADO/A/OS/AS |
|---|---|---|
| ADVERBIO | BASTANTE | DEMASIADO |

*Habrá comida para todos. He comprado **bastante**.*
*He comprado **demasiada comida**. Va a sobrar.*
*Amigos ya tengo **bastantes**. No necesito más.*
*¿Un pastel? No, gracias, ya he comido **demasiados**.*
*Ya he estudiado **bastante** hoy. Voy a descansar.*
*He estudiado **demasiado**. Me duele la cabeza.*

• BASTANTE/S significa muchas veces "suficiente", frente a DEMASIADO/A/OS/AS, que suele tener valor negativo y significa "excesivo". Ambas palabras, cuando acompañan a un adjetivo, un verbo u otro adverbio, funcionan como adverbios y no cambian de género ni de número.

*Mi hijo ha estudiado **bastante** hoy. Es un chico aplicado.*
*Me ha salido **bastante** bien, ¿no?*

• BASTANTE/S puede expresar también "cantidad grande menor a MUCHO".

*No es **lo bastante** bueno como para ganarme en esa carrera.*

•Cuando se establece una comparación, y BASTANTE funciona como adverbio, suele llevar delante el artículo neutro LO.

**3ª SERIE: Expresan el número, cantidad o grado de intensidad respecto de una comparación explícita o implícita** (para los usos comparativos, ver "La comparación").

| PRONOMBRE / ADJETIVO | Menos | Tanto/a/os/as | Más |
|---|---|---|---|
| ADVERBIO | Menos | Tanto/tan | Más |

*–Debe de tener cien millones.*
*+No creo que tenga **tanto**.*
*–Además, si tiene **tanto dinero**, no sé por qué no vive mejor.*

• Usamos también TANTO/A/OS/AS cuando se ha expresado antes la idea de "mucho" o esa idea es una información compartida por los hablantes.

*¡Te quiero **tanto**!*
*¡Me da **tanta pena** marcharme!*
*¡Pienso en **tantas cosas**!*

• En expresiones exclamativas, el uso de TANTO/A/OS/AS equivale a MUCHO.

*Me quedaré **más días** / **unos días más**.*
*Hay **menos hojas** / **dos hojas menos** en el libro.*
*No tengo **más libros tuyos**.*

• MÁS y MENOS, cuando acompañan a un sustantivo, se colocan delante. Sin embargo, se ponen detrás cuando el sustantivo va acompañado de UN/A/OS/AS, un demostrativo, un cuantificador (BASTANTE/S, MUCHO/A/OS/AS, etc.) o un número.

***Más de** cien personas esperaban en la cola.*
*Hoy vendrá **menos** gente **de** la que vino ayer.*

• Cuando la cantidad menor o mayor se expresa respecto de una cantidad, usamos MÁS DE y MENOS DE.

*Dame **algo más de** dinero.*
*No quiero **nada más**, gracias.*
*Tiene **poco menos de** quince años.*
*Tiene **bastantes más** años de los que dice.*

• MÁS y MENOS pueden aparecer junto con otros cuantificadores como ALGO, NADA, POCO, UN POCO, MUCHO, OTRO, BASTANTE.

*Es **demasiada silla** para **tan poca** mesa.*
*Es **poco hombre** para esa mujer.*
*Es **mucho libro** para esta casa tan pequeña.*

Con la mayoría de los indefinidos anteriores que expresan cantidad, lo normal es usar el singular para los nombres no contables y el plural para los contables. Sin embargo, en la lengua informal, MUCHO/A/OS/AS, BASTANTE/S, DEMASIADO/A/OS/AS, POCO/A/OS/AS, TANTO/A/OS/AS, pueden usarse con un sustantivo contable en singular, con dos posibles valores:

• Destacando alguna cualidad del objeto: en el primer ejemplo, la silla es demasiado lujosa o grande, y la mesa es pequeña o de poco valor; en el segundo, el hombre tiene poco carácter o es físicamente insignificante en comparación con la mujer.

• Como equivalente del plural, como ocurre en el tercer ejemplo.

---

## 3. PARA SEÑALAR LA IDENTIDAD: CUALQUIER/A-CUALESQUIER/A, CADA, OTRO/A/OS/AS, DEMÁS, CIERTO/A/OS/AS

### 3.1. CUALQUIER/A

*−¿Qué lápiz te doy?*
*+**Cualquiera.***
*Este no es un libro **cualquiera**. Es diferente.*
*Ese libro puedes comprarlo en **cualquier** librería.*

• Lo usamos para expresar que consideramos todos los elementos de una clase equiparables en esa situación y momento. En una frase negativa, sirve para expresar que ese objeto no es como los demás.

• En muchas ocasiones equivale a TODO/A/OS/AS: *Cualquier mesa me vale para la terraza* (= todas las mesas me valen). Con el uso de "cualquier" añado la información de que sólo necesito una mesa.

• Cuando acompaña a un sustantivo, puede ponerse delante y entonces se usa CUALQUIER; detrás se usa CUALQUIERA, y el sustantivo debe ir precedido de UN/A o un número. Como pronombre, sólo usamos CUALQUIERA.

• Sólo en registros muy formales se usa CUALESQUIERA, y la forma CUALESQUIER está en desuso.

*−¿Qué quieres tomar?*
*+**Cualquier cosa**, me da igual.*
*Ese trabajo puede hacerlo **cualquiera**.*

• Si hablamos de objetos, acciones o situaciones no mencionados previamente ni conocidos de antemano, usamos CUALQUIER COSA; si en la misma situación hablamos de personas, usamos CUALQUIERA.

*¡**Cualquiera** diría que has estado en el Caribe! ¡Estas igual de pálido que antes de irte!*

• Es frecuente usar CUALQUIERA con valor irónico en oraciones exclamativas, en las que adquiere el valor de "nadie".

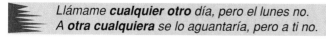
*Llámame **cualquier otro** día, pero el lunes no.*
*A **otra cualquiera** se lo aguantaría, pero a ti no.*

• Puede combinarse con el indefinido OTRO/A, que puede ir delante o detrás.

## 3.2. CADA, CADA UNO/A, CADA CUAL

*Dale un folleto a **cada persona** que entre.*
*Cuando vayan entrando esas chicas, dale un folleto a **cada una.***
***Todas y cada una de ellas** recibieron un folleto.*

• Se puede usar para referirse a los elementos que forman un grupo, clase o categoría considerándolos uno por uno; equivale muchas veces a TODOS/AS: *Dales un folleto a todas las personas que entren*, pero CADA-CADA UNO/A insiste en la individualidad, es decir, un folleto por persona, no un solo folleto para todas las personas.

• Acompañando a un sustantivo, usamos la forma CADA; como pronombre, usamos las formas CADA UNO/A.

• El pronombre CADA UNO/A puede aparecer reforzado por TODOS/AS en la expresión TODOS/AS Y CADA UNO/A.

***Cada día** me encuentro peor.*
***Cada noticia** que llega me alarma más.*

• Otras veces predomina la idea de continuidad, de progresión unidad a unidad. En estos casos no es sustituible por TODO/A/OS/AS.

***Tres de cada cinco** españoles están casados.*
***Cada tres días** voy al gimnasio.*

• Con CADA + NÚMERO, se establecen grupos de elementos respecto de los cuales se expresa un porcentaje (en un grupo de cinco españoles, tres están casados, es decir, el 60%, o una frecuencia (en el segundo ejemplo: voy al gimnasio un día sí, tres no).

***Cada uno** tiene su opinión, y hay que respetarla.*
***Cada cual** puede hacer lo que le parezca bien.*

• CADA UNO y CADA CUAL pueden usarse con valor impersonal, con un valor semejante a "todo el mundo".

*¡Te compras **cada** cosa! ¿Para qué lo vas a usar?*
*¡Anda que tienes **cada** idea! ¿Cómo vamos a hacer eso?*
*¡Hay **cada uno** suelto por el mundo que da miedo!*

• Se utilizan CADA y CADA UNO/A en construcciones exclamativas que expresan asombro, o resaltan una acción negativa o insólita.

## 3.3. OTRO/A/OS/AS y DEMÁS

*¿Me da **otro** cuaderno, por favor? Quiero dos.*
*¿Me da **otro** cuaderno, por favor? Éste no me gusta.*

• OTRO/A/OS/AS se refiere a un elemento que se añade a uno o más ya mencionados, o que es diferente de ellos. No lleva nunca delante UN/A/OS/AS.

*Luis, Pedro y **la demás gente** que viene irán en mi coche.*
*Mañana me contarás **lo demás**. Ahora me tengo que ir.*
*Yo fui el único que habló. Todos **los demás** se callaron.*

• DEMÁS, que normalmente lleva delante un artículo determinado o un posesivo, se usa para referirse a lo que queda, a lo restante, después de nombrar uno o varios elementos. Acompaña a sustantivos plurales o, menos frecuentemente, a sustantivos singulares de sentido plural, como "gente". Con el artículo neutro funciona como un pronombre y es equivalente a "las demás cosas".

• Podemos usar DEMÁS sin determinante cuando es el último término de una enumeración: *Se llevó sus libros, su ropa, sus discos y (sus) demás cosas en una sola maleta.*

*Ayer vinieron los dos hermanos que habían roto el cristal. Uno pidió perdón, pero **el otro** no dijo nada.*
*Los alumnos que han suspendido dicen que el profesor no es bueno, pero **los otros / los demás** no dicen nada.*

• Cuando nos referimos a algo ya conocido o nombrado, usamos el artículo EL/LA/LOS/LAS delante de OTRO/A/OS/AS.
• LOS/LAS OTROS/AS es equivalente a LOS/LAS DEMÁS.

*Venga, **unos** que preparen la ensalada y **(los) otros** la carne.*
*Entre **(los) unos** y **(los) otros** nos han fastidiado la tarde.*
*Entre **unas cosas y otras,** he perdido la tarde tontamente.*
    *–¿Qué prefieres: que te jubilen o que te manden al paro?*
    *+Pues entre **lo uno** y **lo otro**, prefiero que me jubilen.*

• UNO/A/OS/AS y OTRO/A/OS/AS aparecen frecuentemente en correlación, para marcar diferentes partes o la existencia de diferentes elementos.
• Para referirnos a situaciones, acciones, frases, etc., usamos OTRO precedido del artículo neutro.

*No, ese martillo no. Tráeme **cualquier otro**.*
*Hay **muchas otras** personas que piensan igual que yo.*
*Ya entra **otro más**. Al final se llenará el teatro.*
***Ninguna otra** persona me ha demostrado tanto cariño.*
*Muchos aceptaron la propuesta, pero **bastantes otros** la rechazaron.*

• OTROS/A/OS/AS puede combinarse con otros indefinidos; si se combina con MÁS, MENOS y POCO (DE), va delante; con los demás, normalmente se pone detrás.

*Ayer se examinaron doscientas personas, y hoy, **otras tantas**.*
*Hoy he ido al Ayuntamiento a arreglar los papeles del piso, pero me faltaban documentos, y **otro tanto** me pasó ayer. Estoy harto.*
*¡**Tantos otros** querrían tener lo que tú tienes, y tú no le das importancia!*

• La combinación OTROS/AS + TANTOS/AS expresa una comparación de igualdad respecto de una cantidad ("el mismo número"). La forma OTRO TANTO significa "la misma cosa o cantidad", "lo mismo", y se usa para referirse a sucesos, acciones, palabras, etc., previamente nombrados.
• La combinación TANTO/AS + OTROS/AS aparece normalmente en construcciones exclamativas, y tiene un valor equivalente a "muchísimos otros".

## 3.4. CIERTO/A/OS/AS

***Cierta** persona me ha dicho que va a haber elecciones muy pronto, pero no te puedo decir quién es.*
*En este departamento hay **ciertas** personas que siempre se niegan a colaborar.*

• Acompaña a un sustantivo general (persona, cosa, grupo, etc.) y, junto con él, evita nombrar a una persona, una cosa, etc., cuyo nombre se conoce, pero no se quiere decir; también se usa cuando no se conoce exactamente la identidad.

*Este cuadro, aunque no me gusta, tiene (un) cierto atractivo.*
*Cuando entré, noté (un) cierto olor a quemado.*

• CIERTO/A/OS/AS puede usarse con UN/A/OS/AS, como marca de "indefinición" cuando no se está seguro de la identidad de lo que se habla (en los ejemplos, el olor a quemado no está bien identificado, podría ser de otra cosa, y el atractivo del cuadro, además de no ser grande, no se sabe muy bien en qué consiste).

## 4.

*Varios de los estudiantes se levantaron.*
*Pocos de ellos lo saben.*
*Unos cuantos de nosotros no estamos de acuerdo.*
*Cualquiera de los míos (de mis caballos) ganaría esa carrera.*
*Le he dado un folleto a cada uno de estos chicos.*
*Bastantes de nuestros productos se venden en Japón.*

• Cuando el indefinido se refiere a determinados o a todos los elementos de un grupo, marcando su cantidad o su igualdad, usamos la construcción INDEFINIDO + DE + SUSTANTIVO (precedido de artículo determinado, posesivo o demostrativo) O PALABRA EQUIVALENTE (pronombre, oración de relativo). Esta construcción es más frecuente con los indefinidos que aparecen en los ejemplos de arriba, y más rara con otros, como DEMASIADO/A/OS/AS.

# III  *Ejercicios*

**A.** Aquí tienes frases que son frecuentes entre los estudiantes de español de diferentes niveles y nacionalidades. Elige la opción u opciones que para ti son verdaderas y correctas.

1. (**a.** Nadie; **b.** Cualquiera; **c.** Cada uno; **d.** Cada persona) puede pronunciar bien el español.
2. El español se pronuncia igual que se escribe; hay (**a.** bastante; **b.** alguna que otra; **c.** poca; **d.** una) diferencia, pero en general es fácil escribir.
3. El español tiene (**a.** ciertos; **b.** unos cuantos; **c.** algo de; **d.** demasiados) verbos irregulares.
4. En español, casi (**a.** cualesquiera; **b.** demasiadas; **c.** ciertas; **d.** todas) las palabras llevan una A.
5. Las normas de acentuación son (**a.** nada; **b.** algo; **c.** poco de; **d.** poco) complicadas.
6. Los españoles hablan (**a.** un poco; **b.** demasiado; **c.** alguno; **d.** muy) deprisa.
7. Lo más difícil en español es aprender a usar bien el subjuntivo; (**a.** lo otro; **b.** los demás; **c.** la otra; **d.** lo demás) es bastante fácil.
8. En español, (**a.** todo; **b.** cualquier; **c.** cualquiera; **d.** cada) verbo se conjuga de forma diferente.
9. En español hay (**a.** muchas; **b.** unas cuantas; **c.** varias **d.** otras) palabras que para mí son dificilísimas de pronunciar, como "cerrojo", "raja" y "ceja".
10. El español tiene (**a.** ciertos; **b.** pocos; **c.** tantos; **d.** unos pocos) verbos que tienen demasiados usos diferentes: "pasar", "dejar", "poner"...

**B.** Aunque en muchos casos tu respuesta depende de tu manera de ver el español, hay una frase que es falsa para todo el mundo. ¿Cuál es?

 **2** Un profesor les ha dado a sus alumnos un texto sobre los idiomas. Lee el texto parte por parte (lo señalado con puntos) y completa con indefinidos los comentarios que han hecho los alumnos (señalados con letras).

## Idiomas

- Hoy hablan español 230 millones de personas en el mundo.
a) Pues yo no me imaginaba que había _____ hablantes de español.

- En la actualidad se hablan unos 5.000 idiomas y dialectos. De ellos, 945 en la India.
b) ¡Uf! ¡_____ se va a la India y dice: "Quiero aprender la lengua de este país"!

- El chino mandarín es el idioma hablado por más personas en el mundo: tiene 730 millones de hablantes (el 70% de los chinos).
c) Esto ya lo sabía, pero el chino no es idioma oficial en _____ países como el inglés.

- El inglés es la lengua más rica: sus diccionarios recogen 600.000 entradas.
d) ¿Tú crees que habrá _____ que se sepa todas esas palabras?

- Gran problema en un idioma: los verbos irregulares. El turco sólo tiene uno: el verbo ser, "olmak".
e) Bueno, _____ lengua tiene sus dificultades. Seguro que el turco tiene otras cosas que son difíciles.

- Se considera que el idioma más complicado del mundo es el chippewa de los indios de Minnesota (Estados Unidos). Tiene más de 6.000 formas verbales.
f) ¡Y yo que me quejo de que en español hay_____ !

- Los esquimales tienen decenas de nombres para la nieve. Los indios, 1.108 para el río Ganges.
g) Lo de los esquimales es normal, porque necesitan _____ palabras para diferenciar los estados de la nieve, que para ellos son muy importantes, pero lo de los hindúes... ¿por qué necesitan_____ palabras para un río, por _____ importante que sea? No lo entiendo.

- El sonido más complicado es el de la letra checa "r": es el coco de los niños checos.
h) Pues si es difícil para los niños, seguro que_____ extranjero puede pronunciarlo.

- Hay un fonema común a todas las lenguas del mundo: la vocal "a". No hay una sola lengua que no tenga ese sonido.
i) ¡Por fin_____ igual para todo el mundo! Debe de ser lo único común de todas las lenguas del mundo.

- Papúa Nueva Guinea es el país con mayor densidad de lenguas. En un territorio de menos de la mitad de España se hablan 500. ¿Cuál es la explicación? Hay gran número de valles aislados.
j) Allí solamente podrán hablar con su familia porque_____ hablarán otra lengua.

- El rotoka, lengua de la isla Bougainville (islas Salomón, del Pacífico) sólo tiene 11 letras: seis consonantes y cinco vocales.
k) ¡Qué bien! ¿Por qué no hablamos_____ rotoka? Lo malo es que ellos, para aprender_____ lenguas, tendrán muchos problemas.

- Los acentos aparecieron por primera vez en Francia, en el siglo XVII. Los húngaros tienen palabras hasta con seis acentos.
l) Eso es_____ acento para una sola palabra. Seguro que los húngaros siempre están haciendo faltas de ortografía.

- El "Diccionario de caracteres chinos" recoge ¡nada menos que 20 millones de caracteres! El más difícil es el que representa la palabra "charlatán": tiene 64 trazos.
m) Con_____ caracteres, puedes tardar_____ una vida en aprender a escribir bien. Y hace falta_____ de paciencia para escribir la palabra "charlatán", ¿eh? Seguro que _____ la usa, usarán otras palabras que quieran decir lo mismo.

Marisol Guisasola, *El País Semanal*

**3** **A.** En el siguiente texto faltan algunos indefinidos. Complétalo usando también artículos si es necesario.

En aquella academia nocturna, ante cuya puerta se había detenido Gregorio el 4 de octubre y a la que había asistido veinticinco años antes, había siempre una gran hambruna de sueño. Era un piso interior, oscuro y laberíntico, mal ventilado, con techos altos de los que colgaban débiles luces, que apenas se bastaban para aclarar las penumbras. Casi _____ **(1)** los estudiantes (y los había de hasta _____ **(2)** de cincuenta años) trabajaban en oficinas y talleres, lejos de sus hogares, y como no tenían tiempo para cambiarse de ropa, comparecían en las clases con sus uniformes y trajes de faena. Llegaban hacia las nueve, con los ojos encandilados de sueño y la expresión dulce a fuerza de cansancio. Entraban como sonámbulos en las aulas y se pasaban las horas bostezando, dando cabezadas abismales y sufriendo pequeños sobresaltos. _____ **(3)** se quedaban dormidos sobre los cuadernos, con el lápiz en la mano, y el profesor iba entonces y los despertaba tocándolos mágicamente con una varita en la cabeza. A veces ocurría que también se dormía el profesor, pero así y todo continuaba en sueños dictando materia, sin apartarse un punto del programa. Entre clase y clase, _____ **(4)** descabezaban un sueñecito, y _____ **(5)**, _____ **(6)** aplicados o vivaces, iban al retrete y se refrescaban la cara, e incluso hacían ejercicios gimnásticos en el pasillo. Pero también _____ **(7)** aprovechaban los numerosos y oscuros recovecos de la academia para echarse abiertamente a dormir, bien en _____ **(8)** rincón (a bulto limpio o bajo _____ **(9)** banco), bien en un cuarto donde se almacenaban sacos de carbón y de serrín y útiles de limpieza. Allí, siempre había cuatro o cinco estudiantes entregados profundamente al sueño. Por eso _____ **(10)** hora, el bedel hacía una ronda por los pasillos, escudriñando con una linterna los rincones, despabilando a los durmientes y desalojándolos de sus escondites.

Gregorio todavía recordaba el caso de un joven que se durmió en un examen de filosofía. El profesor, sentado y cruzado de piernas, miraba el reloj, bostezaba y se hacía saltar el elástico de los calcetines. Al final quedaban dos alumnos en sus pupitres. Uno salió enseguida, frotándose las manos como si acabara de hacer un buen negocio; _____ **(11)** continuó ensimismado sobre el papel. "¡La hora, la hora!", gritó de pronto el profesor. Pero el alumno no se alteró. El profesor se acercó a él y lo tocó con la varita. Pero el alumno siguió inmóvil. "¡Ehhh!", gritó, y _____ **(12)**. Alarmado, mandó a por el bedel, que llegó desde el fondo lóbrego del pasillo, esgrimiendo su luz portátil. Lo enchufaron con la linterna, lo zarandearon, y tampoco. _____ **(13)** alumnos se habían reunido en la puerta, entre rechiflas y bostezos. Por último mandaron aviso al director, que apareció en solitaria y oscilante comitiva, pues era _____ **(14)** gordo y solemne.

Observó el caso, dio una sola palmada ( _____ **(15)** propia para asustar grullas que para alertar estudiantes) y al instante el alumno volvió en sí, sonrió, se restregó los ojos de marmota y miró soñadoramente a sus maestros. Quizá las ganas de dormir se agravaban con el rumor de la clase de mecanografía: treinta pupitres, sesenta ojos, trescientos dedos, arriba aquella vacilante luz que _____ **(16)** lo sumía en claroscuro de oratorio, abajo la voz clara y categórica de un hombre que dictaba incansablemente cartas comerciales. Aquel rumor era como una telaraña donde, atrapados, se debatían los pensamientos. ¡Cuántas veces Gregorio había intentado en vano seguir _____ **(17)** explicación filosófica o matemática! En vano, porque entre las pausas de la lección se oían las palabras remotas, nítidas y soporíferas de la salmodia comercial: "en respuesta a su atenta fechada ayer", "nos es grato poderle adjuntar conocimiento de embarque y factura número 123", "nos interesa recibir la mercancía dentro de la semana entrante..." Y luego estaban los que llegaban tarde y no paraban de preguntar alrededor de qué se estaba hablando. Patéticamente, pues como habían perdido apuntes, debían recuperarlos después de las doce -hora en que cerraba la academia-, escribiendo de pie, en el portal, bajo una farola.

Para rematar la confusión, el aula de Gregorio comunicaba con las habitaciones privadas del director y propietario de la academia. Como era la única entrada, por allí tenían que pasar las visitas. La mujer, con bata acolchada, salía a recibirlas al aula, o bien se prolongaban en ella las despedidas, y entonces el profesor guardaba silencio hasta ver el campo despejado. _____ **(18)** visitantes, que venían por asuntos de negocio, debían esperar allí a ser recibidos. Los estudiantes aprovechaban entonces para burlarse de ellos y lanzarles bolitas de papel, y con quien _____ **(19)** se ensañaban era con el novio de la hija, que acudía _____ **(20)** las noches a primera hora, con lúgubre puntualidad, vestido de negro y con un ramito de flores a la altura del corazón. No siempre tenía la fortuna de ser recibido. Al contrario, a veces se asomaba la madre y lo rechazaba con el dorso de ambas manos, como si sacudiese migas de pan. "Hoy no", decía. El pretendiente saludaba con un taconazo militar, daba una cumplida cabezada y se retiraba sin una palabra de protesta. El profesor retomaba el hilo expositivo, pero para entonces _____ **(21)** estudiantes se habían dormido sobre los pupitres, _____ **(22)** no recordaban de qué se estaba hablando y _____ **(23)**, aprovechando la interrupción, habían pedido permiso para ir al retrete y nunca acababan de volver.

*Fragmento de Juegos de la edad tardía,*
*de Luis Landero*

**B.** Las palabras o expresiones subrayadas en el texto anterior, ¿por qué indefinido podrían sustituirse sin cambiar el significado?

**C.** ¿Qué indefinidos podrían completar las siguientes frases referidas al texto? Escoge la opción o las opciones correctas y verdaderas teniendo en cuenta lo que has leído.

1. Gregorio hacía muchos esfuerzos por entender las explicaciones, pero de (**a.** poco; **b.** nada; **c.** algo) le servían.
2. Los estudiantes llegaban a la clase con la expresión dulce de (**a.** mucho; **b.** demasiado; **c.** tanto) cansancio.
3. Las débiles luces aclaraban (**a.** un poco; **b.** poco; **c.** algo de) las penumbras.
4. (**a.** Cierto; **b.** Algún; **c.** Algún que otro) joven un día se durmió en un examen de filosofía.
5. Cuando el bedel hacía su ronda por los pasillos, siempre encontraba a (**a.** unos pocos; **b.** unos cuantos; **c.** todos y cada uno de los) estudiantes durmiendo.
6. En el aula había (**a.** cierto; **b.** demasiado; **c.** algo de) ajetreo y ruido. Allí no se podía aprender.
7. (**a.** Ciertos; **b.** Bastantes; **c.** Muchos) de los estudiantes no tenían tiempo ni de cambiarse de ropa antes de ir a clase.
8. Al menos los estudiantes encontraban (**a.** alguna; **b.** cierta; **c.** un poco de) diversión tirando bolitas de papel a los visitantes.
9. En aquella academia se aprendía (**a.** un poco; **b.** poco; **c.** algo).

**✳ 4** ¿Conoces las costumbres de los españoles a la hora de pagar en bares y en restaurantes? Si no, intenta de todas formas buscar una lógica en el texto que tienes debajo, completándolo con los indefinidos que siguen (entre paréntesis te indicamos cuántas veces los necesitas si es más de una). El texto está dividido en dos partes.

**A.**    **cada uno, alguien, otros (2), algunos, los demás (2), nada, todo (3), todos, ningún, menos, cada cual, algo, unos, nadie, cada.**

En _____ **(a)** países, es costumbre que en los bares, cafeterías y restaurantes _____ _____ **(b)** pague lo que ha consumido. Pero _____ **(c)** extranjero que quiera relacionarse con españoles sin _____ **(d)** conflicto debe saber que, cuando un grupo de amigos, compañeros, etc., toma _____ **(e)** en un bar, lo normal es que _____ **(f)** pague lo de _____ **(g)** y que en sucesivas ocasiones paguen _____ _____ **(h)**. Por supuesto, si se trata de comidas, meriendas, etc., y no hay una invitación previa, _____ **(i)** paga _____ **(j)**, pero lo normal no es, como en _____ **(k)** países, que _____ _____ **(l)** pague lo que ha tomado, sino que se divida a partes iguales entre _____ **(m)** persona del grupo; no importa si _____ **(n)** han consumido más que _____ **(ñ)**. _____ **(o)** lo más, se admite, por acuerdo general, que una persona pague _____ **(p)** en el caso de que apenas haya consumido _____ **(q)**, aunque en principio esta persona siempre querrá pagar lo mismo que _____ _____ **(r)**.

**B.**    **varios, cierta (2), demasiado, cualquier, los demás, algo, todo (4), unos cuantos, algún que otro, otra, bastante, mucho, un tanto, toda, cada uno, otro, nada, todos, más.**

Cuando _____ _____ **(a)** amigos salen para ir de copas, o quizá cenar y luego tomar _____ **(b)** en _____ **(c)** sitios, es bastante usual hacer un "fondo": cada persona pone _____ **(d)** cantidad de dinero, y una lo guarda _____ **(e)** y se encarga de pagar _____ **(f)** lo que se consuma. Si hay _____ **(g)** dinero y al final sobra, se reparte _____ **(h)** vez entre _____ **(i)**. Si no es _____ **(j)** y falta, se vuelve a poner dinero a partes iguales.
De _____ **(k)** manera, tanto cuando comemos con amigos en un restaurante como cuando se hace un fondo común, lo normal es no pedir cosas que sean _____ **(l)** _____ **(m)** caras que las que piden _____ _____ **(n)**; hacer lo contrario produciría _____ **(ñ)** impresión negativa, y crearía una situación _____ _____ **(o)** violenta.

→

→

Estas tradiciones tienen algunas ventajas y algunos inconvenientes, como _____ **(p)** costumbre, que nunca es buena ni mala del _____ **(q)**: por un lado, evita hacer largas cuentas para aclarar qué tiene que pagar _____ _____ **(r)**, y ahorra esfuerzos a los camareros, que hacen una sola cuenta; por _____ **(s)**, siempre hay _____ _____ _____ **(t)** "caradura" que nunca paga _____ (u) o que, cuando hay dinero común, aprovecha para pedir de _____ **(v)**.

**5** **A.** Haz todas las combinaciones posibles usando primero un indefinido de la columna de la izquierda (A) y después uno de la derecha (B):

| A | B |
|---|---|
| NINGUNA | MENOS |
| ALGÚN | TANTAS |
| ALGUIEN | OTRO |
| TANTOS | POCO |
| BASTANTE | OTROS |
| CUALQUIER | MÁS |
| NADA | OTRA |
| MUY | OTRAS |
| MUCHAS | |
| OTRAS | |

### B. *Amores de película*

A continuación tienes algunas frases y diálogos típicos de muchas películas clásicas. Complétalos con algunas de las combinaciones que has obtenido en el ejercicio anterior.

1. –¿Es que hay _____ en tu vida?
   +Tú sabes que no hay ni puede haber _____ mujer en mi vida.

2. Ahora me quieres_____ que antes.

3. Desde el momento en que te vi, no pienso_____ que en ti.

4. ¿Sólo me traes tu amor? Eso es_____ .
   _____ me hubiera traído unas flores.

5. _____ me han amado antes que tú, pero yo te elegí a ti.

6. –Hay_____ hombre en tu vida?
   +Hay_____ que no puedo contarlos.

7. Mil mujeres me han dicho que me querían, y _____ me han amado en silencio.

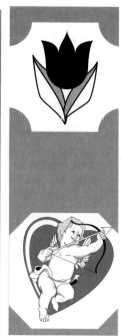

I   *¿ Cuánto sabes ?*

1. ¿A qué cosa o persona se refiere el pronombre "las"? ¿Podría suprimirse este pronombre?
2. ¿Cuáles de las siguientes frases serían equivalentes a la del anuncio?
    a) No sólo tú pagas las imprudencias
    b) No sólo pagas las imprudencias tú
    c) Las imprudencias no sólo tú las pagas
    d) Las imprudencias no sólo las pagas
    e) Sólo tú no pagas las imprudencias

# 1. FORMAS DE LOS PRONOMBRES

### 1.1. Formas no reflexivas:

| Persona | | Género | Formas acentuadas | | Formas no acentuadas | |
|---|---|---|---|---|---|---|
| | | | sujeto | complemento con preposición | complemento directo | complemento indirecto |
| 1ª | SINGULAR | | Yo | Mí (conmigo) | ME | |
| | PLURAL | masculino | Nosotros | | | |
| | | femenino | Nosotras | | NOS | |
| 2ª | SINGULAR | | Tú | Ti (contigo) | TE | |
| | PLURAL | masculino | Vosotros | | OS | |
| | | femenino | Vosotras | | | |
| 3ª | SINGULAR | masculino | Él (Usted) | | LO/LE | |
| | | femenino | Ella (Usted) | | LA | LE (SE) |
| | | neutro | Ello | | LO | |
| | PLURAL | masculino | Ellos (Ustedes) | | LOS | LES (SE) |
| | | femenino | Ellas (Ustedes) | | LAS | |

### 1.2. Formas reflexivas. Son las mismas que las no reflexivas en la PRIMERA y SEGUNDA PERSONAS. En TERCERA PERSONA:

| REFLEXIVO DE FORMAS ACENTUADAS COMPLEMENTO | REFLEXIVO DE FORMAS NO ACENTUADAS COMPLEMENTO DIRECTO E INDIRECTO |
|---|---|
| Sí (consigo) | Se |

# 2. LOS PRONOMBRES CON FUNCIÓN DE SUJETO

### 2.1. Presencia y ausencia del pronombre

La norma general es la no utilización del pronombre personal sujeto.

**Excepciones**

| | |
|---|---|
| **USOS POR NECESIDADES GRAMATICALES:** Cuando hay problemas para saber cuál es el sujeto. | a) En las construcciones absolutas de infinitivo y gerundio es necesario especificar el sujeto si es distinto del de la oración principal y no está claro por el contexto: *Al hablar ÉL, todos los demás callaron.*<br><br>b) Cuando son iguales las formas de un verbo en distintos tiempos y personas:<br>LA PRIMERA PERSONA Y LA TERCERA DEL SINGULAR EN LOS TIEMPOS: PRETÉRITO IMPERFECTO DE INDICATIVO, CONDICIONAL, PRESENTE DE SUBJUNTIVO, IMPERFECTO DE SUBJUNTIVO Y LOS COMPUESTOS DE TODOS ESTOS TIEMPOS.<br>*–¿Sabes? Creo que Antonio se va a otra empresa.*<br>*+¡Más quisiera YO (no ÉL)!*<br><br>c) También puede haber confusión con ÉL/ELLA/USTED y ELLOS/ELLAS/USTEDES: *Y entonces ÉL dijo que... y ELLA le contestó...*<br><br>d) Cuando no repetimos el verbo dicho por nosotros mismos o por otra persona y se produce un cambio de sujeto:<br>*–Anoche fui al cine.*<br>*+YO también.* |
| **USO POR NECESIDADES CONTEXTUALES, PERO NO GRAMATICALES** | Para destacar un sujeto frente a otros posibles en la misma situación:<br>*–¿Quién lo ha hecho?*<br>*+He sido YO.*<br>*YO ya estoy listo* (¿y los demás?). |
| **USOS GRAMATICAL Y CONTEXTUALMENTE INNECESARIOS PERO QUE AÑADEN CIERTOS MATICES DE SIGNIFICADO** | • Con imperativo: *TÚ hazme caso* (sugerencia, advertencia); *TÚ llama* (amenaza).<br>• Con futuro: *USTED dirá*; *TÚ sabrás* (ver "El futuro imperfecto y perfecto de indicativo"). |
| **USOS ENFÁTICOS** | Para subrayar la participación de la persona en lo expresado: *¡Pero si YO solamente le dije que...!* |

## ▌ 2.2. Las referencias a sujetos que no son personas

2.2.1.   ÉL / ELLA / ELLOS / ELLAS:
   • No se usan normalmente para referirse a cosas, pero sí para cosas personificadas: *La Naturaleza es nuestra mejor amiga: es ella la que nos da el alimento...*
   • No se usan para referirse a situaciones, acciones.

2.2.2.   Para referirse a cosas:
   • En la lengua formal: se usan demostrativos: *En medio del gran salón destacaba una hermosa alfombra. ÉSTA era una magnífica obra de artesanía.*

• En la lengua informal: no se utilizan los pronombres, pues cuando el sustantivo ha aparecido una vez, lo normal es no volverlo a mencionar como sujeto; si existe confusión sobre el posible sujeto, lo que se suele hacer es decir de nuevo el nombre de la cosa; *En medio del salón había una alfombra muy grande. Me parece que era persa. Y también había un jarrón chino enorme. Era muy bonito. Bueno, y, de repente, LA ALFOMBRA se movió sola y EL JARRÓN se rompió.*

2.2.3.  Para referirse a ideas, situaciones frases, acciones:
• En la lengua formal, se usa el pronombre neutro ELLO: *Fue entonces cuando se produjo la caída de la Bolsa. Ello provocó un caos financiero que...*
Se usan los demostrativos neutros ESTO, ESO, AQUELLO o no se utiliza ningún pronombre: *Entonces se hundió la Bolsa, y eso hizo que...; La situación cada vez está peor. Me preocupa.*

## █ 2.3.  Uso de los pronombres sujeto detrás de preposiciones y otras partículas

| ENTRE y SEGÚN | Siempre se usan detrás estos pronombres |
|---|---|
| HASTA (cuando significa "incluso"), INCLUSO, MENOS, EXCEPTO, SALVO | Usamos estos pronombres cuando cumplen la función de sujeto: *Hasta yo me enteré; Todos se rieron menos yo / Menos a mí, a todos les hizo gracia.* |

## 3.  LOS PRONOMBRES CON FUNCIÓN DE COMPLEMENTO

## █ 3.1.  Las formas no acentuadas

3.1.1.  USOS DE LOS NO REFLEXIVOS:

• Se usan cuando algo está ya presente en el contexto, y se hace referencia a ello como complemento de un verbo:
—*Ayer estuvo Lucía en el bar.*
+*¿Sí? Pues yo no la vi.*

• Casos especiales:
**a)** Cuando el pronombre es complemento indirecto: Se usa casi siempre, aparezca o no en la misma frase el sustantivo al que se refiere: *¿Por qué SE lo has contado A TU MADRE?* (Una excepción son algunos usos de "los verbos con LE", ver más abajo).

**b)** En contextos como el de la frase: *Si te ofrecen caramelos, cóge(los):*

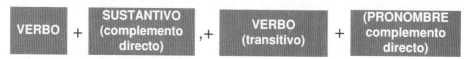

Dos interpretaciones distintas:
1ª Si no aparece el pronombre, se refiere a una parte de lo nombrado: *Si te ofrecen caramelos, coge* (algunos).
2ª Si aparece el pronombre, se refiere a la totalidad de lo nombrado: *Si te ofrecen caramelos, cóge(los)* (todos).

**c)** En contextos como el de la frase *Compra naranjas, si (las) hay:*

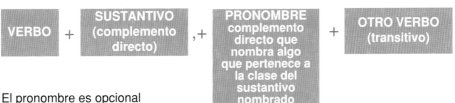

El pronombre es opcional
y es frecuente no utilizarlo.

**d)** Cuando el complemento es TODO/A/OS/AS o CADA UNO/A, se puede usar el pronombre: *Se (lo) ha comido TODO* frente a *Se ha comido un poco. (Los) hago cada uno de forma diferente.*

**e)** Cuando el complemento directo se pone delante del verbo, aparece el pronombre aunque lo haga también el sustantivo: *El AGUA ni siquiera LA prueba*

---

**Excepciones a la regla E.** No se usa el pronombre:

**1ª** Si la anticipación del sustantivo complemento directo se hace para rectificar algo dicho anteriormente: *Esta casa vamos a alquilar, no aquélla.*

**2ª** Si el sustantivo complemento directo aparece sin determinante o con UN/A/OS/AS:
*–¿Y si les regalamos un libro?*
*+Libros tienen para dar y tomar.*

**3ª** Si el complemento directo es exclamativo o interrogativo:
*No sé qué libro quiere; !Vaya casa se ha comprado!*

---

• El pronombre neutro LO:
   Puede referirse a una idea, situación o acción expresada en un infinitivo o una oración:
   *–¿A ti también te gusta nadar?*
   *+Sí, pero no LO hago todos los días.*

   Puede sustituir a un complemento de SER o ESTAR:
   *–¿Y está CONTENTA con su trabajo?*
   *+Sí, sí que LO está, porque...*

• Los verbos con ME, TE, LE...
   Hay una serie de verbos y expresiones con un verbo que sirven para expresar gustos, opiniones o sensaciones y que tienen una construcción peculiar: la persona no se expresa como sujeto gramatical, sino como complemento indirecto, y el sujeto gramatical es la cosa o persona que provoca esa sensación, opinión, etc.: *Me encanta tu voz; A los niños nada les da vergüenza.*

   **a)** VERBOS y EXPRESIONES que suelen llevar ME, TE, etc.: DAR (ganas, frío, calor, risa, miedo, etc.), IMPORTAR, GUSTAR, OCURRIRSE, PARECER + ADJETIVO o ADVERBIO,. etc.

   **b)** VERBOS y EXPRESIONES que admiten las dos construcciones (con y sin ME, TE, etc.) y que cambian de significado según la construcción con que se usan: CHOCAR "golpearse con algo o alguien" / CHOCARLE ALGO A ALGUIEN "sorprenderle"; TOCAR / TOCARLE "caerle en suerte"; etcétera.

## Condiciones de uso del pronombre

| | |
|---|---|
| El complemento indirecto es concreto | Se usa siempre: *A TU MARIDO no LE importó contármelo.* |
| El complemento indirecto es muy general | Puede usarse o no, aunque lo más frecuente es usarlo: *Una cerveza bien fresca en verano (LE) sienta bien A TODO EL MUNDO.* Pero si el complemento indirecto aparece delante del verbo, siempre se usa: *A TODO EL MUNDO LE da miedo la muerte..* |
| El complemento indirecto es difícil de precisar o se quiere generalizar una opinión o sensación | No se usa: *Esa costumbre choca mucho en España.* |

3.1.2.  USOS DE LOS REFLEXIVOS

Indican que el sujeto realiza una acción sobre sí mismo: *Mi marido se ducha todos los días.*
Se usan también cuando la acción es recíproca, es decir, cuando son acciones que dos o más sujetos realizan unos a otros, mutuamente: *Yo creo que no se quieren.*
Tienen también otros usos distintos de los reflexivos o recíprocos, pues matizan o cambian el significado del verbo (ver "Usos de se").

3.1.3.  COMBINACIONES DE PRONOMBRES NO ACENTUADOS

• Cuando utilizamos dos pronombres, uno de complemento directo y otro de complemento indirecto, el de complemento directo de tercera persona es siempre SE (no LE o LES): *¿A quién se lo diste?*
• Si necesitamos dos pronombres personales no acentuados, su orden sería el siguiente, tanto si están detrás del verbo como delante:

Así son correctas, por ejemplo, las combinaciones:

| | | |
|---|---|---|
| **SE ME (SE + 1ª)** | **ME LA (1ª + 3ª)** | **SE LAS (SE + 3ª)** |
| **TE LO (2ª + 3ª)** | **SE OS (SE + 2ª)** | **TE NOS (2ª + 1ª)** |

3.1.4.  COLOCACIÓN DE LOS PRONOMBRES NO ACENTUADOS

• SI ACOMPAÑAN A UN SOLO VERBO CONJUGADO:

| | |
|---|---|
| DETRÁS | Con imperativo afirmativo: *Dámelo.* |
| DELANTE | Con un verbo conjugado que no es imperativo afirmativo: *¡No me digas!* |

• SI ACOMPAÑA A GERUNDIO O INFINITIVO INDEPENDIENTES O A UN VERBO CONJUGADO + GERUNDIO O INFINITIVO:

| | |
|---|---|
| **OPCIONAL**<br>(delante o detrás del VERBO CONJUGADO + INFINITIVO O GERUNDIO) | • Con la mayoría de las perífrasis de infinitivo y gerundio: *Tuve que hacerLO / LO tuve que hacer; TE LO estaba diciendo / Estaba diciéndoTELO.*<br><br>• Con los grupos verbales VERBO MODAL + INFINITIVO (poder, soler): *No puede callarSE / No SE puede callar.*<br><br>• En los grupos de VERBO CONJUGADO (del tipo ver y oír) + INFINITIVO, cuando el pronombre personal es complemento de los dos verbos: *Estos árboles he visto plantarLOS / LOS he visto plantar.* |
| **DETRÁS**<br>del infinitivo o gerundio | • Con la perífrasis HABER + QUE + INFINITIVO: *Hay que terminarLO enseguida.*<br><br>• Con las perífrasis en las que el verbo conjugado aparece acompañado de SE, ME, TE, etc.: *Ponerse a hacerLO.*<br><br>• Cuando en un grupo de VERBO CONJUGADO + INFINITIVO, el pronombre es complemento solamente del infinitivo: *Conviene cerrarLA* (la cosa a la que se refiere LA es la que hay que cerrar, no la que conviene).<br><br>• En las construcciones absolutas de infinitivo o gerundio: *Al verLO, me eché a llorar; HaciéndoLO así te saldrá mejor.* |
| **DELANTE**<br>del verbo conjugado | • Cuando en un grupo de VERBO CONJUGADO + INFINITIVO o GERUNDIO el pronombre es complemento sólo del verbo conjugado: *LES conviene callar.* |

**NOTA:** Si se trata de un gerundio o infinitivo compuestos, los pronombres, en caso de usarse detrás, se unen al verbo auxiliar HABER y se posponen a él: *No habiéndoSELO dicho, no hubiéramos metido la pata.*

3.1.5.  EXPRESIONES

Expresiones en las que aparece un verbo y uno o más pronombres personales que no sustituyen a ningún sustantivo. Verbo y pronombres forman una unidad de significado:

| | |
|---|---|
| arreglárselas, componérselas, ingeniárselas<br>correr alguien que se las pela<br>dárselas de algo<br>dormirla<br>estar a verlas venir<br>verlas venir | fastidiarla, jorobarla<br>guardársela a alguien<br>pasarlo bien<br>tomarla con alguien<br>traérselas algo<br>vérselas con alguien<br>vérselas y deseárselas |

▓ 3.2.  **Las formas acentuadas**

• Siempre detrás de preposiciones (excepto de las señaladas en 2.3., que tienen detrás los pronombres sujeto).

• Las formas reflexivas aparecen frecuentemente reforzadas por mismo/a/os/as: *Me dije a mí mismo...*

Es cada vez más frecuente, en la tercera persona, utilizar las formas "el/ella/ellos/ellas" en lugar de "sí", y así se puede oír: *Todo lo hace para sí mismo / para él mismo.*

• Tienen dos funcionamientos dentro de la frase:

| | |
|---|---|
| Cuando funcionan como complementos directos o indirectos | Son gramaticalmente redundantes, pues van anunciados o son repetidos por un pronombre acentuado: *A MÍ no ME digas eso, NOS lo ha regalado A NOSOTROS, no a ti.* |
| | Igual que los pronombres sujeto (ver 2.1.), sirven para evitar posibles confusiones (sobre todo en la tercera persona), marcar la persona frente a otras ya nombradas o presentes en el contexto, o establecer contrastes. |
| | Se usan también cuando el verbo y el pronombre no acentuado no se repiten:<br>–*A mí me encanta el mar.*<br>+*A mí también.* |
| Cuando cumplen otras funciones | Se usan solos, y no aparece el correspondiente pronombre acentuado: *Toma, esto es PARA TI; Está preocupado POR VOSOTRAS.* |

# III  *Ejercicios*

 **1** En este texto sobre la guitarra española se repite innecesariamente la palabra "guitarra". Suprímela siempre que sea posible, cámbiala por un pronombre personal o déjala en el texto si no es posible suprimirla.

## La guitarra

Su origen se pierde en lo más profundo de la noche de los tiempos.Fue Johannes Tinctoris quien, en su famoso tratado "De inventione et usu musicae", de 1484, atribuyó la guitarra **(a)** a "hispanorum inventio", en concreto, como un instrumento propio de la zona de Cataluña. Aunque, al parecer, la guitarra **(b)** como tal tiene dos raíces: por un lado, la cítara grecorromana, y, por otro, un instrumento musical árabe.

La guitarra **(c)** evolucionó de la forma de pera a su característica forma de calabaza, y de tener la guitarra **(d)** cuatro cuerdas pasó a tener una quinta en 1570 de la mano de Vicente Espinel, y no se sabe cuándo se añadió la sexta a la guitarra **(e)**.

La guitarra **(f)** fue considerada un instrumento plebeyo y popular, y la guitarra **(g)** no gozó de prestigio hasta que el rey Carlos IV introdujo la guitarra **(h)** en la corte, sustituyendo el habitual rasgueado por el elegante punteado. La nobleza enseguida adoptó la guitarra **(i)**.

Andalucía es la tierra donde la guitarra **(j)** española, especialmente la flamenca -con caja más estrecha-, ha tenido mayor desarrollo.

*El País Semanal,* adaptado

**2** En esta historia, ¿cuáles de los pronombres personales sujeto ("yo", "tú") podrían suprimirse porque solamente tienen un valor de énfasis, de insistencia?

**3** ¿Cuáles son las acciones, objetos o personas a las que hacen referencia los pronombres que hemos señalado?

### Tarjeta roja por machista

*La árbitro Mari Ángeles García expulsó a un jugador que quiso besarLA* **(a)**

Marifé Moreno. León.

El partido entre el Club Deportivo Cubillo y el Spartak Villafranquino discurría con cierta normalidad hasta que las protestas continuadas del portero del Spartak obligaron a la árbitro Mari Ángeles García, de 18 años, a amonestar-LE **(b)** en un córner. El portero, Tomás Martínez, de 24 años, se desprendió de los guantes, agarró por la cintura a la joven y LA **(c)** intentó besar en la mejilla. Ella respondió con un empujón y con la tarjeta roja de expulsión.

"A mí lo que me apeteció en ese momento fue pegarLE **(d)** una patada en sus partes, pero sabía que no LO **(e)** podía hacer porque me buscaría un lío", dice la árbitro. "A las mujeres árbitros nos maltratan en el campo... Lo más suave que NOS **(f)** llaman es '¡tía buena!', pero a veces gritan burradas", comenta con cierto aire de desánimo. "El fútbol es muy machista, siempre han visto hombres y LES **(g)** parece raro ver mujeres en el campo. Hay que mentalizarLOS **(h)**", afirma.

Asegura que es un trabajo peligroso y duro: "Mis padres me LO **(i)** dicen y mi amigo también". Hace mes y medio, un centrocampista del Puquebarsa, LE **(j)** propinó un puñetazo en la nariz que la obligó a permanecer 15 días de baja.

La afición por el fútbol SE **(k)** LA **(l)** inculcó su padre, Manuel García, un albañil jubilado, en la actualidad vicepresidente del club de alevines La Morenica de Ponferrada.

*El País*, extracto

**4** A continuación tienes un folleto del Ministerio de Asuntos Sociales. En él, un niño le "dice" a su padre o a su madre lo que sabe y puede hacer en cada edad. Completa las frases utilizando ME, TE o LE en el lugar en que sea necesario (no te indicamos dónde).

## Calendario del desarrollo del niño

### El niño de 0 a 3 meses.

Se orientará en su nuevo ambiente a través de los sentidos. Necesita de vosotros para poder llegar a conoceros: hablad, coged, acariciad.

### 1 Mes:

a) Sólo despierto y lloro si tengo hambre o estoy incómodo.
b) Tranquiliza oír tu voz y aprendo a mirarte.
c) Si pones boca abajo puedo levantar la cabeza unos instantes.

### 2 Meses:

a) Estoy más rato despierto y interesa ver lo que hay a mi alrededor.
b) Los ruidos fuertes sorprenden.
c) Gusta mirar a los ojos y si te mueves seguiré con la mirada.
d) Cuando hables o acaricies te responderé con sonrisas o sonidos.
e) Llaman la atención los objetos móviles y de colores vivos.

### 3 Meses:

a) Gusta mirarme las manos y juego con ellas.
b) Si te acercas mucho quizás tiraré del pelo y tocaré la cara.
c) Al coger en brazos puedo sostener la cabeza erguida un ratito.
d) Boca abajo sostengo sobre los brazos y levanto la cabeza.

**5** En el siguiente texto pasa lo mismo que en el anterior: faltan doce pronombres. Para completarlo necesitarás: LA, LO, LE, LES, ÉL, NOS, ME. Escribe solamente los que son obligatorios.

## Amor de larga distancia
### Inmaculada de la Fuente

A algunos separa un océano, como a la embajadora de España en Paraguay, Asunción Ansorena, y a su marido, el abogado Manuel Gómez de la Bárcena, que reside en Madrid. A otros, como al joven licenciado en Informática, Rafael Morillo, y a su esposa Esther, 633 kilómetros han impedido dar continuidad al matrimonio que contrajeron hace año y medio y que sólo reinician los fines de semana viajando el uno hacia el otro. A Carmen Pérez, madre de dos hijos, siempre sucede alguna incidencia doméstica justamente cuando su marido, consultor en una empresa petrolera, se encuentra ilocalizable en Nigeria, en plena jungla. A la embajadora de España en Etiopía, Aurora Bernáldez, y a su marido, el también embajador en Arabia Saudí, tan simétrica dedicación al cuerpo diplomático imposibilita discutir y conversar cara a cara.

Hay quien experimenta una subida de tensión muy parecida a la felicidad en medio de tanto trasiego. "Hay mucha intensidad en una relación así y los encuentros son muy divertidos", confiesa una periodista de 39 años, que mantiene un amor con un finlandés de 41. "Ambos tenemos montada nuestra vida en torno al trabajo, el de es más importante que el mío y no va a resultar fácil hacer lo que gusta en la misma ciudad.

Vemos una vez al mes o cada quince días en lugares equidistantes y eso vives con una gran ansiedad, y es muy gratificante. Entre medias, usas el teléfono."

La puertorriqueña Carmen Pérez ha asumido que su marido debe pasar semanas fuera. "La soledad he ido superando a base de rodear de amigas cuando estoy sin pareja. Y a la pareja valoras más, es como empezar la segunda luna de miel". Pero también se sufre de incomunicación: "Es quien suele llamar por teléfono cuando está en la capital nigeriana, pero cuando se desplaza a la jungla es prácticamente imposible".

*El País*, extracto

— 244 —

**6** Un chico va a ir por primera vez a comer a casa de los padres de su novia, y ella le da antes unas cuantas recomendaciones; lee lo que dicen y, en los espacios en blanco, piensa si hay que usar un pronombre o no, o si es opcional su uso:

–Oye, si mi padre te ofrece puros, no _____ **(a)** cojas, porque no le gustan los fumadores, y seguro que lo hace para ver si fumas. Y otra cosa: si mi madre pone escalopines, cómete _____ **(b)** todos, aunque estén horrorosos, porque ella cree que son su especialidad. Y usa los cubiertos de pescado, si _____ **(c)** ponen, porque son muy mirados para esas cosas. Y si mi hermano el pequeño te da caramelos, no _____ **(d)** cojas, porque son de plástico; es que le encanta hacer bromitas de ésas.

+Muy bien... ¿Algo más tengo que hacer?

–Pues sí. Mira, cuando mi tía te regale entradas para ver su obra de teatro, que me ha dicho que te va a dar algunas, _____ **(e)** coges y le dices que irás con tus amigos, aunque luego no vayas. ¡Ah! Una cosa más: no comas pimientos, aunque te _____ **(f)** ofrezcan, porque los ponen siempre muy, muy picantes. Di que no te sientan bien los pimientos y ya está.

**7** **A.** En los espacios en blanco que hay en este texto falta algún pronombre. Complétalo.

## Por cuatro dichosas pesetas

...a mis setenta y tantos años vivo sola, sola, muy sola, y a pesar de que tengo cinco hijos, nueras, yernos y una prole de nietos. Y mire que he luchado desde que murió su padre, es decir, mi marido, para que permanecieran unidos y no se pelearan por las cuatro cosas que _____ **(a)** había dejado en herencia... Ya _____ **(b)** extrañó enormemente, _____ **(c)** extrañó y _____ **(d)** apenó que el mismo día del entierro de mi esposo _____ **(e)** lanzaran como aves de rapiña sobre el testamento, sobre su última voluntad, y prefirieran discutir a voces lo que _____ **(f)** tocaba a cada uno, a rezar un rosario con sus tías y conmigo. Ese día ya _____ **(g)** dio la corazonada de que la cosa _____ **(h)** iba a complicar, pero no me quería dar por aludida porque resultó desagradable y triste. Así que, luego, fueron varias veces juntos al abogado y, unos meses más tarde, pasó que cada uno tuvimos que elegir un abogado defensor distinto y nunca más _____ **(i)** volvieron a hablar entre _____ **(j)** hasta hoy. Yo pagué la cruz negra de la moneda, de rebote, porque también dejaron de venir en las fiestas y los domingos a comer a casa.

Los primeros tiempos me _____ **(k)** pasaba llorando en el sillón porque, como usted comprenderá, éste es un dolor muy hondo, el que los hijos no visiten a su madre por cuatro dichosas pesetas. Porque no _____ **(l)** _____ **(m)** he contado a usted, pero también _____ **(n)**, cada uno por separado, _____ **(ñ)** intimidaron mucho para que no fuese a casa de ninguno, para que no _____ **(o)** pusiese de parte de nadie y no influyera así en el juicio y en las demandas que _____ **(p)** pusieron entre _____ **(q)** para reclamarse las cosas, ya sabe _____ **(r)**, los muebles, las acciones, esas pequeñas propiedades que su padre fue acumulando a lo largo de su vida para hacer _____ **(s)** el futuro más fácil. Todavía no _____ **(t)** he vuelto a ver desde entonces. Y en tantos años yo ya me he acostumbrado a la soledad y tengo que confesar _____ **(u)** que ahora soy yo la que no quiere verles a _____ **(v)**. Y, además, se me olvidaba comentar _____ **(x)**, y este asunto tiene bemoles, no obtuvieron nada en el juicio.

Ahora, ¿sabe lo que he hecho?, esas cuatro dichosas pesetas _____ **(y)** _____ **(z)** voy gastando en _____ **(aa)**, en viajar, en comprarme vestidos que me apetecen, en invitar a merendar a mis amigas y en comprarme alguna que otra sortija. Y, sobre todo, en intentar disfrutar de aquello que no he hecho en los últimos quince años. Y, _____ **(bb)** digo la verdad, creo que _____ **(cc)** estoy haciendo un favor, un bien a todos mis hijos.

Elena F. L. Ochoa, *El País Semanal*, extracto

**B.** La mujer de la historia anterior, que es un caso real, podría haber dicho las frases siguientes. ¿En cuál de las frases es necesario usar algún pronombre y cuál?

| | |
|---|---|
| a) | Asombra ver cómo hay hijos tan ingratos con sus padres. |
| b) | Asombró ver que mis hijos eran tan ingratos conmigo. |
| c) | Una cosa así sienta mal a todo el mundo. |
| d) | No apetece nada vivir cuando no se tiene a nadie al lado. |
| e) | Desilusiona mucho darse cuenta de que los hijos a los que has dado tanto sólo quieren tu dinero. |
| f) | Desilusionó mucho darme cuenta de que los hijos a los que había dado tanto sólo querían mi dinero. |
| g) | Sólo anima el pensar que les estoy haciendo un bien. |

**✳ 8** Éstas son las palabras de varias personas a un hombre muy despistado. En algunos espacios en blanco faltan pronombres (a veces uno, a veces dos); a veces tienen que ir delante, a veces detrás, a veces tienen las dos posibilidades, y en algunos casos necesitamos uno delante y otro detrás.

| | |
|---|---|
| a) | Pero... ¿todavía no le has devuelto a Juan el libro? ¿Y cuándo ____ piensas devolver ____? |
| b) | ¡Anda! Todavía no has devuelto el libro que sacaste de la biblioteca. ¿Y cuándo ____ hay que devolver ____? |
| c) | Pero... ¿todavía no le has dicho a Mario lo de la fiesta del lunes? Pues ____ deberías haber ____ dicho antes, ahora ya es un poco tarde. |
| d) | Todavía no me has dado una buena explicación para el plantón que me diste ayer. ¿O es que no ____ puedes dar ____ ? |
| e) | ¿Que se te ha olvidado ir a hablar con el jefe? ¡No me lo puedo creer! Pues ____ conviene hacer ____ rápidamente. Lleva esperándote dos horas. |
| f) | ¡Otra vez se ____ ha olvidado poner ____ la corbata! ¡Pero qué despistado eres! |

**✳ 9** Completa con un pronombre de tercera persona (lo, se, le...) cada espacio en blanco de las preguntas para dar sentido a las frases de este "test" psicológico. Después puedes dar tus respuestas para saber si eres víctima de las inhibiciones o no. Tienes la clave para hacerlo debajo.

# ¿Es víctima de sus inhibiciones?

1. ¿ _____ **(a)** resulta incómodo acudir a fiestas y reuniones sociales?
   a) Sólo alguna vez, dependiendo de la gente que _____ **(b)** va a reunir.
   b) Sí, suele pasar _____ **(c)** fatal y _____ **(d)** evita siempre que puede.
   c) No, usted va a donde sea, _____ **(e)** da igual.

2. ¿ _____ **(f)** agrada hablar con la gente?
   a) Sí, normalmente sí.
   b) Bueno, si son amigos, sí.
   c) Sí, usted charla con cualquiera, aunque no _____ **(g)** conozca.

3. ¿ _____ **(h)** resulta fácil pedir un aumento de sueldo?
   a) Depende del momento y la persona a quien tiene que dirigirse.
   b) No, ____ **(i)** es muy complicado, hasta el punto de que a veces ni ____ **(j)** intenta.
   c) Claro, facilísimo.

→

**4.** ¿Usa usted cualquier tipo de ropa?
   a) Dentro de su estilo, sí.
   b) No, hay muchas cosas que "_____ **(k)** da corte" poner _____ **(l)**.
   c) Sí, usted _____ **(m)** viste como _____ **(n)** apetece siempre.

**5.** ¿ _____ **(ñ)** condiciona lo que la gente pueda decir de usted?
   a) No llega a condicionar _____ **(o)**, pero _____ **(p)** tiene en cuenta.
   b) Sí, totalmente.
   c) No, usted pasa de todo el mundo.

**6.** ¿Se atreve a abordar a cualquier persona del sexo opuesto?
   a) No siempre
   b) No, más bien _____ **(q)** cuesta trabajo.
   c) Sí, sin problemas.

**7.** ¿ _____ **(r)** considera usted una persona tímida en la actualidad?
   a) De forma general, no, aunque algunas veces pueda comportarse con timidez.
   b) Sí, bastante.
   c) No, en absoluto.

## Valoración

**Predominio A.** En relación con esta cuestión, usted no tiene una definición clara. Normalmente, no es una persona inhibida, pero, en ocasiones, sí se retrae y evita ciertas cuestiones. No es una cuestión conflictiva para usted y puede controlarla perfectamente.

**Predominio B**. A primera vista, usted se aparta de los asuntos; se abstiene de entrar en ellos y de tratarlos. Tiene múltiples y variados bloqueos que le coartan y le impiden desenvolverse de una forma fácil y satisfactoria. Está claro que debe superarse y vencer en este tema.

**Predominio C.** En usted las inhibiciones parecen no existir, más bien le ocurre todo lo contrario y se excede usted en desinhibición. En ocasiones se pasa, incluso sin ser consciente de ello, y las consecuencias son igualmente negativas.

**10** Relaciona las frases de la primera lista con las continuaciones de la segunda lista:

| | |
|---|---|
| a) No te preocupes por él. | 1) A ver si te hace buen tiempo toda la semana. |
| b) No creas que se me va a olvidar lo que me ha hecho. | 2) Siempre tiene que fastidiarla alguien. |
| c) ¡Qué caro está todo! | 3) Anda, vete a casa a dormirla. |
| d) Este ejercicio se las trae. | 4) Siempre se las ingenia para que todos hagamos lo que a él le apetece. |
| e) No sé cómo lo hace. | 5) Sabe arreglárselas muy bien solo. |
| f) No es justo que siempre me regañe a mí, y a los demás no. | 6) Es muy, muy difícil. |
| g) Se las da de listo. | 7) No te creas que me va a engañar. |
| h) Estás borracho perdido. | 8) La ha tomado conmigo. |
| i) ¡Que lo pases bien! | 9) Ésta se la guardo. |
| j) Últimamente llega tarde un día sí y otro también. | 10) Se las va a tener que ver con el jefe si sigue así. |
| k) Yo las veo venir. | 11) Están a verlas venir. |
| l) En su casa todos están en el paro. | 12) Un día le voy a tener que parar los pies. |
| m) Con lo bien que lo estábamos pasando, y tuvo que hacer esa idiotez. | 13) Me las veo y me las deseo para llegar a fin de mes. |

## I ¿Cuánto sabes?

Se lee tranquilamente.
Se contempla sosegadamente.
Suscríbase ahora y obtenga,
además, una lujosa agenda.

Suscríbase estas Navidades a FMR. Le regalaremos una agenda diseñada por Franco Maria Ricci. Decorada con ilustraciones de los doce horóscopos. En nueve idiomas. Con calendario lunar y agenda telefónica.

**FMR❀**
La revista de arte más bella del mundo

1. ¿Este anuncio a cuántas revistas se refiere?
2. ¿Se dirige al posible comprador tratándole de "tú" o de "usted"?
3. Imagina que anunciaran varias revistas. ¿Cambiarían en algo las frases que están encima de la fotografía?
4. Si hubieran decidido usar "tú" como tratamiento, ¿serían diferentes esas frases?

La palabra SE tiene diferentes funciones:

- Pronombre personal de tercera persona de singular y de plural, que formaría parte de la serie ME, TE, SE, NOS, OS, SE (apartados 1, 2, 3, 4, 5, 6 y 7).
- Marca de construcción impersonal (apartado 8).
- Pronombre personal variante de LE o LES (apartado 9).

---

## 1. *SE QUEJA DE QUE NO LE HACEN CASO:* SE OBLIGATORIO

Verbos que siempre llevan SE: arrepentirse, atenerse, atreverse, fugarse, quejarse, suicidarse, vanagloriarse, etc.

Si se especifica QUÉ o QUIÉN es el objeto o causa de la acción es obligatorio que aparezca una preposición:

| | | |
|---|---|---|
| **apoderarse de** | **arrepentirse de** | **atreverse a** |
| **dignarse a** | **quejarse de** | **vanagloriarse de...** |

*Me arrepiento / Me arrepiento de haber venido*

---

## 2. *ÉL MISMO SE LAVA LA ROPA*
## (SUJETO ANIMADO + SE REFLEXIVO + VERBO TRANSITIVO): SE REFLEXIVO

Cuando queremos señalar que el sujeto y el objeto se refieren a la misma persona, objeto o concepto: *(YO) me lavo (a MÍ MISMO) / lavo (cualquier cosa o persona); (YO) me lavo el pelo (MI pelo) / Lavo el pelo (el pelo de otra persona).*

Puede aparecer SE aunque no sea realmente el sujeto quien realiza directamente la acción, sino quien ordena o encarga hacerla: *Me he hecho un traje nuevo* (no lo he fabricado yo, sino que he encargado que lo hicieran para mí).

---

## 3. *ESTUVIERON TODA LA TARDE INSULTÁNDOSE*
## (VARIOS SUJETOS ANIMADOS + VERBO TRANSITIVO): SE RECÍPROCO

Los sujetos se influyen o intercambian acciones mutuamente: *Aunque estaban peleados, Luis y Antonio se saludaron.*

---

## 4. *TU MUJER SE HA BEBIDO TODA LA LECHE*

SUJETO ANIMADO + SE (NO REFLEXIVO) + VERBO TRANSITIVO (CON COMPLEMENTO DIRECTO).

Para destacar o exagerar una acción ejercida o que afecta a una persona, objeto o hecho concretos. Con verbos que se refieren a acciones en las que sea posible destacar el esfuerzo, placer, miedo u otro tipo de actitudes o sentimientos que tiene el sujeto al realizarlas. Aparece especialmente con verbos relacionados con la comida y la bebida *(comer, beber, tomar)* el dinero, el juego *(ganar, jugar, vender),* actividades mentales *(conocer, estudiar, leer)* o físicas *(levantar, correr).*

*(Se) comió toda la comida*
*(Te) fumaste un cigarrillo*
*(Se) estudiaron más de veinte lecciones en una semana.*

*(Nos) tomamos un café*
*(Me) levanté veinte kilos*

El pronombre puede eliminarse sin que haya cambio de significado; sin embargo, su uso frecuente ha hecho que se convierta casi en obligatorio.

## 5. *LAS VENTANAS SE HAN CERRADO DE GOLPE*

SUJETO INANIMADO + SE (NO REFLEXIVO) + VERBO TRANSITIVO USADO COMO INTRANSITIVO (SIN COMPLEMENTO DIRECTO).

Se da vida al sujeto, personificando los objetos inanimados; se usa cuando desconocemos, es obvio o queremos ocultar el verdadero agente de la acción: *La puerta se ha abierto* (por el viento, por una persona, etc.)

Si el sujeto inanimado se refiere a un objeto, hecho o circunstancia que pertenece a una persona, aparece el pronombre LE o sus variantes: *Se me cierran los ojos; Se nos inundó la casa en la tormenta de ayer.*

## 6. *ME HE LEVANTADO CON DOLOR DE CABEZA*

SUJETO ANIMADO + SE (NO REFLEXIVO) + VERBO TRANSITIVO USADO COMO INTRANSITIVO (SIN COMPLEMENTO DIRECTO).

**6.1.** **Con verbos que expresan movimiento:** señala que el sujeto realiza una acción que sólo le afecta a él y además en su totalidad:

**asomarse      levantarse      moverse      sentarse      acostarse...**
*Me senté en la silla / Senté al niño en la silla; Me levanté / Levanté la mano.*

**6.2.** **Con verbos que expresan acción mental:** el sujeto sufre la acción por causa de un agente que a veces no se expresa:

**alegrarse            confundirse            desanimarse**
**despertarse          emocionarse           enfadarse...**
*Se despertaron* (a causa de los ruidos).

Si se especifica QUÉ o QUIÉN es la causa de la acción es obligatorio que aparezca una preposición:

**alegrarse de / con/ por          confundirse con / en / de**
**desanimarse con / por            despertarse con / por**
**emocionarse con / por            enfadarse con / por...**
*Se alegró de que llegaras a tiempo.*

**6.3.** **Otros verbos:** SE se hace obligatorio y, si se especifica QUÉ o QUIÉN es la causa de la acción, es obligatorio que aparezca una preposición. En algunos verbos el cambio de estructura implica un cambio de significado:

**acordar / acordarse (de)          aplicar / aplicarse (en)**
**burlar / burlarse (de)             parecer / parecerse (a)**
**prestar / prestarse (a)            ocupar / ocuparse (de)...**
*Este libro ocupa muchas páginas; Este libro se ocupa de muchas cuestiones gramaticales.*

En otros casos, aunque hay cambio de estructura, el significado básico del verbo se mantiene; pero hay diferencias de uso o de matiz:

admirar / admirarse (de)          aprovechar / aprovecharse (de)
compadecer / compadecerse (de)    confesar / confesarse (de)
olvidar / olvidarse (de)...

*Admiro tu entereza en estas circunstancias; Me admiro de lo bien que escribes.*

---

# 7. ANTONIO SE FUE DE CASA

SUJETO + SE (NO REFLEXIVO) + VERBO INTRANSITIVO (SIN COMPLEMENTO DIRECTO)

### 7.1. Con verbos de movimiento:

Ir / irse            Escapar / escaparse de    Llevar / llevarse    Marchar / marcharse
Salir / salirse      Venir / venirse           Traer / traerse      Volver / volverse

7.1.1. La forma sin SE se usa cuando destacamos el movimiento de dirección hacia un punto de destino (a donde); la forma sin SE, cuando destacamos que hay un movimiento de salida (de donde): *Mañana iré a Barcelona* (destaco que abandonaré mi ciudad para ir a Barcelona).

7.1.2. Casos y valores especiales:
**a) Volverse** y no **volver** es la forma que se utiliza para expresar "girar": *De repente él se volvió y le miró.*
**b) Irse** y **venirse** pueden expresar abandono total del punto de origen: *Se vino a vivir* (definitivamente) *a Madrid.*
**c) Venirse** y **salirse** pueden expresar un movimiento desde un punto de origen antes del tiempo previsto: *Se salió del cine antes de que acabara la película; Me vine antes de que acabara la película.*

### 7.2. Otros verbos:

7.2.1. **Dormir / dormirse**
Dormir: dormir, estar durmiendo / Dormirse: empezar a dormir, quedarse dormido: *Siempre duermo muy bien en ese hotel / Siempre me duermo en los conciertos.*

7.2.2. **Morir / morirse**
**a)** Son intercambiables en la mayoría de los casos, aunque **morirse** enfatiza la acción, especialmente cuando afecta personalmente: *Creo que ha muerto por fin ese chico del que nos hablaron / Se ha muerto mi tío.* La forma sin SE es más formal y menos emotiva.
**b) Morir** se usa cuando se expresa muerte por causas externas: *Murieron veinte personas en el incendio.*
**c) Morirse** se usa para expresar "estar en trance de morir o agonizando": *No podemos hacer nada: se muere.*
**d)** Cuando **morir** no significa muerte física sino que tiene un sentido figurado:
**Morir** → con sujetos inanimados: *El río muere en el mar Mediterráneo.*
**Morirse** → con sujetos animados: *Me muero de risa.*

7.2.3. **Estar / estarse**
**Estarse** insiste en la idea de permanecer en un lugar, quedarse, no cambiar: *Estuvo de pie todo el concierto* →*Se estuvo de pie todo el concierto.* En imperativo se usa solamente **estarse** y nunca **estar**: *Estáte quieto.*

### 7.2.4. Quedar / quedarse

**Quedar** → "tener una cita, acordar", "resultado", "haber todavía algo": *Mañana quedamos a las diez; Quedamos en eso, ¿no?; Ha quedado muy bien la puerta; Todavía queda algo de leche.*

**Quedarse** → "conservar, adquirir o tener algo", "permanecer en un lugar y no salir de allí": *Se quedó con casi todo el dinero; Se quedó en casa toda la tarde.*

Sobre QUEDAR (SE) + adjetivo como verbo de cambio, ver "Los verbos de cambio".

## 8. CONSTRUCCIONES IMPERSONALES

*Se dice que va a venir a visitarnos el presidente; Estos coches se venden bastante bien* (ver "Las oraciones impersonales").

## 9. *SE* VARIANTE DE *LE* O *LES*

Cuando deben aparecer juntos dos pronombres átonos de tercera persona: el de complemento directo (LO/LA/LOS/LAS) y el de complemento indirecto (LE/LES), se sustituye éste último por SE:

~~LE LO~~ dije a Juan ...........................................................................SE LO dije a Juan.
~~LES LOS~~ compré a las niñas ...............................................................SE LOS compré.

## III *Ejercicios*

**1** Hombres y mujeres muchas veces realizan acciones distintas, o que se llaman de distinta forma según el sexo. También hay muchos tópicos (casi nunca totalmente reales) sobre lo que hacen habitualmente los hombres y las mujeres. Te damos frases con el verbo en infinitivo para que escribas la frase completa debajo de las dos columnas que tienes más adelante, como en los dos ejemplos que tienes ya hechos. Piensa si necesitas usar algún pronombre delante del verbo o no.

| | | |
|---|---|---|
| • acordarse de los cumpleaños y aniversarios | • desmayar | • poner corbata |
| • afeitar | • engañar a su pareja | • poner medias |
| • beber mucho | • gastar mucho dinero en el juego | • preocupar demasiado por sus hijos |
| • comprar demasiada ropa | • maquillar | • preocupar por su fuerza |
| • depilar | • mirar demasiado en los espejos | • recortar la barba |
| | • olvidar de los detalles | |

**Muchos hombres:**
• *Se afeitan*

**Muchas mujeres:**
• *Se maquillan*

**2** ¿Conoces el ritual de los saludos en España? Si es así, puedes resolver este ejercicio sin problemas. Si no, escribe lo que te parezca más lógico y consulta la clave después. Necesitas estas expresiones: *dar la mano, besar una vez en cada mejilla, dar una palmadita en el hombro, abrazar* y *saludar,* y algunos pronombres personales para completar el siguiente texto:

Cuando los españoles _____ **(a)** informalmente, lo más común entre las mujeres, tanto si son amigas como si son de la misma familia, es _____ **(b)**. Si los que _____ **(c)** son dos hombres que son amigos, normalmente _____ **(d)** y a veces también _____ **(e)**; tratándose de hombres de la misma familia, pueden _____ **(f)**, aunque en muchas familias esto se hace únicamente en las ocasiones más emotivas. En los encuentros de hombres y mujeres, tanto si se trata de amigos como de familiares, el hombre y la mujer _____ **(g)**.
En ocasiones especiales o después de mucho tiempo sin verse, tanto los hombres como las mujeres _____ **(h)**.

**3** En el siguiente texto faltan veinticinco pronombres que obligatoriamente tienen que aparecer. ¿Cuáles son?

### La arruga es bella

El otro día vi en televisión, en una tertulia, a un puñado de mujeres conocidas (...). Todas ellas tenían de media edad para arriba; y a todas ellas les descubrí, de súbito, unos morros prominentes y abultados que no tenían nada que envidiar a los de Mick Jagger. Me sorprendió semejante magnificencia labial, que no recordaba en absoluto que antes tuvieran; y, fijando mucho, y haciendo un esfuerzo de memoria por reconstruir la boca anterior de esas mujeres, comprendí al fin que todas ellas habían pasado por las manos del esteticista y habían inyectado el labio superior con silicona o con colágeno (...).
Que quede claro, en primer lugar, que una no es de piedra; y que a todas nos afecta y desespera, esa insensata tendencia de las carnes a desplomar con el paso del tiempo, así como las arrugas, las patas de gallo, la celulitis, las canas o las ojeras. Y que es difícil sustraer a la presión social y a esa feroz exigencia del ambiente que obliga a las mujeres a parecer pimpollos aunque hayan cumplido ya los 60 años. Y así, hay que echar el bofe haciendo gimnasia, y vendar cual momia embadurnada en potingues indecibles, y empachar de asquerosas comidas dietéticas. Somos débi-les, y la dictadura de la imagen exterior es demasiado dura.
Pero habría que empezar a reaccionar, sería conveniente poner límites. La conocida Laly Ruiz, que sabe mucho de salud y estética, me escribió hace poco contándome los destrozos que ella ve llegar a su gimnasio. Sobre todo ahora, en primavera, dice Laly, porque algunas mujeres, pensando que el verano aproxima y que han de mostrar al mundo la carnecita, arrojan en los brazos en los cirujanos, cortan, pinchan, chupan las grasas, agujerean por aquí y por allá, rebanan la papada, sacan lonchas de cadera o de barriga, meten siliconas en el pecho, o hacen bodoques en las nalgas (...).
Otra cosa es que cada cual, hombre o mujeres, intente conservar bien, ágil, atractivo y sano. Pero el atractivo de las mujeres, ¿ha de pasar necesariamente por esa porfía carnicera e inútil para parecer que una tiene eternamente 20 años? De todos es sabido que a los hombres les admiten las arrugas, las canas y ese rostro único que el tiempo y la vida van tallando sobre la piel impersonal de la juventud. Las mujeres, sin embargo, hacen invisibles en algún punto impreciso de su camino entre los 40 y los 50 años. Un día levantan y no las mira nadie: no cuentan, borran, cae sobre ellas la bruma de la inexistencia. Entonces, si tienen dinero y angustia suficiente, corren al cirujano más próximo y cortan unas cuantas tajadas de lo que sea. Para poder volver a existir en la mirada de los ojos de los hombres.
Ésta es una llamada a la insumisión frente a esta penosa dictadura. Y es también una palabra de aliento: porque creo que la situación puede cambiar, que de hecho está cambiando. ¿Por qué las mujeres sólo "existen" en tanto en cuanto parecen a un modelo único de muchacha bella? Porque las imágenes públicas de mujer que hemos recibido hasta ahora sólo eran así: chicas guapas y tiernas (...) Pero ahora todo eso es diferente. Ahora hay mujeres profesionales, políticas, abogadas, artistas, empresarias. Empezamos a verlas en televisión, en los periódicos, con 50 o 60 años, vivas e inteligentes, activas y capaces (...) Todas esas mujeres, y las que vendrán, son modelos en los que las sociedades reconocen. Y estos modelos van cambiando, profunda y sutilmente, la manera en que percibimos a nosotros mismos. Admitamos, en fin, que el vivir envejece y que la arruga es bella.
*Rosa Montero, El País Semanal*

**A.** La anorexia y la bulimia son enfermedades muy peligrosas que causan profundos trastornos y cambios en muchos jóvenes. A continuación tienes el relato de una adolescente española que las tuvo. De los pronombres que están en mayúsculas, ¿cuáles se podrían eliminar sin que variara el sentido y sin que la frase sonara extraña?

Todo empezó hace tres años, cuando NOS **(a)** mudamos de casa... ME **(b)** encontraba muy sola y entonces ME **(c)** eché unas amigas que no las quiero ni volver a ver, todas tenían mucho dinero y eran superguapas y delgaditas, y mi padre es administrativo y yo soy bajita y regordeta... Como ME **(d)** veía gordita y bajita y fofita, un taponcito moreno, pues ME **(e)** dije: "Ya sé lo que voy a hacer este verano; ME **(f)** voy a ir todos los días andando a la cuesta de Moyano y así hago ejercicio". Y eso hacía. ME **(g)** iba todos los días, con un calor tremendo, y volvía también andando y cargada de libros... Y ME **(h)** ponía varios jerséis, unos encima de otros, cada vez me ponía más ropa e iba más corriendo... Empecé haciendo un régimen normal, como los que hacían mi padre, mi madre, mi hermana. Y veía que comía sólo un racimo de uvas y un "sandwich" y no pasaba hambre, estupendo. Me gustaba sentir hambre, porque eso ME **(i)** permitía sentarME **(j)** durante cinco minutos. Es que tampoco me sentaba, ¿sabes?, todo el día ME **(k)** lo pasaba haciendo cosas... ME **(l)** leía un libro al día, comía a la una y a las siete de la tarde ya estaba ansiosa de que llegara la cena, que era una manzana y una zanahoria...

En el mes de febrero pesaba 38 kilos, mido 1,54, antes de la anorexia medía 1,58, pero he perdido cuatro centímetros. Y ME **(m)** seguía viendo gorda, no lo podía evitar. Entonces me llevaron a un médico especializado en esto, sigo con él. Y empecé a ver las cosas más claras, y empecé a comer un poco... Y me decía: "¡Hace un año que no ME **(n)** como un bollo!" Y ME **(ñ)** lo comía, y estaba tan bueno que luego ME **(o)** comía cinco más. Y, claro, para remediarlo y no engordar empecé a tomar laxantes... Pero seguía engordando, así es que aprendí a vomitar...

En mi casa no SE **(p)** habían dado cuenta de que vomitaba, SE **(q)** creían que estaba mejor, estaba más gordita, me veían comer... Me estaban dando antidepresivos, y un domingo por la tarde después de comer saqué las pastillas, las conté, eran 43, pensé en tomárMElas **(r)**. Y salí del cuarto a buscar agua y, de repente, una iluminación: había un sol espléndido entrando por las ventanas, y mi madre cantaba arreglando la casa, y en la sala mi padre veía un partido de fútbol, y mi gata se cruzó a mis pies..., y sonó el teléfono, y en la cocina borboteaba un guiso en una olla. Toda esa vida alrededor y yo con las pastillas en la mano. Aquello me hizo pensar, fue un "clic", me hizo cambiar.

Fragmento de "Anorexia. Matarse de hambre", *El País Semanal*

**B.** Con los siguientes verbos, y con un pronombre personal cuando sea necesario, completa las recomendaciones que tienes debajo: *poner, comer, perder, ir, pasar* y *adelgazar*.

### Recomendaciones para padres de adolescentes

¿Has notado dos o más de estos cambios en tu hijo?

- _____ demasiada ropa para la temperatura que hace.
- Lleva una larga temporada sin _____ apenas.
- _____ muy rápidamente.
- _____ corriendo a todas partes a todas horas.
- Aunque no le has podido medir, te parece que _____ algún centímetro de altura.
- _____ el día sin parar de hacer cosas.
- _____ todo lo que encuentra, sobre todo dulces, pero está delgado.

Habla con él y convéncele de que vaya contigo a un especialista. Puede ser víctima de la anorexia o de la bulimia.

**✳ 5** Hoy es domingo, y en la casa de la que vamos a hablar, esta semana ha sido terrible; la semana ha terminado con el coche roto, el televisor quemado, la biblioteca inundada y los libros estropeados, el sistema de riego averiado, el césped totalmente seco y la piscina agrietada.

**A.** Si alguien te pregunta: "¿Que ha pasado en esa casa?", ¿con qué siete frases contestarías?

**B.** El propietario de la casa le está contando a un amigo todo lo que le ha pasado esta semana. Continúa su relato:
"Esta semana ha sido un caos absoluto en mi casa. Fíjate todo lo que me ha pasado: se me ha roto el coche..."

**✳ 6** Aquí tienes algunos consejos que, junto con algunas cosas más, pueden ayudarte a llevar una vida sana y tranquila. Complétalos con estos verbos en la forma adecuada: ACOSTAR, ACOSTARSE, AGACHAR, AGACHARSE, ALEGRAR, ALEGRARSE CON, APROVECHAR, APROVECHARSE DE, DORMIR, DORMIRSE, ENFADARSE POR, ENFADAR, LEVANTAR, LEVANTARSE, MOVER, MOVERSE, PRESTAR, PRESTARSE A, QUEDARSE, QUEDAR.

a) No _____ la cabeza ante los problemas, enfréntese a ellos.
b) _____ más atención a su salud.
c) _____ el fin de semana para _____ con amigos y charlar.
d) No _____ hacer trabajos que puedan invadir su tiempo libre.
e) Si tiene problemas de espalda, no la doble para coger cosas del suelo; _____ doblando las rodillas.
f) No _____ en el sofá viendo la tele en una mala postura; váyase a la cama cuando le entre el sueño.
g) No _____ todos los fines de semana en su ciudad o pueblo; haga algún viaje, aunque sea corto.
h) _____ al menos ocho horas diarias.
i) _____ las alegrías de los demás.
j) No _____ pequeñas cosas.
k) Si tiene insomnio, _____ lo más posible durante el día para llegar cansado a la cama.
l) _____ y _____ más o menos a la misma hora todos los días.
m) Si vuelve del trabajo agotado, túmbese un rato y _____ las piernas.
n) No _____ los trabajos de los demás en su propio beneficio. Eso puede robarle el sueño.
ñ) Intente _____ a los que le rodean. Se sentirá muy bien.
o) No haga _____ a los demás por cosas que no merecen la pena.
p) Si trabaja mucho tiempo sentado, aproveche los descansos para _____ las piernas y el cuello.
q) _____ a sus hijos pronto y disfrute de un par de horas a solas con su pareja.

**✳ 7** Aquí tienes algunos fragmentos de conversaciones típicas de la época navideña. Completa cada espacio en blanco con un pronombre *(se, le, o les)*.

a) – _____ voy a comprar a los niños unos rompecabezas.
+¿Y cuándo _____ los vas a comprar? El día de Reyes es hoy, y todo está cerrado.
b) –¿Qué _____ vas a regalar a tu suegro?
+ _____ he comprado una camisa, pero no se cuándo _____ la voy a dar, porque está fuera todas las fiestas.
c) –Oye, y la sorpresa que _____ querías comprar a tu marido, ¿ya sabes qué va a ser?
+Vas un poco retrasada. ¡Ya _____ lo he dado todo!

# Tema 37

# La colocación del adjetivo

La ley básica del consumo dice que cuanto menos pague, menos calidad obtendrá.
¡Cárguese de una vez esa dichosa ley!

La ley funcionaba más o menos así, hasta la llegada de **Acer** al mercado de los ordenadores personales, ¡ahora ya puede dinamitar esa ley cuando guste!

**Acer** se presenta en España con el objetivo de hacerle ahorrar una buena parte de su presupuesto.

Por fin una marca global, presente en más de 100 países, ofrece precios realmente competitivos.

El grupo **Acer** dispone de 45 núcleos de producción alrededor del planeta para producir allí donde sea más conveniente, esto a su vez redunda en una mayor celeridad, en un mercado donde retraso equivale a depreciación.

La política de reinversión ha permitido al grupo **Acer** fabricar más del 85% de las piezas que integran sus ordenadores, obteniendo así independencia industrial.

Por eso llega la revolución.

**ACER**
computer revolution

1. ¿Cuál de estas dos definiciones equivale a la palabra "dichosa" en el anuncio?
    a) feliz, que proporciona felicidad.
    b) molesto.
2. ¿Sería posible decir "esa ley dichosa"?
3. ¿Cuál de estas dos definiciones corresponde al uso de la palabra "buena" en el anuncio?
    a) de calidad.
    b) grande.
4. ¿Significaría lo mismo si dijera "una parte buena"?
5. ¿Donde dice "mayor celeridad", se podría poner "celeridad mayor"?

**II** *A saber*

---

**1.** NORMALMENTE EL ADJETIVO SE COLOCA DETRÁS DEL SUSTANTIVO, sobre todo en el caso de adjetivos múltiples: *Una casa grande y cuidada.*

---

## 2. CASOS EN LOS QUE EL ADJETIVO PUEDE O SUELE IR DELANTE DEL SUSTANTIVO

**2.1.** **Valoraciones personales:** *dos importantes decisiones,* frente a las descripciones objetivas: nacionalidad, color, persona, etc.: *dos coches rojos.*

**2.2.** **Adjetivos que tengan un significado parecido a algunos determinantes (indefinidos):** escaso, raro (= poco), frecuente, gran (= mucho): *Tienen escaso éxito; Hacen frecuentes salidas.*

**2.3.** **Mayor, menor, mejor y peor:** *Mejor servicio; Mayor calidad de enseñanza.*

**2.4.** **En la lengua formal, por razones de estilo, se puede anteponer el adjetivo para describir objetos:** *una pequeña plaza* (= una placita / describiendo el tipo de plaza). En cambio, si se quiere destacar una cualidad se pospone: *una plaza enorme* (describiendo una cualidad de la plaza).
Con EL/LA/LOS/LAS se produce un cambio de significado: *Los grises edificios de la ciudad despuntaban entre la niebla* (todos los edificios de la ciudad son grises); *Los edificios grises de la ciudad despuntaban entre la niebla* (o todos los edificios son grises o sólo despuntaban los que eran grises).

**2.5.** *Buen* y *Mal* **antepuestos pueden tener un valor ponderativo:**
BUEN = mucho o grande, importante.
MAL = poco o pequeño, sin importancia: *Dice que está a régimen, pero no me ha dejado ni un mal bocadillo que comerme.*

---

## 3. CAMBIOS DE SIGNIFICADO DE ALGUNOS ADJETIVOS SEGÚN SU POSICIÓN

**3.1.** **Pueden cambiar de significado según su posición:** A veces, para conseguir un efecto estilístico, se usan antepuestos con el valor que normalmente tienen sólo cuando van pospuestos.

| | Antepuesto | Pospuesto |
|---|---|---|
| ANTIGUO | que ya no lo es | viejo |
| GRAN / GRANDE | de mucha calidad | de mucho tamaño |
| NUEVO | distinto a otro anterior | reciente |
| PEQUEÑO | sin importancia (frecuentemente irónico) | de poco tamaño |
| POBRE | que da lástima | que no tiene dinero |
| PURO (referido a cosas) | (intensifica el sustantivo) | que no tiene nada añadido |
| SIMPLE | sin importancia | sencillo / tonto |
| TRISTE | escaso, sin importancia | sin alegría |
| VERDADERO | (intensifica el sustantivo) | auténtico |
| VIEJO | antiguo y generalmente apreciado | de mucha edad |

## 3.2. Cambian de significado según su posición:

| | Antepuesto | Pospuesto |
|---|---|---|
| CIERTO | un/a, algo de | verdadero |
| COCHINO | sin valor | sucio |
| MALDITO | malo, despreciable | que sufre una maldición |
| MISMO | uno solo, no distinto | ese y no otro |
| PROPIO | suyo, no de otros | particular |
| ÚNICO | sólo uno/a | excepcional |
| VARIOS/AS | algunos/as | distintos/as |

## 4. ORACIONES EXCLAMATIVAS

### 4.1. Los siguientes adjetivos adquieren un valor irónico cuando van antepuestos:

| | Valor del adjetivo antepuesto |
|---|---|
| Bonito | malo, despreciable |
| Dichoso | molesto, malo |
| Menudo | de mucho valor o tamaño, valiente, con mucha personalidad, etc. |
| Valiente | ridículo, despreciable |

*¡Hombre! ¡Qué bien que hayas venido! ¡Menuda alegría que se va a llevar tu madre!; ¡Me tiene todo el día loca con la dichosa música!*

### 4.2. Construcciones exclamativas con adjetivos: Normalmente ¡QUÉ + SUSTANTIVO + TAN + ADJETIVO!: *¡Qué casa tan bonita!* A veces ¡QUÉ + SUSTANTIVO + MÁS + ADJETIVO!: *¡Qué regalo más bonito!* En estilos más literarios: ¡QUÉ + ADJETIVO + SUSTANTIVO!: *¡Qué bonita casa!*

## 5. FRASES HECHAS Y COLOCACIONES CON ADJETIVO ANTEPUESTO

### 5.1. Con *bueno* y *malo:* hacer buenas migas, de buen grado, ver con buenos ojos, tener mala leche, tener mala pata, ser de buen/mal agüero, actuar de buena/mala fe, buen/mal gusto, buen/mal humor, buena/mala cara.

### 5.2. Otras expresiones con el adjetivo antepuesto: en resumidas cuentas, en contadas ocasiones, a viva fuerza, a duras penas, a simple vista.

### 5.3. Agrupaciones de adjetivo + sustantivo que expresan un concepto único: libre cambio, libre albedrío, vil metal, alta tensión, alta mar, alta costura, altas instancias, alta tecnología, Alta Edad Media, pequeña burguesía, etc.

### 5.4. En lenguaje formal hay grupos de adjetivo y sustantivo que son tan frecuentes que forman combinaciones casi fijas: pleno apogeo, rancio abolengo, sincero pésame, etcétera.

**✳ 1** Di si los adjetivos que aparecen en mayúsculas podrían ir detrás del sustantivo al que acompañan. En los casos en que se pueda, indica si cambiaría el significado.

a) En estas POBRES poblaciones la gente tiene que recurrir a la mendicidad para sobrevivir.
b) Ha habido un PEQUEÑO cambio de planes. Ya no vamos a París sino a Roma.
c) Los ANTIGUOS tejados de la ciudad brillaban con la lluvia.
d) El perro nos siguió con su TRISTE mirada.
e) Eres un VERDADERO canalla.
f) ¡Mi VIEJO amigo Juan Manuel! ¿Cómo estás?
g) Los NUEVOS alumnos no entienden muchas de las reglas de la escuela.
h) Es un GRAN hombre. Todos nos sentimos orgullosos de él.
i) No te pongas así por una SIMPLE equivocación. Tampoco hay que tomarse las cosas tan a pecho.
j) Pruebe nuestros nuevos cereales. Son PURA energía.

**✳ 2** Completa este diálogo colocando donde creas conveniente y en la posición adecuada (delante o detrás del sustantivo) los adjetivos que te damos a continuación. Tendrás que poner el adjetivo en la forma adecuada (masculino o femenino, singular o plural). Recuerda que en cada caso quedará un hueco libre.

cochino    propio (2)    maldito    único    mismo    varios (2)

–Pues nada, que acabo de discutir con mi hermano por la herencia de un tío ¡y todo por cuatro _____ **(a)** _____ pesetas _____ **(a)** _____! ¡Y allí en el _____ **(b)** _____ despacho _____ **(b)** _____ del abogado me ha dicho que no me va a volver a hablar!
+Pero ¿qué ha pasado?
–Pues es que la herencia estaba sin dividir. Mi _____ **(c)** _____ hermano _____ **(c)** _____ le había aconsejado que lo hiciera así. Y yo, que no tengo _____ **(d)** _____ casa _____ **(d)** _____ , había pensado quedarme con la de la herencia. Era una _____ **(e)** _____ ocasión _____ **(e)** _____ para poderme casar sin problemas de dinero.
+Y tu hermano, claro, también quiere la casa.
–Pues no. Mi hermano lo que quiere es que a cambio de la casa pague yo no sé qué documento que pone _____ **(f)** _____ gastos _____ **(f)** _____ . Yo al principio le he dicho que sí, pero luego he visto que eran _____ **(g)** _____ millones _____ **(g)** _____ de pesetas.
+¡Siempre los mismos problemas con las _____ **(h)** _____ herencias _____ **(h)** _____ !

**✳ 3** Usa estas expresiones para comentar lo que contamos en los siguientes párrafos:

a) ¡Bonita situación!    b) Un cuadro bonito    c) ¡Dichoso año!    d) Un año dichoso
e) ¡Menuda mujer!    f) Una mujer menuda    g) ¡Valiente soldado!    h) Un soldado valiente

→ **i)** La penicilina fue descubierta en 1928 por Sir Alexander Fleming, marcando el comienzo de la era de los antibióticos.

→ **j)** El cuadro *Le Bateau* de Henri Émile Benoît Matisse (1869-1954) estuvo colgado boca abajo durante 47 días en el Museo de Arte Moderno de Nueva York sin que nadie se diera cuenta (se calcula que lo vieron 116.000 personas).

➡ **k)** Anna Harren Swan (1846-1888) medía 2.27 metros de altura.

➡ **l)** Pauline Musters (1876-1895) medía menos de 60 centímetros.

➡ **m)** El parquímetro fue inventado por el norteamericano Carl. C. Magee y se usó por primera vez en Oklahoma City en 1935.

➡ **n)** El cuadro de *La Gioconda* de Leonardo da Vinci (1452-1519) fue comprado en 1517 por el rey Francisco I de Francia para ponerlo en su cuarto de baño. Pagó el equivalente de 6 millones de pesetas.

➡ **ñ)** El soldado japonés Teruo Nakumura continuó luchando en la Segunda Guerra Mundial hasta diciembre de 1974. Lo encontraron solo en la isla de Morotai.

➡ **o)** El general mexicano Antonio López de Santa Ana (1794-1876) dio muestras de su inutilidad durante la Guerra de Texas en 1836. Aun sabiendo que el enemigo estaba cerca, mandó a sus soldados montar las tiendas y descansar. Cuando le despertó el ruido de las balas, cogió su caballo y huyó gritando "ya están aquí".

**4** Ordena estas palabras para formar frases:

a) ¡aquí circunstancias extrañas han nos qué reunido tan!
b) ¡estás interesante leyendo libro más qué te!
c) ¡convertido en guapa has más mujer qué te!
d) ¡a amigos buena mis oportunidad para presentarte qué!
e) ¡estás hay hecho mal padre qué que ver!

**5** Busca todas las combinaciones posibles entre los elementos de estas dos columnas poniendo siempre el adjetivo delante.

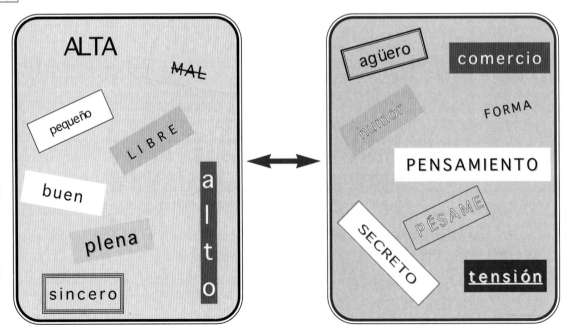

ALTA
MAL
pequeño
LIBRE
buen
plena
alto
sincero

agüero
comercio
humor
FORMA
PENSAMIENTO
PÉSAME
SECRETO
tensión

## I ¿Cuánto sabes?

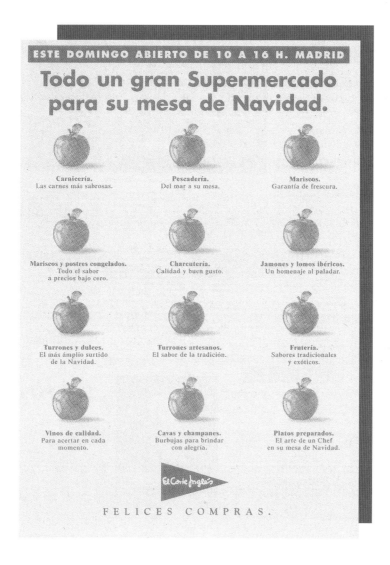

1. ¿Significarían las frases siguientes lo mismo que las del anuncio?
   - a) Desde el mar hasta su mesa
   - b) Todo el sabor por unos precios bajo cero
   - c) Todo el sabor a precios debajo de cero
   - d) El arte de un chef para su mesa de Navidad

| 1. | **A** |
|---|---|

**█ 1.1.** **Introduce el complemento directo cuando se trata de personas, animales o cosas personificadas en los siguientes casos:**

1.1.1    Nombres propios: *Vimos a Juan.*

1.1.2.    Nombres con artículo determinado, demostrativo o posesivo: *Vimos al chico/ a ese chico/ a tu chico.*

1.1.3.    Con verbos que se refieren sólo a personas (halagar, absolver, etc...).

1.1.4.    Con verbos que siempre llevan "a" (avisar, beneficiar).
Cuando el complemento directo de persona no está entre los casos indicados, la "a" es opcional: *He visto (a) un chico; Han contratado (a) dos personas.*

**█ 1.2.** **Introduce el complemento indirecto:** *Siempre le da el sueldo a su madre; Le han añadido más ejercicios al libro.*

**█ 1.3.** **Para expresar lugar:**

1.3.1.    Dirección de un movimiento con un destino concreto: *Vienen todos los veranos a España.*

1.3.2.    Lugar donde se encuentra algo, indicando que se halla en el límite o en el contorno de un lugar concreto: A las afueras, a la entrada, a la puerta, etc.: *Su casa está a las afueras de la ciudad; Se sentaron a la mesa.*

1.3.3.    Con los puntos cardinales expresa el lugar donde se encuentra algo o alguien respecto de otro punto: *El pueblo estaba al oeste de las montañas.*

**█ 1.4.** **En combinación con expresiones de cantidad:**

1.4.1.    Con sustantivos que expresan cantidad, para indicar en qué medida sucede algo: *Se los compra a pares; Acuden a cientos.*

1.4.2.    Precio de algo: *Los tomates son / están a doscientas pesetas.*

1.4.3.    Distancia a la que se encuentra algo o alguien: "a ... (distancia) de ... (punto de referencia": *Estamos a doscientos kilómetros de Madrid.*

1.4.4.    Plazo máximo dentro del cual se producirá un acontecimiento: de... a....: *Esto lo tendrá listo de aquí a quince días* (Equivale a "de... en...")

1.4.5.    Fecha: *Estamos a 2 de diciembre.*

1.4.6.    Hora en la que sucede algo: *A las dos se presentaron en la casa.*

1.4.7.    Algo sucede después de transcurrida cierta distancia (en el espacio o en el tiempo): *El profesor les dejó el examen y volvió a las dos horas; El coche le fallaba, pero encontró un taller a los pocos kilómetros.*

1.4.8. Edad que alguien tiene cuando algo sucede: *A los doce años perdió a su padre.*

**1.5.** **Modo en el que se hace algo con las expresiones "a lo", "a la"** (ver "La comparación"): *Se despidió a la francesa; Lo hace todo a lo bruto.*

**1.6.** **Otras expresiones de modo:** *a decir verdad, a ciencia cierta, a fondo, a máquina, a tontas y a locas, a las claras, a mano, a la fuerza, a voces,* etc.

**1.7.** **En combinación con infinitivo puede tener varios valores** (ver "Infinitivo, gerundio y participio"): *¡A callar!; Al entrar, se nos cayó el equipaje; Al ver que no venías, nos fuimos.*

**1.8.** **Con verbos de movimiento con valor final** (ver "La finalidad"): *Vengo a que me curen.*

**1.9.** **En expresiones que indican que una acción se desarrolla gradualmente:** *Poco a poco, día a día.*

**1.10.** **Para indicar frecuencia:** *Vienen una vez al mes.*

## 2. ANTE

Se utiliza en la lengua formal para indicar "delante de" o "frente a". Normalmente no expresa posición física, excepto en lenguaje literario. *Se encontraron ante un problema de difícil solución.*

## 3. BAJO

Se utiliza sobre todo en expresiones fijas. Normalmente no expresa posición física (debajo de), excepto en lenguaje literario. *Bajo amenazas, bajo la tutela paterna, bajo presión, bajo cuerda.*

## 4. CON

**4.1.** **Compañía:** *Se quedaba en su casa con sus libros.*

**4.2.** **Contenido:** *Perdió un monedero con dos mil pesetas.*

**4.3.** **Características:** *Un coche con cinco puertas.*

**4.4.** **Otros agentes de la acción** (especialmente "junto con"): *Lo terminó Juan, junto con su hermano.*

**4.5.** **Modo:** *Con muchas prisas. Con alegría.*

**4.6.** **Medio o instrumento:** *Lo cortó con un cuchillo.*

**4.7.** **Obstáculo o encuentro**: *coincidir / chocarse con / cruzarse / encontrarse / toparse con,* etcétera.

**4.8.** **Detrás de muchos adjetivos y sustantivos que indican una actitud hacia algo o alguien:** *amable, cuidadoso, atento, etc.; tener paciencia, tener cuidado, etc.*

**4.9.** **En combinación con el infinitivo** (ver "Infinitivo, gerundio y participio"): *Con leérselo dos veces, ya se lo aprendía.*

**4.10.** **En expresiones concesivas** (ver "Las construcciones concesivas y adversativas"): *Con lo que trabaja, y no consigue nunca entregar las cosas a tiempo.*

**4.11.** **En expresiones causales** (ver "La causa y la consecuencia"): *Con el dinero que tiene, seguro que se compra el coche más caro que encuentre.*

## 5. CONTRA

**5.1.** **Oposición o ataque, físico o de otro tipo:** *Se chocó contra un muro; Los periodistas fueron contra él durante todo el debate.*

**5.2.** **Puede significar "apoyado en", "mirando hacia":** *La escalera estaba apoyada contra la pared; En castigo, me pusieron contra la pared.*

## 6. DE

**6.1.** **Origen o procedencia:** *Vengo del mercado; Esta costumbre viene de la Edad Media.*

**6.2.** **En la expresión del tiempo:**

6.2.1. Límites en el tiempo (normalmente sólo en horarios) con la expresión "de... a...": *De lunes a viernes; De ocho a tres.*

6.2.2. Plazos máximos de tiempo: *De hoy en quince días* (dentro de quince días como máximo).

6.2.3. En las expresiones *de día, de noche* y *de madrugada.*

**6.3.** **Pertenencia:** *Esto es de los vecinos.*

**6.4.** **Autor:** Las Meninas *de Velázquez.*

**6.5.** **Tipo:** *Una tienda de animales; Un coche de los caros.*

**6.6.** **Materia:** *Una tarta de chocolate.*

**6.7.** **Contenido:** *Un camión de harina.*

**6.8.** **Asunto o tema:** *Una novela de aventuras; Hablar de negocios; Escribe de toros.*

| 6.9. | **Edad de algo o alguien:** *Un edificio de trescientos años.* |

| 6.10. | **Causa:** *Llorar de desesperación; Morirse de hambre.* |

| 6.11. | **Con "ir", "ser" y "estar" y algunas actividades:** *de compras, de tiendas, de caza, de pesca,* etcétera. |

| 6.12. | **Para limitar un adjetivo a una parte de la cosa o la persona descritas:** *Marta es ancha de caderas; Está bien de precio.* |

| 6.13. | **Con adjetivos que dan idea de facilidad o dificultad, seguidos de un infinitivo:** *Esto es fácil de entender* (= es fácil entenderlo); *Es complicado de explicar* (= es complicado explicarlo). |

| 6.14. | **En expresiones de modo:** *de mala gana, de un salto, de repente, de broma, de veras, de juerga, de mil amores, de buen humor,* etc. |

| 6.15. | **En combinación con un infinitivo** (ver "Infinitivo, gerundio y participio"): *De tener que comprarse otro piso, preferiría hacerlo en Madrid.* |

| 6.16. | **Detrás de un sustantivo que expresa una valoración introduce el nombre del elemento valorado**: *Una maravilla de mujer. Un asco de gente.* |

## 7.                              DESDE

| 7.1. | **Origen en el espacio o en el tiempo**: *Esta aquí desde el año pasado; Desde aquí se ve todo el valle.* |

| 7.2. | **Diferencias con DE:** |

7.2.1. Con verbos de movimiento, DESDE enfatiza el lugar de origen: *Este pan es tan bueno que vienen desde el pueblo de al lado a buscarlo.*

7.2.2. Con "salir" tienen distintos significados: *Salir de casa* (= ir afuera) / *Salir desde casa* (= la casa es el punto de partida).

7.2.3. Cuando se indica duración ininterrumpida, se usa DESDE y no DE: *Este turrón lleva aquí desde las Navidades pasadas; Trabaja en Oviedo desde que terminó la carrera.*

7.2.4. Para marcar los límites espaciales se puede usar "de... a..." o "desde... a...", pero si el sustantivo no aparece determinado, es obligatorio usar "de... a...": *Desde / De esa pared a ésta no hay más de dos metros; Hay dos metros de pared a pared.*

7.2.5. En combinación con HASTA, se usa desde para marcar límites en los plazos de tiempo, como con "de... a...". Si usamos "desde... hasta..." es obligatorio usar el artículo con las horas y los días de la semana; si usamos, "de... a..." no se usa el artículo: *Se quedarán aquí desde el lunes hasta el sábado.*

7.2.6. A veces se usa DESDE para indicar procedencia, frente a DE, que sólo identificaría al emisor: *Te llaman desde su casa* (= lugar de procedencia de la llamada). *Te llaman del trabajo* (= identifica al emisor de la llamada).

## 8. DURANTE

**8.1.** **Duración:** Es eliminable, pero si aparece, subraya la duración: *Estuvo estudiando (durante) dos horas; Ha estado lloviendo (durante) toda la noche.*

**8.2.** **Marco de tiempo dentro del cual se produce una acción:** *Este edificio fue destruido durante la guerra.*

## 9. EN

**9.1.** **Lugar:**

9.1.1. Dentro de: *En España.*

9.1.2. Sobre/Encima de: *En la mesa.*

**9.2.** **Tiempo:**

9.2.1. Con los meses, años, siglos y estaciones del año: *En 1977.*

9.2.2. Para informar del tiempo que se tarda en hacer algo: *Lo hizo en media hora.*

9.2.3. Para dar un plazo máximo para que ocurra algo: "de... en..." (equivale a "de... a..."): *Estará listo de aquí en quince días* (= dentro de quince días como máximo).

9.2.4. Para dar plazos de tiempo (= dentro de): *Te veo en media hora.*

**9.3.** **Para referirse al ámbito de una ciencia:** *En informática se utilizan muchos términos extranjeros.*

**9.4.** **Con medios de transporte e idiomas, cuando se indica el modo en que se realiza algo:** *Vinieron en avión; Se lo dije en inglés.*

**9.5.** **Para informar del modo:** *En general, en secreto, en privado, en voz alta, en mangas de camisa, en serio, en broma, en confianza,* etcétera.

**9.6.** **Para limitar adjetivos que hacen referencia a *abundancia* o *escasez:*** *Un país rico en tradiciones; Pobre en industria.*

## 10. ENTRE

A diferencia de la mayoría de las preposiciones, detrás de ENTRE se usan los pronombres "yo" y "tú" en lugar de "mí" y "ti".

**10.1.** **Señala los dos límites temporales, espaciales o de otro tipo dentro de los cuales se encuentra o se desarrolla algo:** *Entre clase y clase me voy a tomar un café; Entre mi ex-marido y yo ya no queda nada, sólo amistad; Entre ese cuadro y el otro quiero poner unas fotos; Entre los diez y los catorce años estuve aprendiendo piano.*

**10.2.** **Con un solo sustantivo, colectivo, plural o de materia, aporta el sentido de "estar rodeado de" lo denominado por ese sustantivo:** *Metió el regalo entre sus camisas; Se escondió entre la gente.*

**10.3.** **Con un sujeto plural, marca el hecho de que en la acción participan todos los sujetos nombrados:** *Entre Juan y yo lo acabaremos enseguida; Entre tú y tu padre me vais a volver loca.*

**10.4.** **Con verbos como "elegir", "preferir" o "quedarse con", se usa para encabezar las distintas opciones:** *Entre el azul y el rojo, me quedo con el rojo; Tuve que elegir entre mi familia y mi trabajo.*

# 11. HACIA

**11.1.** **Movimiento** (sin especificar si es el destino final o una mera aproximación): *Coge la carretera que va hacia Colmenar y, antes de llegar a Tres Cantos, te desvías a la derecha* (HACIA = PARA); *Cada vez que una especie animal o vegetal muere, el hombre da un paso hacia su autodestrucción.*

**11.2.** **Ubicación temporal o espacial aproximada:**
*–¿A qué hora vais a venir?*
*+¿Hacia las tres os va bien?* (HACIA = SOBRE)
*Su casa está hacia las afueras* (HACIA = POR); *Ese capítulo está hacia la mitad del libro.*

**11.3.** **Detrás de un sustantivo que expresa un sentimiento, introduce el destinatario u objeto de ese sentimiento**: *Demuestra un gran cariño hacia los animales* (HACIA = POR).

# 12. HASTA

**12.1.** **Punto final:** *No me acosté hasta que no terminó la película; Este tren va solamente hasta Chamartín; allí tendrás que cambiar y coger otro que vaya a las Rozas.*

**12.2.** **Sinónimo de *incluso*.** *Hasta mi padre se rió, fíjate, con lo serio que es.*

# 13. MEDIANTE

De uso formal. Acompaña a un sustantivo que expresa el medio o modo gracias al cual se realiza algo: *Nada bueno se logra mediante la fuerza.*

# 14. POR Y PARA

**14.1.** **Cuando hablamos del espacio:**

14.1.1. POR:

→ Paso a través de un lugar: *Pasé por tu calle el otro día, pero no tenía tiempo de subir a tu casa.*

→ Movimiento (sin expresar dirección de destino) dentro de un lugar: *Me gusta pasear por Madrid los domingos.*

→ Localización aproximada: *Creo que ese bar está por Chamberí, ¿no?* (POR = HACIA).

### 14.1.2. PARA:

→ Con verbos de movimiento, dirección o lugar de destino: *Coge la carretera, que va para Colmenar* (PARA = HACIA); *Ahora mismo vamos para tu casa* (PARA = A).

## 14.2. Cuando hablamos del tiempo:

### 14.2.1. POR:

→ Sitúa la acción de forma aproximada respecto de un momento: *Fue más o menos por mayo cuando nos mudamos, ¿no?*

→ Sitúa un hecho dentro de una de las partes del día: *Por la mañana no tomo café, porque me sienta mal.*

### 14.2.2. PARA:

→ Sitúa con respecto a un momento que se considera límite: *Para Semana Santa, como muy tarde, estará abierta la tienda nueva.*

→ Con una cantidad de tiempo, cuando se sobreentiende detrás algún verbo: *Nos fuimos para* (estar fuera) *cinco días, pero sólo estuvimos tres; Esta comida es para* (comer) *toda la semana.*

Ni POR ni PARA se utilizan con cantidades de tiempo para expresar la duración de una acción. Para hablar de esto en español no se usa ninguna preposición: *He estado en París una semana*, o se usa DURANTE: *Durante una semana no hicimos más que discutir.* Sí se utiliza la preposición POR, y a veces también PARA con el mismo sentido, con verbos como "alquilar", "presentar", "dejar" (prestar): *Alquilamos el coche para tres días.*

## 14.3. Otros usos:

### 14.3.1. PARA:

→ Finalidad de una acción expresada previa o posteriormente: *Para conseguir ese trabajo, lo único que tienes que hacer es hablar con él; Seguro que ha dicho eso para fastidiarme, pero me da igual.*

→ Destinatario final de una acción u objeto: *Estoy haciendo este cojín para mi madre. ¿Te gusta?* (al usar PARA y no A, marcamos que el objeto todavía no le ha sido entregado al destinatario); *Ya se ha retirado, sólo toca el piano para los amigos.*

→ Marca el contraste entre el objeto o acción que se expresa detrás de la preposición y una situación o acción expresada antes o después: *Esa casa es demasiado grande para ti solo; Para haber estudiado sólo hasta los catorce años, tiene una cultura general bastante amplia.*

→ (Uso informal) Seguido de un pronombre o un sustantivo referido a personas, para expresar que lo que se dice es una opinión personal o una actitud, gusto, etc.: *Para Juan, lo mejor que existe en el mundo es el cine; Para ti; ¿quién lleva razón?*

→ (Uso informal) Seguido de una oración en infinitivo o de QUE + ORACIÓN CON VERBO EN SUBJUNTIVO, se usa, sobre todo con el verbo "decir", marcando un contraste entre lo dicho por nuestro interlocutor o por otras personas en una ocasión anterior y un hecho determinado que lo desmiente:
*–No ha habido problema, porque Juan me dejó un millón y Miguel otro.*
*+¡Para que luego digas que no tienes buenos amigos!*

→ (Uso informal) Con la misma estructura del punto anterior, puede indicarse que nos negamos a algo propuesto por nuestro interlocutor porque se va a producir algo que no deseamos:
*–Venga, paga tú y luego te lo damos.*
*+Sí claro, para que luego no me lo devolváis, como siempre. De eso nada.*

*–Bueno, pues que haga el informe Alberto.*
*+Mira, para hacerlo él, mejor lo hago yo, porque seguro que hace una chapuza de las suyas.*

→ (Uso informal) Con sustantivos, se usa para valorar positiva o negativamente un objeto, persona o suceso que pertenece a la categoría expresada por ese sustantivo: *Para fiestas, la que hicimos el año pasado en mi casa* (= El año pasado hicimos una fiesta estupenda); *Para jefes pesados, el mío* (= Mi jefe es pesadísimo).

→ (Uso informal) Seguido de LO QUE (o EL/LA/LOS/LAS + SUSTANTIVO + QUE) + oración con verbo en indicativo, introduce una acción que criticamos valorándola negativamente, y a continuación, en otra oración, hablamos de una acción preferible: *Para el jersey que me has comprado, más valía que no me hubieras comprado ninguno; Para lo que trabaja, sería preferible que se jubilara ya.*

## 14.3.2. POR:

→ Medio físico mediante el cual se realiza una comunicación: *Enviar por correo. Llamar por teléfono. Mandar por fax.*

→ Causa: *Tiene el ojo así por un golpe que le dieron; Hoy te quedas sin postre, por no haberte comido la sopa; Anda, quédate un poco más, aunque sólo sea por mí.*

→ Causa y finalidad de una acción: *Me he ido por no escuchar las tonterías que decía* (expresa la causa de haberse ido, y al mismo tiempo explica que se ha ido para no seguir en la misma situación); *La mayoría de la gente no se encuentra a gusto en su trabajo, sólo trabaja por dinero.*

→ Detrás de un sustantivo que expresa un sentimiento o actitud, introduce el destinatario: *Tiene predilección por los gatos siameses; Siente una gran admiración por su padre.*

→ Sinónimo de "en lugar de", sobre todo hablando de personas: *Como se puso enfermo, no pudo ir al viaje, y fue Juan por él* (= en su lugar).

→ Acompaña al complemento de una oración pasiva que expresa el verdadero agente de la acción: *El asesino fue visto por dos policías.*

→ Puede marcar, en la estructura SUSTANTIVO + POR + EL MISMO SUSTANTIVO, la individualización de cada elemento de un conjunto: *La policía registró toda la calle por una casa* (POR = A).

→ Con verbos de movimiento, sobre todo "ir", y un sustantivo detrás, significa "en busca de": *Voy por tabaco.* Es muy frecuente usar "a por", uso que muchas gramáticas califican de incorrecto.

→ Con un significado semejante a "en lo que depende de mí", "en lo que yo puedo influir", "en lo que a mí respecta": *Por mí, puedes hacer lo que quieras; ya eres mayorcito.*

→ Con verbos como "vender" o "comprar", usamos POR para introducir el precio cuando éste no es el usual: *Nos lo vendieron por doce mil porque tenía un pequeño defecto en la manga.*

→ Detrás de una cantidad y seguido de un sustantivo, puede expresar proporcionalidad o frecuencia: *El precio es de 4.000 pesetas por persona y día; Van a la piscina dos veces por semana* (= a la semana).

→ *Por mucho que trabaje, no ascenderá; Por listo que sea, no creo que sepa la respuesta:* ver "Las construcciones concesivas y adversativas".

**NOTA:**

> SER PARA / ESTAR PARA, ver "Ser y Estar".
>
> ESTAR PARA / ESTAR POR, ver "Las perífrasis verbales".
>
> POR + INFINITIVO, ver "Infinitivo, gerundio y participio".

## 15. SEGÚN

A diferencia de la mayoría de las preposiciones, detrás de "según" se usan los pronombres "yo" y "tú" en lugar de "mí" y "ti".

**15.1.** **Seguido de un pronombre o un sustantivo referido a personas**, o de una frase en que se atribuyen unas palabras a unas personas, correctas o no, indica que lo que se ha afirmado o se va a afirmar es la opinión de esas personas o sus declaraciones: *Según el delegado sindical, este año por fin nos van a subir el sueldo; Según el folleto, el sábado hay una excursión a Potes.*

**15.2.** **Sinónimo de *como, del modo que:*** *Lo hago según me enseñó mi madre.*

**15.3.** **Seguido de una oración,** indica que la acción que en ésta se expresa se desarrolla paralelamente a otra acción expresada antes o después; sinónimo de "a medida que", "conforme": *Según me voy haciendo viejo, me voy dando cuenta de por qué mis padres hablaban tanto de la vejez.*

**15.4.** **Sinónimo de *depende de:*** *Valen de diez mil a treinta mil pesetas, según el tamaño; Lo hará o no, según esté de humor* (depende de si está de buen o de mal humor).

| 16. | SIN |
|---|---|

Expresa la ausencia del elemento que introduce, que puede ser una acción, una situación, una persona, un objeto, etc.: *Hay gente que no sabe vivir sin televisión; No puedo estar más de dos días sin salir de casa. Me pongo nervioso si no salgo.*

| 17. | SOBRE |
|---|---|

**17.1.** **Hablando del espacio, expresa superposición:** *La estatua está sobre un gran pedestal.*

Éste es también el significado de "encima de", pero SOBRE implica que existe un contacto entre ambos objetos, cosa que no ocurre con "encima de": *La estatua está encima de un gran pedestal,* pero también, *Odio tener vecinos en el piso de arriba. La sensación de tener a alguien viviendo encima de ti es muy desagradable,* donde no existe contacto real entre los objetos.

**17.2.** **Introduce el tema (sobre = de):** *Estábamos hablando sobre / de ti; La película trata sobre / de una chica que...*

**17.3.** **Cantidad, fecha u hora aproximada:** *Esta noche llegaré sobre las diez* (sobre = hacia); *Paga de alquiler sobre las noventa mil* (= unas / aproximadamente noventa mil).

| 18. | TRAS |
|---|---|

Uso en la lengua formal:

**Hablando del espacio, *detrás de:*** *La casa estaba semiescondida tras un enorme abeto.*

**Hablando del tiempo, *después de:*** *Sus Majestades, tras la recepción oficial, invitaron al presidente a una cena privada; Tras visitar el Museo del Prado, los eurodiputados se dirigieron al Palacio Real.*

| 19. | VERBOS CON PREPOSICIÓN |
|---|---|

Existen muchísimas palabras, sobre todo verbos, que cuando llevan un complemento necesitan introducirlo mediante una preposición.

Puesto que la lista de estos casos es inmensa, es preferible consultar en un diccionario que ofrezca este tipo de información.

Veamos sólo algunos ejemplos:

*Hay que ADAPTARSE A los nuevos tiempos.*
*Si no puedes ir, tendrás que DELEGAR EN alguien.*
*¿No te ALEGRAS DE verme?*

**1** **A**. En este texto se ha eliminado la preposición A 34 veces. Vuelve a ponerla donde corresponda:

Ha terminado el juicio que se ha estado celebrando esta semana en la Audiencia Provincial y que ha tenido interesada y preocupada toda la ciudad este verano. En él se acusaba José G.G. de haber robado y causado un incendio en la casa de Luis R.R. Por indicación de su abogado defensor, que le dijo que beneficiaría su defensa, el acusado reconoció el delito, pero se defendió diciendo que obedecía Pedro Antonio P.P., el cual obligaba algunos jóvenes de la localidad cometer actos delictivos. Añadió después que él no había robado todos los objetos que el dueño de la casa decía, y que sólo quería una persona que fuera acusada de robo para engañar la compañía de seguros.

Cuando fue interrogado Pedro Antonio P.P., éste negó que conociera el acusado, y protestó porque había sido detenido las cuatro de la madrugada. Dijo que conocía sus derechos y que presentaría una denuncia por detención ilegal. Añadió que él nunca había robado ninguna persona de la localidad, y que condenaba cualquier tipo de violencia.

El fiscal preguntó el acusado si lo que decía Pedro Antonio P.P. era verdad. José G.G. contestó el fiscal que un amigo le había presentado Pedro Antonio P.P. en un bar de la localidad y que después había jugado las cartas con él. Al principio empezó ganar mucho dinero, pero después perdió la partida. Fue entonces cuando Pedro Antonio P.P. le dijo que, si quería recuperar el dinero que había perdido, debía obedecer sus órdenes y robar varios vecinos de la localidad. El ver que le estaba proponiendo que cometiera un delito, el acusado dijo que el principio intentó oponerse las pretensiones de Pedro Antonio P.P., pero tuvo que ceder sus exigencias. Los dos meses, Pedro Antonio P.P. le propuso que robara en la casa que tenía Luis R.R. las afueras de la ciudad.

Después declaró el dueño de la casa, Luis R.R., que dijo que la noche del robo se había despertado las dos de la mañana porque había oído unos ruidos extraños. Se levantó y vio dos personas en el salón de su casa. Luis R.R. reconoció claramente el acusado como una de las personas que esa noche estaban en su casa. Inmediatamente después avisó la comisaría de policía y llegaron su casa dos coches de policía que aparcaron la entrada. El final de la declaración, contestó las acusaciones que le había hecho José G.G. sobre el hecho de que cuando había denunciado el robo había añadido la relación de objetos robados otros que no había tenido nunca. Añadió que en la comisaría le habían presentado varios objetos y que sólo había reconocido tres de ellos como suyos.

El último día del juicio el jurado acusaba el cansancio de una semana de declaraciones y testigos, por lo que el fiscal y el abogado defensor fueron breves el presentar sus conclusiones. El jurado condenó el acusado José G.G.

**B.** Ahora que has puesto la preposición A, ¿podrías eliminarla en algún caso?

**2** Completa el siguiente fragmento de un folleto turístico con las preposiciones A, EN, DE o CON.

## HOTEL IMPERIAL

Situado frente _____ (**a**) las extensas playas _____ (**b**) Juan Dolio, _____ (**c**) el Paseo Marítimo.

Nuevo hotel, construido _____ (**d**) 1996, _____ (**e**) sólo media hora del aeropuerto internacional _____ (**f**) Santo Domingo, y _____ (**g**) menos de setenta kilómetros _____ (**h**) la capital, Santo Domingo.

El hotel ofrece un ambiente típico caribeño _____ (**i**) su playa de arena blanca y sus cocoteros _____ (**j**) amplios jardines que rodean el hotel. Dispone _____ (**k**) 420 habitaciones _____ (**l**) vista panorámica _____ (**m**) el mar, aire acondicionado, terrazas y televisión _____ (**n**)color.

**✳ 3** A continuación tienes una propuesta de viaje de una agencia de viajes que te han enviado a casa. Pero quieres más información y llamas a la agencia. Completa el texto utilizando las preposiciones EN, A, DE, HASTA o DESDE.

## Holanda

**Molinos, tulipanes y diques simbolizan los Países bajos. Viejos molinos que han estado siempre, al servicio del hombre. Plantaciones florales que colorean brillantemente enormes parcelas y desde el aire parecen telas geométricas y policromías. Diques que constituyen la infraestructura de una incesante conquista del mar. Todo ello crea un paisaje que se prolonga en pequeñas ciudades ajardinadas, con casas antiguas, limpias y bien conservadas.**

FIN DE SEMANA EN AMSTERDAM
4 días/3 noches
SALIDAS: Jueves, Viernes y Sábados.
Cód.: 10301. ITINERARIO (IT3IB2MAD426)

UNA SEMANA EN AMSTERDAM
7 días/6 noches. SALIDAS: Diarias (1).
Cód.: 100301. ITINERARIO (IT3IB2MAD426)

**1.er día: ESPAÑA-AMSTERDAM**
Llegada, recepción en el aeropuerto y traslado al hotel. Alojamiento.

**2.º al 3.er ó 6º día: AMSTERDAM**
Alojamiento y desayuno en el hotel. Días libres en esta ciudad de fama mundial debido a sus canales que le confieren un peculiar encanto.

**4.º ó 7.º día: AMSTERDAM-ESPAÑA**
Desayuno en el hotel. Traslado al aeropuerto.

**NOTA:**
(1) Si la salida se efectúa en domingo, la estancia mínima será de 7 noches.

***EL PROGRAMA INCLUYE***

– Traslados aeropuerto/hotel /aeropuerto.

EN COLABORACION CON:

EN COLABORACION CON:

– Estancia en el hotel elegido en habitación doble con baño o ducha en régimen de alojamiento y desayuno.

—Buenos días. Mire, quería irme _____ **(a)** viaje _____ **(b)** Amsterdam y necesito información.
+¿_____ **(c)** dónde quiere salir?
—Tengo un folleto de su agencia que dice que el viaje sale _____ **(d)** Madrid, pero yo vivo _____ **(e)** Valencia.
+¿Y _____ **(f)** qué quiere ir: _____ **(g)** o _____ **(h)** avión?
—Pues _____ **(i)** avión, pero¿ _____ **(j)** qué compañía es: _____ **(k)** Iberia o _____ **(l)** KLM?
+ _____ **(m)** cualquiera de las dos es posible.
—También quería preguntarle otra cosa. Allí la gente sólo habla holandés ¿no?
+No se preocupe. Si entra en una tienda o en el hotel, le hablarán _____ **(n)** inglés. ¿Ha visto la oferta para viajes _____ **(ñ)** fin _____ **(o)** semana? Puede estar _____ **(p)** jueves _____ **(q)** domingo o _____ **(r)** el sábado _____ **(s)** el martes.
—La verdad es que me interesa más hacer un viaje así que un viaje largo. Como no conozco el país, puede que luego no me guste y que _____ **(t)** los dos días esté aburrido. Lo que sucede es que me gustaría viajar también _____ **(u)** Utrecht.
+Utrecht está casi _____ **(v)** el centro _____ **(w)** Holanda y _____ **(x)** el sureste _____ **(y)** Amsterdam. No está muy lejos.
—Otra cosa. ¿Está muy lejos el hotel _____ **(z)** el centro de la ciudad?
+Está _____ **(aa)** las afueras, pero tiene muy buen transporte.
—¿Se ve el mar _____ **(bb)** la habitación?
+No, pero hay una magnífica vista _____ **(cc)** el río.
—¿Y qué frecuencia tienen los vuelos _____ **(dd)** Amsterdam?
+Hay unos diez vuelos directos _____ **(ee)** el mes.
—¿Y qué horario tienen? Es que no me gustar viajar _____ **(ff)** avión _____ **(gg)** noche.
+No se preocupe, todos los vuelos salen _____ **(hh)** mediodía.
—Perdone que haga tantas preguntas, pero es que _____ **(ii)** que hice un viaje _____ **(jj)** Estados Unidos y tuve muchos problemas con la agencia procuro informarme bien antes. Les volveré a llamar por teléfono antes, aunque creo que cuando sepa la fecha exacta les mandaré un fax _____ **(kk)** aquí para que luego me llamen ustedes _____ **(ll)** la agencia.

**✳ 4** Sustituye, cuando sea posible, las preposiciones A, HACIA y HASTA de la siguiente conversación telefónica por PARA, INCLUSO, POR o SOBRE:

─Hola, Rosa. Oye, habíamos pensado ir a ver tu casa mañana. ¿Te viene bien?

+Pero, ¿venís sólo a ver mi casa o también venís a verme a mí?

─Mujer, las dos cosas. Pero...¿cómo se va?

+Pues mira, salís por la carretera nacional como si fueseis hacia Écija y después tomáis la primera salida. Enseguida llegaréis al pueblo. Luego vais hacia el centro del pueblo y allí preguntáis dónde está el barrio nuevo. Mi casa está hacia la iglesia, muy cerca. Yo creo que lo mejor es que aparquéis en la plaza; luego vais hasta la fuente y después la primera calle a la derecha. ¿Crees que llegaréis?

─Bueno, parece fácil. Creo que hasta yo, con lo despistado que soy, puedo llegar sin perderme.

+¿Y hacia qué hora vais a llegar?

─¿Está bien hacia las doce?

**✳ 5** Enlaza la mitad de la frase con la otra mitad de la frase que le corresponda para que tenga sentido:

| | |
|---|---|
| a) Más o menos fue _____ | 1. por abril cuando me fui de viaje.<br>2. para abril cuando me fui de viaje. |
| b) En verano me gusta viajar _____ ir de un país a otro. | 1. para el extranjero,<br>2. por el extranjero, |
| c) Lo más importante en un viaje _____ | 1. por mí, es el hotel.<br>2. para mí, es el hotel. |
| d) No me llevaré la maleta grande. _____ a estar fuera no me hace falta llevarme mucho equipaje. | 1. Para tres días que voy<br>2. Por tres días que voy |
| e) Estuve ausente de la oficina _____ | 1. por tres días.<br>2. tres días. |
| f) Cuando llegamos, alquilamos un coche _____ | 1. por tres días.<br>2. para tres días. |
| g) Yo no puedo ir de viaje este verano. Pero no os quedéis aquí _____ Marchaos vosotros. | 1. para mí.<br>2. por mí. |
| h) ¿Has leído en el periódico que ha habido un accidente de avión? _____ que es seguro ir en avión! | 1. ¡Para que luego digas<br>2. ¡Porque luego digas |
| i) El mejor camino es tomar la carretera que va _____ | 1. por Madrid.<br>2. para Madrid. |
| j) Me gusta fijarme en los escaparates de las tiendas cuando paseo _____ | 1. por una ciudad.<br>2. para una ciudad. |
| k) Hazme un favor y manda _____ la reserva del billete_____ por la mañana | 1. por fax<br>2. para fax<br>3. por el lunes<br>4. para el lunes |
| l) El hotel cuesta dos mil pesetas _____ | 1. para persona.<br>2. por persona. |
| m) Me voy al Caribe _____ | 1. por bañarme.<br>2. para bañarme. |
| n) Me voy a la playa _____ A mí lo que me gusta es la montaña. | 1. por los niños.<br>2. para los niños. |
| ñ) Me voy de viaje _____ durante la semana. | 1. por no aguantar a los niños<br>2. para no aguantar a los niños |

**6** Completa estos anuncios personales aparecidos en una revista de ecología y vida sana. Pon una preposición en cada hueco. A veces hay varias posibilidades:

a) Nos gustaría conocer personas y grupos andaluces dedicados _____ la agricultura y la artesanía para formar una asociación _____ todos.

b) Si resides _____ Cataluña, te aburres _____ comer siempre lo mismo y estarías interesado _____ recibir información_____ alimentación natural, ponte_____ contacto_____ nosotros. Basta _____ una llamada por teléfono.

c) Nos interesaría comprar molinos aptos _____ convertirlos_____ centros de experimentación relacionados _____ la fabricación de pan, pastas y dulces_____ métodos tradicionales.

d) Grupo _____ consumo ecológico, vinculado_____ otras asociaciones, te ofrece proveerte_____ productos sanos y naturales. Apuesta_____ la ecología.

e) Informamos gratuitamente_____ hierbas alucinógenas: _____ semillas comunes_____ cactus y raíces. Atrévete _____ probar nuevas sensaciones, _____ exageraciones ni dramatismo.

f) Somos una pareja amante _____ la vida sencilla _____ la naturaleza. Buscamos una casa _____ terreno, no importa si está _____ ruinas. Nos adaptaríamos _____ cualquier situación.

g) Desearía encontrar amigos aficionados _____ la música étnica _____ hacer intercambio _____ grabaciones.

h) Si estás cansada _____ tanto ruido, ven _____ un lugar tranquilo _____ bosques y arroyos. Te enseñaré _____ cantar, _____ reír y compartir.

i) Joven ___ 25 años se ofrece ___ colaborar ___ agrupaciones benéficas ___ voluntario.

j) _____ 31 años y mucha experiencia como administrativa, estoy harta _____ empresas y personas convencionales. Quiero creer _____ mi labor, compartiendo la ilusión _____ gente sana. Estoy abierta _____ cualquier trabajo.

k) Somos un matrimonio _____ cuatro niños que vive _____ el campo. Buscamos chica "au-pair" _____ que nos ayude _____ los niños y _____ la casa _____ el verano.

l) Estamos _____ el consumismo y la monotonía. Te invitamos _____ vivir feliz compartiéndolo todo. Somos una comunidad basada _____ el amor y el respeto _____ los demás.

**7** Completa este texto sobre el consumo de bollería industrial en España con las preposiciones que faltan. En algunos casos hay más de una respuesta posible.

(a) _____ una encuesta (b) _____ alimentación infantil elaborada (c) _____ la Organización de Consumidores y Usuarios (OCU), el 40% de los niños españoles ha sustituido el bocadillo (d) _____ la bollería (e) _____ fabricación industrial. Este cambio (f) _____ hábitos supone un desequilibrio (g) _____ la dieta infantil, que pierde nutrientes aconsejables y los reemplaza (h) _____ los que menos interesan (i) _____ la salud.

Los niños suelen tener una dieta rica (j) _____ proteínas, por lo que éstas no son imprescindibles (k) _____ el desayuno ni en la merienda. (l) _____ la OCU, valdría la pena que los tentempiés (m) _____ horas no aumentaran la proporción (n) _____ grasas en la dieta. Se debería buscar un mayor aporte (ñ) _____ hidratos de carbono y renunciar (o) _____ consumir azúcar, que es el principal responsable (p) _____ la obesidad.

Muchos padres prefieren darles un bollo a sus hijos (q) _____ tener que prepararles un bocadillo, con lo que los están privando (r) _____ un alimento sano y sabroso.

**8** La gente del campo y la gente de la ciudad a veces se miran con desconfianza. Forma frases que resuma las críticas que se hacen unos a otros. Después de averiguar cómo combinar los elementos, tendrás que conjugar los verbos y añadir las preposiciones necesarias. Usa cada verbo sólo una vez.

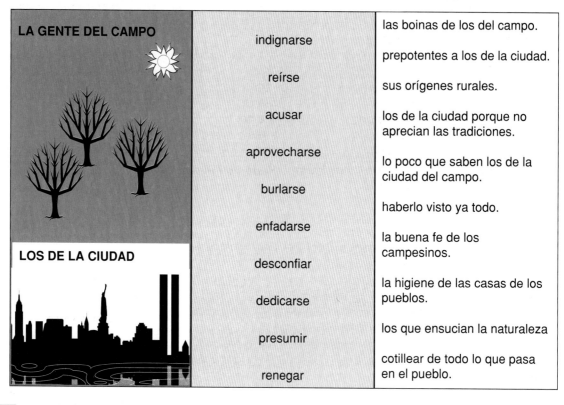

| LA GENTE DEL CAMPO | | |
|---|---|---|
| | indignarse | las boinas de los del campo. |
| | | prepotentes a los de la ciudad. |
| | reírse | sus orígenes rurales. |
| | acusar | los de la ciudad porque no aprecian las tradiciones. |
| | aprovecharse | lo poco que saben los de la ciudad del campo. |
| | burlarse | haberlo visto ya todo. |
| | enfadarse | la buena fe de los campesinos. |
| LOS DE LA CIUDAD | desconfiar | la higiene de las casas de los pueblos. |
| | dedicarse | los que ensucian la naturaleza |
| | presumir | cotillear de todo lo que pasa en el pueblo. |
| | renegar | |

 **9** A principios del siglo xx, el jefe de un pueblo de Samoa viajó a Europa, descubriendo un mundo que para él era grotesco y absurdo. Completa este resumen de sus experiencias eligiendo en cada caso la respuesta correcta. En algunos casos hay más de una.

Verdaderamente ( 1 ) [a. me lamento; b. compadezco; me diferencio] a los hombres blancos: ( 2 ) [a. Abusan; b. Tratan; c. Se aseguran] de cubrir su cuerpo todo lo posible. También se ( 3 ) [a. aferran; b. contentan; c. entusiasman] al dinero, aunque tengan que pasarse toda la vida trabajando para conseguirlo. ( 4 ) Se [a. obsesionan; b. ensañan; c. empeñan] con aprovechar el tiempo. ( 5 ) [a. Insisten; b. Se limitan; c. Se esfuerzan] por sacar provecho y bienes de todas las cosas en su propio interés. Van a unos edificios llamados cines para vivir vidas que no son suyas y ( 6 ) [a. olvidarse; b. cansarse; c. despreocuparse] de la realidad. Cada día ( 7 ) [a. se encargan; b. insisten; c. disfrutan] en hundir la cabeza en unos papeles llamados periódicos para llenarse la cabeza de tonterías.

Nosotros no tenemos necesidad de todo eso. Somos felices con los placeres agradables y nobles que Dios nos ha dado.

# Apéndice de conjugación verbal

## Verbos auxiliares: SER

| INDICATIVO | | SUBJUNTIVO | |
|---|---|---|---|
| **Presente** | **Pretérito perfecto (perfecto compuesto)** | **Presente** | **Pretérito perfecto** |
| soy | he sido | sea | haya sido |
| eres | has sido | seas | hayas sido |
| es | ha sido | sea | haya sido |
| somos | hemos sido | seamos | hayamos sido |
| sois | habéis sido | seáis | hayáis sido |
| son | han sido | sean | hayan sido |
| **Pretérito imperfecto** | **Pretérito pluscuamperfecto** | **Pretérito imperfecto** | **Pretérito pluscuamperfecto** |
| era | había sido | fuera | hubiera |
| eras | habías sido | o fuese | o hubiese sido |
| era | había sido | fueras | hubieras |
| éramos | habíamos sido | o fueses | o hubieses sido |
| erais | habíais sido | fuera | hubiera |
| eran | habían sido | o fuese | o hubiese sido |
| **Pretérito indefinido (o perfecto simple)** | | fuéramos | hubiéramos |
| | | o fuésemos | o hubiésemos sido |
| fui | | fuerais | hubierais |
| fuiste | | o fueseis | o hubieseis sido |
| fue | | fueran | hubieran |
| fuimos | | o fuesen | o hubiesen sido |
| fuisteis | | | |
| fueron | | | |
| **Futuro imperfecto** | **Futuro perfecto** | **IMPERATIVO** | |
| seré | habré sido | | |
| serás | habrás sido | | |
| será | habrá sido | sé | (tú) |
| seremos | habremos sido | sed | (vosotros) |
| seréis | habréis sido | | |
| serán | habrán sido | | |
| **Condicional imperfecto** | **Condicional perfecto** | **FORMAS NO PERSONALES** | |
| sería | habría sido | **Infinitivo** | **Infinitivo compuesto** |
| serías | habrías sido | ser | haber sido |
| sería | habría sido | **Gerundio** | **Gerundio compuesto** |
| seríamos | habríamos sido | siendo | habiendo sido |
| seríais | habríais sido | **Participio** | |
| serían | habrían sido | sido | |

## Verbos auxiliares: ESTAR

| INDICATIVO | | SUBJUNTIVO | |
|---|---|---|---|
| **Presente** | **Pretérito perfecto (perfecto compuesto)** | **Presente** | **Pretérito perfecto** |
| estoy | he estado | esté | haya estado |
| estás | has estado | estés | hayas estado |
| está | ha estado | esté | haya estado |
| estamos | hemos estado | estemos | hayamos estado |
| estáis | habéis estado | estéis | hayáis estado |
| están | han estado | estén | hayan estado |
| **Pretérito imperfecto** | **Pretérito pluscuam-perfecto** | **Pretérito imperfecto** | **Pretérito pluscuam-perfecto** |
| estaba | había estado | estuviera | hubiera |
| estabas | habías estado | o estuviese | o hubiese estado |
| estaba | había estado | estuvieras | hubieras |
| estábamos | habíamos estado | o estuvieses | o hubieses estado |
| estábais | habíais estado | estuviera | hubiera |
| estaban | habían estado | o estuviese | o hubiese estado |
| **Pretérito indefinido (o perfecto simple)** | | estuviéramos | hubiéramos |
| | | o estuviésemos | o hubiésemos estado |
| estuve | | estuvierais | hubierais |
| estuviste | | o estuvieseis | o hubieseis estado |
| estuvo | | estuvieran | hubieran |
| estuvimos | | o estuviesen | o hubiesen estado |
| estuvisteis | | | |
| estuvieron | | | |
| **Futuro imperfecto** | **Futuro perfecto** | **IMPERATIVO** | |
| estaré | habré estado | | |
| estarás | habrás estado | | |
| estará | habrá estado | está | (tú) |
| estaremos | habremos estado | estad | (vosotros) |
| estaréis | habréis estado | | |
| estarán | habrán estado | | |
| **Condicional imperfecto** | **Condicional perfecto** | **FORMAS NO PERSONALES** | |
| estaría | habría estado | *Infinitivo* | *Infinitivo compuesto* |
| estarías | habrías estado | estar | haber estado |
| estaría | habría estado | *Gerundio* | *Gerundio compuesto* |
| estaríamos | habríamos estado | estando | habiendo estado |
| estaríais | habríais estado | *Participio* | |
| estarían | habrían estado | estado | |

# Verbos regulares: PASAR (1ª conjugación)

| INDICATIVO | | SUBJUNTIVO | |
|---|---|---|---|
| **Presente** | **Pretérito perfecto (perfecto compuesto)** | **Presente** | **Pretérito perfecto** |
| pas-o | he pasado | pas-e | haya pasado |
| pas-as | has pasado | pas-es | hayas pasado |
| pas-a | ha pasado | pas-e | haya pasado |
| pas-amos | hemos pasado | pas-emos | hayamos pasado |
| pas-áis | habéis pasado | pas-éis | hayáis pasado |
| pas-an | han pasado | pas-en | hayan pasado |
| **Pretérito imperfecto** | **Pretérito pluscuam-perfecto** | **Pretérito imperfecto** | **Pretérito pluscuam-perfecto** |
| pas-aba | había pasado | pas-ara | hubiera |
| pas-abas | habías pasado | o pas-ase | o hubiese pasado |
| pas-aba | había pasado | pas-aras | hubieras |
| pas-ábamos | habíamos pasado | o pas-ases | o hubieses pasado |
| pas-ábais | habíais pasado | pas-ara | hubiera |
| pas-aban | habían pasado | o pas-ase | o hubiese pasado |
| **Pretérito indefinido (o perfecto simple)** | | pas-áramos | hubiéramos |
| | | o pas-ásemos | o hubiésemos pasado |
| pas-é | | pas-arais | hubierais |
| pas-aste | | o pas-aseis | o hubieseis pasado |
| pas-ó | | pas-aran | hubieran |
| pas-amos | | o pas-asen | o hubiesen pasado |
| pas-asteis | | | |
| pas-aron | | | |
| **Futuro imperfecto** | **Futuro perfecto** | **IMPERATIVO** | |
| pasar-é | habré pasado | | |
| pasar-rás | habrás pasado | | |
| pasar-á | habrá pasado | pas-a | (tú) |
| pasar-emos | habremos pasado | pas-ad | (vosotros) |
| pasar-éis | habréis pasado | | |
| pasar-án | habrán pasado | | |
| **Condicional imperfecto** | **Condicional perfecto** | **FORMAS NO PERSONALES** | |
| pasar-ía | habría pasado | **Infinitivo** | **Infinitivo compuesto** |
| pasar-ías | habrías pasado | pasar | haber pasado |
| pasar-ía | habría pasado | **Gerundio** | **Gerundio compuesto** |
| pasar-íamos | habríamos pasado | pasando | habiendo pasado |
| pasar-íais | habríais pasado | **Participio** | |
| pasar-ían | habrían pasado | pasado | |

## Verbos regulares: COMER (2ª conjugación)

| INDICATIVO | | SUBJUNTIVO | |
|---|---|---|---|
| *Presente* | *Pretérito perfecto (perfecto compuesto)* | *Presente* | *Pretérito perfecto* |
| com-o | he comido | com-a | haya comido |
| com-es | has comido | com-as | hayas comido |
| com-e | ha comido | com-a | haya comido |
| com-emos | hemos comido | com-amos | hayamos comido |
| com-éis | habéis comido | com-áis | hayáis comido |
| com-en | han comido | com-an | hayan comido |
| *Pretérito imperfecto* | *Pretérito pluscuam-perfecto* | *Pretérito imperfecto* | *Pretérito pluscuam-perfecto* |
| com-ía | había comido | com-iera | hubiera |
| com-ías | habías comido | o com-iese | o hubiese comido |
| com-ía | había comido | com-ieras | hubieras |
| com-íamos | habíamos comido | o com-ieses | o hubieses comido |
| com-íais | habíais comido | com-iera | hubiera |
| com-ían | habían comido | o com-iese | o hubiese comido |
| *Pretérito indefinido (o perfecto simple)* | | com-iéramos | hubiéramos |
| | | o com-iésemos | o hubiésemos comido |
| com-í | | com-ierais | hubierais |
| com-iste | | o com-ieseis | o hubieseis comido |
| com-ió | | com-ieran | hubieran |
| com-imos | | o com-iesen | o hubiesen comido |
| com-isteis | | | |
| com-ieron | | | |
| *Futuro imperfecto* | *Futuro perfecto* | IMPERATIVO | |
| comer-é | habré comido | | |
| comer-ás | habrás comido | | |
| comer-á | habrá comido | com-e | (tú) |
| comer-emos | habremos comido | com-ed | (vosotros) |
| comer-éis | habréis comido | | |
| comer-án | habrán comido | | |
| *Condicional imperfecto* | *Condicional perfecto* | FORMAS NO PERSONALES | |
| comer-ía | habría comido | *Infinitivo* — comer | *Infinitivo compuesto* — haber comido |
| comer-ías | habrías comido | | |
| comer-ía | habría comido | *Gerundio* — com-iendo | *Gerundio compuesto* — habiendo comido |
| comer-íamos | habríamos comido | | |
| comer-íais | habríais comido | *Participio* — comido | |
| comer-ían | habrían comido | | |

## Verbos regulares: VIVIR (3ª conjugación)

| INDICATIVO | | SUBJUNTIVO | |
|---|---|---|---|
| **Presente** | **Pretérito perfecto (perfecto compuesto)** | **Presente** | **Pretérito perfecto** |
| viv-o | he vivido | viv-a | haya vivido |
| viv-es | has vivido | viv-as | hayas vivido |
| viv-e | ha vivido | viv-a | haya vivido |
| viv-imos | hemos vivido | viv-amos | hayamos vivido |
| viv-ís | habéis vivido | viv-áis | hayáis vivido |
| viv-en | han vivido | viv-an | hayan vivido |
| **Pretérito imperfecto** | **Pretérito pluscuam-perfecto** | **Pretérito imperfecto** | **Pretérito pluscuam-perfecto** |
| viv-ía | había vivido | viv-iera | hubiera |
| viv-ías | habías vivido | o viv-iese | o hubiese vivido |
| viv-ía | había vivido | viv-ieras | hubieras |
| viv-íamos | habíamos vivido | o viv-ieses | o hubieses vivido |
| viv-íais | habíais vivido | viv-iera | hubiera |
| viv-ían | habían vivido | o viv-iese | o hubiese vivido |
| **Pretérito indefinido (o perfecto simple)** | | viv-iéramos | hubiéramos |
| | | o viv-iésemos | o hubiésemos vivido |
| viv-í | | viv-ierais | hubierais |
| viv-iste | | o viv-ieseis | o hubieseis vivido |
| viv-ió | | viv-ieran | hubieran |
| viv-imos | | o viv-iesen | o hubiesen vivido |
| viv-isteis | | | |
| viv-ieron | | | |
| **Futuro imperfecto** | **Futuro perfecto** | **IMPERATIVO** | |
| vivir-é | habré vivido | | |
| vivir-ás | habrás vivido | | |
| vivir-á | habrá vivido | viv-e | (tú) |
| vivir-emos | habremos vivido | viv-id | (vosotros) |
| vivir-éis | habréis vivido | | |
| vivir-án | habrán vivido | | |
| **Condicional imperfecto** | **Condicional perfecto** | **FORMAS NO PERSONALES** | |
| vivir-ía | habría vivido | **Infinitivo** | **Infinitivo compuesto** |
| vivir-ías | habrías vivido | vivir | haber vivido |
| vivir-ía | habría vivido | **Gerundio** | **Gerundio compuesto** |
| vivir-íamos | habríamos vivido | viv-iendo | habiendo vivido |
| vivir-íais | habríais vivido | **Participio** | |
| vivir-ían | habrían vivido | vivido | |

# REPASO DE LAS PRINCIPALES IRREGULARIDADES DE LOS VERBOS

## e>ie / i>ie

**COMENZAR / ADQUIRIR**

Presente de indicativo: comienzo, comienzas, comienza, comenzamos, comenzáis, comienzan
adquiero, adquieres, adquiere, adquirimos, adquirís, adquieren

Presente de subjuntivo: comience, comiences, comience, comencemos, comencéis, comiencen
adquiera, adquieras, adquiera, adquiramos, adquiráis, adquieran

Imperativo: comienza, comenzad
adquiere, adquirid

OTROS VERBOS:
• acertar, alentar, apretar, arrendar, atravesar, calentar, cegar, cerrar, comenzar, concertar, confesar, desconcertar, despertar, desterrar, empezar, encerrar, encomendar, enmendar, enterrar, errar, escarmentar, fregar, gobernar, helar, herrar, manifestar, merendar, negar, nevar, pensar, plegar, quebrar, recalentar, recomendar, regar, renegar, reventar, segar, sembrar, sentar, serrar, sosegar, temblar, tentar, tropezar.
• ascender, atender, condescender, defender, desatender, descender, desentenderse, encender, entender, extender, perder, querer, sobr(e)entender, tender, tra(n)scender, verter, etc.
• adquirir, inquirir.

## -ir e>ie / e>i

**SENTIR**

Presente de indicativo: siento, sientes, siente, sentimos, sentís, sienten
Indefinido: sentí, sentiste, sintió, sentimos, sentisteis, sintieron
Presente de subjuntivo: sienta, sientas, sienta, sintamos, sintáis, sientan
Imperfecto subjuntivo: sintiera, sintieras, sintiera, sintiéramos, sintierais, sintieran
Imperativo: siente, sentid
Gerundio: sintiendo
OTROS VERBOS: adherir, advertir, arrepentirse, conferir, consentir, convertir, desmentir, digerir, discernir, disentir, divertir, herir, hervir, inferir, ingerir, invertir, mentir, pervertir, preferir, proferir, referir, resentir, sugerir, transferir.

## o>ue / u>ue

**MOSTRAR / JUGAR**

Presente de indicativo: muestro, muestras, muestra, mostramos, mostráis, muestran
juego, juegas, juega, jugamos, jugáis, juegan

Presente de subjuntivo: muestre, muestres, muestre, mostremos, mostréis, muestren
juegue, juegues, juegue, juguemos, juguéis, jueguen

Imperativo: muestra, mostrad
juega, jugad

OTROS VERBOS:
• acordar, acostar, almorzar, apostar, aprobar, avergonzar, colar, colgar, comprobar, concordar, consolar, contar, costar, degollar, demostrar, desaprobar, descolgar, descontar, desollar, despoblar, encontrar, esforzarse, forzar, poblar, probar, recontar, recordar, reforzar, renovar, repoblar, resonar, revolcar, rodar, rogar, sobrevolar, soldar, soltar, sonar, soñar, tostar, tronar, volar, volcar.
• absolver, cocer, conmover, desenvolver, devolver, disolver, doler, escocer, envolver, llover, moler, morder, mover, oler*, poder, promover, recocer, remorder, remover, resolver, retorcer, soler, torcer, volver.

(* "oler" añade "h" cuando transforma la "o" en "ue": huelo, huele, huela, etc.)

<h2 align="center">-ir o>ue + o>u</h2>

**DORMIR**

| | |
|---|---|
| Presente de indicativo: | duermo, duermes, duerme, dormimos, dormís, duermen |
| Presente de subjuntivo: | duerma, duermas, duerma, durmamos, durmáis, duerman |
| Imperfecto de subjuntivo: | durmiera (durmiese), durmieras, durmiera, durmiéramos, durmierais, durmieran. |
| Imperativo: | duerme, dormid |
| Gerundio: | durmiendo |
| OTROS VERBOS: | morir (también el participio "muerto") |

<h2 align="center">-ir e>i</h2>

**SERVIR**

| | |
|---|---|
| Presente de indicativo: | sirvo, sirves, sirve, servimos, servís, sirven |
| Indefinido: | serví, serviste, sirvió, servimos, servisteis, sirvieron |
| Presente de subjuntivo: | sirva, sirvas, sirva, sirvamos, sirváis, sirvan |
| Imperfecto de subjuntivo: | sirviera, sirvieras, sirviera, sirviéramos, sirvierais, sirvieran |
| Imperativo: | sirve, servid |
| Gerundio: | sirviendo |
| OTROS VERBOS: | ceñir, competir, concebir, conseguir, corregir, derretir, despedir, desteñir, desvestir, elegir, embestir, expedir, freír, gemir, impedir, investir, medir, pedir, perseguir, proseguir, reelegir, regir, rendir, reñir, repetir, seguir, sonreír, teñir, vestir. |

<h2 align="center">c>zc</h2>

→ **Verbos terminados en -acer, -ecer, -ocer, -ucir** que transforman **c>zc** delante de "o" y "a":

**CONOCER**

| | |
|---|---|
| Presente de indicativo: | conozco, conoces, conoce, conocemos, conocéis, conocen |
| Presente de subjuntivo: | conozca, conozcas, conozca, conozcamos, conozcáis, conozcan |
| OTROS VERBOS: | abastecer, aborrecer, agradecer, anochecer, aparecer, apetecer, carecer, compadecer, complacer, convalecer, crecer, desagradecer, desaparecer, desconocer, deslucir, desfavorecer, desmerecer, desobedecer, embellecer, empobrecer, endurecer, enloquecer, enriquecer, enrojecer, enternecer, entristecer, envejecer, establecer, estremecerse, fallecer, favorecer, florecer, fortalecer, lucir, merecer, nacer, obedecer, ofrecer, padecer, palidecer, parecer, permanecer, pertenecer, reaparecer, reconocer, renacer, rejuvenecer, relucir, restablecer, etc. |
| Excepciones: | hacer y sus derivados, cocer, escocer, recocer, mecer. |

→ **Verbos terminados en -ducir** que transforman **c>zc** ante "o" y "a" y **uc** en **uj** en el indefinido y el imperfecto de subjuntivo

**CONDUCIR**

| | |
|---|---|
| Presente de indicativo: | conduzco, conduces, conduce, conducimos, conducís, conducen |
| Presente de subjuntivo: | conduzca, conduzcas, conduzca, conduzcamos, conduzcáis, conduzcan |
| Pretérito indefinido: | conduje, condujiste, condujo, condujimos, condujisteis, condujeron |
| Pret. Imp. subjuntivo: | condujera (condujese), condujeras, condujera, condujéramos, condujerais, condujeran |
| OTROS VERBOS: | deducir, inducir, introducir, producir, reconducir, reducir, reproducir, seducir, traducir. |

→ **Verbos terminados en -uir** que cambian **i> y** delante de "a", "e" y "o":

HUIR
Presente de indicativo:     hu**yo**, hu**yes**, hu**ye**, huimos, huís, hu**yen**
Indefinido:     huí, huiste, hu**yó**, huimos, huisteis, hu**yeron**
Presente de subjuntivo:     hu**ya**, hu**yas**, hu**ya**, hu**yamos**, hu**yáis**, hu**yan**
Imperfecto de subjuntivo:     hu**yera** (hu**yese**), hu**yeras**, hu**yera**, hu**yéramos**, hu**yerais**, hu**yeran**
Imperativo:     hu**ye**, huid
Gerundio:     hu**yendo**
OTROS VERBOS:     afluir, argüir, atribuir, concluir, confluir, constituir, construir, contribuir, destituir, destruir, diluir, disminuir, excluir, incluir, influir, inmiscuir, instituir, instruir, obstruir, reconstituir, reconstruir, restituir, retribuir, sustituir.

## REPASO DE ALGUNOS VERBOS ESPECIALMENTE IRREGULARES
(damos la forma para la persona "yo", y en el imperativo, "tú"):

**andar:**     pret. indef.: anduve / imp. subj.: anduviera o anduviese.

**caber:**     pres. ind.: quepo / pres. subj.: quepa / pret. indef.: cupe / imp. subj.: cupiera o cupiese / futuro: cabré / condicional: cabría.

**caer:**     pres. ind.: caigo / pres. subj.: caiga / pret. indef.: cayó, cayeron / imp. subj.: cayera o cayese / gerundio: cayendo.

**creer:**     pret. indef.: creyó, creyeron / imp. subj.: creyera o creyese / gerundio: creyendo.

**dar:**     pres. ind.: doy / pret. indef.: di / imp. subj.: diera o diese.

**decir:**     pres. ind.: digo / imperat.: di / pret. indef.: dije / imp. subj.: dijera o dijese / futuro: diré / condicional: diría / gerundio: diciendo / participio: dicho.

**hacer:**     pres. ind.: hago / imperat.: haz / pres. subj.: haga / pret. indef.: hice / imp. subj.: hiciera o hiciese / futuro: haré / condicional: haría / participio: hecho.

**ir:**     pres ind.: voy / imperat.: ve / pres. subj.: vaya / imp. indic.: iba / pret. indef.: fui / imp. subj.: fuera o fuese / gerundio: yendo.

**oír:**     pres. ind.: oigo / imperat.: oye / pres. subj.: oiga / pret. indef.: oí / imp. subj.: oyera u oyese / gerundio: oyendo.

**poder:**     pres. ind.: puedo / imperat.: puede / pres. subj.: pueda / pret. indef.: pude / imp. subj.: pudiera o pudiese / futuro: podré / condicional: podría / gerundio: pudiendo.

**poner:**     pres. ind.: pongo / imperat.: pon / pres. subj.: ponga / pret. indef.: puse / imp. subj.: pusiera o pusiese / futuro: pondré / condicional: pondría / participio: puesto.

**querer:**     pres. ind.: quiero / imperat.: quiere / pres. subj.: quiera / pret. indef.: quise / imp. subj.: quisiera o quisiese / futuro: querré / condicional: querría.

**reír:**     pres. ind.: río / imperat.: ríe / pres. subj.: ría / pret. indef.: reí, reíste, rió / imp. subj.: riera o riese / gerundio: riendo.

**saber:**     pres ind.: sé / pres. subj.: sepa / pret. indef.: supe / imp. subj.: supiera o supiese / futuro: sabré / condicional: sabría.

**salir:**     pres. ind.: salgo / imperat.: sal / pres. subj.: salga / futuro: saldré / condicional: saldría.

**tener:**     pres. ind.: tengo / imperat.: ten / pres. subj: tenga / pret. indef.: tuve / imp. subj.: tuviera o tuviese / futuro: tendré / condicional: tendría.

**traer:**     pres. ind.: traigo / pres. subj.: traiga / pret. indef.: traje / imp. subj.: trajera o trajese.

**valer:**     pres ind.: valgo / pres. subj.: valga / futuro: valdré / condicional: valdría.

**venir:**     pres. ind.: vengo / imperat.: ven / pres. subj.: venga / pret. indef.: vine / imp. subj.: viniera o viniese / futuro: vendré / condicional: vendría / gerundio: viniendo.

**ver:**     pres. ind.: veo / pres. subj.: vea / imp. subj.: viera o viese / participio: visto.

# Glosario de términos gramaticales

●ADJETIVO: clase de palabras que acompaña normalmente como complemento o determinante a un sustantivo. Debe concordar siempre con él.

●ADJETIVO CALIFICATIVO: clase de adjetivos que expresa una cualidad del sustantivo: *hombre GUAPO.*

●ADJETIVO ATRIBUTIVO: adjetivo que se une directamente al sustantivo (como en el ejemplo anterior).

●ADVERBIO: clase de palabras invariables (sin género ni número) que sirven para señalar cantidad, tiempo, lugar, modo, duda, afirmación o negación. Pueden modificar a un verbo *(Como MUCHO),* a un adjetivo *(MUY alto),* a otro adverbio *(Duermo MUY MAL)* o a toda una oración *(DESGRACIADA-MENTE, no ha podido venir).*

●ARTÍCULO: clase de palabras que acompaña al sustantivo (u otras palabras o construcciones que funcionan como un sustantivo) y sirve para presentarlo como algo determinado o concreto *(EL chico),* o indeterminado *(UN chico).* Siempre aparece delante del sustantivo y debe concordar con él.

●ÁTONO: que se pronuncia sin acento.

●ATRIBUTO: adjetivo (o construcción que cumpla la misma función) que califica a un sustantivo que actúa de sujeto, pero que está unido a él por los verbos SER, ESTAR, PARECER y verbos de cambio *(Luis es GUAPO).*

●COMPLEMENTO: palabra o grupo de palabras que completa el significado de alguna parte de la oración.

●COMPLEMENTO DIRECTO: el que se añade para completar el significado del verbo.

●COMPLEMENTO INDIRECTO: el que especifica a quién va dirigida o quién recibe la acción expresada por el verbo o por el verbo y el complemento directo.

●COMPLEMENTO PREPOSICIONAL: el que está introducido por una preposición, y no es un complemento directo ni indirecto.

● CONCORDANCIA: igualdad de género, número y persona entre diferentes partes de la oración. Por ejemplo, el sujeto concuerda con el verbo en número y persona; el adjetivo que acompaña a un sustantivo concuerda con él en género y número, etcétera.

● CORRELACIÓN DE LOS TIEMPOS VERBALES: influencia que ejercen los verbos de la oración principal sobre los de las subordinadas.

● DETERMINANTES: palabras que sirven para delimitar o concretar al sustantivo (u otras palabras o construcciones que funcionan como un sustantivo). Cumplen esta función adjetivos determinativos (posesivos, demostrativos, indefinidos, etc.) o artículos. Se colocan generalmente delante del sustantivo.

● GÉNERO: variación de algunos determinantes, pronombres, adjetivos y sustantivos para indicar masculino o femenino. Algunos determinantes y pronombres tienen una forma de género neutro.

● GERUNDIO: forma del verbo que termina en -NDO.

● INFINITIVO: forma del verbo que aparece en los diccionarios y termina en -AR, -ER o -IR.

● LENGUA FORMAL / INFORMAL: La LENGUA FORMAL es la variante más culta de una lengua, por lo que da más importancia a la expresión correcta y lógica; es utilizada en los niveles cultos y en situaciones en las que se cree necesario expresarse de forma más culta (discursos públicos, cartas a desconocidos). La LENGUA INFORMAL es la variante más espontánea de la lengua y da más importancia a la expresividad.

● NEXO: palabra o expresión que sirve para unir (palabras, oraciones, partes de oraciones).

● NÚMERO: variación de los sustantivos, determinantes, pronombres, adjetivos y verbos para indicar, generalmente, si hablamos de una unidad (singular) o de varias (plural).

● ORACIÓN: grupo de palabras que tienen como núcleo un verbo conjugado y que forman un mensaje completo y correcto.

● ORACIÓN DECLARATIVA: oración que da información afirmativa o negativa.

● ORACIÓN EXCLAMATIVA: la que expresa emoción: admiración, sorpresa, enfado, etc. Cuando escribimos aparece entre los signos ¡ !

● ORACIÓN IMPERSONAL: la que no tiene sujeto explícito ni implícito.

● ORACIÓN INTERROGATIVA: la que formula una pregunta.

● ORACIÓN INTERROGATIVA INDIRECTA: la que reproduce una pregunta, pero sin usar los signos ¿? *(Me preguntó con quién estaba hablando)*.

● ORACIÓN PRINCIPAL: en una oración compuesta (que es la combinación de varias oraciones), la oración a la que se añaden otras y de la que dependen.

● ORACIÓN SUBORDINADA: la que se añade para completar el significado de una oración principal.

● PARTICIPIO: forma del verbo terminada generalmente en -ADO o -IDO (excepto algunos verbos irregulares: *escrito, hecho, vuelto)*.

● PERÍFRASIS VERBAL: grupo formado por un verbo conjugado más un infinitivo, gerundio o participio, en el cual el verbo conjugado ha perdido su significado original y solamente aporta una idea de comienzo, fin, aproximación, etc., al significado del otro verbo.

● PERSONA: variación de los verbos y los pronombres personales para indicar si hablamos del emisor, del receptor o de otra persona.

● PREPOSICIÓN: clase de palabras invariables utilizadas como nexo subordinante entre palabras o grupos de palabras (a, de, en, entre, por, para, etc.).

● PRONOMBRE: clase de palabras que funciona como un sustantivo y que puede sustituirlo. Posee variaciones de persona, número y, a veces, de género y caso.

● SÍLABA: grupo de sonidos que, dentro de una palabra, se pronuncian con un solo golpe de voz.

● SUBORDINADA: ver "Oración subordinada".

● SUJETO: palabra o grupo de palabras que determina cuáles son la persona y el número del verbo dentro de una oración. Generalmente representa al agente de la acción del verbo.

**SUJETO ANIMADO/INANIMADO:** animado es aquel que designa algo que tiene vida (personas, animales...); el inanimado designa algo que no la tiene.

**SUJETO PSICOLÓGICO:** palabra o grupo de palabras que, aunque no es realmente el sujeto gramatical, indica cuál es el agente de la acción del verbo.

**SUSTANTIVAR:** hacer que una palabra que no es un sustantivo funcione como tal. Por ejemplo, al decir "lo bueno", el artículo "lo" está sustantivando al adjetivo "bueno".

**SUSTANTIVO:** clase de palabras que sirve para nombrar personas, objetos, conceptos.

**TÓNICO:** que se pronuncia con acento.

**VALOR PONDERATIVO:** que exagera o destaca.

**VERBO:** clase de palabras que sirve para presentar algo como una acción, proceso o estado ("correr", "comido"). Cuando está conjugado nos lo presenta en un determinado tiempo *(Ayer comí)*.

**VERBO CON "LE":** verbos que se caracterizan por el hecho de que el sujeto psicológico no es realmente el sujeto gramatical sino el complemento indirecto *(Me gusta el fútbol; Me apetece una cerveza)*.

**VERBO DE CAMBIO:** verbos que expresan un tipo de cambio (de clase, cualidades, estado) en el sujeto o en el complemento directo *(Me estoy volviendo loco)*.

**VOZ PASIVA:** forma del verbo constituida por el verbo SER (y a veces ESTAR) + PARTICIPIO que aparece en construcciones en las que el agente de la acción es realmente un complemento con POR y el sujeto gramatical es quien recibe o sufre la acción, sin intervenir en ella *(La noticia fue difundida por los periodistas)*.

**VERBO TRANSITIVO / INTRANSITIVO:** es transitivo el que normalmente necesita de un complemento directo para completar su sentido *(cerrar-la puerta, coger-el cenicero);* es intransitivo el que normalmente no lo necesita *(andar, llorar)*.